全球可持续治理系列文丛

本书受到2019年国家社科基金一般项目《人权法视角下国家适应气候变化的治理策略研究》（项目号：19BFX207）的资助。

人权法视角下国家适应气候变化的治理策略研究

唐颖侠　著

RESEARCH ON GOVERNANCE STRATEGIES FOR NATIONAL ADAPTATION TO CLIMATE CHANGE FROM THE PERSPECTIVE OF HUMAN RIGHTS LAW

法律出版社
LAW PRESS·CHINA
北京

图书在版编目（CIP）数据

人权法视角下国家适应气候变化的治理策略研究 / 唐颖侠著. -- 北京 : 法律出版社, 2025. --（全球可持续治理系列文丛 / 唐颖侠等主编）. -- ISBN 978 -7 -5244 -0693 -8

Ⅰ. D922.74;P467

中国国家版本馆 CIP 数据核字第 2025D2X378 号

全球可持续治理系列文丛	**人权法视角下国家适应气候变化的治理策略研究** **RENQUAN FA SHIJIAO XIA GUOJIA SHIYING QIHOU BIANHUA DE ZHILI CELÜE YANJIU**	唐颖侠 著	策划编辑 田亚飞 责任编辑 田亚飞 装帧设计 臧晓飞

出版发行 法律出版社
编辑统筹 法律出版社
责任校对 郭艳萍
责任印制 胡晓雅
经　　销 新华书店

开本 710 毫米 × 1000 毫米 1/16
印张 20.75　**字数** 289 千
版本 2025 年 8 月第 1 版
印次 2025 年 8 月第 1 次印刷
印刷 北京建宏印刷有限公司

地址:北京市丰台区莲花池西里 7 号(100073)
网址:www.lawpress.com.cn
投稿邮箱:info@lawpress.com.cn
举报盗版邮箱:jbwq@lawpress.com.cn
销售电话:010 - 83938349
客服电话:010 - 83938350
咨询电话:010 - 63939796

书号:ISBN 978 - 7 - 5244 - 0693 - 8
定价:98.00 元

凡购买本社图书,如有印装错误,我社负责退换。电话:010 - 83938349

序　言

何志鹏

从国家治理的角度讲，安全与发展始终是国家的首要目标。而其他目标，如果能够与主要目标相联系，就会被提到议事日程的优先级较高位置；反之，可能就会显得没有那么重要。从这个意义上，我们就能够理解，一个国家的发展优先级并不是固定不变的，它一定会随着相关事件与国家安全、国家发展之间的变动的远近关系而进行调整。

气候变化问题和人权问题正是这样的状况。在相当长的时间之内，气候变化都仅仅是人类所观察的一种客体，是人类只能接受的外部环境，受人类行动的影响很小。然而，随着人类能力的提升，我们越来越明显地感觉到，气候变化不再是一个完全自然的状况，它受到了人类活动的影响。很多科学家认为，气候变化是人类碳排放的结果。虽然针对这个观点，学术界并非没有质疑的声音，广大公众也并不完全接受，不过这已经成为当今人类社会的主流话语。

这样一来，一个国家如何面对气候变化问题，能否在气候变化的议题上表达自身的观点、提出自己的要求,并同时应对和应答其他国家、民众所提出的主张,就变成了与这个国家的国际形象、国际声誉息息相关的问题。由此,气候变化议题进入国际政治研讨之中,人们开始探讨:国家在气候变化进程里要承担什么义务?对国际社会做出什么许诺?为确立一个可持续发展的制度与行动框架做出哪些贡献?同样地,一个气候友好型企业在国际社会公众面前所呈现的企业责任方面显然要优于那些不顾及气候变化、单纯为了自身经济指标而排放的企业。气候变化在国际政治中成为一个具有伦理正当性的话题,从而也就影响了很多国家的话语选择、很多企业的战略选择。

气候变化产业化与规制经济行为的制度之间也产生了联系。那些对气候变化有消极负面影响的经济行为,包括工业生产,其海上、陆上和空中交通都可能会受到一些国家以气候变化为基础的限制或禁止。在此时,气候变化就与国际交往以及相关的法律问题相关。这样一来,气候变化对国家的发展就构成了重要影响。

更值得关注的是,那些面积小、海拔低的小岛国家面临更加紧迫的危险。如果气候变化导致冰川融化、全球海平面进一步上升,那么这些国家可能就会失去领土,人民就会流离失所,气候变化由此跃升为一个显著的安全问题。由此不难理解,气候变化为何在国际关系和国际法的议题中具有重要地位。

人权与气候变化相类似,是国内和国际政治之中的一个不容忽视的议题。虽然从原初的意义上,人权只是国家治理的一个考量,但是人权以人的自由和尊严作为主张的基础,在国家治理,乃至全球治理的格局中,没有人能够公然反对人的自由与安全的概念,人权的正当性变得无可辩驳。国家政权、国家立法、政府运行都需要充分考虑和尊重人的自由与尊严。在国际社会之中,人权所占据的伦理高度使它成为一个具有最高价值位置的实践范畴,各个国际组织、国家和企业都必须采取措施,积极有效地予以保护。

既然气候变化和人权同样是国际研讨平台中道德正确的表现要素,二者结合起来就可能出现多种关系,如相互制约的关系、彼此协同的关系，将人权考量融入气候变化问题的探讨之中，要求在治理气候的时候充分重视不同的人的权利；或者反过来，将气候变化议题融入人权的考量之中，形成人在气候变化中的权利。

如果将颗粒度进一步调小，我们就会看到，气候变化规范确立的时候，也就是国际气候公约谈判过程中、国家碳达峰、碳中和法律制定的过程中，都可能涉及人权。如何在气候规范的过程中维护人的权利？如何在气候变化的法律政策实施的过程中确立法律的权威、实现人的权利？如何在气候变化发生消积不利后果的时候对人的权利进行救济？这些问题都构成了气候变化议题下人权的主要方面。在此之下，进一步考虑国家的义务和责任、企业的义务和责任，通过国家报告的形式确保气候变化中对人权的保护，通过国际机制监督或者公民企业监督的形式，确保气候变化中的人权得以良好的保护，乃至通过气候变化诉讼或人权诉讼的方式要求救济受到损害的气候变化中的人权，都是值得我们仔细分析的问题。

从国家的立场上看，尽管人权和环境保护、气候治理都是其重要的工作目标，但显然，在价值排序中，它们并不居于顶端。当然，从国家的部门分工、个人职责确定的角度看，负责环境保护和气候变化问题的官员，只要是一个认真负责的官员，就一定会把他所工作的事务看得至关重要，会采取各种手段说服各个相关部门支持这项事业。但是从整个国家的立法、行政、司法的角度，尤其是从国家政治整体战略规划的角度来看，气候治理和人权治理就必然会居于安全和发展的目标之下。只有当气候议题和人权议题触及国家安全与发展的时候，它们才会成为一个更加受关注的研讨领域。所以，从安全和发展这两个核心理念去观察、分析、研讨包括气候人权在内的国内国际事务，可能会给我们阐释相关的制度构架和制度运行带来有益的启发。从一个企业到一个国家，再到国际组织机构，在为了安全和发展而进行的治理体系中必须适当顾及气候变化的目标，更要认真考虑尊重和保护人权。以人权看待气候变化，以人权统摄气候适应治理架构，对于高水平的国家治理和国际治理而言，具有重要的意义。尤其是当我们能够贯彻以安全保障发展、以发展促进安全的理念时，推进气候变化治理的基本方向就会更加明晰；在安全、发展的基础上，将人权的理念融入气候变化治理的策略、法律制度和行政管理、企业进程，法律的价值架构就会更加明确，法律制度的运行就会更符合国家和人民的需求，更能实现国家发展的目标。

唐颖侠教授的这部著作主要从这些议题出发，全局性地、条分缕析地探讨了以人权法的视角去观察、分析、解决气候变化中相关国内政治与国际政治的问题，使人权与气候变化议题的结合变得更加条理分明、框架严整。对于这样一个前沿的、生动的、交叉的实践问题，从人权的视角切入，呈现出丰富的截面，让我们感受到气候变化应对之中人权事务的重要性。更让我们感受到人权作为思考气候适应治理体系的立场、角度，存在一定的局限性。故而，这是一本值得认真对待和细致思考的优秀著作。

唐颖侠教授是我的校友。在她攻读博士学位期间，我们曾经有过多次学术交流。当她毕业成为一名国际法、人权领域的教学和研究人员之后，我们基于人权和国际法议题上相近的研究旨趣，也有过很多理念和立场上的探讨。

唐颖侠教授给我的印象是温和、文雅、柔韧、坚定。对于学术问题持续稳定的跟进是其职业发展的基础。无论是在人权问题上，还是在国际法的基本理论问题上，以及在中国国际法实践问题上提出的很多观点，对我都很有启发意义。作为她这部新作最早的读者之一，我在拜读的过程中受益匪浅。谨将在学习和思考过程中形成的一些认识草成对这个问题浅白而不成熟的学习笔记，作为唐颖侠教授邀请我为这本著作分享的序言，敬请颖侠教授和读者批评指正。

2025 年 7 月 17 日

于吉林大学

目录

导　论

一、研究背景

（一）相关资料述要

气候变化与人权的关系受到国外学者持续而热烈的关注，学者们从不同角度讨论了气候变化对哪些方面的人权产生了什么样的影响，如生命权、健康权、食物权、用水权、适足住房权以及文化权等。在适应气候变化方面，史蒂芬·胡格尔（Stephan Hügel）等发现2000年以来，有关适应气候变化的研究呈指数级增长，并发现当前的研究仍然在公众参与意识、参与进程、实证研究以及适应能力方面存在差距。① 也有学者从气候正义的角度研究了气候适应融资的发展和影响，呼吁公平分配资金，关注治理、效率和问责制，致力于实现缩小南北鸿沟的财政正义。② 扎那勃·阿

---

① See Hügel S & Davies A R. Public participation, engagement, and climate change adaptation: A review of the research literature [J]. Wiley Interdisciplinary Reviews: Climate Change, 2020, 11(4): e645.

② See Khan M, Robinson S & Weikmans R, et al. Twenty-five years of adaptation finance through a climate justice lens [J]. Climatic Change, 2020, 161(2): 251–269.

比德(Zaineb Abid)关注气候变化对妇女权利的影响,发现妇女在管理风险方面的受教育机会和资源更少,在气候决策中的代表性不足,并且更容易受到气候变化的影响,因此提出了减少气候变化对妇女影响的减缓和适应措施。① 同样,曼塔·曼哈(Mamta Mehar)等人也关注到了气候变化与妇女权利的关系,着重研究了农业、气候政策、气候事件等与妇女群体的联系及相关举措。② 就目前的状况分析,适应气候变化与人权的研究相对较少,而适应气候变化研究仍然集中于具体领域的适应举措和经验总结。

当前气候变化与人权的研究成果以气候变化诉讼研究为主。气候变化诉讼研究可以简单划分为基础理论研究,涉及域外人权义务、权利基础和可受理性问题,以及其他类型的研究,包括比较研究、类型化研究和国别研究等。

就基础理论而言,学者对于气候变化诉讼的讨论集中在国家在应对气候变化方面的人权义务、当事人的权利主张类型以及诉讼所面临的司法上的障碍。首先,国家在气候变化领域的人权义务来源主要包括域外义务、合作义务、集体义务、有限合作义务、注意义务和尽职调查义务。域外人权义务,是指国家对发生在本国领土以外的人权损害负有义务,通常受到"有效控制"标准的限制。"有效控制"正在从传统的对领土和人员的控制转向对国家行为所产生的不利影响的控制,即国家应当对其控制范围内的活动及所产生的域外影响负责。因此,国家应当对本国行为,如温室气体排放、化石燃料开采等,造成的气候变化影响所带来的人权损害负责。③ 也有观点认为各国在制定有关温室气体

---

① See Abid Z, Abid M. Effects of Climate Change on Women—Adaptation and Mitigation [J]. Energy and Environmental Security in Developing Countries,2021: 501 – 523.

② See Climate Change, Adaptation and Gender: Policy, Practice and Methodological Underpinnings[M]. CABI,2022.

③ See Helen Duffy & Lucy Maxwell, People v Arctic Oil Before Supreme Court of Norway: What's at Stake for Human Rights Protection in the Climate Crisis, EJIL: TALK! (Nov. 13,2020), at https://www.ejiltalk.org/people-v-arctic-oil-before-supreme-court-of-norway-whats-at-stake-forhuman-rights-protection-in-the-climate-crisis.

排放决策时应当考虑到对第三国及其国民的影响从而降低受影响个体的认定门槛①。合作义务是指所有国家都有义务合作解决国际关注的问题,这为适用与气候变化有关的保护人权的积极义务提供了框架。当一个国家有义务与其他国家合作时,意味着必须要考虑到其他国家的利益,积极减缓气候变化,以达到《巴黎协定》所规定的目标。② 有学者认为集体义务指各国应当作为一个群体(国际社会或缔约方群体)履行应对气候变化的义务,将国家利益置于次要地位。这一观点实际上偏离了国际关系以国家利益为中心的本质。还有学者在一般缓解义务的基础上提出了有限合作义务,即国家对气候变化采取国际行动以有助于保护该国领土内或管辖范围内的人权为限,国家采取行动的强度取决于与之相关的权利。③ 注意义务是指国家对人权负有积极义务使其免受自己和第三人带来的侵害,因此国家应保护公民免受由公众排放温室气体不断累积而产生的气候变化风险及其可能的严重后果。④

其次,气候变化诉讼中的权利主张类型主要分为:第一,基本人权,如生命权、健康权、食物权、水权等;第二,环境人权,包括健康环境权、气候稳定权等;第三,程序性人权,包括环境信息知情权、公众参与权等;第四,其他人权,如儿童权等。我国学者高利红对气候变化诉讼的请求权基础作了系统性分类,主要包括气候人权,指受气候变化影响的生命权、自由权、安全权、健康权等,洁净、健康环境权,财产权以及气候稳定权,并且主张承认将气候稳定权作为一项单独创设的权利,有助于将气候变化诉讼作为一项独立的案件类型。⑤ 气候稳定权的另一进路在于将现有的宪法

---

① See Sampaio Rômulo & Rocha Armando. Climate change before the European and Inter-American Courts of Human Rights: Comparing possible avenues before human rights bodies [J]. Review of European, Comparative & International Environmental Law, 05 May 2023, 1 - 11.

② See John H. Knox. Report, UN Doc. A/HRC/31/52 (Feb. 1, 2016).

③ See Mayer, B. Climate Change Mitigation as an Obligation Under Human Rights Treaties? American Journal of International Law 2021, 115(3), 409 - 451.

④ 参见张忠利:《应对气候变化诉讼中国家注意义务的司法认定——以"Urgenda Foundation 诉荷兰"案为例》,载《法律适用》2019 年第 18 期。

⑤ 参见高利红:《气候诉讼的权利基础》,载《法律科学(西北政法大学学报)》2022 年第 2 期。

权利进行符合气候正义的解释。① 还有学者主张将《欧洲人权公约》的第3条禁止虐待的规定适用于气候变化诉讼，从第3条本身的内涵和当事人所面临的可预见性风险进行论证。② 也有学者从讨论程序性人权在减缓气候变化方面发挥的作用出发，认为国家应当在气候变化问题决策阶段向公众提供充分而完整的信息，加强透明度并且允许受影响的社区参与，让公众发声。③ 另外，儿童权的背后体现的是代际正义的要求，在气候变化诉讼中，问题的争议在于后代人是否具有相应的权利主张资格。有学者从理论和司法实践两个角度论证了后代人具有提起诉讼资格的代际地位，并援引了印度最高法院的裁决进一步说明诉讼地位还将有可能涵盖到那些尚未出生的人。④ 为了进一步维护、实现代际正义，有学者全面地论述了目前代际正义面临的挑战，并研究了有关代际正义的法律规范以及司法实践，认为有必要设立专门机构实现可持续发展中的代际正义目标。这不仅肯定了儿童以及后代人在诉讼中的法律地位还进一步提高了实现代际正义的要求。⑤

最后，气候变化诉讼在实践中面临着司法上的障碍，主要包括温室气体排放行为性质、受害人地位、政治原则的制约、用尽国内救济措施以及因果关系的证明。温室气体排放的性质一直备受争议，从实践和归责的角度看，国家允许排放温室气体的行为或不加管控的行为是具有风险的危害行为，具有“非法”性质。但也有学者认为无论是《联合国气候变化

---

① 参见杨欣：《气候变化诉讼中的人权论证》，载《人权》2023年第2期。

② See Corina Heri, Climate Change before the European Court of Human Rights: Capturing Risk, Ill-Treatment and Vulnerability, European Journal of International Law, Volume 33, Issue 3, August 2022, Pages 925 – 951.

③ See Kravchenko, S. Procedural rights as crucial tool to combat climate change. Georgia Journal of International and Comparative Law. 2010, 38(3), 613 – 648.

④ See Gonzalez Ricoy Inigo & Rey Felipe. Enfranchising the future: Climate justice and the representation of future generations. Wiley Interdisciplinary Reviews: Climate Change. 2019(10): 1 – 12.

⑤ See Cordonier Segger, M., Szabó, M. & Harrington, A. (eds.). (2021). Intergenerational Justice in Sustainable Development Treaty Implementation: Advancing Future Generations Rights through National Institutions (Treaty Implementation for Sustainable Development). Cambridge: Cambridge University Press.

框架公约》、《京都议定书》还是《巴黎协定》都是在约束排放行为而非禁止,并且承认碳排放权本身是对排放行为"合法性"的承认。这将使气候变化诉讼从根本上缺乏可诉性。① 受害者的地位涉及对受气候变化实际或潜在影响的个人进行识别,是原告有资格提起诉讼的先决条件。但由于气候变化影响的复杂性和未来性,司法机关在确定受害者地位时面临不确定性。有学者对此作出两种判断,一是采用限制性方法,将气候案件等同于国民行动,对受害者仅进行形式主义的审查。二是由司法机关对受害者地位的确定作出统一的说明或者将其与案情相结合进行实质性判断。是否用尽国内救济措施是能否向国际人权法院提起诉讼的重要考量因素,一方面,由于气候变化影响范围之广,将用尽国内救济措施作为向国际人权法院提起诉讼的制约条件,将会对当事人造成不成比例的负担,尤其是对于多个国家受害者联合提起的诉讼。另一方面,如若不考虑是否用尽国内救济措施将削弱国际法院的辅助性作用,缺乏对国内救济的评估和判断。② 政治原则起源于美国,表现为如何应对气候变化相关问题属于行政范畴,基于分权制衡的原则,法院无权干涉行政事项。虽然有关政治原则的探讨开始较早但始终并未形成定论,而基于目前气候变化诉讼发展的势头来看,讨论气候变化到底是政治问题还是法律问题的意义已经不大。因果关系则是基于人权的气候变化诉讼面临的主要障碍之一,不仅关系到确认受害者地位,还关系到能否归责的问题。一方面,有学者提出应当降低程序性障碍使尽可能多的受害者进入司法程序,得到救济。这从根本上否定了因果关系的存在,也正体现出目前司法实践中气候变化诉讼朝着策略性方向发展的趋势。另一方面,还有一些学者尝试建立因果关系,认为各国有义务采取措施,防止包括化石燃料公司在内的导致气候变化的私人行为导致的侵犯人权的行为,这其中隐含的逻辑关系是私人行为导致了气候变化,而气候变化同时又导致了侵犯人权的结果,因此私人行为

---

① See Alexander Zahar. Human Rights Law and the Obligation to Reduce Greenhouse Gas Emissions[J]. Human Rights Review,2022,23(2):1 - 27.

② See Helen Keller,Corina Heri. The Future is Now: Climate Cases Before the ECtHR[J]. Nordic Journal of Human Rights,2022,40(1): 153 - 174.

侵犯了人权。[①] 约翰·诺克斯曾提出用“贡献”的方式代替因果关系，认为由于所有的温室气体都会导致气候变化，因此无论排放到哪里，责任都可以根据各国在全球温室气体排放中所占的份额来分配并划定了1%的排放阈值。[②] 还有学者认为，建立因果关系不应笼统地进行归责，而应当区分历史碳排放和当前的碳排放，应当认识到气候科学是具有高度动态性的领域，人类确定排放能力和预测排放影响的能力在不断发展，重视科学的发展在建立因果关系方面发挥的作用。[③]

此外，简·皮埃尔·高斯（Jean-Pierre Gauci）等人从全球视角探讨了世界各国以及国际法律机制发生的气候变化诉讼。[④] 克莱恩尼克·鲍克利（Kleoniki Pouikli）立足欧洲的气候变化诉讼，重点解读了荷兰、法国、爱尔兰等国家的最新判例，论证了科学在诉讼中的作用以及气候危机的司法化趋势。[⑤] 卡尔森·尼斯卡（Karlsson Niska）将视角聚焦于欧洲人权法院管辖范围内的气候变化诉讼，并认为由于气候变化带来的紧迫性威胁，即使《欧洲人权公约》尚未设定与气候变化的有关义务，受害人也应当向欧洲人权法院提起诉讼。[⑥] 弗朗西斯科·辛迪科（Francesco Sindico）和马克尼·莫里斯·班戈（Makane Moïse Mbengue）基于情景的方法分析了全球气候变化诉讼，尤其包括了亚洲、非洲和拉丁美洲地区的诉讼，讨论了这些地区缺乏诉讼的原因以及推动气候行动的措施。[⑦] 有

---

① See Wewerinke-Singh M. State Responsibility for Human Rights Violations Associated with Climate Change. In: Duyck S, Jodoin S, Johl A (eds) Routledge Handbook of Human Rights and Climate Governance. Routledge, Abingdon UK, 2018: 75 - 88.

② See Knox JH. Linking Human Rights and Climate Change at the United Nations [J]. Harvard Environmental Law Review. 2009, 33(2): 477 - 498.

③ See Alice Venn, Rendering International Human Rights Law Fit for Purpose on Climate Change [J]. Human Rights Law Review, 2023, 23(1).

④ See Climate change litigation: global perspectives [M]. Brill, 2021.

⑤ See Pouikli K. a short history of the climate change litigation boom across Europe [C]//era Forum. Berlin/Heidelberg: Springer Berlin Heidelberg, 2021, 22(4): 569 - 586.

⑥ See Karlsson Niska T. Climate Change Litigation and the European Court of Human Rights-A Strategic Next Step? [J]. The Journal of World Energy Law & Business, 2020, 13(4): 331 - 342.

⑦ See Comparative climate change litigation: beyond the usual suspects [M]. Springer International Publishing, 2021.

学者全面专门分析了作为金融风险的气候变化诉讼。[①] 埃斯坎德尔(Eskander)等人研究了 30 年气候变化立法和诉讼的模式和趋势。数据显示,全球立法活动在 2009 ~ 2014 年达到顶峰,远早于《巴黎协定》。气候变化立法并不像通常认为的那样是一个党派问题:左翼、中间翼和右翼政府通过的气候法律数量与其在任时间大致成正比。在经济困难时期,立法活动会减少以及美国法官更倾向于反对气候保护。[②] Lennart Wegener 认为,《巴黎协定》的透明度标准以及监督审查机制有助于提高气候变化治理的有效性。[③] Chiara Macchi 等人从工商业与人权的视角出发,深入研究了 Milieudefensie et al. v. Royal Dutch Shell 案及其对企业环境和人权责任的影响,认为该案有助于加快《联合国气候变化框架公约》的谈判进程。[④] 就目前的趋势来看,越来越多的学者投入气候变化诉讼的研究中,主要表现为以诉讼为基础的案例分析、比较分析和实证分析。

(二)学术价值

适应是发展中国家应对气候变化更为迫切的任务,然而目前学者对适应的法律分析很不充分。应对气候变化的对策包括减缓和适应两种主要措施。减缓是指温室气体的减排与增汇,适应是"通过调整自然和人类系统以应对实际发生或预估的气候变化或影响"。二者相辅相成,缺一不可。因为发展中国家现有温室气体排放水平较低,又处于工业化和城市化的历史发展阶段,对能源的需求较大,减排是长期、艰巨的任务,所以气候变化对发展中国家的不利影响更为突出,因此适应更具有现实性和紧迫性。近年来对尝试通过人权机制解决气候变化应对

① See Solana J. Climate change litigation as financial risk[J]. Green Finance,2020,2(4):344 - 372.

② See Eskander S,Fankhauser S & Setzer J. Global lessons from climate change legislation and litigation[J]. Environmental and Energy Policy and the Economy,2021,2(1):44 - 82.

③ See Wegener L. Can the Paris Agreement Help Climate Change Litigation and Vice Versa? Transnational Environmental Law. 2020;9(1):17 - 36.

④ See Macchi C, van Zeben J. Business and human rights implications of climate change litigation: Milieudefensie et al. v Royal Dutch Shell[J]. Review of European, Comparative & International Environmental Law,2021,30(3):409 - 415.

的法理基础进行质疑与批评的文献,主要针对其适用于减缓措施所产生的法律障碍。本书着眼于人权方法对适应措施的应用具有理论上的新颖性和针对性。

(三)应用价值

中国幅员辽阔、资源禀赋迥异、气候多样,是遭受气候变化负面影响最为严重的地区之一。近年来,极端天气和气候灾难频发,对人民的生命和财产造成巨大的损害,尤其是弱势群体适应气候变化的能力较弱,受气候变化造成的人权损害最为严重,人权法救济途径或可成为应对气候变化损害的一条可行路径。

中国在国家政策的顶层设计中提出"加强人权法治保障"①,"引导应对气候变化国际合作,成为全球生态文明建设的重要参与者、贡献者、引领者"。② 改革开放以来,中国人权事业取得举世瞩目的成就。"国家尊重和保障人权"的庄严承诺被写入《宪法》。同时,在气候变化的国际舞台上中国发挥着举足轻重的作用,并积极推进生态文明建设,保障公民环境权利。通过人权法救济途径应对气候变化不仅契合党和国家政策、法律发展的方向,而且对我国未来第四期"国家人权行动计划"和"气候变化应对法"具有参考意义,有助于我国实现2030年可持续发展目标。

二、研究内容

(一)研究对象

本书旨在梳理气候变化对于人权的负面影响,比较人权机制适用于应对气候变化的减缓与适应措施的差异,论证人权机制更加适合解决适应措施中可能或已经产生的人权侵犯、损害和救济,厘清国家适应气候变化所应承担的人权责任的性质与范围,并对其进行类型化分析,构建人权法对于国家适应气候变化的预防机制、问责机制和救济机制,以期在国家

---

① 习近平:《坚定不移走中国人权发展道路,更好推动我国人权事业发展》,载《求是》2022年第12期。

② 习近平:《决胜全面建成小康社会 夺取新时代中国特色社会主义伟大胜利》,人民出版社2017年版,第6页。

利益与全球环境正义之间求得平衡(见图1)。

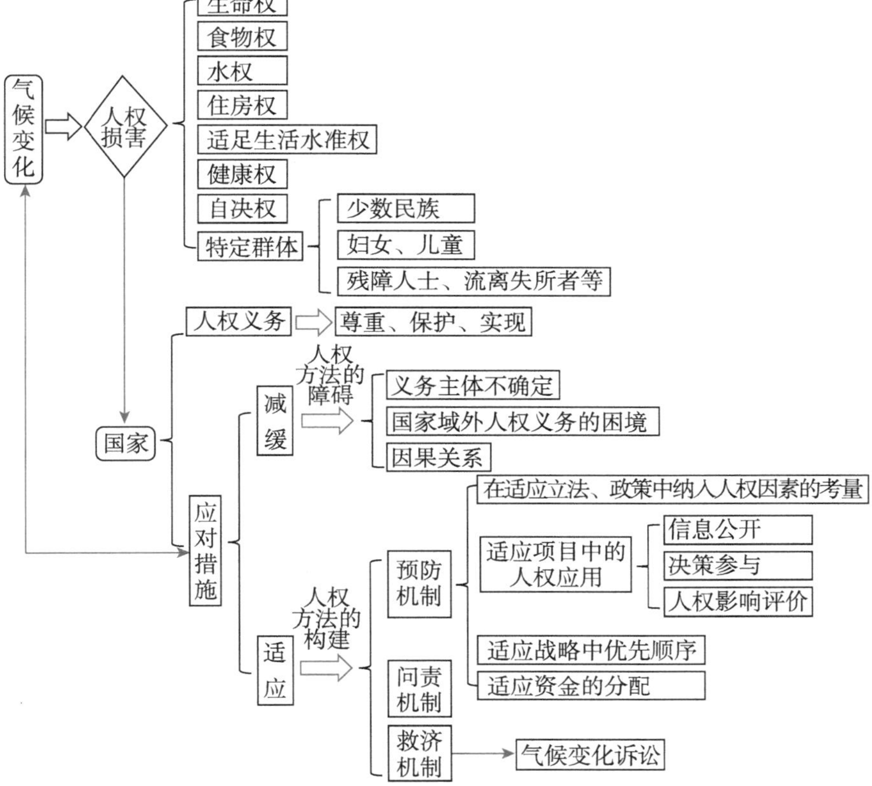

图1 气候变化影响汇总

(二)总体框架

第一部分为概念阐释与法理定位。本部分主要结合环境法学和人权法学部分理论,对课题所涉基本概念(如减缓、适应、气候变化损害、人权影响评价等)进行阐明和解释,明确其法律内涵。

第二部分阐述适应气候变化中的人权方法。本部分探讨气候变化对人权造成的负面影响以及人权损害的类型和特点。全面梳理气候变化对生命权、食物权、水权、住房权、适足生活水准权、健康权、自决权的影响,尤其是对妇女、儿童、少数民族、残障人士、流离失所者等特定群体的负面影响。深入探讨了将基于人权的方法纳入适应气候变化的路径。

第三部分分析适应气候变化的人权义务的法理基础。在厘清应对气候变化的减缓与适应措施的法律含义的基础上，本部分分析适应气候变化的人权义务性质，论证适应气候变化对于国家而言是一种积极义务、行为义务、程序义务和实质性义务。本部分还分层次阐明了适应气候变化义务的类型以及企业在适应气候变化中的人权责任。

第四部分梳理和总结国家适应气候变化的人权法律与政策。首先，本部分对于全球范围内国家的适应气候变化政策进行量化分析，发现国家适应气候变化政策在实施中的局限性。继而，本部分从五个方面针对局限性提出了在国家适应气候变化政策中纳入人权要素的策略。

第五部分研究分析了适应气候变化中对于脆弱群体的保护。本部分聚焦于气候变化对于脆弱群体的影响，包括儿童权利、妇女权利、老年人权利、残疾人权利、少数族裔权利、土著人权利以及难民和流离失所者的权利，针对上述脆弱群体开展案例和策略应对分析。

第六部分从司法角度探究气候适应诉讼现存障碍和解决路径。通过对适应类案例分析，笔者发现此类诉讼在程序方面存在原告诉讼资格难以认定、法院缺乏可救济性和其他受理性障碍，在实体法方面存在权利基础、因果关系和域外人权义务的争议性问题。

第七部分为中国适应气候变化的人权策略。本部分讨论了我国面临的气候变化风险，探讨人权法视野下中国适应气候变化的策略，探究我国气候变化司法保障的现实状况，并提出针对性建议。

（三）重点难点

1. 本书的重点是阐明适应气候变化的法律意义，区别减缓与适应两种措施的法律内涵，构建国家适应气候变化的预防、问责和救济机制，明晰国家适应气候变化的人权责任的性质与条件。

2. 气候变化的历史责任主要在发达国家，而受气候变化负面影响最为严重的弱势群体通过人权方法追究的往往是其所在的发展中国家的责任，如果不加甄别一概而论，有悖环境正义。

3. 气候变化与人权的国际机制演变过程中的不确定性。国际气候变化条约谈判进展缓慢，缔约方在落实《巴黎协定》的具体措施方面分歧较大。尽管《坎昆协议》中写入了"缔约方应在所有气候变化相关行动中完全地尊重人权",但之后将人权义务和原则并入气候政策的实质性进展并不大。反观联合国人权理事会的系列决议(HRC 7/23、HRC 10/4 与 HRC 26/27、HRC 29/15)在文本和用语上的微妙变化,客观上反映了国际社会尽管一致认同气候变化对人权造成了严重的影响,但在如何利用人权机制解决气候变化问题的具体方法上尚未达成共识。

(四)主要目标

本书旨在沟通人权法与气候变化法两个学科,试图在二者之间建立起对话和互通的机制,探讨运用人权法的制度和方法去解决气候变化适应措施中已经或将来所造成的人权侵犯、损害以及救济措施的可能性,分析国家在其中应承担的人权责任或义务的属性、类型与范围,明确在何种条件下国家对于适应气候变化措施具有法律意义上的义务,平衡国家利益与全球环境正义。

三、思路方法

(一)基本思路

适应气候变化不是单纯的科学技术问题,无论是法律与政策层面的应对还是能力建设与灾难防治,其出发点与归宿都应是人,而不应仅仅停留在技术或资金层面,根本目的是在国家适应气候变化过程中,人权得到切实的尊重和保障。人权机制应用于气候变化的适应措施,能够避免减缓措施所无法克服的归责困境,明晰国家承担人权责任的性质和范围,最大可能地实现环境正义。

(二)研究方法

1. 比较方法。"共同但有区别的责任"原则是应对气候变化的国际法律制度的基石。发达国家与发展中国家分别承担不同的气候责任。发达国家适应气候变化人权机制,可为我国提供一定的参考。

2. 跨学科的研究方法。本书综合运用气候变化的国际法和人权法等多学科的理论和方法,国际政治和环境科学的研究方法也起到了辅助作用。国际政治学科中的新现实主义理论中国家利益分析方法对于气候变化国际机制的演变很有启发;环境科学又为本书中的关键概念(如减缓与适应)的澄清提供了科学背景。

3. 个案研究方法。本书分析欧美国家已经出现的大量基于人权的气候变化诉讼,从中探求规律性的适用条件,并结合我国的具体情况,展开个案研究。

第一章　气候变化适应概述

脆弱性加剧了气候变化的负面影响，成为气候变化适应行动的现实基础和法律基础。在概念上，从科学层面和法律层面理解气候适应有利于确定和开展相应的气候适应行动。在历史演变中，气候适应机制经过了早期缓慢发展阶段、科学和技术讨论阶段、适应与减缓并重阶段、增强适应行动阶段以及全面适应行动阶段。目前全球层面上，各地仍然存在适应差距，应当加强对气候适应策略、行动与执行的研究。

第一节　脆弱性与气候适应

气候变化对人类造成了广泛的不利影响。近年来发生的大规模气候变化导致全球冰层持续减少、海洋热含量增加、海平面上升和海洋酸化加剧。[①] 而气候脆弱性在一定程度上加剧了气候变化的影响与风险。脆弱国家和社区因适应能力较弱、缺乏基础设施

① See IPCC, Climate Change 2021 – The Physical Science Basis, p. 43.

和资金等因素,往往受到更严重的损害。①

一、气候风险

风险被定义为对人类或生态系统造成不利后果的可能性,同时需考虑到与此类系统相关的价值观和目标的多样性。当气候变化造成的不利影响造成大范围破坏,并导致社区或社会的正常运行出现严重改变时,这些影响则被视为风险灾害。

在气候变化影响的背景下,风险是由气候相关危害与受影响的人类或生态系统的暴露和脆弱性之间的动态相互作用产生的。在应对气候变化的背景下,风险源于此类应对措施可能无法实现预期目标或潜在的权衡或负面副作用。风险管理被定义为基于评估或感知的风险,减少不良潜在后果的可能性和/或严重程度的计划、行动、战略或政策。② 关键风险是指那些与《联合国气候变化框架公约》第 2 条中描述的"气候系统受到危险的人为干扰的水平"相关的潜在严重影响。成为关键风险由于灾害的高危险性或由于暴露于灾害下的社会和系统的高脆弱性,或二者兼有。③

气候风险首先表现为极端天气事件频发。在北美地区,大部分经济部门和人类系统受到极端天气的影响并做出应对,这些极端天气包括飓风、洪水和强降雨。极端高温事件增加了发病率和死亡率,事件的影响因年龄、地域和社会经济因素的不同而不同。④ 1970 年至 2021 年,极端天

---

① See United Nations Climate Change Annual Report 2022, p. 8.

② See Intergovernmental Panel on Climate Change (IPCC). Climate Change 2022 – Impacts, Adaptation and Vulnerability: Working Group II Contribution to the Sixth Assessment Report of the Intergovernmental Panel on Climate Change[R/OL]. (2022 – 02 – 28)[2024 – 06 – 17], p. 43. https://report.ipcc.ch/ar6/wg2/IPCC_AR6_WGII_FullReport.pdf.

③ See Intergovernmental Panel on Climate Change (IPCC). Climate Change 2014 – Impacts, Adaptation and Vulnerability: Working Group II Contribution to the Sixth Assessment Report of the Intergovernmental Panel on Climate Change[R/OL]. (2014 – 11 – 02)[2024 – 06 – 17], p. 59. https://www.ipcc.ch/site/assets/uploads/2018/02/WGIIAR5-FrontMatterA_FINAL.pdf.

④ See Intergovernmental Panel on Climate Change (IPCC). Climate Change 2014 – Impacts, Adaptation and Vulnerability: Working Group II Contribution to the Sixth Assessment Report of the Intergovernmental Panel on Climate Change[R/OL]. (2014 – 11 – 02)[2024 – 06 – 17], p. 45. https://www.ipcc.ch/site/assets/uploads/2018/02/WGIIAR5-FrontMatterA_FINAL.pdf.

气、气候和水事件引起的灾害达到 11, 778 个,造成超过 200 万人死亡,经济损失达 4. 3 万亿美元。

其次表现为气候变化威胁人类健康和安全。极端高温事件的增加导致人类死亡和发病。与气候相关的食源性疾病和水媒疾病的发生率以及病媒传播疾病的发病率均有所上升。在非洲、亚洲、北美洲、中美洲和南美洲,极端气候和天气越来越多地导致人们流离失所,而加勒比海和南太平洋的小岛屿发展中国家相对于其较小的人口规模受到了不成比例的影响。比如,由于更强烈的热浪和火灾,伤亡和患病的可能性更大。脆弱群体还面临失去工作能力,劳动生产率降低的风险。对于最贫穷、健康情况最糟糕的群体,他们受到气候变化对健康的影响尤为严重。此外,气候变化在破坏人类生计、危害人类的文化和身份认同、迫使人们流离迁徙、削弱国家提供保障安全必要条件的能力多个方面产生负面影响。文化实践建立在叙事、世界观、身份认同等之上,气候变化将导致人们失去土地和迁移,或可威胁人们的文化实践。① 气候变化增加人类的迁移,尤其低收入的发展中国家面临更大的迁移风险。气候变化通过放大冲突驱动因子,可间接增加内战和群体间的暴力冲突风险。②

最后还表现为气候风险通过灾害影响了经济与粮食安全。近 20 年来,极端高温事件数量的影响和损害在各个系统、地区和部门之间均有分布。气候变化对农业、林业、渔业、能源和旅游业等易受气候影响的部门造成了经济损失。人类的生活也受到影响,如房屋和基础设施被毁,财产和收入、人类健康和食品安全受到损失。对于大多数经济部门而言,非气候驱动因素如生活方式、人口等的影响相对于气候变化的影响更大。气

---

① See Intergovernmental Panel on Climate Change (IPCC). Climate Change 2022 - Impacts, Adaptation and Vulnerability: Working Group II Contribution to the Sixth Assessment Report of the Intergovernmental Panel on Climate Change[R/OL]. (2022 - 02 - 28)[2024 - 06 - 17], p. 72. https://report. ipcc. ch/ar6/wg2/IPCC_AR6_WGII_FullReport. pdf.

② See Intergovernmental Panel on Climate Change (IPCC). Climate Change 2022 - Impacts, Adaptation and Vulnerability: Working Group II Contribution to the Sixth Assessment Report of the Intergovernmental Panel on Climate Change[R/OL]. (2022 - 02 - 28)[2024 - 06 - 17], p. 73. https://report. ipcc. ch/ar6/wg2/IPCC_AR6_WGII_FullReport. pdf.

候变化可能影响管道和电网的结构完整和可靠性，也将影响旅游景区尤其是滑冰场所、海边度假区和自然景区，引起旅游业的供需变化，带来经济影响。此外，气候变化潜在地影响着粮食安全的各个方面，包括粮食的获取、利用和价格稳定。如果缺乏适应措施，当局地温度相比20世纪后期水平升高2℃或更高时，气候变化将对热带和温带地区的主要作物产生负面影响。在许多地区，降水变化和冰雪融化正在改变水文系统，影响水资源量和水质。在气候和非气候因素的共同作用下，目前全球约有一半人口至少在一年中的部分时间里严重缺水。

二、脆弱性

脆弱性是风险的一个构成，同时也是人们关注的重点。根据政府间气候变化专门委员会（IPCC）的报告，脆弱性是指遭受有害影响的趋势，它所包含的概念和元素包括对损害的敏感性或易感性、反应和适应能力的缺乏。早期的研究侧重于生物物理学评价，逐步重视脆弱性及其社会影响。易受伤害的程度在不同的群体中以及在不同的社会中是不同的，而且会随时间而异。① 暴露是指人类生存方式、物种或生态系，环境职能、服务与资源，在该地区或该地区的经济、社会或文化财产，这些财产有可能受到负面的影响。可以从地域或者更加动态的角度来界定可能受到影响的场所和环境，比如通过市场或者人们的移动方向或者将二者联系起来。②

脆弱性是影响社会和社会承受气候变化影响的重要因素。气候变化脆弱性是一个多维度、动态性的过程，它是一个由历史与当代政治、经济、

① See Intergovernmental Panel on Climate Change (IPCC). Climate Change 2022 – Impacts, Adaptation and Vulnerability: Working Group II Contribution to the Sixth Assessment Report of the Intergovernmental Panel on Climate Change[R/OL]. (2022 – 02 – 28)[2024 – 06 – 17]. https://report. ipcc. ch/ar6/wg2/IPCC_AR6_WGII_FullReport. pdf.

② See Intergovernmental Panel on Climate Change (IPCC). Climate Change 2022 – Impacts, Adaptation and Vulnerability: Working Group II Contribution to the Sixth Assessment Report of the Intergovernmental Panel on Climate Change[R/OL]. (2022 – 02 – 28)[2024 – 06 – 17]. p. 43. https://report. ipcc. ch/ar6/wg2/IPCC_AR6_WGII_FullReport. pdf.

文化交织而成的、多维的、动态的过程。经济高度不平等的社会更不容易适应气候变化。全世界有33亿人口居住在高度易受气候变化影响的地区。[①] 人类活动模式、城市化进程和社会经济环境变化共同作用于其脆弱性。例如,尽管无论是发达国家还是发展中国家,无论是小岛屿还是大面积的三角洲,抑或是山区,都受到了极端天气的影响,然而,不同地区和不同国家的脆弱性也各不相同。在发展中国家,快速的城市化进程和巨大的城市建设使脆弱的都市群体不断增加,尤其是在非正式居民点以及缺乏有效的用地管理区域。未来人地关系的脆弱性、暴露度和人类对环境的反应具有极大的不确定性,这就要求在进行风险评价时充分考虑各种不同的社会—经济情境。

第二节　气候适应的概念辨析

作为核心概念,首先应当明确适应在科学层面和法律层面的不同含义,进而界定适应措施的范围与性质。当前的研究表明,气候适应措施可以从时间框架和措施性质两方面划分。此外,还应当进一步阐明气候适应与气候减缓、损失损害机制以及国家自主贡献(NDCs)之间的关系,以明确气候适应在气候变化应对体系中的性质与地位。

一、气候适应的定义与分类

在科学层面,气候适应可分为预期适应与反应适应、自主适应与计划适应,以及增量适应与变革性适应,而且整个适应过程注重实践性和可操作性。在法律层面,气候适应主要涉及法定义务与权利、国际合作与支持、透明度与问责机制、人权与气候正义和制度与政策保障。就适应措施

---

① See Intergovernmental Panel on Climate Change (IPCC). Climate Change 2022 – Impacts, Adaptation and Vulnerability: Working Group II Contribution to the Sixth Assessment Report of the Intergovernmental Panel on Climate Change [R/OL]. (2022 – 02 – 28) [2024 – 06 – 17]. p. 52. https://report.ipcc.ch/ar6/wg2/IPCC_AR6_WGII_FullReport.pdf.

而言，适应气候变化需要降低脆弱性，而各个管理层面的适应措施与实施取决于社会价值观、目标和风险认知，为提高不同群体的气候适应能力，需改变不同群体的社会价值观、目标和风险认知。

（一）气候科学层面的气候适应

适应是国际社会应对气候变化进程的核心方法之一。在 IPCC 第五次评估报告（AR5）中，适应是指自然界或人为系统为了减少灾害所采取的一种适应性行为，它包含增量适应性和转换性适应性两个方面。增量适应是指为了保持某一尺度上的某一系统或过程的性质与完整性而采取的一种适应性行动，而转换适应则是为了应对环境及其效应所采取的一种适应性行动。

在 IPCC 第六次评估报告（AR6）中，适应的定义和分类都被进一步拓展。在 IPCC 第六次评估报告中，适应为旨在在人类系统中减轻危害或利用有利机会，以应对实际或预期的气候及其影响的过程。在自然系统中，适应是对实际气候及其影响进行调整的过程，而人为干预可能会促进这一适应过程。在应对气候变化的过程中，人类系统的适应规划通常需要一个迭代的风险管理过程。① 适应在类型上，分为预期适应与反应适应、自主适应与计划适应，以及增量适应与变革性适应。预期适应是基于对未来气候变化的预期而采取的措施，而反应适应则是对已经发生的气候变化影响的反应。自主适应是自然或社会系统在没有明确政策干预的情况下所做出的调整，而计划适应是通过政策和计划来主动管理和实施的。增量适应涉及对现有系统的小幅改进，而变革性适应则需要对系统进行根本性和深层次的改变。总体上，气候科学层面的气候适应强调高度实践性和应用性，其核心是通过科学研究和技术创新，提供有效的适应策略和解决方案，帮助社会各界应对气候变化的挑战。

① See Intergovernmental Panel on Climate Change（IPCC）. Climate Change 2022 – Impacts, Adaptation and Vulnerability：Working Group II Contribution to the Sixth Assessment Report of the Intergovernmental Panel on Climate Change［R/OL］.（2022 – 02 – 28）［2024 – 06 – 17］. p. 43. https://report. ipcc. ch/ar6/wg2/IPCC_AR6_WGII_FullReport. pdf.

(二)法律层面的气候适应

在国际法律层面,气候适应被定义为各国和国际社会通过立法、政策和实践来调整社会、经济和环境系统,以应对气候变化的影响,减少其负面效应,并维护人类福祉和生态系统健康的过程。国际法律框架下的气候适应主要涉及法定义务与权利、国际合作与支持、透明度与问责机制、人权与气候正义和制度与政策保障。

在法定义务与权利的层面,国际法律框架明确了各国在气候适应方面的责任和义务。主要文件如《联合国气候变化框架公约》和《巴黎协定》,规定各缔约方应采取适应措施,减缓气候变化对国家和人民的影响。这些法律文件强调各国有义务保护其公民免受气候变化的危害,并确保适应措施的公平性和有效性。

在国际合作与支持层面,各国特别是发达国家被要求通过技术转让、资金支持和能力建设,帮助发展中国家和最脆弱的国家提高气候适应能力。《巴黎协定》特别强调通过全球适应目标(GGA)和国家自主贡献框架,促进国际社会的合作与协同,确保资源和知识的共享。

在透明度与问责机制层面,国际法律框架强调适应行动的透明度和问责机制。缔约方需定期提交适应计划和进展报告,确保适应措施的实施符合国际标准,并对措施的有效性进行评估。通过国家沟通报告(NCs)和透明度两年期更新报告(BURs),缔约方需向《联合国气候变化框架公约》秘书处报告其适应行动和成果。

在人权与气候正义层面,国际法律层面的气候适应还强调保护人权和实现气候正义。适应措施应尊重和保障基本人权,特别是对特定群体,如妇女、儿童、老年人、少数族裔和难民的权利的保护。法律框架下,气候适应应确保这些群体在适应过程中获得公平待遇,并有权参与相关决策过程。

在制度与政策保障层面,国际法律要求各国建立和完善国内适应政策和法律框架,以保障适应措施的有效实施。例如,各国需制定国家适应行动方案(NAPA),并将气候适应纳入国家发展战略和规划,确保法律和政策的协调和一致。

气候适应被系统地嵌入了国际条约、协议和协定中,明确了各国在适应气候变化中的义务和责任。这一法律框架不仅要求各国采取具体的适应行动,还强调国际合作与支持、透明度与问责机制,以及人权保护与气候正义的实现。通过这些法律机制,国际社会致力于构建一个公平、有效和可持续的全球气候适应体系,帮助所有国家和人民应对气候变化带来的挑战。

(三)气候适应措施及类型

适应按照适应行动的时间期限可以分为长期适应(long term adaptation)、中期适应(medium term adaptation)、近期适应(recent adaptation)和应急适应(emergency adaptation)四大类。[①] 以下对四种适应仅在时间范围内粗略地进行了分类,相邻类型间没有明确的界线,适应措施较为宏观,注重战略、政策等。随着时间的推移,适应性应对变得更微观,更多的是战术、技术手段,更注重可行性和可操作性。

1. 长期适应。长期适应是指针对未来可能出现的气候情景制定适应战略、编制长期适应规划、启动基础工程建设计划、修订相关技术标准、开展适应机制与技术途径的预研究等,时间尺度约几十年,有些重大工程建设甚至需要考虑到未来上百年的气候变化。由于未来较长时期的气候变化具有很大的不确定性,对于制定的适应规划与基础性工作要结合气候变化跟踪监测结果不断修订和调整,特别是对于气候变化的复杂和深远的影响。

2. 中期适应。中期适应是指针对未来一二十年气候变化所采取的适应措施。由于气候变化具有很大的惯性,人们对于未来一二十年的气候变化状况预估的不确定性相对较少,可以制订出比较明确的适应规划或计划,采取针对性较强的适应措施。如农作物的育种需要几年的周期,树木的育种周期更长。需要根据气候变化趋势调整育种目标,使新培育的

---

① 参见郑大玮、潘志华:《长期、中期、近期和应急等不同时间尺度的适应有什么区别和联系?》,载微信公众号“气候变化与适应”2024 年 3 月 26 日,https://mp. weixin. qq. com/s/L0Nx-5TMe4MkMj1jILXRQA。

品种能够适应未来一二十年的气候环境。又如,未来一二十年华北缺水的基本状况不会改变,必须继续实施南水北调工程和完善运行管理。

3. 近期适应。近期适应主要是针对过去已经发生的气候变化造成的影响,这种影响在近期仍将延续。要制订明确的适应行动计划,确定优先适应项目,对比较成熟和有效的适应措施进行总结、提炼,并在今后几年内推广。

4. 应急适应。应急适应主要是针对极端天气气候事件以及由气候变化引起的其他灾害事件的新特点,建立监测预警和应急响应机制,进行风险评估和隐患排查,编制应急预案,组织应急救援和采取补救措施等。

此外,因应对气候变化具有多样性和复杂性,相应地,措施也具有多样性,从性质上可以将其分为工程和结构措施、生态系统和自然措施、社会经济和政策措施以及技术和创新措施,通过多种手段来增强社会和生态系统的适应能力,有效减少气候变化带来的负面影响。

1. 工程和结构措施。工程和结构措施是通过物理手段来抵御气候变化的影响。例如,建设防洪堤坝和海堤可以有效防止海平面上升和暴风潮的侵袭。荷兰的 Delta Works 就是一个著名的防洪系统,通过一系列的堤坝和防波堤来保护低洼地区免受洪水威胁。此外,改进城市供水和排水系统也是重要的工程措施。中国的“海绵城市”计划通过安装透水路面和地下蓄水池来提高城市的排水能力,减少内涝风险。在农业领域,采用先进的灌溉技术如以色列的滴灌系统,可以大幅提高水资源利用效率,帮助农田应对干旱和水资源短缺。

2. 生态系统和自然措施。生态系统和自然措施通过恢复和保护自然环境来增强适应能力。例如,湿地恢复和红树林种植是重要的生态措施。孟加拉国通过恢复红树林,不仅减少了风暴潮对沿海地区的冲击,还保护了当地的生物多样性。植树造林也是一项关键措施,在城市中种植更多树木和增加绿地,可以降低城市热岛效应,改善空气质量。同时,建立保护区和野生动物走廊,如非洲的大象走廊项目,能够帮助动物在气候变化中迁徙,并保护生态系统的完整性和多样性。

3. 社会经济和政策措施。社会经济和政策措施侧重于通过制定政策、提高公众意识和提供经济支持来增强适应能力。各国政府制定了国家适应行动方案,如欧盟的气候适应战略,明确应对气候变化的具体行动和目标。地方政府也制定了区域性的适应措施,美国纽约市便有“气候适应规划”。此外,有国家通过社区教育项目和学校教育,提高公众和下一代对气候变化的认识和应对能力。澳大利亚的“社区防灾项目”通过培训和工作坊,增强社区的适应能力。提供经济支持和补贴也是重要的政策措施,有国家通过农业补贴和保险,帮助农民应对气候变化带来的风险,同时提供灾后重建资金,如美国联邦紧急措施署的灾后援助,帮助受灾社区快速恢复。

4. 技术和创新措施。技术和创新措施通过研发和推广新技术来提高适应能力。例如,开发耐旱作物和节水灌溉技术,可以显著提高农业的适应能力。印度通过基因工程和传统育种方法开发了耐旱小麦品种,澳大利亚推广节水灌溉技术,提高了水资源利用效率。提升预警系统和气候监测技术也是关键措施。建立和完善气象监测网络和早期预警系统,如印度的海啸预警系统,可以提高天气预报的准确性和及时性,减少自然灾害对人群的影响。

二、气候适应与相关概念的关系

(一)气候适应与气候减缓

在气候治理层面,气候减缓和气候适应是两个不同的行动领域。两者的侧重点、时间框架上都有不同。气候减缓关注气候变化的长期影响和节能减排的经济可行性,旨在减少温室气体排放或是增加碳汇的人类干预。减缓的目标是避免人类对地球气候的重大干扰,“在足够的时间内稳定温室气体水平,使生态系统能够自然适应气候变化,确保粮食生产不受威胁,并使经济能够以可持续的方式发展”。气候适应既瞄准现实的也针对预期将发生的气候变化及其影响,意味着适应气候变化中的生活,包括适应实际或预期的未来气候。它既关注人类系统,亦关切自然系统,具有前瞻性且能主动趋利避害。① 气候适应更关注减小气候风险和脆弱

① 参见胡玉坤、马玉荣:《全球气候治理中适应与减缓长期失衡的后果与前景》,载《环境社会学》2023 年第 2 期。

性,增强气候恢复能力,以及开发潜在的发展机会。气候适应目标是减少气候变化的有害影响,如海平面上升、更严重的极端天气事件或粮食不安全带来的风险。

在适用方法上,气候适应是在人类系统中,对实际或预期的气候及其影响做出调整的过程以减轻损害或利用有利的机会;在自然系统中,对实际或预期的气候及其影响做出调整的过程。适应措施会通过基础设施调整、农业适应、水资源管理、健康保护、城市规划实现目标。减缓措施可以通过减少温室气体的来源(如增加可再生能源的份额或建立更清洁的交通系统)或通过增加温室气体的储存(如增加森林的面积),通过能源转型、提高能效、碳捕获与封存、植树造林、改变农业和土地使用措施实现目标。

减缓和适应气候变化的协同作用对可持续发展至关重要。可行的综合减缓和适应解决方案可以针对特定地点进行定制,并对其有效性进行监测,同时避免与可持续发展目标发生冲突并管理风险和权衡。① 协同和权衡不仅取决于发展背景,包括不平等现象,并考虑到气候正义,还取决于实施手段、部门内和部门间的互动、国家和地区之间的合作、减缓行动的顺序、时机和严格程度、治理和政策设计。对于机构、技术和财政能力有限,社会、人力和经济资本受限的发展中国家、弱势群体和土著人民来说,最大限度地发挥协同作用和避免权衡取舍尤其具有挑战性。可以通过重视能力建设、资金、治理、技术转让、投资以及发展和社会公平,并让土著人民和弱势人群切实参与进来,来评估和尽量减少权衡。在就业、水资源利用、土地利用竞争和生物多样性,以及能源、食物和水的获取和可负担性方面的权衡,可以通过实施良好的基于土地的减缓方案来避免,特别是那些不威胁现有可持续土地利用和土地权利的方案,尽管需要更多的综合政策实施框架。生物能源和其他生物产品的可持续性受原料、土地管理实践、气候区域、现有土地管理背景以及部署的时间、规模和速

① See Intergovernmental Panel on Climate Change (IPCC). Climate Change 2022 – Impacts, Adaptation and Vulnerability: Working Group II Contribution to the Sixth Assessment Report of the Intergovernmental Panel on Climate Change[R/OL]. (2022-02-28)[2024-06-17]. p. 41. https://report.ipcc.ch/ar6/wg2/IPCC_AR6_WGII_FullReport.pdf.

度的影响。

（二）气候适应与国家自主贡献

国家自主贡献是《巴黎协定》下各国为应对气候变化所自愿提出的减排和适应目标和行动计划。国家自主贡献不仅是实现全球减排目标的关键工具，也是推动各国实施气候适应措施的重要途径。国家自主贡献是各国根据自身国情自主设定的气候行动计划，包含减排目标和适应措施。《巴黎协定》要求缔约方每五年提交更新的国家自主贡献，逐步提高气候行动的雄心和力度。国家自主贡献包括两部分内容——气候减缓和气候适应。减缓部分主要涉及温室气体减排目标和具体措施；适应部分则关注提高国家和社区对气候变化的应对能力和韧性。

气候适应是国家自主贡献中的重要组成部分。国家自主贡献中的气候适应部分通常包括四项内容。一为脆弱性评估，评估国家和社区在气候变化面前的脆弱性和风险。二为适应目标，指设定具体的适应目标，如减少气候灾害损失、提高水资源管理能力等。三为适应措施，列出具体的适应行动计划，如修建防洪设施、推广耐旱作物等。四为关注资源需求，明确实施适应措施所需的资金、技术和能力建设支持。国家自主贡献作为促进气候适应的政策工具，提供了一个系统化框架，使各国能够将适应行动纳入国家气候政策中，通过明确的目标和措施，提升适应能力。例如，许多国家在国家自主贡献中详细列出了农业、水资源、健康和基础设施等领域的适应行动计划，推动这些领域的气候适应工作。

同时，国家自主贡献也提高了适应行动的透明度与可监测性。国家自主贡献要求各国定期提交和更新适应行动计划，并报告其进展情况。这一机制提高了适应行动的透明度和可监测性，有助于国际社会对各国适应进展的了解和监督，促进经验交流和技术合作。国家自主贡献起到动员适应资金与技术支持的作用，其明确的适应目标和措施，有助于各国争取国际气候资金和技术支持。例如，绿色气候基金（GCF）等国际金融机构可以根据国家自主贡献中的适应需求，为发展中国家提供资金和技术援助，支持其实施适应行动。国家自主贡献也增强了适应与减缓行动的协同效应。国家自主贡献将适应和减缓结合在一个整体框架中，有助于各国在实施气候行动时，统筹考虑两者之间的协同效应。例如，发展可再生能源不仅可以减少温室气体排放，还能提高能源安全性和减少人类应对气候变化的脆弱性。

国家自主贡献作为《巴黎协定》下的重要工具，不仅推动了全球减排行动，也为缔约方实施气候适应措施提供了框架和动力。通过国家自主贡献，缔约方能够系统化地制定和实施适应行动，提高气候适应能力，保障脆弱群体的人权和福祉。然而，资金、技术和数据等方面的挑战依然存在，国际社会需要加强合作，共同推进气候适应的全面实现。

（三）气候适应与损失损害

气候损失和损害（L&D）指的是气候变化导致的不可避免和无法适应的负面影响。这些影响可以是直接的物理损害（如极端天气事件造成的基础设施破坏）或间接的社会经济影响（如迁徙和生计丧失）。根据《联合国气候变化框架公约》的定义，“气候损失和损害”指由于人为引起的气候变化，包括更频繁和更强烈的极端气候事件以及缓慢发生事件，这些气候事件超出了自然系统和人类本身的适应能力，对自然系统和人类造成了不可逆的影响。① 损失损害机制的主要目标是解决那些通过减缓和适应措施无法避免的气候变化影响，包括赔偿和补偿受影响群体的损失。损失损害机制关注的是在气候变化造成实际损害后的响应和恢复措施，主要分为经济和非经济两类。经济损失和损害包括可赋予货币价值的影响，如对基础设施的破坏或收入或生产力的损失。非经济损失和损害是指一系列不易确定货币价值且通常不受市场交易影响的结果。它们包括生命、健康、权利、领土、文化遗产、土著社区或地方知识、生物多样性损失和生态系统服务损失。

1. 损失损害机制与气候适应的异同点

气候适应与损失损害机制在措施、时间期限、责任与补偿三方面存在差异。从措施侧重的方面看，气候适应侧重于预防，通过提前采取措施减轻未来气候变化的影响。适应行动包括改善农业技术、建设防洪设施和

---

① See United Nations Framework Convention on Climate Change, UNFCCC.

提高社区意识等。而损失损害机制则是应对已发生的气候变化损害,涉及灾后恢复、补偿和重建等。从时间期限的方面看,适应措施通常是长期性的,旨在持续提高应对气候变化的能力。损失损害机制则更加关注即时和短期的响应,处理气候事件发生后的直接损失和后续恢复。从责任与补偿的方面看,在适应中,各国根据自身国情和能力制定适应策略,强调自主行动和国际合作。而损失损害机制则涉及更复杂的国际责任问题,特别是发达国家与发展中国家之间的历史责任和公平正义问题,要求发达国家提供资金和技术支持,补偿发展中国家因气候变化造成的损失。

气候适应和损失损害机制是气候变化应对策略的两个重要组成部分。有效的适应措施可以减少气候损失和损害的发生概率和严重性。例如,改进基础设施建设和防灾措施,可以减少极端天气事件造成的损失。两者都致力于减少气候变化对人类和自然系统的负面影响,提高社会的韧性和应对能力。适应措施侧重于预防和减轻未来的影响,而损失损害机制则专注于应对已经发生的不可避免的损失,两者相辅相成。减少损失和损害的一个关键是解决适应方面的制约因素,增强国家实施有效适应措施的能力。如前文所述,各国政府和其他行动者在实施气候变化适应政策和行动方面面临显著的差距和挑战。这些差距越大,克服这些挑战所需的时间就越长,导致的损失和损害也就越严重,特别是在脆弱国家。从减少温室气体排放到灾害风险管理、适应气候变化以及处理残余损失和损害,都可以找到避免、减少和处理损失和损害的机会。减少全球变暖有助于避免损失和损害,而灾害风险管理和气候变化适应行动则有助于最大限度地减少损失和损害。

2. 损失损害机制与气候适应限度

当通过减缓和适应来避免或尽量减少气候影响的努力失败时,就会出现气候变化造成的损失和损害。适应无法避免气候影响的点被称为适应的"极限"。关于适应极限的研究通常指硬极限和软极限。硬极限是指物理系统中出现的限制,无法通过适应行动避免,只能通过减缓温室气体排放来避免。软限制是指通过更加协调的适应努力可以避免或最小化的限制。因此,适应差距缩小得越多,跨越的软限制就越少,损失和损害也就越小。

一方面，即使实现了《巴黎协定》的温度目标，也会对生态系统造成影响，因为目标温度仍比工业化前水平高1.5℃至2℃。在升温1.5℃的情况下，对气候高度敏感的生态系统（如珊瑚礁和热带冰川）可能会发生广泛变化。正是在这样的自然系统中，适应的极限似乎很高，因为人类几乎没有选择来避免这些系统受到根本性破坏，失去部分或全部独特而有价值的特征。许多研究表明，气候变化可能导致生态系统发生变化。面临硬限制的气候敏感生态系统对人类具有内在和外在价值。外在价值（工具价值）是指生态系统为依赖其生活的人们提供的产品和服务所产生的价值。生态系统所提供的商品和服务的损失如果超过其适应极限，往往会导致社会系统的损失和破坏。例如，为应对水资源不安全而进行的迁移和流动会加剧冲突并破坏家庭和社区的凝聚力；珊瑚礁的丧失会破坏渔民的生计、人类健康，在极端情况下还会破坏整个国家的主权；植被的变化会加剧饥饿和营养不良。面临硬限制的气候敏感生态系统也具有内在价值，因为人们重视它们的存在。又如，内在价值体现在世界遗产名录以及人们对地方和景观的依恋上。具有内在价值的事物是无法替代的，其消失或受到破坏会对人们的身份认同和福祉造成灾难性影响。只有通过大幅削减温室气体排放，让生态系统以保留其外在价值和内在价值的方式慢慢适应，才能避免硬限制。

另一方面，在某些情况下，减少非气候压力因素，可以避免或至少大大延缓对气候敏感的生态系统的破坏。例如，与气候相比，人类引水往往是湿地变化的更大驱动因素；与海平面上升相比，选址和设计不当的建筑对海岸侵蚀的影响更大；与气候驱动因素相比，伐木和栖息地破碎化对森林生物多样性损失的影响更大。在这些情况下，人类可以采取一些行动来避免和最大限度地减少损失和损害，因此，适应的限制可以称为软限制，即已知的做法和技术可以是有效的，即使这些做法和技术不是立即可用，而且似乎不太可能应用。适应的“软限制”来自发展进程，这些进程使一些群体面临气候变化风险，限制了他们的适应能力或阻碍了适应对策。这些措施通常是通过技术、生态系统管理、生计变化等综合手段来实现的，其包括减少人们对气候敏感资源的依赖或增强其适应自由的做法，如危机时期的社会保护和收入保障、产业结构调整方案、改善基础设施和增加社会机会。它们还包括减少易受气候灾害影响的脆弱性和暴露程度的技术和做法，如海岸防御、灌溉、对风险敏感的土地使用管理，以及改进基础设施的设计。虽然这些适应措施在理论上是可行的，但其中一些存在适应不良的风险，所有适应措施都需要在相互竞争的价值之间进行权衡，而且大多数适应措施都面临成本、治理体系或社会规范方面的障碍。

因此，确定适应的限度对于帮助避免、最小化和解决损失和损害非常重要。人们对“不能容忍的损失”的认识可以通过各种社会科学方法来确定，包括那些与激发价值观相关的方法。在气候风险的背景下，这样做可以突出损失的基准，避免和减少损失可以作为适应的目标。谨慎而坚定地共同生产知识和战略，以识别、避免、最小化并在必要时处理损失和损害，可以消除无力感和不公正感，建立关爱和责任关系，帮助受影响人群接受损失，激励集体行动和责任，并改变对未来的期望，从而随着时间的推移将感知到的损失转化为不那么令人担忧的存在。因此，避免、尽量减少和处理损失和损害涉及确定适应限制及其后果的前瞻性。适应失败的风险随着温室气体排放的增加而增加。气候变暖越严重，适应生效的时间就越短。减缓全球变暖速度可为克服适应的软限制提供更多时间。如果有足够的时间，适应行动确实可以克服一些软性适应限制，从而避免和减少一些损失和损害。尽管如此，极端气候已经造成了重大损失和破坏，而且即使采取最有效的适应措施，在达到预期的适应极限之前，这一趋势仍将继续。

第三节　国家适应气候变化的差距

随着全球气温上升，气候影响及风险不断加剧，国际社会迫切需要加快全球适应行动，以适应全球范围内的气候变化。在应对气候变化的过程中，全球各国在适应规划和实施方面存在显著差距。尽管许多国家已制订详细的适应计划，具体的执行效果却参差不齐。发展中国家尤其面临资金和技术不足的问题，导致适应措施难以有效落地，亟须国际社会的支持和协作。

一、气候变化适应规划的全球进展

（一）全球现状

截至 2023 年 8 月 5 日，85% 的国家已在国家层面通过规划、战略或政策解决适应问题。自 2022 年 8 月至 2023 年 8 月，《联合国气候变化框架公约》缔约方发布了 13 项新的国家适应规划文书，其中 8 项是非附件一国家向《联合国气候变化框架公约》秘书处提交的国家适应行动方案，6 项来自最不发达国家（LDCs）和/或小岛屿发展中国家（SIDS），使已公布的国家适应行动方案总数增至 46 项。在这 13 项新的规划文件中，只有一项是一个国家的第一项规划文件。在 29 个对气候变化适应尚无规划、战略或政策的国家中，有 14 个国家正在制定规划、战略或政策，另有 5 个国家正在申请绿色气候基金的准备资金，以支持其适应规划。（如图 2 所示）

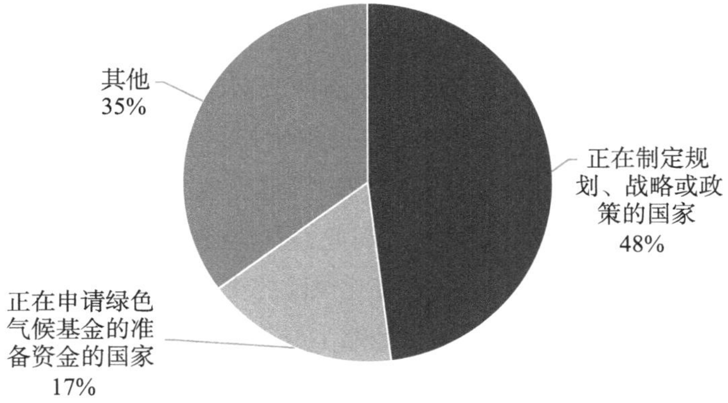

图 2　截至 2023 年 8 月 5 日尚无规划、战略和策略的国家（总数 29 个）

21 世纪初以来，已编制至少一份国家适应规划文书的国家数量逐年增加，其中 2010 年至 2021 年的增长率最高。然而，2022 年至 2023 年，由于国家适应规划工具已覆盖了世界上的大部分地区，2021 年至 2023 年 8

月 5 日期间的增长率已放缓至仅 2%（4 个国家）。因此，扩大实施规模的压力比以往任何时候都要大。然而，在减少没有国家适应规划工具的国家数量方面的进展可能也在放缓，这表明需要集中资源和支持，特别是在全球南方，以实现国家适应规划工具 100% 的全球覆盖率。

尽管这一指标有所放缓，但笔者发现，2012 年以来，每年发布的新适应规划工具的数量相对稳定。这表明，许多国家正在进行适应规划的迭代，制定新的适应规划工具，以取代或更新最初的适应规划工具。在这方面，46% 的国家制定了第二个规划工具，17% 和 3% 的国家分别制定了第三个和第四个规划工具。此外，截至 2023 年 8 月 5 日，在仅有一份规划文书的 39% 的国家中，许多国家正在编制第二份规划文书。这些趋势是积极的，因为适应规划是一个迭代过程，各国可根据经验教训、不断变化的国家优先事项和不断变化的气候风险，持续更新和改进其战略、计划和政策。

越来越多的国家参与迭代适应规划令人鼓舞，这可能反映了《联合国气候变化框架公约》缔约方对适应的理解和承诺有所提高，而这得益于近年来更多的技术和资金支持——尤其是对发展中国家的支持。例如，2016 年，绿色气候基金在其“准备就绪计划”下设立了一个专门用于适应规划的活动领域。截至 2023 年 7 月 31 日，92 个发展中国家已收到或正在收到资金，另有 25 个国家的提案正在审查中。

截至 2023 年，25% 的国家已制定法律文书（如法律或法案），一些目前尚无相关法律文书的国家表示正在准备相关文书。虽然此类文书并非适应规划的先决条件，但专门立法文书可在支持适应的有效治理和推动适应规划进程方面发挥重要作用。因此，适应立法文书的存在代表了一种积极的趋势，表明各国应对气候变化风险的决心日益增强。因此，必须开展更多工作，支持这些国家更快地缩小与其他国家的剩余差距。

（二）适应规划的充分性和有效性

2023 年《气候适应差距报告》对规划适应的充分性、有效性评估采用了联合国环境规划署所使用的方法。这一方法使用了五项标准来阐明国家适应规划的产出在多大程度上可合理地假定为充分（足够）和有效（成功）地实现了既定目标（降低气候风险和提高适应力），并在相关情况下实现了具体目标。五项标准及用于评估这些标准的指标如表1所示。

表1 用于评估适应规划的标准(包括其依据)及相关指标概览

标准和依据	指标
1. 全面性	
识别气候风险和危害,并评估当前和未来气候带来的影响和脆弱性是适应计划过程中的基础步骤。各国可以利用这些信息来优先考虑采取适应措施的部门,并通过确定与这些优先事项相匹配的适应方案,制订一个全面的适应计划,以应对面临的风险、危险和脆弱性	1.1 适应方案涉及优先部门的评估风险、影响、危害或脆弱性
2. 包容性	
为了使适应计划充分反映现有和即将出现的风险和脆弱性,并有效加强任何实施工作的自主性,就必须强调所有相关利益攸关方的参与,并将性别因素考虑在内	证据表明: 2.1 利益攸关方参与了适应计划过程 2.2 在适应计划过程中考虑了性别因素
3. 可实行性	
如果规划能促使公共和私人行为者真正实施,则可认为规划是有效的。因此,规划可受益于一个正式负责适应政策制定的中央行政机构,以及各种政策工具,包括投资、激励措施和法规,以实现预期成果	证据表明各国拥有: 3.1 一个负责适应的中央行政机构 证据表明各国在适应规划中使用了以下工具: 3.2 法规 3.3 激励措施 3.4 直接投资/国内资金
4. 整合	
将适应规划和行动横向(跨部门)和纵向(跨行政级别)整合或主流化日益被认为是有效适应规划的重要组成部分。这有助于确保适应规划的全面性,避免工作重复或适应不良,并加强协同作用	证据表明各国拥有: 4.1 横向协调机制 4.2 部门适应计划 4.3 纵向协调机制 4.4 次国家适应行动方案
5. 监测和评估	
为了保持规划的充分性和有效性,必须对其进行定期监测和评估	证据表明各国拥有: 5.1 适应的监测和评估系统 5.2 已发布的监测/进展报告 5.3 已发布的评估报告

就全面性而言,越来越多的国家正在确定涵盖影响其优先部门的一系列广泛风险的适应方案。81% 的国家制定了适应方案,以应对农业、水和卫生等优先部门中经评估的气候脆弱性和风险。相较于 2021 年,制定了适应方案的国家占比增加了 13% ,这一趋势是积极的。

在包容性方面,用于评估适应规划进程包容性的两个指标也表明国家在气候适应方面取得了进展。报告利益相关方系统地参与其适应规划的国家已增至 83% 。同时,71% 的国家有证据表明已将性别因素纳入其适应规划工作。各国报告性别因素的方式仍有很大差异,从普遍强调妇女和男子、男孩和女孩的不同脆弱性,到将性别平等确定为适应行动的原则或跨领域主题,将性别问题作为强调其他弱势人群的平台,或制定明确解决性别平等问题的适应方案。总之,在适应规划的包容性方面持续取得进展非常重要,因为这有助于确保适应行动的可信度、相关性和合法性,关键是要避免适应不当,从而取得更有效、更持久的成果。

在可实施性方面,2023 年的分析也取得了一些重要进展。自 2021 年《适应差距报告》(*Adaptation Gap Report*)分析以来,可实施性进展最大的是拥有一个负责适应决策的中央行政机构。2023 年 8 月,69% 的国家有证据表明达到了这一标准,比上次评估增加了 25% 。中央行政机构对于有效的政策协调非常重要,而政策协调本身对于适应至关重要,因为适应是“一个复杂、长期、知识密集的问题,对跨部门、多层次的决策构成重大挑战”。然而,正如适应计划的存在并不能自动转化为更多或更好地实施适应优先事项,中央协调机构的存在也不一定意味着它在运作或进行积极的政策协调。在这方面,赋予这些机构权力——通常体现为法律授权、提供技术和财政资源以及高层政治支持是非常重要的。在适应规划的可实施性方面取得进展的另一个例证是直接投资或资助,67% 的国家表示正在或计划为适应规划预留国内财政资源,包括通过直接预算拨款,这一比例高于 2021 年《适应差距报告》中采取上述措施的国家所占的比例。国内资金的分配是认可发展中国家适应努力的表现。这些资金是通过制定融资战略、设立国内适应专项基金等活动筹集的,通常用于减贫、疾病控制、城市发展和洪水风险管理等适应优先事项。截至 2023 年,国际社会在利用法规和激励措施加强适应规划的可实施性方面也取得了进展。58%的国家在介绍适应规划工作时提到了法规,如建筑法规、土地使用分区和用水限制。然而,各国将需要更多支持,以确保这些重要的政策行动杠杆被纳入适应规划进程。

在整合方面,作为一个复杂的多部门、多层次治理过程,国家适应规划是一项大规模的协调工作。横向协调包括各部门内的合作及跨部门合作,认识到一系列发展重点将受到气候影响,在一个领域或部门应对这些影响的行动可能会对另一个领域或部门产生影响。适应的这种跨部门性质已得到确立,77%的国家已建立部际委员会等横向协调机制,相较于2021年增加了5%。约2/3的国家(68%)已在农业、水和卫生等部门制订了至少一项专门的部门适应计划。不同层级政府间的纵向协调并不可观。仅有36%的国家有证据表明建立了纵向协调机制,如理事会或平台,帮助管理国家和地方各级适应行动者之间的战略联系。有制订地方适应计划的国家所占比例更低,仅为32%。这表明需要对适应的多层次治理进行更多投资,以便在国家优先事项中反映地方实际情况,同时国家优先事项又能促进次国家层面的适应。值得注意的是,这些关于一体化的研究结果仅反映了与单独、独立的机制和计划相关的证据。在许多情况下,各国也报告已将适应考量纳入部门及次国家战略或计划。虽然将适应纳入发展规划和决策的主流被广泛认为是加强和维持适应行动的核心,也是《联合国气候变化框架公约》下国家适应行动方案进程的两个目标之一,但全球在适应规划的充分性和有效性这些方面的全面进展仍未得到充分体现。

在监测与评估方面,各国普遍缺乏充分监测和评估其国家适应进程的基础设施。只有24%的国家建立了监测与评估系统,另有19%的国家正在建立该系统。分析还表明,大多数正在进行的监测与评估是针对监测而非评估。在建立了监测和评价系统的49个国家中,43个国家发布了监测报告,只有16个国家发布了评价报告。这些调查结果表明,各国普遍没有做好有效学习和更新其适应计划和战略的准备,因此凸显了在这一领域继续加强能力建设支持的重要性。

（三）不发达国家和小岛屿发展中国家的适应规划

IPCC 第六次评估报告（AR6）中认识到，最不发达国家和小岛屿发展中国家特别容易受到气候变化的不利影响，并且存在严重的能力限制。最不发达国家和小岛屿发展中国家在制定适应规划工具方面与全球平均水平基本同步，89% 的小岛屿发展中国家和 85% 的最不发达国家至少有一项国家适应规划工具。这些国家中，18% 的小岛屿发展中国家和 11% 的最不发达国家已制定了要求国家政府制定国家适应规划文书的法律文书，而所有的小岛屿发展中国家和最不发达国家中，已要求国家政府制定政府适应规划文书的比例为 24% 。

在适应规划的潜在充分性和有效性方面，结果喜忧参半。虽然最不发达国家在适应规划中考虑性别因素和横向协调机制方面似乎高于全球平均水平，小岛屿发展中国家在利益相关者参与方面也高于全球平均水平，但它们在几个关键领域却明显落后。特别是在适应中使用激励措施方面，最不发达国家比全球平均水平低至少 10% ，在纵向一体化和监测与评估方面，最不发达国家的表现只有全球平均水平的一半。（见表 2）

表 2　全球及最不发达国家和小岛屿发展中国家适应规划的潜在充分性和有效性现状

标准	指标	所有 197 个缔约方所占百分比	最不发达国家所占百分比	小岛屿发展中国家所占百分比
1. 全面性	1.1 适应方案应对评估的风险（部分）	81%（13%）	78%（17%）	84%（16%）
2. 包容性	2.1 利益攸关方参与（进行中）	83%（5%）	87%（7%）	▲89（8%）
	2.2 性别考量（进行中）	71%（9%）	▲76%（11%）	74%（11%）
3. 可实行性	3.1 设立中央行政机构	69%	65%	●63%
	3.2 法规	58%	54%	58%
	3.3 激励措施	42%	■30%	■32%
	3.4 直接投资/国内资金	68%	●59%	66%

续表

标准	指标	所有 197 个缔约方所占百分比	最不发达国家所占百分比	小岛屿发展中国家所占百分比
4. 整合	4.1 横向协调机制(进行中)	77%(2%)	▲83%(2%)	79%(0%)
	4.2 行业适应计划(进行中)	68%(6%)	72%(9%)	68%(8%)
	4.3 纵向协调机制(进行中)	36%(9%)	33%(9%)	■18%(5%)
	4.4 次国家适应行动方案(进行中)	32%(12%)	■15%(11%)	■5%(16%)
5. 监测和评估	5.1 建立监测与评估框架(进行中)	24%(20%)	■11%(28%)	■8%(18%)
	5.2 发布进展/监测报告	22%	■9%	■8%
	5.3 发布评估报告	8%	●2%	●0%

数据来源:2023 年《适应差距报告》。

注:右侧两列中的图形标记表示数值与平均值的比较情况。▲表示数值比平均值高出 5% ~ 9%;●表示数值比平均值低 5% ~9%;■表示数值比平均值低 10% 以上;没有任何图形标记表示数值比平均值高出 4% 或低于 4%。括号中的数值表示已部分达到或正在努力达到相关指标标准的缔约方的百分比。

最不发达国家和小岛屿发展中国家在某些指标上的表现相对较差,这在一定程度上可能是这些类别国家固有的特点造成的。例如,在某些情况下,小岛屿发展中国家在纵向一体化相关指标方面表现不佳,原因可能是地方级计划和纵向协调机制对小岛屿发展中国家适应规划进程的重要性略低。相比之下,由多个岛屿组成的小岛屿发展中国家可能非常需要国家政策的纵向一体化,并可能面临比非岛屿国家更明显的与纵向协调相关的文化、制度和后续挑战。

总之,小岛屿发展中国家和最不发达国家显然仍需要资金和技术支持来推进其适应规划,特别是纵向一体化与监测和评估方面的能力建设。此外,宏观层面(超国家)的转型政策可大大提高小岛屿发展中国家和最不发达国家获得支持的能力,并在某些情况下提供更多支持。在这方面,加强对全球南方国家财政改革的支持,使其与全球金融架构改革建议相一致,如《布里奇顿倡议》,可能会对发展中国家资助和实施国家适应规划工具的能力产生积极影响。改革债务规则和增加获得信贷机制的机会,不仅可协助发展中国家增加国内资金中用于适应活动的资金比例,还可促进其将财政激励和机制作为适应规划工具的组成部分。全球金融体系的改革也有助于降低寻求实施国家适应规划工具的国家的资本成本。

二、气候变化适应实施的全球进展

(一)气候变化适应的实施现状

2022 年,适应基金(AF)、绿色气候基金和全球环境基金(GEF)将为新的适应项目提供总价值为 5.59 亿美元的赠款。全球环境基金通过其最不发达国家基金(LDCF)和气候变化特别基金(SCCF)开始实施。这比前五年(2017 ~2021 年)实施的平均金额高出 10%。在 2013 ~2022 年这 10 年间,在这三个多边基金下启动的新适应项目的平均数量稳定在每年略低于 40 个项目。由于全球合作框架赠款资助的适应项目的平均规模有所增加,2017 年以来,平均 15% 的新适应项目的赠款资金超过 2500 万美元。35 个国家在其适应信息通报中列出了 1100 多项已实施的适应行动,然而,仅提供了 670 项行动(60%)的详细信息。其中,据报告,几乎近一半行动已完成,37% 正在进行中。根据报告的信息,其余 17% 行动的执行情况尚不清楚,只有 6% 的项目报告了实施结果的信息。这一发现突出表明,除了适应行动的产出外,相关方还需要继续提供有关成果的信息,以确定其有效性。

不同人口群体的脆弱性各不相同,大多数人强调必须解决性别不平等问题。然而,只有 1/3 的行动表示它们以弱势群体为目标。在这些行动中,农民是最易受伤害的群体(占针对弱势群体行动的 46%),而妇女、渔民和土著人民则是次要目标。

在报告了资金来源的行动中,有一半以上是由国内资金资助的。发展中国家的这一比例为 1/3。因此,独立的适应信息通报为国内资助的适应实施提供了一个新的信息来源,有助于认可发展中国家的适应努力。

3/4 的发展中国家提交了独立的适应计划。

(二)气候变化适应面临的挑战与障碍

适应气候变化影响的努力面临许多重大挑战。既有信息和知识差距层面的障碍,也有一些制度性障碍,如缺乏协调以及未将适应优先事项纳入计划和政策。有的国家还指出财政资源不足,对现有融资机制的了解和利用有限,以及公共资金不可用也是限制适应气候变化影响的因素。

1. 资金问题

适应行动的第一个主要瓶颈是资金的可得性和可及性。事实上据估计,发展中国家的适应资金需求是从公共来源获得的资金的 10 倍至 18 倍。需要资金来推动对一系列适应解决方案的投资,以便各国能够甄别哪些方法有效,并扩大最有效的方法的适用范围。但也需要增强社区——那些处于气候变化前线的社区——在当地主导、因地制宜的行动中发挥作用。

值得注意的是,在提交独立适应信息通报的发展中国家中,有 75% 的国家表示,它们从各种来源获得了适应报告的技术和/或资金支持,其中最常见的是通过国家适应行动方案全球网络从双边资金提供者处获得的支持,较少的是通过全球合作框架的国家适应行动方案准备基金处获得的支持。这一发现强调了支持对于帮助发展中国家,尤其是资源和能力最低的国家报告适应情况的重要性。

2. 信息和知识差距问题

适应行动的第二个主要挑战是信息和知识差距。在许多发展中国家,准确的气候数据并不容易获得,因为监测、学习和评估适应的系统仍然支离破碎。没有这些数据,政府、社区和私营部门就很难有效地规划并就投资地点做出合理的决定。

根据《巴黎协定》提交的适应信息通报在一定程度上确实是已实施适应行动的新数据来源,尤其是国内资助的行动。然而,迄今为止所报告的单个行动的信息水平严重限制了对适应实施进展的详细了解。特别是,有关适应行动的成果和有效的信息匮乏,极大地阻碍了了解当前的适应是否足以应对当前和未来的气候风险的能力。

除了报告适应的实施情况,适应信息通报还提供了与实施适应的障碍相关的信息。这些障碍绝大多数与信息差距有关,包括对气候变化的认识不足、获取数据和信息以支持适应规划的途径有限,以及缺乏监测和评估适应的适当数据和工具。

各国可通过提供有关行动的实施状况和结果,以及有关弱势群体的定位、纳入和收益的信息来提高清晰度。适应信息通报还可提供更多有关共同效益(如减缓或可持续发展)的信息,以及为避免适应不当而采取的措施。《联合国气候变化框架公约》适应委员会发布的适应信息通报自愿指南(2022 年)可在这方面为各国提供帮助。最重要的是,纳入与已实施行动相关的成果信息对于了解适应的有效性、规模和充分性十分必要。尽管适应是一个自愿的活动,最不发达国家和小岛屿发展中国家可自行决定是否发布两年期透明度报告,但当各国准备应于 2024 年年底前提交的首份透明度两年期更新报告时,这些经验教训也是相关的。

3. 体制和治理制约因素

体制和治理制约因素是一个主要问题。各部门和各级政府之间的协调挑战,以及缺乏专业知识和经验——例如在实现气候风险知情规划和投资方面——阻碍了许多国家的有效适应。

虽然存在诸多对气候适应措施的阻碍,但联合国开发计划署一直致力于支持各国适应气候变化。对于联合国开发计划署来说,适应气候变化与可持续发展和 17 个可持续发展目标中的每一个都密不可分。因此,适应是联合国开发计划署向全世界发展中国家提供支持的一个关键支柱。如今,联合国开发计划署是联合国系统内最大的气候变化适应服务提供者,其积极项目针对 90 多个国家的 1.64 亿多人,其中包括 13 个小岛屿发展中国家和 44 个最不发达国家。

2002 年以来,在绿色气候基金、全球环境基金和适应基金等全球基金的资助下,联合国开发计划署与各国政府携手合作,在 79 个国家完成了超过 173 个适应项目。这项工作有助于建立全球数百万人的复原力。例如,截至 2023 年有 300 多万人得到了增强的气候信息和预警系统的覆盖,超过 64.5 万人受益于气候智能型农业实践,47.3 万人改善了用水状况。联合国开发计划署目前正在根据《气候承诺》协助各国政府扩大规模并实现其适应目标。这直接建立在联合国开发计划署对 50 个国家的国家适应行动方案进程的支持之上,以及在全球 140 多个国家开展的一系列气候变化适应干预措施。

第二章　适应气候变化中的人权方法

气候变化与人权之间存在紧密的关系,并且在国家、区域和国际各个层面已经得到承认。但由于目前的气候条约机制仍然存在局限性,而基于人权的方法在应对气候变化中具有独特的优势,因此应当采用人权视角应对气候变化。具体到气候变化适应上,可以采取基于人权的气候适应谈判方法、气候变化适应措施影响评估,并将人权纳入国家自主贡献之中。此外,还应当明确适应气候变化的人权义务的性质、类型和内容以便国家更好地采取适应气候变化的措施。

第一节　气候变化与人权的关系

所有的人类都依赖于我们生活的环境。安全、清洁、健康和可持续的环境是充分享有广泛人权,包括生命权、健康权、食物权、水权和卫生权的基本条件。只有在充分了解环境与人权之间关系的基础上才能进一步开展气候变化与人权的研究,进而基于人权的视角采取相对应的气候变化适应措施。

一、气候变化对个体人权的负面影响

气候变化正在对范围广泛的多项人权产生重大影响，并可能在今后产生灾难性影响。受到威胁和侵犯的人权包括生命权、健康权、食物权、用水权、适足住房权和文化权。

（一）生命权

气候变化不仅使人的生命受到了直接的威胁，而且还使诸如疟疾之类的传染病在世界各地传播。高温、洪涝、旱灾、暴雨等极端气候事件频发，引发了重大灾害，给人民生命财产安全带来巨大威胁。特别报告员注意到，如果不解决全球暖化带来的健康后果，数以百万计的人的生活将受到严重威胁。[①] 热浪、洪水、暴风雨、火灾和旱灾导致的死亡、疾病和受伤的人的数量将会增加。同样，由于饥饿、营养不良，有关儿童生长发育的疾病增加，以及由于地表臭氧而引起的心肺疾病的发生率和死亡率也会增加，这些都会对生命产生影响。[②]

（二）健康权

气候变化已经在影响未来的健康决定因素，如清洁的空气、安全的饮用水、充足的食物和安全的住所。[③] 气候变化带来的主要健康风险包括更强烈的热浪和火灾；食物、水不足和媒介传播的疾病的流行率增加；营养不良的可能性增加以及弱势人群的工作能力丧失。高温天气引发热浪，特别是对老年人、儿童和体弱者的威胁更大。水源污染和水资源短缺加剧了疾病传播的风险，尤其是在缺乏基础设施和医疗条件的地区。此

---

① 参见联合国. 人人有权享有最佳身心健康问题特别报告员的报告 A/62/214[R/OL]. (2007-08-08)[2024-06-17]. 第 22 页第 102 段. https://documents. un. org/doc/undoc/gen/n07/453/78/pdf/n0745378. pdf? token=2gFmP6jUyja4Md0FT0&fe=truedi.

② 参见联合国. 联合国人权事务高级专员关于气候变化与人权的关系问题的报告 A/HRC/10/61. (2009-01-15)[2024-06-17]. 第 10 页. https://documents. un. org/doc/undoc/gen/g09/103/43/pdf/g0910343. pdf.

③ 参见政府间气候变化专门委员会. 气候变化 2014：影响、适应和脆弱性[R/OL]. (2014-05)[2024-06-17]. 第 20 页. https://www. ipcc. ch/site/assets/uploads/2018/03/ar5_wgII_spm_zh-1. pdf.

外,气候变化导致的空气污染恶化,增加了呼吸道疾病和心血管疾病的发病率。世界卫生组织指出,在2030年至2050年,预计气候变化导致的每年仅因营养不良、疟疾、腹泻和热应激就会造成约25万人的额外死亡。为了维护生命权,各国有义务采取平权行动以减缓、适应气候变化,从而防止可预见的生命损失。[①]

(三)食物权

气候变化对粮食生产系统产生重大影响,威胁到粮食安全。极端天气事件导致农作物减产和绝收,影响农民的生计和粮食供应的稳定性。某些地区,由于降雨量减少,气候变化将导致整个地区无法维持农业生产水平。另外,由于降雨量和积雪的减少导致蒸发量加大,气候变化将对热带和温带地区主要农作物的生长产生不利影响。温度上升、降水模式改变和水资源短缺使农业生产环境恶化,增加了粮食生产的难度。特别是在发展中国家,农业生产依赖自然条件,气候变化对食物权的威胁更加严重。

由于气候变化,面临营养不良的人还会再增多6亿,对撒哈拉以南非洲地区造成的不利影响尤大。[②] 粮食安全的所有方面都可能受到气候变化的影响,包括粮食的获取、使用和价格稳定。[③] 发展中国家的贫困人口尤其易受伤害,原因在于他们对食物和生计的依赖性太大。食物权问题特别报告员在报告中记述了极端气候事件正在如何越来越危及生计和粮食安全。[④] 因此,实现充足食物权需要对脆弱和弱势群体,包括易受灾地

---

① 参见联合国.关于气候变化与人人享有能达到的最高标准身心健康权之间关系的分析研究报告 A/HRC/32/23[R/OL].(2016-05-06)[2024-06-17].第12页第34段. https://documents.un.org/doc/undoc/gen/g16/092/01/pdf/g1609201.pdf.

② 参见联合国.联合国人权事务高级专员关于气候变化与人权的关系问题的报告 A/HRC/10/61.(2009-01-15)[2024-06-17].第11页. https://documents.un.org/doc/undoc/gen/g09/103/43/pdf/g0910343.pdf.

③ See IPCC. Climate Change 2007: Impacts, Adaptation and Vulnerability. Contribution of Working Group II to the Fourth Assessment Report of the Intergovernmental Panel on Climate Change, M. L. Parry, O. F. Canziani, J. P. Palutik of, P. J. van der Linden and C. E. Hanson, Eds., Cambridge University Press, Cambridge, UK, p. 488.

④ 参见联合国.食物权问题特别报告员让·齐格勒的报告 A/HRC/7/5[R/OL].(2008-01-10)[2024-06-17].第11段第51段. https://documents.un.org/doc/undoc/gen/g08/100/97/pdf/g0810097.pdf.

区的居民以及生计有危险的居民给予特殊关注。

(四)用水权

气候变化的影响通常是通过水感受到的,因为气候变化使水的可获得性变得更难预测,并增加了洪水的发生率,而洪水可能会摧毁供水点和卫生设施,且污染水源。由于气候变化,冰川融化,冰雪融化,这将对世界上超过1/6的人的水资源产生重大影响。另外,极端的气候现象,如干旱,也会干扰供水。所以,气候变化不但加剧了水资源短缺问题,而且也使人们很难获得安全的饮用水。研究表明,有44亿人无法获得安全饮用水。[①] 与全球升温1.5℃相比,预估全球升温2℃时,有些地区干旱和降水不足带来的风险更高。[②] 一般而言,在全球变暖背景下,全球降水减少,蒸发量增加,淡水资源受到严重污染,全球变暖将导致我国大部分干旱区水资源严重短缺,导致干旱频发。

气候变化加剧了水资源的短缺和不均衡分布,直接影响到人们获得安全和充足水资源的权利。干旱和降水减少导致水资源枯竭,影响饮用水供应和农业灌溉。洪水和暴雨则污染水源,破坏水利设施,导致水资源危机。水资源争夺加剧了社会矛盾和冲突,特别是在水资源本来就稀缺的地区。气候变化也影响满足人类基本需要的水的可获得性、质量和数量,并威胁到人们享有水和卫生设施的基本权利。根据世界银行报告,全球气温每升高2℃,可能会导致10亿到20亿人缺乏足够的饮水资源。

(五)适足住房权

气候变化引起的洪水、暴雨、海平面升高等自然灾害,造成大量房屋毁坏和居民迁移,对住房权利产生重大影响。在全球变暖的背景下,气候变化导致的人员死亡和人员迁移将会增多,而人们的居留权利也将不能得到保障。对受气候变化影响较大的弱势族群来说,移民是他们唯一的

① Greenwood, E. E. et al. Mapping safe drinking water use in low- and middle-income countries, Science 385, 784 – 790 (2024).

② 参见联合国政府间气候变化专门委员会(IPCC). 全球升温1.5℃特别报告:决策者摘要[R/OL]. (2019 – 09). [2025 – 05 – 20]. 第9页。https://www.ipcc.ch/site/assets/uploads/sites/2/2019/09/IPCC-Special-Report-1.5-SPM_zh.pdf.

出路。生活在沿海和地势较低的地方的人们可能会失去他们的住房,而受灾的穷人,因财力有限,很难重建住房。由于气候变化引起的水土流失、土地沙漠化等环境问题,人类被迫迁居到新的居住地点,从而增加了流离失所、居无定所的危险。

在北极地区以及地势较低的岛屿国家,这一现象已经造成了居民的重新定居。尤其是在地势较低的特大三角洲区域,居住的风险更大。近几年洪水使数百万人流离失所,房屋倒塌,这一点可见一斑。更多的人口从乡村迁移到城市,这在一定程度上是因为气候变化而失去了生活来源,这是其中一个"推动"因素。很多人会迁移到城市贫民窟和非正式居住区,他们常常不得不在危险的地区修建棚屋。今天,大约有 10 亿人住在城镇棚屋里,这些房子建在危险的山坡上,或者是容易被洪水淹没的河边,他们很容易受到极端天气的影响。①

联合国人权理事会认识到,由于地理条件、贫困、性别、年龄、土著或少数民族身份、民族或社会出身、出生或其他身份以及残疾等因素而已经处于弱势地位的阶层,对气候变化的不利影响的感受最为深切。在社会、经济、文化、政治、体制或其他方面处于边缘化的人们特别容易受气候变化的影响,特别容易受某些适应和减缓应对措施的影响。②

(六)文化权

《经济、社会及文化权利国际公约》第 15 条承认,人人有权参加文化生活和享受科学进步及其应用所产生的利益。该公约承认人人有权对其本人的任何科学、文学或艺术作品所产生的精神上和物质上的利益享受被保护之利以及享有进行科学研究和创造性活动所不可缺少的自由。《联合国土著人民权利宣言》第 31 条规定:"土著人民有权保持、掌管、保

---

① 参见联合国.联合国人权事务高级专员关于气候变化与人权的关系问题的报告 A/HRC/10/61.(2009-01-15)[2024-06-17].第 11 页. https://documents.un.org/doc/undoc/gen/g09/103/43/pdf/g0910343.pdf.

② 参见联合国.与享有安全、清洁、卫生和可持续环境有关的人权义务问题特别报告员的报告 A/HRC/31/52[R/OL].(2016-02-01)[2024-06-17]. https://documents.un.org/doc/undoc/gen/g16/015/71/pdf/g1601571.pdf,第 27 段.

护和发展其文化遗产、传统知识和传统文化体现方式,以及其科学、技术和文化表现形式,包括人类和遗传资源、种子、医药、关于动植物群特性的知识……"《巴黎协定》第7条第5款规定,适应行动"应当基于和遵循现有的最佳科学,以及适当的传统知识、土著人民的知识和地方知识系统……"

气候变化对文化权利的享有构成威胁,包括对文化习俗、有意义的文化互动空间和生活方式的威胁。特别是对于依赖自然环境的原住民和传统文化群体,自然环境的变化和恶化破坏了传统的生活方式、文化习俗和精神信仰。气候变化导致的迁移和流离失所,迫使许多文化群体离开他们世代居住的土地,失去与自然和文化遗产的联系,导致文化断裂和消亡。①

二、气候变化对集体人权的影响

除个体人权外,气候变化还对集体人权造成影响,包括发展权、自决权、和平与安全权、环境权和自由处置自然财富和资源权。

(一)发展权

发展权强调每个人和所有民族都有权利积极参与、促进并享受经济、社会、文化和政治发展带来的成果。这意味着,个人、社区和国家应有权自主、自由地参与发展过程,并公平地享受其带来的利益。然而,气候变化对许多发展中国家的影响迫使这些国家将宝贵的财政和人力资源从卫生、教育和农业等关键领域转移,以应对气候变化与人权之间的挑战。这种资源重置加剧了这些国家的发展困境,使它们在应对气候变化的同时,更难以实现其他发展目标。

(二)自决权

《联合国宪章》第1条呼吁尊重"人民自决"。《公民权利和政治权利

---

① 参见联合国.文化权利领域特别报告员的报告A/74/255[R/OL].(2019-07-30)[2024-06-17].第69段. https://documents.un.org/doc/undoc/gen/n19/237/22/pdf/n1923722.pdf#:~:t.

国际公约》和《经济、社会及文化权利国际公约》共同第 1 条规定，“所有民族均享有自决权”。自决权被定义为“所有人民自由谋求经济、社会和文化的发展，所有人民得为自己的目的自由处置其天然财富与资源，在任何情况下不得剥夺一个人的生存手段”。气候变化会导致一个民族的生存手段被剥夺，如剥夺土著人民的传统领土和生计来源，构成了对于自决权的严重侵犯。如果一国由于与气候变化相关的理由而消亡，则会产生一系列的法律问题，其中包括该地区居民的身份和按照国际法对其给予的保护。①

（三）和平与安全权

和平与安全权，是指人们有权在没有暴力、战争和冲突的环境中生活，并享有安全和稳定的社会环境。气候变化对和平与安全权的影响是多方面的，涉及社会、经济和政治稳定。首先，气候变化引发的极端天气事件，如洪水、干旱和热浪，直接导致了资源短缺，特别是水和食物的紧缺。这些资源短缺往往引发社会动荡和冲突。例如，在撒哈拉以南非洲地区，由于气候变化导致的降雨模式变化，农业生产力下降，水资源减少，导致不同社区之间的冲突频发。此外，气候变化还加剧了现有的社会经济不平等，特别是对于贫困和脆弱的社区，进一步加剧了社会紧张局势。

其次，气候变化带来的海平面上升和极端气候事件导致大规模人口迁移。这些气候移民常常面临接受国的排斥和社会融合的挑战，从而增加了冲突的风险。例如，孟加拉国和印度之间的移民问题已经成为两国关系紧张的一个重要因素。气候变化还可能激化现有的地缘政治紧张局势，如北极地区由于气候变暖而变得更加易于开发，各国对资源的争夺可能引发新的冲突。

最后，气候变化对国家基础设施和经济的破坏性影响也会间接威胁到和平与安全。基础设施的损毁和经济的衰退可能削弱国家的治理能力

① 参见联合国. 联合国人权事务高级专员关于气候变化与人权的关系问题的报告 A/HRC/10/61. (2009 - 01 - 15) [2024 - 06 - 17]. 第 41 段. https://documents. un. org/doc/undoc/gen/g09/103/43/pdf/g0910343. pdf? token = 7vlijUpkoB14nD1dIw&fe = true.

和应对危机的能力,从而增加了内乱和暴力冲突的风险。因此,气候变化不仅是一个环境问题,更是一个复杂的安全挑战,需要综合性和跨领域的解决方案。

(四)环境权

环境权,是指人们享有一个健康、清洁和可持续的环境的权利,是实现其他人权的基础。然而,气候变化对环境权的侵蚀是显而易见的。第一,气候变化导致了自然生态系统被破坏和生物多样性的丧失。例如,全球气温升高和海洋酸化导致珊瑚礁大规模白化和死亡,直接影响了依赖这些生态系统的社区的生计和文化。森林火灾频发不仅毁坏了大量森林资源,还使空气质量严重下降,对居民的健康构成威胁。

第二,气候变化带来的污染和环境退化进一步侵蚀了人们享有健康环境的权利。极端天气事件,如飓风和洪水,往往导致有害物质的扩散和水源的污染。美国的卡特里娜飓风事件中,洪水带来了大量的工业污染物,严重影响了当地居民的生活环境和健康。此外,气候变化导致的干旱和水资源短缺使一些地区面临严重的饮用水危机,直接威胁到了环境权。

第三,气候变化对农作物生产和食品安全的负面影响,导致了食物供应的不稳定和营养不良的增加。这不仅影响了个体的健康和生存权,也构成了对环境权的侵犯。气候变化还加剧了环境不公正问题,低收入和边缘化社区往往是气候变化影响的最直接和最严重的受害者。这些社区缺乏足够的资源和能力来应对和适应气候变化,进一步加剧了环境不平等。因此,气候变化对环境权的影响是深远而广泛的,需要国际社会采取有力措施来保护和促进环境权。

(五)自由处置自然财富和资源权

自由处置自然财富和资源权,是指国家和人民有权自由支配和利用其自然资源,以促进其经济、社会和文化发展。自由处置自然财富和资源权,作为国家主权的一部分,指的是一个国家或地区有权自主管理和利用其自然资源。然而,气候变化对这一权利构成了显著挑战。首先,气候变化导致的自然资源枯竭和环境退化限制了国家对其资源的有效管理和利用。例如,气温升高和降雨模式的变化使许多地区的水资源日益稀缺,影响了农业生产和水电能源的可持续性。非洲萨赫勒地区的国家由于气候变化,面临严重的土地荒漠化和水资源短缺问题,限制了其自主发展农业和经济的能力。

其次,气候变化加剧了资源竞争和冲突,影响了国家对资源的自主处置权。北极地区因气候变暖导致的冰川融化,暴露出了丰富的石油和天然气资源。多个国家对这些资源的争夺加剧了地缘政治紧张局势,限制了个别国家对资源的独立开发和利用。此外,跨境水资源,如河流和湖泊,因气候变化导致水量变化,引发了上游和下游国家之间的争端。例如,尼罗河流域的埃及、苏丹和埃塞俄比亚之间因大坝建设和水资源分配问题存在长期的争议。

最后,国际气候政策和市场机制,如碳排放交易和气候资金分配,也对国家自由处置其资源的权利产生了影响。发展中国家在适应这些国际制度的过程中,可能面临主权和资源自主处置权的挑战。国际社会对减少碳排放的压力可能迫使一些国家改变其传统的资源利用方式,影响其经济发展战略和自主决策。因此,气候变化不仅改变了自然资源的分布和可用性,也在一定程度上限制了国家对这些资源的自主管理和利用权,需在全球气候治理框架下寻找平衡和解决方案。气候变化与人权发展之间的冲突,将会放大受到气候变化影响不成比例的弱势群体的声音。因此,气候适应对保护集体人权具有相当的重要性。

三、气候变化对特定群体权利的影响

气候对基本人权,包括健康权、生命权、食物权、用水权、文化权和自决权等均产生了较大影响。① 虽然世界各地都能受到这些影响,但某些地区,尤其是小岛屿发展中国家,受到的影响尤为严重。例如,海平面上

① See Robinson M & Shine T. Achieving a climate justice pathway to 1.5 C[J]. Nature Climate Change,2018,8(7):564 - 569. Wewerinke-Singh,M. State Responsibility,Climate Change and Human Rights under International Law,Bloomsbury Publishing,2019.

升已经威胁到基里巴斯、马绍尔群岛和图瓦卢等地势较低的国家,使其无法居住,侵犯了个人权利,并永久限制了这些国家人民的自决权。① 值得注意的是,虽然气候适应有可能防止这种不可挽回的损害,②但是,目前的适应方法不足以满足全球需求,尤其是最脆弱群体的需求。③ 例如最不发达国家、小岛屿发展中国家、非自治领土、土著人民和其他边缘化社区。为避免进一步的灾难性气候影响,需要向更有效、更公正的适应转变。④

(一)气候变化损害与儿童权利

气候变化带来的不利影响,包括自然灾害发生的次数和强度日益增加、降水模式的变化、食物和水短缺以及传染病的传播等均对儿童享有健康、生命、食物、水和卫生、教育、住房、文化和发展等权利造成威胁。气候变化加剧了社会和经济现有的不平等现象,加剧了贫困,使改善儿童福祉的进展出现倒退。

儿童对气候变化的责任最小,但却最容易受到气候变化后果的影响。联合国儿童基金会(2021)估计,全球22亿儿童中近一半面临气候变化影响的“极高风险”。有研究表明,相比1960年出生的人,2020年出生的儿童所面临的极端事件数量估计将增加2~7倍。⑤ 尤其是来自低收入和中等收入国家的儿童生活在资源匮乏、环境脆弱的社区中,面临日益严重的与气候相关的挑战,如干旱、洪涝、飓风等灾害。

儿童的脆弱性具有独特性。由于生理与神经心理不成熟,儿童高度

---

① See Bordner A S, Ferguson C E & Ortolano L. Colonial dynamics limit climate adaptation in Oceania: Perspectives from the Marshall Islands [J]. Global Environmental Change, 2020, 61: 102054.

② See O'Brien K. Global environmental change II: From adaptation to deliberate transformation[J]. Progress in human geography, 2012, 36(5): 667-676.

③ See Portner H. Technical Summary: IPCC WGII Sixth Assessment Report[J]. 2022.

④ See Eriksen S H, Nightingale A J & Eakin H. Reframing adaptation: The political nature of climate change adaptation[J]. Global environmental change, 2015, 35: 523-533.

⑤ See Ahdoot S, Baum CR, Cataletto MB, Hogan P, Wu CB. Bernstein A. Council on environmental health and climate change; council on children and disasters; section on pediatric pulmonology and sleep medicine; section on minority health, equity, and inclusion[J]. Pediatrics, 2024 Mar 1, 153(3): 5.

脆弱。儿童的有效热适应能力较差,更容易受到昆虫等传播媒介的侵害,并且与其有更多的接触机会。[①] 与成年人相比,由于体重原因,儿童呼吸更多的空气,摄入更多液体,而且个子更矮小,在地面上待的时间更长,从事的活动涉及更多手对嘴的接触。儿童对其生活环境的控制能力有限,依赖于照料者和整个社会的照顾和保护,这种特性也增强了儿童群体的脆弱性。特别是对于年龄较小的儿童来说,在气候变化的极端天气中,他们对成人的依赖会影响父母的生理、情感和社会福祉、家庭功能和经济状况。[②]

气候变化可能对他们享有生命健康权、适当住房权、受教育权、食物权、用水权和卫生设施权等人权造成影响。首先,环境损害会妨碍儿童的生命权、健康权和发展权。气候变化导致的社会和物理环境的改变,包括因与气候相关的移徙而造成的改变,也会对儿童的健康和生活质量产生深远影响。约有 10 亿儿童生活在被《气候危机是一场儿童权利危机:儿童气候风险指数》报告列为风险极高的 33 个国家——而这些国家的二氧化碳排放总量仅占全球总量的 9% 。随着气温上升,处境脆弱儿童,包括贫困儿童和中低收入国家的儿童,在其一生中将因日益恶化的气候变化影响而过多地受害。[③]《儿童权利公约》要求缔约国采取适当措施,包括提供营养食品和清洁饮用水,全面落实健康权,同时考虑到环境污染的危险和风险[第 24 条第 2 款(c)项]。环境损害每年造成逾 100 万儿童死亡,其中大部分不满 5 岁。环境损害还导致终生健康问题,包括哮喘和其他呼吸道疾病、心血管疾病、癌症和神经系统疾病。气候变化和生物多样性丧失是长期的环境危机,将会影响到儿童的一生。儿童权利委员会《关于儿童享有可达到的最高标准健康的权利问题的第 15 号一般性意见》第

---

① See Colón-González F J & Sewe M O et al. Projecting the risk of mosquito-borne diseases in a warmer and more populated world: A multi-model, multi-scenario intercomparison modelling study [J]. The Lancet Planetary Health, 2021, 5(7): e404 – e414.

② See Sanson A V & Burke S E L. Climate change and children: An issue of intergenerational justice[J]. Children and peace: From research to action, 2020: 343 – 362.

③ See Ryan E, Wakefield J & Luthen S. Born into the climate crisis: Why we must act now to secure children's rights. 2021[J]. Save the Children (International): 6.

49 条指出，各国应该采取措施处理地方环境污染在这种环境下对儿童健康构成的危险和风险。适当的住房条件包括没有危险的烹饪设施、无烟环境、适当的通风、有效的废物管理以及生活区和周边环境垃圾的处理、没有霉菌和其他有毒物质。适当的住房和家庭卫生是健康成长和发育的核心条件。各国应当调控监测工商业活动的环境影响，因为这种活动可能会损害儿童健康权、食物保障以及获得安全饮用水和享有公共卫生的机会。环境干预应该首先针对气候变化问题，因为这是对儿童健康最大的威胁之一，有扩大健康差距的作用。因此，各国应当将儿童的健康问题置于其气候变化适应和减缓战略的中心位置。

气候变化对一些儿童，包括残疾儿童、移民中的儿童、贫困儿童、与家庭分散儿童和土著儿童的影响尤为严重。女童也因气候变化而面临更大的风险。在易受气候影响国家和气候敏感地区，气候变化对居民的生命权、生存权和发展权等构成威胁。生活在这些地区的儿童的权利和发展机会可能受到严重影响。气候变化除了威胁到儿童的身体健康之外，气候变化也威胁到他们的文化认同、他们与自然环境的联系和他们的教育。[①] 适应政策应优先考虑儿童的需求，确保他们的基本权利不受侵犯。应加强对学校基础设施的投资，使其具备抵御气候灾害的能力，并提供营养支持和医疗服务，保障儿童的健康和营养。气候教育应纳入学校课程，提高儿童对气候变化的认识和适应能力。

（二）气候变化损害与妇女权利

气候变化下，妇女遭受着更严重的经济不平等、生活负担与健康风险，其生计权、健康权、受教育权等在性别歧视方面面临更严重的侵犯。妇女在许多地区从事农业和非正规经济活动，这些活动对气候变化极为敏感。当收成减少或工作机会减少时，妇女的经济独立性和生计受到严重影响。气候变化导致的资源短缺（如水资源）增加了妇女的工作量，因

---

① 参见联合国. 关于气候变化与充分有效享有儿童权利之间的关系的分析研究报告 A/HRC/35/13[R/OL].（2017 - 05 - 04）[2024 - 06 - 17]. 第 51 段. https://documents.un.org/doc/undoc/gen/g17/110/93/pdf/g1711093.pdf.

为她们通常负责家庭的水和食物供应。极端天气事件(如洪水、干旱)和环境恶化增加了妇女的健康风险,包括营养不良、疾病传播和妊娠并发症。在气候灾害发生后,由于生存压力,妇女受到家庭暴力的可能性概率也呈现上升趋势。

女性易受伤害是独特的。妇女在与气候变化有关的风险中特别脆弱。研究显示,女性,尤其是高龄女性,受到的冲击更大,风险也更大,从预警发布到响应,再到灾后的重建。在发生自然灾害时,妇女的死亡率要比男子高得多,这很大程度上是由于妇女常常要照看小孩,穿着不便,而且水性也不佳。这一点在受影响的社区中尤为显著,因为他们的社会经济状况相对较差。[①] 在灾难和迁移期间,妇女更易受到性别暴力的侵害,如果她们的家庭承受更大的压力,她们就更有可能辍学。由于气候变化对农业造成的冲击和乡村生活环境的不断恶化,妇女们受到的冲击特别大。妇女易受伤害的因素很多,如财产权不平等、没有参与决策的机会、难以获得资料和财政服务等。[②]

在世界各地,女性对自然资源的依赖程度更高,在获取食物、水和燃料方面承担着过多的责任,但获得自然资源的机会却更少。父权社会结构往往被认为是许多社会中性别歧视及资源获取不均衡的主要根源。气候变化会加剧受脆弱性影响的社会、政治和经济紧张局势。当灾难发生时,由于长期存在的性别不平等造成了信息、流动性、决策以及获得资源和培训方面的差异,妇女生存的可能性更小,受伤的可能性更大。灾后,妇女和女童获得救济和援助的能力下降,进一步威胁到她们的生计、福祉和恢复,并造成脆弱性在未来发生灾害时的恶性循环。气候适应措施应包括性别敏感的政策和项目,确保妇女在决策过程中有平等的发言权和参与权。应加强妇女的教育和培训,提高她们在气候适应中的技术和管

---

① See Neumayer E & Plümper T. The gendered nature of natural disasters: The impact of catastrophic events on the gender gap in life expectancy, 1981 – 2002[J]. Annals of the association of American Geographers, 2007, 97(3): 551 – 566.

② See Lambrou Y & Laub R. Gender perspectives on the conventions on biodiversity, climate change and desertification[M]. United Nations. Gender and Population Division, 2004.

理能力，特别在农村地区，应支持妇女领导的适应项目，如可持续农业和水资源管理。

《里约环境与发展宣言》是第一个明确确认妇女赋权的国际文书，特别是将妇女有效参与本国经济和社会进程的能力作为可持续发展的一个基本条件。《里约宣言》原则 20 呼吁注意妇女“在环境管理和发展方面的关键作用”，因而需要“她们的充分参与”。该原则认识到妇女的生计，特别是在发展中国家，往往对环境退化特别敏感。这种“妇女参与发展”的观点得到其他国际法律文书，如《生物多样性公约》或《防治荒漠化公约》的序言及各种国际会议决议的大力赞成。两性平等和妇女赋权不仅是基本人权问题，更是实现千年发展目标（目标 3）和可持续发展（目标 5）的必然要求。不过，正如《里约宣言》原则 20 强调的那样，在真正实现原则 20 的目标之前，似乎还有许多工作要做。①

《行动纲要》是建立在 1992 年《水与可持续发展问题都柏林声明》和 1992 年联合国环境与发展会议通过的《21 世纪议程》的基础上的。《21 世纪议程》中有一章专门论述“为妇女采取全球性行动以谋求可持续的公平的发展”，并在全文中多次提到妇女。《里约宣言》原则 20 指出，“妇女在环境管理和发展方面发挥着至关重要的作用。因此，他们的充分参与对于实现可持续发展至关重要”。《关于持久性有机污染物的斯德哥尔摩公约》（2004 年）、《生物多样性公约》（1993 年）和《防治荒漠化公约》（1996 年）均明确涉及妇女参与环境决策和提高妇女对环境问题认识的必要性。

《行动纲要》注意到贫穷、自然灾害、健康问题、不可持续的发展和两性不平等之间的联系。该行动纲要提出了三项战略目标。第一，使妇女积极参与各级的环境决策。第二，将性别问题和观点纳入可持续发展的政策和方案。第三，在国家、区域和国际各级加强或建立机制，以评估发展和环境政策对妇女的影响。战略目标审查了妇女与环境问题，强调妇

---

① See Eberhard Deutsch. United Nations Audiovisual Library of International Law [R/OL]. [2024-06-17]. https://legal.un.org/avl/pdf/ha/dunche/dunche_c.pdf.

女在发展可持续和无害生态的消费和生产模式以及自然资源管理办法方面发挥的重要作用,并强调妇女需要参与各级环境决策。该行动纲要强调,各国政府和其他行动者应促进一项积极和明显的政策,将性别观点纳入所有政策和方案的主流,包括在作出决定之前酌情分析对妇女和男性的影响。

(三)气候变化损害与残障人

气候变化对每个人切实享有的广泛的人权既有直接影响,也有间接影响。全世界大约10亿残障人可能受到更严重的影响。① 例如,残障人往往是在紧急情况下受不利影响最严重的人群,他们的发病率和死亡率高得不成比例,并且是最难以获得紧急资助的人群。突发的自然灾害和缓发事件可能严重影响残障人获得食物和营养、安全饮用水和卫生设施、医疗服务和药品、教育和培训、适当住房和体面工作的机会。

贫困、歧视和污名是导致残疾人受气候变化影响的关键因素。与性别、年龄、族裔、地理、移民、宗教和性别相关的交叉因素会使一些残障人更容易遭受气候变化的不利影响,包括对其健康、粮食安全、住房、水和卫生设施、生计和流动性的影响。残障人在气候变化中的脆弱性主要体现在获取资源和服务的困难上。气候灾害往往破坏无障碍设施,使残障人无法及时撤离和获得救援。公共政策和适应计划中缺乏对残障人的考虑,使他们在灾后重建中处于不利地位。《联合国残疾人权利公约》序言强调,大多数残疾人生活贫困。IPCC 指出,最贫困者仍将是遭受气候变化最严重影响的人。这包括人权影响,如收入和生计机会损失、流离失所、饥饿和不利的健康影响等。与年龄、性别、流离失所、土著血统或少数民族身份相关的多重交叉歧视因素会进一步使残疾人遭受气候变化的负面影响。残疾人在紧急情况下的发病率和死亡率过高,在获得紧急支助方面面临困难。

---

① 参见联合国.人权理事会残疾人权利问题特别报告员卡塔丽娜·德班达斯·阿吉拉尔的报告 A/71/314[R/OL].(2016-08-09)[2024-06-17].https://documents.un.org/doc/undoc/gen/n16/254/20/pdf/n1625420.pdf.

考虑残疾人的需求对于有效的气候行动和防止气候变化加剧不平等至关重要。包容残疾人的方针将增强残疾人作为变革推动者的能动性，防止对他们的歧视，并使气候行动更加有效。所有国家都有义务确保其气候行动尊重、保护和实现所有人的人权，包括将残疾人的权利纳入关于气候的法律、政策和方案。因为气候变化对残疾人有效享有权利产生不利影响，所以要立即采取基于权利、包容残疾人的气候行动。① 适应措施必须确保无障碍设计，考虑残障人的特殊需求。应加强对残障人社区的教育和培训，提高他们的自救和适应能力。适应计划中应有专门的预算和资源，确保残障人在灾前准备、灾中应对和灾后恢复中得到充分支持。

（四）气候变化损害与老年人权利

老年人在气候变化中面临健康、经济和社会支持系统的多重挑战，抵抗力弱、对外部压力反应力较差等因素，增强了他们面对气候灾害的脆弱性。老年人的生命健康权、经济权利、文化权利与受到社会保护、照护和支持的权利多方面受到负面影响。气候变化加剧了与年龄相关的健康问题，如心血管疾病和呼吸道疾病。老年人往往依赖固定收入，缺乏适应气候变化的经济能力。

适应政策应优先保护老年人的健康和生活质量。社区层面的适应措施应包括健康监测和医疗服务，特别是在极端天气事件频发的地区。应提供经济支持和社会保障，确保老年人有能力应对气候变化带来的生活成本上升。

（五）气候变化损害与少数族裔

由于环境的脆弱性和资源的有限性，居住在偏远地区的少数族裔群体通常被认为是最容易受到气候变化影响的人群之一。少数族裔通常居住在环境脆弱、资源匮乏的地区，缺乏政治和经济权力，使他们在气候变化中面临更大的风险。文化和语言障碍也限制了他们获取适应信息和资

---

① 参见联合国. 关于在气候变化背景下促进和保护残疾人权利的分析研究报告 A/HRC/44/30[R/OL].（2020－04－22）[2024－06－17]. 第 60 段. https://documents. un. org/doc/undoc/gen/g20/097/55/pdf/g2009755. pdf.

源的能力。

适应措施应注重少数族裔的文化和语言需求,确保信息和资源的可获得性和可理解性。应加强少数族裔社区的参与和代表性,确保他们在适应决策中的发言权。尊重和保护少数族裔的传统知识,结合现代技术,推动可持续的适应方案。

(六)气候变化损害与土著人民

气候变化下,土著人民往往面临与历史上和当前的边缘化和歧视相关的社会经济劣势。由于许多土著人民与环境及其传统土地、资源和领地的关系密切,因此这些风险在逐步加重。极端天气事件、干旱、冰融化、海平面上升、海洋变暖和酸化以及土地和生态系统退化正在严重影响土著领地,危及土著人民的粮食安全、传统生计、文化习俗和自决。土著社区的基本生存条件在于与自然环境的紧密联系,他们的文化特性与自然界息息相关。

然而,当自然环境中发生不稳定事件时,他们的生活方式和文化传统往往受到严重损害。随着干旱、洪水、风暴、飓风和热浪等极端天气事件的频率和强度增加,土著人民的生计因此受到气候变化的负面影响。土著人民面临的一个主要问题与他们的土地地位相关。他们中的许多人定居的土地被正式或法律上承认为他们的领土。另一个重要问题是支持土著社区的复原力和生计日益成为迫切需要。气候变化的巨大影响被认为是推动这一问题的主要原因之一。例如,在拉丁美洲,土著人民和非洲裔人占农村人口的46%。对于非洲人后裔来说,气候变化和气候政策对其权利的过度影响因政治、经济和社会边缘化而加剧。许多非洲裔人生活在贫困集中地区,在那里他们更容易受到环境退化和气候风险的影响,并且缺乏适应气候变化影响的资源。在南美洲,非洲裔人的食物权、健康权和生命权受到包括极端天气在内的气候变化影响的威胁。

(七)气候变化损害与流离失所者

气候变化是导致人口迁移和流离失所的重要因素。气候引起的移民是一个非常复杂且紧迫的人权问题。难民在气候变化中的脆弱性尤为突出,他们往往居住在临时和不安全的环境中,缺乏基本的生活保障和适应能力。

跨越国际边界的过程充满侵犯权利的行为。每年在陆地和海上边境都有大量跨境流离失所者死亡或失踪。2014 年至2022 年,超过5 万人在移民迁居过程中丧生。其中一半以上的死亡发生在前往欧洲的路线和欧洲境内的路线,包括地中海。丧生者中有一定比例的人无疑是由于气候变化而跨越国际边界的流离失所者。美洲人权委员会指出,死于犯罪网络和武装团体之手是移民面临的最大风险之一。一些跨越国际边界的人由于年龄、性别认同、残疾或健康状况等个人特征而面临更多威胁和侵犯人权的风险。

适应政策应包括对气候难民的保护和支持,应提供安全的居住环境和基本服务,包括医疗、教育和就业机会,帮助难民社区提高适应能力。国际社会应加强合作,共同应对气候变化引发的人道主义危机,确保难民的人权得到充分保障。

第二节 环境权的新发展及其对气候适应的影响

环境被认定为生物圈的组成部分,包括植物群、动物群与自然资源,如大气、陆地、地下土壤资源与水。目前环境权仍是一个充满理论争议的概念。使用何种限定词来界定环境权是倡导实体性环境权的第一道难题。清洁、健康、安全、生态平衡等诸多形容词是经常被用来描述环境权的,然而这些词汇的问题在于主观性很强,可谓仁者见仁智者见智,难以作为裁判的依据。

一、环境权的概念发展

有学者尝试否定式定义法。其认为设定环境权不是为了达到理想的零污染和回归原始的自然状态,而是为了保持满足人类的基本需要适度的保护环境。因此,环境权是指免于受到危害健康的人为环境污染、减少寿命的负面环境影响、超过人类承受能力的噪声和获得环境信息的权利。

但是该定义的局限性是因为仍旧基于人类中心主义,所以无法涵盖自然资源管理和物种灭绝等方面的环境权。也有学者采用更加广义的环境权概念,指出违反环境权的情景包括土地、水和空气被污染到一定程度以至于现在和将来的个人遭受或者可能遭受生活质量的下降或者导致明显的健康问题,乃至死亡。人类赖以生存的植物、动物或者生态平衡受到侵害和破坏也会侵犯健康的环境权。该权利是实现可持续发展所必需的。该定义反映了生态中心主义与人类中心主义并重的观点。

事实上,对于环境权的定义不清是一把"双刃剑":一方面,缺乏明确的定义可能会阻碍对环境权的接受和承认;另一方面,缺乏明确的定义也增加了环境权内涵的丰富和灵活性,提高对复杂问题的包容度。未来的环境权有望通过两条路径不断得到确认:一是现有的国际和国内环境法律与政策发展和演进;二是通过具体的司法判例不断丰富其内涵。无论如何,定义的不明确不能成为环境权设立的障碍,实际上,很多人权的概念和内涵直到今天也是模糊不清的。我们相信在解决复杂多样的环境问题过程中,环境权的内涵会逐渐清晰明确,不仅包括对环境损害的救济,还有对当代和后代人所依赖的自然资源和生态系统的保护。21 世纪以来,人权与环境的议题在联合国体系内迅速发展,而且出现了国际人权机制与环境机制相互融合的趋势。人权与环境(尤其是气候变化)的关系越来越受到联合国人权理事会、特别程序、各国政府以及包括《联合国气候变化框架公约》缔约方会议等的重视。

(一)人权与气候变化的相互关切

国际社会对气候变化的人权影响的关注始于小岛屿发展中国家于 2007 年 11 月通过的《关于全球气候变化对人的影响问题马累宣言》。[1]这是明确承认气候变化对"充分享有人权具有明确和直接影响"的第一个政府间声明。其中所涉权利包括生命权、适足生活水准权和可达到的最高标准健康权。受该宣言启发,2008 年 3 月,联合国人权理事会通过

---

① See Male' Declaration on the Human Dimension of Global Climate Change.

了关于气候变化与人权的第一项决议(A/HRC/7/23)[①]。该决议对气候变化对世界各地人民和社区带来的直接和深远的威胁表示关切,并请人权高专办编写一份关于气候变化与人权之间的关系的研究报告。随后,联合国人权事务高级专员办事处(以下简称联合国人权高专办)发布了一份报告,描述气候变化如何威胁到各项广泛的人权,包括生命权、健康权、食物权、水权、适足住房权和自决权(A/HRC/10/61)。[②] 该报告强调,各国有义务采取措施,保护人权免受气候变化的不利影响。

2009 年 3 月,联合国人权理事会在第 10/4 号决议中再次指出,与气候变化有关的效应对有效享有人权具有一系列影响。[③] 并指出,业已处于脆弱境地的人们将最深切地感受到气候变化的影响。在 2010 年 12 月在坎昆举行的第十六届会议上,《联合国气候变化框架公约》缔约方会议通过了第 1/CP. 16 号决定[④]。该决定援引了联合国人权理事会第 10/4 号决议,并指出"在所有涉及气候变化的行动中,缔约方应充分尊重人权"。这是人权关切首次载入联合国气候变化框架公约体系的决议中。

此后,人权理事会又通过了数个关于气候变化的决议,例如第 19/10 号决议、第 25/21 号决议和第 31/8 号决议等。[⑤] 除了重申气候变化对人权的影响,特别是对那些最脆弱者的关注外,还关注了气候灾害。第 31/8 号决议还表示,气候变化促使突发自然灾害和缓发事件增加,这些事件会对充分享有所有人权产生不利影响。

---

① 参见联合国. 人权理事会关于人权与气候变化问题的第 7/23 号决议. https://ap. ohchr. org/Documents/E/HRC/resolutions/A_HRC_RES_7_23. pdf.

② 参见联合国. 联合国人权事务高级专员关于气候变化与人权的关系问题的报告 A/HRC/10/61. (2009 - 01 - 15)[2024 - 06 - 17]. 第 60 段. https://documents. un. org/doc/undoc/gen/g09/103/43/pdf/g0910343. pdf.

③ "联合国人权理事会第 10/4 号决议"是指"人权理事会关于人权与气候变化问题的决议第 10/4 号决议(2009 年 3 月),https://ap. ohchr. org/documents/E/HRC/resolutions/A_HRC_RES_10_4. pdf。

④ 参见缔约方会议. 缔约方会议第十六届会议报告 FCCC/CP/2010/7/Add. 1[R/OL]. (2011 - 03 - 15)[2024 - 04 - 17]. https://documents. un. org/doc/undoc/gen/g11/605/49/pdf/g1160549. pdf.

⑤ 第 19/10 号决议、第 25/21 号决议和第 31/8 号决议分别对应的文件链接依次为:https://docs. un. org/zh/A/HRC/RES/19/10; https://docs. un. org/zh/A/HRC/RES/25/21; https://docs. un. org/zh/A/HRC/RES/31/8。

(二)人权机制内的联合声明与行动

联合国人权理事会鼓励各任务负责人在各自任务范围内考虑气候变化与人权的问题。相关报告包括适足生活水准权所含适足住房权以及在这方面不受歧视的权利问题特别报告员(A/64/255)、国内流离失所者问题特别报告员(A/66/285)、移民人权问题特别报告员(A/67/299)和食物权问题特别报告员的报告(A/70/287)。2014 年 6 月,时任人权与环境问题独立专家提出了一份非正式报告,概述了各任务负责人、人权条约机构和其他机构关于气候变化的声明。①

2014 年和 2015 年,各任务负责人采取了若干联合行动,强调从人权视角出发采取气候行动的重要性。② 在 2014 年 10 月的一封公开信中,27 位任务负责人呼吁《联合国气候变化框架公约》缔约方承认气候变化对享有人权的不利影响,并紧急采取有力度的减缓和适应措施,防止进一步的伤害。他们提议,在正在谈判的气候协定中列入有关措辞,规定"在所有涉及气候变化的行动中,缔约方应尊重、保护、增进和实现所有人的人权"③。

(三)《巴黎协定》序言中的人权关切

在 2015 年 12 月在巴黎举行的第二十一届缔约方会议上,对气候变化与人权问题的关注达到高潮。联合国人权事务高级专员发表了一项有

---

① 各任务负责人包括适足生活水准权所含适足住房问题以及在此方面不受歧视权问题特别报告员、受教育权问题特别报告员、极端贫困与人权问题特别报告员、食物权问题特别报告员、人人有权享有可达到的最高水准身心健康问题特别报告员、人权维护者处境问题特别报告员、国内流离失所者人权问题特别报告员、少数群体问题独立专家、危险物质及废料的无害环境管理和处置对人权的影响问题特别报告员、人权与跨国公司和其他工商企业问题的秘书处特别代表,以及这一问题的工作组和享受安全饮用水和卫生设施的人权问题特别报告员。参见《调查分析与享有安全、清洁、卫生和可持续环境有关的人权义务:重点报告人权与环境问题》,联合国条约机构数据库,https://www. ohchr. org/Documents/Issues/Environment/MappingReport/ClimateChangemapping15-August. docx。

② 相关声明和报告参见联合国条约机构气候变化专题数据库,www. ohchr. org/EN/Issues/Environment/SREnvironment/Pages/ClimateChange. aspx。

③ 联合国. 与享有安全、清洁、卫生和可持续环境有关的人权义务问题特别报告员的报告 A/HRC/31/52[R/OL]. (2016 - 02 - 01)[2024 - 06 - 17]. https://documents. un. org/doc/undoc/gen/g16/015/71/pdf/g1601571. pdf,第 15 段.

力的声明,要求紧急采取有效和大力度的行动,应对气候变化,这不仅是一种道义责任,也是一种必要,以履行国家人权法之下的责任。[①]

《巴黎协定》是明确承认人权相关性的第一个气候协定,是第一个此类环境协定。该协定承认气候变化是人类的共同关切,并在序言部分规定:缔约方在采取行动处理气候变化问题时,应当尊重、促进和考虑它们各自对人权、健康权、土著人民权利、当地社区权利、移徙者权利、儿童权利、残疾人权利、弱势人权利、发展权以及性别平等、妇女赋权和代际公平等的义务。《巴黎协定》表明,国际社会认识到气候变化对充分享有人权构成不可接受的威胁,因此应对气候变化的行动必须符合人权保障的相关要求。《巴黎协定》意义重大,但落实更加重要。

二、环境权保护与气候变化应对路径

承认人权与环境的密切关系主要通过两种形式:其一,明确承认以健康、安全或可持续等为特点的一种环境的新权利;其二,高度注意环境与生命权和健康权等已得到承认的权利的关系。[②] 在既有国际人权法的体系中,尚未有享有健康环境的人权条款。无论是《世界人权宣言》,还是任何其他联合国人权文书都没有明确承认。然而,自 21 世纪以来,环境人权规范主要沿着三条道路发展:(1)在区域条约和国家宪法中广泛采用环境权利;(2)通过将生命权和健康权应用于环境问题,"绿化"其他人权;(3)程序性环境权,即在多边环境文书中列入在环境问题上获得信息、公众参与和诉诸司法的权利。[③]

(一)环境权的法律化

1972 ~ 2022 年,环境权逐步得到法律认可,成为法定权利。尤其是

---

① 与享有安全、清洁、卫生和可持续环境有关的人权义务问题特别报告员的报告,A/HRC/31/52,第 3 ~ 4 页,联合国网站:https://undocs.org/zh/A/HRC/31/52。

② See Anton D K, Shelton D L. Environmental protection and human rights[M]. Cambridge University Press, 2011.

③ See Knox J H. Constructing the human right to a healthy environment[J]. Annual Review of Law and Social Science, 2020, 16: 79 – 95, p. 81.

在国家和区域层面创设一种新型的健康环境权的努力,令人备受鼓舞,但至今尚未得到国际性人权条约的承认。

1. 国家层面

随着环境保护的重要性日益明确,许多国家在其宪法中明确增加了环境权利,通过颁布和实施立法来尊重、保护和实现享有安全、清洁、健康和可持续的环境权利。1976 年,葡萄牙率先在宪法中增加了"享有健康和生态平衡的人类环境的权利"。① 此后,共有 100 多个国家在国家宪法中明确载有健康环境权,只是用词不一。② 还有至少 12 个国家的法院裁定健康环境权是生命权的一个基本要素(如印度、爱尔兰、尼日利亚和巴基斯坦),因此是一项可强制执行、受宪法保护的权利。③

有 100 多个国家将健康环境权明确纳入国家立法。阿根廷、巴西、哥伦比亚、哥斯达黎加、法国、菲律宾、葡萄牙和南非有一些特别好的做法,在这些国家,健康环境权是贯穿法律、规章和政策的统一原则。共有 80% 以上的联合国会员国(193 个会员国中的 156 个)在法律上承认享有安全、清洁、健康和可持续的环境权利。共有至少 155 个国家根据条约、宪法和法律,在法律上有义务尊重、保护和实现健康环境权。④ 这为在全球范围内承认健康环境权奠定了基础。

2. 区域层面

在区域一级,20 世纪 70 年代以后起草的各项人权条约也纳入了环境权。1981 年《非洲人权和民族权宪章》规定,"所有民族均有权享有一个有利于其发展的普遍良好环境"(第 24 条)。2003 年,非洲联盟通过了《非洲

---

① 参见联合国. 与享有安全、洁净、健康和可持续环境相关的人权义务问题独立专家约翰 H. 诺克斯的报告 A/HRC/22/43[R/OL]. (2012 - 12 - 24)[2024 - 06 - 17]. 第 5 页. https://documents. un. org/doc/undoc/gen/g12/189/71/pdf/g1218971. pdf.

② 例如,《哥斯达黎加宪法》第 50 条规定:"人人有权享有健康和生态平衡的环境。"《斐济宪法》第 40 条第 1 款规定:"人人有权享有清洁和健康的环境,包括通过立法和其他措施保护自然界以造福今世后代的权利。"

③ See Boyd D R. The implicit constitutional right to live in a healthy environment[J]. Review of European Community & International Environmental Law, 2011, 20(2): 171 - 179.

④ 参见联合国. 与享有安全、清洁、卫生和可持续环境有关的人权义务问题特别报告员的报告 A/HRC/40/55[R/OL]. (2019 - 01 - 08)[2024 - 06 - 17]. 第 3 页. https://documents. un. org/doc/undoc/gen/g19/002/53/pdf/g1900253. pdf.

人权和民族权宪章关于非洲妇女权利的议定书》。其中规定,妇女"有在健康和可持续环境中生活的权利"(第18条)和"有充分享有可持续发展的权利"(第19条)。1998年《美洲人权公约关于经济、社会和文化权利领域的附加议定书》(《圣萨尔瓦多议定书》)规定,"人人有权生活在一个健康的环境中"(第11条第1款)。2004年《阿拉伯人权宪章》规定,确保福祉和体面生活的适当生活水准权包括健康环境权(第38条)。尽管《欧洲人权公约》和《欧洲社会宪章》都没有包括享有健康环境的权利,但1998年《在环境问题上获得信息、公众参与决策和诉诸法律的公约》(以下简称《奥尔胡斯公约》)提到"今世后代人人得在适合其健康和福祉的环境中生活的权利"(第1条)。

截至2018年12月1日,已有124个[①]国家加入了明确纳入健康环境权的具有法律约束力的国际条约,这些条约包括《非洲人权和民族权宪章》、《奥尔胡斯公约》、《圣萨尔瓦多议定书》和《阿拉伯人权宪章》。2018年9月《拉丁美洲和加勒比关于在环境问题上获得信息、公众参与和诉诸法律的区域协定》(以下简称《埃斯卡苏协定》)开放供签署。该协定要求"每个缔约方应保障人人在健康环境中生活的权利"(第4条),但该协定尚未生效。东盟十国2012年通过了不具约束力的《东南亚国家联盟人权宣言》。[②]其将"享有安全、清洁和可持续环境的权利"纳入适当生活水准权[第28条(f)项]。

3. 国际层面

与国家和区域两级的这些事态发展相比,目前还没有一部国际条约明确规定健康、清洁、安全和可持续的环境权。《经济、社会及文化权利国际公约》和《儿童权利公约》虽有条款在具体权利方面提到环境,但并没有承

---

① 《非洲人权和民族权宪章》、《奥尔胡斯公约》、《圣萨尔瓦多议定书》和《阿拉伯人权宪章》的缔约国总共为128个。(英国对《奥尔胡斯公约》作出保留;巴勒斯坦在联合国具有"非会员观察员国"地位;阿尔及利亚和利比亚既是《阿拉伯人权宪章》也是《非洲人权和民族权宪章》的缔约国,这样算来,总数为124个。)

② 参见联合国. 与享有安全、清洁、健康和可持续环境有关的人权义务问题特别报告员的报告A/HRC/43/53[R/OL]. (2019-12-30)[2024-06-17]. https://documents.un.org/doc/undoc/gen/g19/002/53/pdf/g1900253.pdf.

认一般意义上的环境权。

1972 年《联合国人类环境会议宣言》(以下简称《斯德哥尔摩宣言》)原则一规定:“人人都有在过着尊严和幸福生活的优良环境里享受自由、平等和适当生活条件的基本权利,同时也有为今代和后世保护和改善环境的神圣责任。”1987 年世界环境和发展委员会报告(A/42/427)提出了“可持续发展”的概念,收纳了一个专家组起草的法律原则,其中第 1 条宣布,“所有人类都有在一个适合其健康和幸福的环境中生活的基本权利”。1989 年《海牙宣言》在大气污染与人权之间建立起联系,承认“有尊严地生活在全球环境中的权利,并对当代和子孙后代承担责任”。1990 年,联合国人权事务委员会通过决议,强调保全维持生命的生命系统对于促进人权具有重要的意义。同年,联合国大会决议①要求作出报告,以界定环境退化到何时将破坏健康、福利、发展前景和威胁生命在地球上存活的标准。联合国大会题为《有必要为个体的福利确保一个健康的环境》的 45/94 号决议②宣称,人人被赋予权利在一个健康和福利令人满意的环境中生活。该决议重申了《世界人权宣言》和《经济、社会及文化权利国际公约》中的相关权利,提出“一个更加良好和健康的环境有助于全面享有各种人权”,并强调“环境退化将破坏生命的基础”。尽管该决议强调环境退化和享有人权的关系,但其并没有明确采纳环境权的概念。曾被寄予厚望的 1992 年《里约宣言》显然在使用基于人权的概念时采取了回避态度,把关键词改成了“可持续发展”,虽然这反映了二三十年以来各国政府和学界对环境权的反思与实践,但不得不说这与《斯德哥尔摩宣言》相比有明显退步。有学者分析其原因主要在于,首先国际社会缺乏对环境权有用性和有效性的普遍共识;其次,在里约会议期间,非政府组织的参与度不够;最后,发展中国家在应对环境问题上更倾向于“发展”的理念。尽管如此,《里

---

① See General Assembly Resolution 44/224 (1990), U. N. Doc. A/44/746/add 7[R/OL]. (1990-01-12)[2024-06-17]. p. 2-3. https://digitallibrary.un.org/record/84305? ln=ar&v=pdf.

② See General Assembly Resolution 45/94 (1990), U. N. Doc. A/RES/45/94[R/OL]. (1990-12-14)[2024-06-17]. https://documents.un.org/doc/resolution/gen/nr0/562/25/img/nr056225.pdf? token=DJ3xR2HvkHQmE8jcjq&fe=true.

约宣言》中的原则十仍作为补偿规定了程序性环境权。后来2002年在约翰内斯堡和2012年在里约热内卢举行的关于可持续发展的会议也没有再用过环境权的表达。

在联合国人权机构中,也曾有过争取环境权得到普遍认可的努力。1990年,防止歧视和保护少数小组委员会任命法特玛·祖赫拉·克森提尼为人权与环境问题特别报告员,并在1994年提交了《关于人权与环境宣言草案》[①](以下简称《人权环境草案》)。这份草案力图确立环境伤害和侵权行为的因果关系。《人权环境草案》由序言和五大部分构成,再次确认各项权利是互相依存、不可分割的。《人权环境草案》的内容十分丰富,主要表现在:(1)权利主体,既包括个体,也包括团体;(2)权利的含义,包括实体权利与程序权利两种;(3)权利的行使,包括个人、团体和政府等方面的责任。首先,从权利的主体来看,虽然个体是权利的必然主体,但《人权环境草案》也对团体的环境权给予了高度的重视。《人权环境草案》与联合国《世界人权宣言》的不同点在于,《世界人权宣言》规定的权利主体只能是个人。其次,就权利内容而言,《人权环境草案》提出,应当在实体法和程序法两方面实现平衡。《人权环境草案》的第一部分和第二部分属于实体性的权利,并将其划分为肯定和否定两类,第一部分是对个人和团体提出对某些环境和资源权的要求,而第二部分是说明个人和团体享有不受与环境有关的一切危险、歧视、驱逐等的自由。但是,《人权环境草案》还提出了保障人民和团体通过程序获得这些实质性权利的途径,以及对水、土地、空气、安全和健康的要求。第三部分程序权利的要素,包括获得信息、参与决策、发表观点、受教育、集会、结社、行政和司法救济。最后,只有在相应的责任得到满足之后,才能实现环境权利的行使。《人权环境草案》第四部分着重阐述了保障环境人权的个人、国家和国际组织和组织在保障环境人权方面应承担的责任。[②]

尽管联合国人权事务委员会、联合国人权理事会、联合国其他人权组

---

① 明尼苏达大学人权图书馆:http://hrlibrary. umn. edu/instree/1994-dec. htm。

② 参见纪骏杰:《环境时代的新社会福利课题:环境人权的理念与实践》,载《国家政策季刊(台湾)》2003年第2期。

织和机构对人权和环境的互动问题进行了研究，但是，他们的重点大多集中在环境和公认的人权之间的联系上。换句话说，他们关注的不是像“健康环境权”那样的新权利，而是“绿化人权”，也就是对现存的人权与环境之间的联系进行研究。

（二）“绿化”方法：对既有人权体系进行扩张解释

“绿化”方法是利用已有的人权制度（例如，生命权、健康权、隐私权等）来扩张解释环境权利。[①] 尽管通过扩展适用或者扩大解释既有人权制度的方法不足以为解决复杂而宽泛的环境问题提供充分的保护，但是这种方法在过渡时期最为有效，同时也为未来环境权得到真正意义上的广泛承认积累了经验。

1. 生命权

生命权是不允许克减的权利，即使在武装冲突和危及国家生存的其他紧急状况下也是如此。[②] 因此，国家承担保护生命权的不可克减的义务。联合国人权事务委员会在第 36 号一般性意见中明确指出，保护生命权的义务还意味着缔约国必须采取适当措施，处理可能导致直接威胁生命或阻止个人有尊严地享有生命权的社会整体状况，如环境出现退化，气候变化和不可持续的发展对今世后代享有生命权构成最紧迫和严重的威胁。[③]

一些区域性和国内法院也采纳了此种方法。印度最高法院在保护环境权方面表现比较突出，它通过扩展解释宪法中的生命权来保护环境。例如在奇纳帕与戈达瓦曼（Chinnappa and Godavarman）案[④]中，法官认为

---

① See Boyle A E, Redgwell C. Birnie & Boyle, International Law and the Environment[M]. Oxford University Press, 2021.

② 联合国人权事务委员会第 36 号一般性意见。参见联合国条约机构数据库：https://tbinternet.ohchr.org/_layouts/15/treatybodyexternal/Download.aspx?symbolno=CCPR%2fC%2fGC%2f36&Lang=zh。

③ 联合国人权事务委员会第 36 号一般性意见。参见联合国条约机构数据库：https://tbinternet.ohchr.org/_layouts/15/treatybodyexternal/Download.aspx?symbolno=CCPR%2fC%2fGC%2f36&Lang=zh。

④ See K. M. Chinnappa and T. N. Godavarman Thirumalpad v. Union of India and Others, 10 SCC 606 (2002).

卫生的环境是健康生活的不可分割的组成部分,没有健康的环境就无法有尊严地生活。还有一些判决在保护环境方面更为激进,不仅要求无污染的空气和水,而且要求达到生态中心主义的目标——生态平衡。[①] 在肯德拉案(Kendra)[②]中,最高法院认为印度东部城市台拉登石灰石采矿场应当关闭并由承租人承担费用,因为需要保护人民生活在一个对生态平衡干扰最小的健康环境里。该案中,最高法院没有直接依据生命权或者健康权等人权,而是基于人民的生态平衡权。[③] 这反映出一些人类中心主义的弱化倾向和环境权的集体权利性质。环境权的所有形式(免于污染、生活权、生态平衡权等)都是传统意义上的消极权利——生命权的衍生品。但是印度的法院通过结合《印度宪法》的相关内容[④]在对生命权进行扩张解释时增加了明确的环境义务,承认了新的环境权。

利用生命权的扩张解释来保护环境有诸多局限性。这是一种适用范围较小的方法,因为环境威胁必须达到极其严重以至于直接危及人的生命的程度才有可能适用此方法。显然,与当危机发生后诉诸法院请求赔偿相比,更好的选择是在发生环境危险之前能够采取预防措施避免其发生。

2. 隐私权

隐私权属于公民权利和政治权利范畴。欧洲人权法院有很多案例以《欧洲人权公约》第 8 条的隐私权为由提起,即环境损害影响了原告根据《欧洲人权公约》第 8 条享有的隐私权。《欧洲人权公约》缺乏明确的环境权条款并没有妨碍欧洲人权法院成功地以环境污染对个人隐私权产生负面影响为由作出判决。在洛佩斯 · 奥斯特拉案(Lopez Ostra)[⑤]中,法

---

① See Anderson M R. Individual rights to environmental protection in India[J]. Human rights approaches to environmental protection,1996: 199 –225.

② See Rural Litigation and Entitlement Kendra v. Uttar Pradesh (1985) AIR SC 652.

③ See Cha J M. A Critical Examination of the Environmental Jurisprudence of the Courts of India[J]. Alb. L. Envtl. Outlook,2005,10: 197,p.219.

④ 《印度宪法》第 48 条规定:(甲)保护和改善环境,保护森林和野生生物——国家应尽力保护和改善环境,保护国家森林和野生生物。第 51 条规定:(甲)基本义务——每个公民应克尽下列义务:……(七)保护和改善自然环境,包括森林、湖泊、河流、野生生物,爱护动物。

⑤ See Lopez Ostra v. Spain,App. No. 16798/90,20 Eur. H. R. Rep. 277,par. 51(1994).

院指出尽管原告的健康没有受到严重的威胁,但环境损害对其幸福安宁、隐私和家庭生活以及对房屋的享受造成了影响。在格拉等人诉意大利案(Guerra and Others v. Italy)①中,法院重申了这一观点。但是法院强调在适用隐私权保护个人环境权益时,原告必须证明污染源对其构成了直接和严重的影响,而且环境损害与污染源之间应具有严格意义上的因果关系。②

值得注意的是,欧洲人权法院是狭义地解释隐私权的,而且仍持人类中心主义的观点,并不支持存在独立的环境权。在法达耶娃诉俄罗斯案(Fadeyeva v. Russia)③中,法院重申了《欧洲人权公约》中所规定的权利与基本自由并不包含自然保护的权利,因此,基于《欧洲人权公约》第8条提起的诉讼所依据的损害必须直接影响到原告的家庭生活或者隐私。可见,利用《欧洲人权公约》中的隐私权或者其他权利保护环境权是有限制的,欧洲人权法院否定《欧洲人权公约》含有一般意义上的环境权。

3. 适足的生活水准权和健康权

适足的生活水准权与自然环境的关系非常密切,因为健康的环境是人类健康与幸福的必要条件。实现健康权不能仅仅局限于医疗措施和防护,而应包括对环境的保护,例如防止核辐射、水污染和食品污染等。健康权在很多人权条约中得到体现,包括《经济、社会及文化权利国际公约》第12条、《儿童权利公约》第24条、《美洲人权公约关于经济、社会和文化权利领域的附加议定书》第10条。《经济、社会及文化权利国际公约》第12条规定,“本公约缔约国确认人人有权享受可能达到之最高标准之身体与精神健康”。在第14号一般性意见中,经济、社会及文化委员会对健康权采取了更加宽泛的解释,认为健康权“是一项全部包括在内的权利,不仅包括及时和适当的卫生保健,而且也包括决定健康的基本因

---

① See Guerra and Others v. Italy, App. No. 14967/89, 26 Eur. H. R. Rep. 357 (1998).

② See Acevedo M T. The intersection of human rights and environmental protection in the European Court of Human Rights[J]. NYU Envtl. Lj, 1999, 8: 437, p. 489.

③ See Fadeyeva v. Russia, App. No. 55723/00, 45 Eur. H. R. Rep. 10, par. 68 (2005).

素，如使用安全和洁净的饮水，享有适当的卫生条件、充足的安全食物、营养和住房供应、符合卫生的职业和环境条件”。以上内容清楚地揭示出健康权深刻依赖于环境条件。

在区域性和国内法院中，健康权常常被用来作为保护环境的法律依据。亚诺玛米（Yanomami）人在美洲人权委员会提起对巴西的指控①，案件关于穿越亚马逊高速公路的建设导致其无家可归，并在没有任何赔偿的前提下强制其搬家。而且，在其居住地发现矿产资源后，采矿公司进一步要求其离开家园并导致了流行病的蔓延。申诉人诉称，这些商业项目的开发损害了其依据《美洲人的权利和义务宣言》所享有的人权，包括生命权、自由和人身安全权、居住及迁徙权、健康和安宁权。美洲人权委员会支持了申诉人的诉求，建议巴西政府采取适当的措施保护土著人的健康和生活权。但是，遗憾的是这一裁决结果未得到巴西政府的执行。

尽管《非洲人权和民族权宪章》第 24 条明确规定了环境权，但在非洲人权机制的实践中很多环境损害诉讼仍依据健康权提起。② 这也许是因为环境权不是可诉性的权利。对于该宪章中第 24 条所规定的环境权能否可以作为诉讼理由单独使用而不需要借助于健康权或者其他人权，目前还没有共识。

（三）程序化方法：通过程序保障环境权

程序性环境权，是指环境信息知情权、环境决策参与权、环境损害请求权和环境监督权等程序性权利，是保障环境权实现的基础。环境知情权，是指公众依据法律享有获取和了解环境信息的权利。这种权利具体体现了知情权在环境保护领域的应用，是公众参与环境保护的前提条件、必然要求和基础环节。健全的环境信息公开制度是公众全面、准确地获悉与环境决策有关的信息的前提和保证，并且为公众参与环境决策提供

---

① See Yanomami Community v. Brazil, Inter-Am HR, Brazil, Resolution No. 12/85, case No. 7615(1985).

② See Amechi E P. Linking environmental protection and poverty reduction in Africa: An analysis of the regional legal responses to environmental protection[J]. Law Env't & Dev. J., 2010, 6: 112.

有效的途径。该项权利在公众应对和处理突发性的环境污染事件时尤为重要。环境决策参与权指的是公众在环境政策和环境法的制定过程中，通过民主程序进行参与、评估和选择的权利，是环境民主原则的具体体现。公众参与可以有效弥补市场调节和国家干预的不足。公众参与环境保护的具体途径包括以下方面：(1)参与环境立法：公众可以通过提案、听证会等形式参与环境法律法规的制定和修改。(2)参与环境监督管理：公众可以通过举报、投诉等方式监督环境法律的执行。(3)参与环境保护公益活动：通过参与各类环保组织或公益活动，公众可以直接为环境保护贡献力量。(4)参与环境影响评价：在新项目的环境影响评估过程中，公众可以提出意见和建议，以确保项目的环保措施到位。此外，赋予公众环境损害请求权和环境监督权，是保障公众环境权利实现的必要条件。这些权利包括对环境侵害行为的法律诉讼权和对环境管理过程的监督权。

《世界人权宣言》中的一些条款已经对程序权利有所涉及。①《公民权利和政治权利公约》确认了一般性的程序权利，比如表达自由权、公平审判权、获得信息权与公共事务参与权等。1998 年的《奥尔胡斯公约》清楚地承认了程序性环境权。1998 年 6 月 25 日，来自欧洲和中亚的 35 个国家在丹麦奥尔胡斯签署了《奥尔胡斯公约》。该公约在序言中明确表示，“充分保护环境不仅是人类福祉的关键，也是享受包括生命权在内的各种基本人权的基础”。该公约明确承认个人环境权，并详细规定了保护、促进和实现这一权利的方法和途径。通过这些规定，该公约为公众参与环境保护、监督政府行为和维护环境权利提供了法律框架和支持。具体来说，该公约明确了公众在环境事务中的三项重要权利：知情权、参与权和诉讼权。这意味着公众有权获取与环境相关的信息，参与环境决策，并在环境权受到侵犯时通过司法途径寻求救济。这些规定确保了环境权的落实和保护，特别是通过司法诉讼手段，有效地保障了个人环境权的实施。但是，《奥尔胡斯公约》对程序权利的偏重也恰恰反映了该公约缔约

---

① 《世界人权宣言》第 8、19、21、26 条。

方并不愿意接受实体环境权的概念。

有很多学者认为通过在国际条约和国内法中不断完善程序性环境权的方法可以取代建构实质意义上的环境权，因为这样可以回避如何界定一个“健康的”环境的难题，而且更容易在政治意愿上争取各国的普遍接受并得到法院的执行。① 但是，对于实质性环境权的内容的确定仍然是今后环境权在国际法发展的方向。

三、《人权与环境框架原则》起草的背景与特点

（一）起草背景与过程

2012 年联合国人权理事会第 19/10 号决议任命独立专家约翰·诺克斯教授为人权与环境问题第一任特别报告员，研究与安全、清洁、健康和可持续环境相关的人权义务以及促进在环境决策中利用人权的良好做法。约翰·诺克斯在 2013 年 3 月提交联合国人权理事会的第一份报告（A/HRC/22/43）中强调，人权与环境相互依存。充分享有生命权、健康权、食物权、饮水权和发展权等一系列广泛人权均离不开安全、清洁、健康和可持续的环境。同时，信息权、参与权和补救权等人权的行使也对环境保护具有至关重要的作用。

约翰·诺克斯在 2014 年 3 月提交的第二次报告（A/HRC/25/53）中，确认了环境损害会侵害或威胁享有人权，并认为各国根据人权法有义务保护人们免遭这种伤害。这些义务既包括程序性义务（如提供信息、便利参与和提供补救机会的义务），也包括实质性义务（包括规范私人行为体的义务），以及对处境尤为脆弱的人员的其他义务。

2015 年 3 月，联合国人权理事会第 28/11 号决议决定将约翰·诺克斯的任期再延长三年，将任务负责人的头衔改为特别报告员。此后的报告涉及人权与环境之间关系的各个具体方面，包括 2016 年提交的关于气候变化与人权的报告（A/HRC/31/52）、2017 年提交的关于生物多样性

---

① See Macrory R. Environmental citizenship and the law: Repairing the European road[M]// European Environmental Law. Routledge, 2017: 179 – 195.

与人权的报告(A/HRC/34/49),以及2018年提交的关于儿童权利与环境的报告(A/HRC/37/58)。

为了便利履行与享有安全、清洁、健康和可持续环境有关的人权义务,联合国人权理事会促请特别报告员制定并传播易于理解和适用的指导方针,清楚地介绍相关规范(A/HRC/31/53)。2018年3月,特别报告员在联合国人权理事会第三十七届会议上向联合国人权理事会提交了《人权与环境框架原则》(A/HRC/37/59)。"框架原则"这个名称说明,这些框架原则是为理解和履行与环境有关的人权义务提供坚实的基础,但并不试图描述今天可能对环境问题有所影响的所有人权义务,更不试图预测那些未来可能发展演变的人权义务。该框架原则的目标只是描述在环境方面适用的主要人权义务,以推动这些义务得到切实履行和进一步发展。

(二)《人权与环境框架原则》的特点

第一,《人权与环境框架原则》没有创设新的权利,而是在既有的国际人权法中进行整合。第二,环境权利范围兼顾了实体性环境权利和程序性环境权利。第三,《人权与环境框架原则》多处提及了工商业与人权,体现了环境议题和工商业与人权议题之间的相互交融。

四、环境权的国际承认对气候适应的影响

首先,环境权的法律化为气候适应提供了国际和国家层面的法律基础。国家必须采取积极措施为弱势群体提供保护和补救,否则将因侵犯其环境权而遭到起诉,这将迫使国家履行其适应气候变化的义务。其次,环境权的人权"绿化"为适应气候变化提供了新的行动方向和框架。将环境权纳入人权范围有利于国家在适应气候变化的过程中采取更为公平公正的方法,注重保护气候脆弱群体的权利,从而促进气候正义,加快公正转型。最后,程序性环境权是适应气候变化的重要一环,其中环境信息公开、公众参与、环境影响评估以及环境许可等程序都为适应气候变化提供了更加具体、可执行的范本框架,推动以程序正义实现实质正义。

第三节　基于人权的方法概述

一、基于人权的方法的战略优势

气候条约机制在适应气候变化时存在局限性，主要表现为其缺乏具体可执行的法律义务、明确的执行机制以及个人申诉机制。而基于人权的方法在弥补这些缺陷时可以发挥独特作用，还有助于实现气候正义。因此国家适应气候变化时应当采取基于人权的方法。

（一）气候条约机制的失灵

气候条约在国家违反适应义务时缺乏相应的审查机制和制裁性强制措施，导致其在实际执行过程中并未达到预期效果。这表明，《巴黎协定》虽然为应对气候变化提供了大致路径，但更多依靠的是国家自主性，国家的政策承诺具有相对较弱的约束力。不仅如此，由于气候条约的缔约主体为国家，当国家不履行其减排义务或违背其承诺时，对其进行追责的主体只能是其他国家，而受气候变化影响最深的个体缺乏相应的申诉渠道。

1. 缺乏具体可执行的法律义务

《联合国气候变化框架公约》作为国际行动、政治决策、外交谈判和协调科学研究的框架发挥着重要作用，为减缓、适应、信息交换和能力建设提供技术和财政援助。[①] 然而，《联合国气候变化框架公约》并没有包含具体义务，尽管该公约第 2 条规定了应当“将大气中温室气体的浓度稳定在防止气候系统受到危险的人为干扰的水平上”，但这一项法律义务是具有争议的。罗达・费尔赫恩（Roda Verheyen）认为，第 2 条必须根据《维也纳条约法公约》第 31 条和第 32 条的原则进行解释，赋予其一定的

① See U. N. Framework Convention on Climate Change, Essential Background, http://unfccc. int/ essential background/items/2877. php.

说服力。[①] 根据IPCC第四次评估报告,我们无法防止"对气候系统的危险的人为干扰",生态系统没有足够的时间来适应气候变化,[②]而且鉴于粮食生产已经受到威胁,缔约方可能被视为已经违反了《联合国气候变化框架公约》。

2. 缺乏明确的执行机制

一般来说,多边环境协定(MEA)的履约机制很薄弱,其主要目标是协助和促进履约,而非强制执行或惩罚。《联合国气候变化框架公约》设有一个附属履行机构(SBI),其设立目的是协助缔约方会议评估和审查《联合国气候变化框架公约》的有效实施情况。[③] 此外,它还必须"评估缔约方根据有关气候变化的最新科学评估采取的措施"。履行机构就行政和财务事项向缔约方会议提供建议,审查缔约方提交的国家信息通报和排放清单中的信息,并审查"向非附件一缔约方提供的财政援助",然而,该机构没有任何执行权。[④] 尽管该公约还规定了解决任何两个或多个缔约方之间有关该公约解释或适用的争端的程序,"通过谈判或其他可供选择的和平方式",缔约方可以接受强制将争议提交国际法院(ICJ)或使用缔约方会议通过的程序进行仲裁,但这些条款却很少得到适用。[⑤]

3. 缺乏个人申诉机制

《联合国气候变化框架公约》和《京都议定书》等多边环境协定还面临其他限制:一是个人没有资格提出投诉,基于外交关系,各国因其他国家不遵守多边环境协定而对其他国家提出挑战的情况相当罕见。二是大多数合规机制的成员并不是真正独立的,而是以政府代表的身份出现。例如,《联合国气候变化框架公约》履行机构只向申诉其他国家的政府开

---

① See generally Vienna Convention on the Law of Treaties.

② See Intergovernmental Panel on Climate Change[IPCC], IPCC Fourth Assessment Report, Climate Change 2007: Synthesis Report 72 (2007), available at http://www.ipcc.ch/pdf/assessmentreport/ar4/syr/ar4_syr.pdf. The Synthesis Report is the fourth element of the IPCC Fourth Assessment Report. Id.

③ See United Nations Framework Convention on Climate Change.

④ See U.N. Framework Convention on Climate Change, Convention Bodies.

⑤ See Kravchenko S. Right to carbon or right to life: human rights approaches to climate change[J]. Vt. J. Envtl. L., 2007, 9: 513.

放,其成员虽然由气候变化相关问题的专家组成,但代表的是本国政府。①

(二)气候减缓策略与气候适应策略的比较

在气候减缓策略中纳入人权方法存在局限性,这尤其表现在减缓类气候变化诉讼中。首先,气候变化是一个复杂的现象,其影响和后果难以预测和量化。虽然气候变化可能会导致一些环境问题,如海平面上升、极端天气事件等,这些现象显然对人的生存和发展产生不利影响,但这不代表二者之间存在法律上的因果关系。其次,国际人权法规定的是国家对个人负有的尊重、保护和实现人权的义务,权利主体和义务主体通常是确定的;但是在气候变化的背景之下,任何人既是"受害者"也是"加害者",而由于气候变化来源和影响的全球性,必须通过集体努力才有可能达到减缓气候变化的目标。然而,没有证据表明人权条约创造了任何这样的"集体义务"。

反观,适应气候变化策略可以在人权的基础之上提供完整的实施框架。首先,适应气候变化的策略建立起了预防机制,可以在立法和制定政策过程中纳入人权的考量因素,为适应气候变化做出整体规划和指导。其次,适应气候变化策略还通过信息公开机制、决策参与机制和人权影响评估机制,对可能影响气候变化的项目和决策开展监督和评估,防止造成重大的不良影响。再次,适应气候变化还强调保护人权的优先排序,并通过设置资金分配机制对不发达国家和地区开展援助与合作,促进实现气候正义。最后,由于适应气候变化注重国家的积极性和主动性,因此在国家未能采取充分、及时的适应措施或者其决策和行动对气候变化造成严重影响时,受害群体或个人可以对国家提起适应气候变化诉讼。这类诉讼的目的不仅在于寻求赔偿,更多的是弥补适应措施的缺失、保障公民在应对气候变化过程中的程序性人权,包括信息权、公众参与权等。

(三)基于人权的方法的比较优势

相比之下,将人权纳入气候行动将确保采取综合办法应对气候变化

---

① See United Nations Framework Convention on Climate Change.

在经济、社会、文化和政治层面的挑战,并增强受影响最大的群体和人民的权能,从而实现气候正义。将基于人权的方法应用于气候变化有利于促进各国产生更大的政治意愿解决气候变化,提高气候变化应对措施的公平性,进一步提供以人权方法为基础的问责机制,并确保在可持续发展议程中以更为协同的方式应对气候变化。① 一方面,基于人权的方法要求气候变化政策和行动既要顺应民意,又应当具有针对性,以解决所有人的基本人权问题,尤其是最脆弱群体和受气候变化影响最严重的群体的人权问题。② 另一方面,它也提供了政策制定者在设计和实施与气候相关的政策时应当遵循的操作原则,即参与、平等和非歧视、透明、问责。③ 将基于人权的方法应用于政策和发展,可以将人权纳入与气候变化有关的行动中,这是《联合国发展权利宣言》所呼吁的,而且是在"基于人权的发展合作方法:争取联合国各机构达成共识"中商定的。只有将人权纳入气候行动和政策,并赋予人民参与政策制定的权能,各国才能促进可持续性发展,并确保所有义务承担人对其行动负责。这反过来将促进政策一致性、连贯性和人们享有所有人权。

第一,基于人权的气候适应方法将增强人权与环境可持续发展的相互依存性:人权和环境可持续发展是相辅相成的,环境保护对于实现基本人权至关重要,包括食物权、健康权甚至生命权。一个确保透明度并赋予公民参与自然资源管理的权利的人权框架将有助于实现环境目标。第二,基于人权的气候适应方法提供了解决权利和利益冲突的框架:基于人权的方法建立流程和机制,将冲突的利益和权利公开化,例如当代人对生计保障的权利诉求与代际间对环境保护的诉求,并寻求在权利受到侵犯时

---

① See, for example, United Nations, Climate change and human rights (Santiago: United Nations, 2019); Office of the High Commissioner for Human Rights, Analytical Study on the Relationship between Human Rights and the Environment, UN Doc. A/HRC/19/34 (2011); Rajamani L. The increasing currency and relevance of rights-based perspectives in the international negotiations on climate change[J]. Journal of Environmental Law, 2010, 22(3): 391 - 429.

② See United Nations Environment Programme, Climate change and human rights (Nairobi: UNEP, 2015), p. 1.

③ See United Nations Environment Programme, Climate change and human rights (Nairobi: UNEP, 2015), p. 1.

通过必要的补救措施来解决这些问题,有助于实现气候正义。第三,基于人权的气候适应方法寻求更有效和可持续的计划:当个人是积极的参与者而非被动的接受者时,发展项目更有可能实现其目标。个人作为知情者和真正的利益相关者,将致力于维护计划、保护环境,从而提升气候复原力。第四,基于人权的方法要求采用综合的方法:通过人权视角分析气候变化适应问题,人们可以更好地了解法律、社会规范、传统做法和机构行动如何对这些问题产生积极或消极影响。这有利于进行更有针对性的战略干预,解决适应气候变化相关问题背后的结构性原因。第五,基于人权的方法更加关注边缘化群体:贫困和弱势群体往往因环境退化和不公正地获取水、土地等自然资源而遭受不成比例的损害,而基于人权的方法将确保在计划设计中消除这种不平等。第六,加强以结果为导向的管理:人权原则和标准有助于明确和实现目标,同时直接促进反馈和监测过程,从而更有可能进行问题预警,加强所有行为者的责任,促进可持续性。

通过将气候变化与人权联系起来,众多机构可以成为讨论的平台,有助于人权理事会和公约委员会、国际专家以及非政府组织就气候变化问题进行谈判、从人权角度对其进行分析以及阐述有关法律和政治方面的问题。①

二、基于人权的方法的特征及应用框架

基于人权的方法(Human Rights-Based Approach,HRBA)是联合国可持续发展合作框架的指导原则之一,以国际人权标准为规范基础,以促进和实现人权为主要目的。具体而言,基于人权的方法建立在各国接受的国际人权义务基础之上,其目的是确保政策制定和实施立足于人权的实现以及义务承担者的义务,以增强权利持有者的权能、促进政策一致性并改善问责制。②

---

① See Mahadew R. A Human-Rights-Based Approach to Climate Change[J]. Revue juridique de l'Océan Indien,2021 (31): 155 - 168.

② See United Nations. Office of the High Commissioner for Human Rights. Frequently asked questions on a human rights-based approach to development cooperation[M]. United Nations Publications,2006.

(一)基于人权的方法的概念及特征

基于人权的方法强调参与、平等和非歧视、问责、透明的业务原则,[①]采取基于人权的方法是《公民权利和政治权利国际公约》以及其他人权文书缔约国的法律义务。[②] 1997 年,联合国秘书长在联合国改革计划中明确提出,联合国的主要任务是加强其人权方案,并将人权纳入联合国范围的各项活动并设立新的人权事务高级专员办事处作为人权领域工作的基础。此后五年时间内,部分联合国机构在其工作中采取了基于人权的方法,但每个机构对于方法的理解和运用各有不同。2003 年联合国发布的《联合国关于在发展合作中采用基于人权做法的共识》(UN Common Understanding on the Human Rights-Based Approach to Development Cooperation)明确了基于人权的方法所具有的共同特征:

第一,所有发展合作项目、政策和技术援助方案应当致力于实现《世界人权宣言》和其他国际人权文件中所规定的人权(目标)。这要求应当以人权为基础制订合作方案和活动计划,所有活动以实现/促进一项或多项人权为基础,反之,偶然促进人权实现的活动不能认定为基于人权的方法。

第二,任何部门制定的任一活动方案在任何实施阶段都应当以《世界人权宣言》和其他国际人权文书中所载明的人权标准为指导(过程)。具体而言,人权原则是联合国机构的工作指导方针,包括有关健康、教育、营养、就业和劳动关系等所有部门;基于人权的方法还贯穿方案实施的各个阶段,包括评估和分析、方案规划与设计、方案实施、检测和评估等整个流程;这些人权原则和标准主要包括人权的普遍性和不可剥夺性、不可分割性、相互依存性和关联性、不歧视、参与和包容性、问责制与法治等内容。

第三,发展合作项目应当有助于提高责任承担者履行其义务的能力,以及权利持有者主张其权利的能力(结果)。这表明,在基于人权的方法

---

① See Bustreo F, Doebbler C F J. The rights-based approach to health[J]. Foundations of global health & human rights, 2020, 89, p. 89.

② See Human Rights Council, Analytical Study on the Relationship between Climate Change and the Full and Effective Enjoyment of the Rights of the Child, UN Doc. A/HRC/35/13 (2017).

中，人权决定了具有有效主张的个人和团体（权利持有者）和具有相关义务的国家（义务承担者）的关系，并致力于加强权利持有者主张权利的能力和义务承担者履行义务的能力。

此外，为了更好地落实基于人权的方法，还应当做好以下工作，包括：(1)评估并分析权利持有者的权利主张和义务承担者的人权义务及其尚未实现的根本原因；(2)评估权利持有者主张权利和义务承担者履行义务的能力并以此为基础制定战略来增强建设能力；(3)以人权标准和原则为基础监测工作过程和结果；(4)参考国际人权机构和机制的建议。[①]

（二）基于人权的方法的应用框架

基于人权的方法要求将人权标准纳入政策制定和活动规划中，而PLANET框架是目前国际上采用最为普遍的运作方法。

PLANET框架通过六个支柱为基于人权的方法提供实施基础。[②] P(participation)代表参与：义务承担者应当确保权利持有者参与可能对其造成影响的活动或决策，为权利持有者提供渠道以传递他们的声音；L(legality)代表合法性：义务承担者应当落实国际条约和联合国建议中有关国际人权标准的规定，以平等和不歧视的方式执行规定，还可以通过特别程序和普遍审议机制监测执行情况；A(accountability)代表问责：义务承担者承担着保障人权实现的义务和责任，当义务承担者逃避承担这一义务时，应当受到强制性制裁，因此必须设立问责机制，以确保在此种情况下，义务承担者的责任得以追究；N(non-discrimination)代表不歧视和平等：平等是一切人权的基础，每个人都不应当受到歧视，因此，义务承担者需要采取有针对性的行动消除歧视、实现平权；E(empowerment)代表赋权：赋权关系着权利持有者主张和维护自身权利的能力，也关乎义务承担者履行义务和实现权利的能力，因此，应当对赋权的主体及其影响等进行评估；T(transparency)代表透明度：透明度涉及权利持有者能否获取信

---

① See Sida, Human Rights Based Approach and Climate Change, Environment and Biodiversity, MAY 2023.

② See Sida, Human Rights Based Approach and Climate Change, Environment and Biodiversity, MAY 2023.

息并参与决策,它将有利于增强权利持有者的信任,使利益攸关方和民间社会有意义地参与影响其生活的决策和活动。这一框架为发展合作中采取基于人权的方法提供了基本指引,其适用应当结合特定区域、项目的背景以及具体的人权挑战。

三、基于人权的方法与气候变化

基于人权的方法被确立为联合国可持续发展合作框架的指导原则,这为各国提供了一套具有可操作性的工具,为有效应对气候变化、实现环境正义开辟了新路径。

第一,各国应在气候变化中纳入基于人权的方法。无论是国际人权法还是国际环境法都无法提供一套完整的应对气候变化的人权保障规范,纳入人权的视角、采用基于人权的方法是可行的路径。面对气候变化带来的自然灾害和风险,各国无论在医疗资源和物资储备方面,还是政策和法律层面,都缺乏充足的准备和经验。此时,急于出台政策和法律也许未必是最优的选择,无法保证其能够适用于未来复杂多变的情势发展。将基于人权的方法纳入气候变化的过程中,在应对气候变化的各项措施中遵循平等和不歧视原则,通过参与的方式,赋权弱势群体,明晰义务承担者尊重、保障和实现人权的义务范围,将大大提高气候变化治理中的人权保障水平。

需要注意的是,基于人权的方法不完全等同于人权法律规范。尽管基于人权的方法源于国际人权法律框架,但更强调在国际人权规范和原则的实施过程中,注重不歧视原则、参与、赋权和问责等的落实。国际人权法主要以规范的形式界定各项人权的内涵、条件、范围和救济途径。其在国家层面能否得以落实还要依赖于国内人权立法、执法和司法的实践。而基于人权的方法侧重于动态的适用过程,在气候变化的各个环节和各项举措中都可以适用。

第二,在气候变化中适用基于人权的方法时,还需要注意国家承担人权义务的边界。欧洲人权法院在布达耶娃诉俄罗斯案[①]的判决中确立了由自然灾害造成的死亡也可构成国家对人权侵犯的判例,表明国家在环境损害中不仅要尊重和不侵犯人权,而且还承担积极的预防损害的人权义务。然而,这并不能理解为国家承担与治理环境有关的人权义务是无限和绝对的。

诚然,气候变化带来了灾害,但如果不考虑人的因素,洪水、泥石流、海啸、地震等灾害事件只不过是自然现象而已。这些自然现象在没有人类之前就存在,今后也将继续发生。对人类造成了损害的自然现象才被称作自然灾害。人类曾经尝试过很多次努力,意图控制自然,然而气候变化依然无法完全避免。因此,基于人权的方法应对灾害,并不能要求国家承担无限责任和绝对义务。国际人权法中并不存在一种"免于灾害的权利"。同样,对于气候变化而言,也不存在一种"免于受到气候变化影响的权利"。只要国家尽到了注意义务,依据审慎原则尽了最大努力,采取了一切可能的措施防控疫情,就满足了义务要求。

第三,关于权利的分类和优先排序问题。不同的人权之间是否存在等级关系或者位阶,是一个在人权理论中存在争议的问题。大多数学者认为应避免对人权进行重要性排序。不仅因为所有人权本身已经是人的最基本权利,对于保证人的生存、安全、自由、尊严和发展都不可或缺,而且因为所有的排序都具有主观性,没有普遍公认的客观标准。[②] 1993 年《维也纳宣言和行动纲领》强调,"一切人权均为普遍、不可分割、相互依存、相互联系。国际社会必须站在同样地位上、用同样重视的眼光、以公平、平等的态度全面看待人权"。联合国人权事务委员会在第 24 号一般性意见中也明确指出,《公民权利和政治权利国际公约》下的权利的重要

---

① 2000 年 7 月,俄罗斯蒂诺兹镇发生泥石流,造成数人死亡,许多建筑物被毁。沿河的防护大坝因之前的泥石流而受损,但从未得到修复。幸存者的索赔被国内法院驳回,理由是死亡是由自然灾害造成的。欧洲人权法院认为,俄罗斯违反了保护生命免受灾害后果的义务。国家当局忽视了对一种明显可识别的自然灾害采取预防措施,也没有利用有效的手段来降低灾害的风险。因此,国家有责任和义务赔偿幸存者。

② 参见孙世彦:《〈公民及政治权利国际公约〉缔约国的义务》,社会科学文献出版社 2012 年版,第 31 页。

性不分等级。[①] 然而,2006 年《人权和自然灾害业务准则》(A/HRC/4/38/Add. 1)将自然灾害中所涉权利分为四大类别,并将这些权利列为优先事项适用的方法,对于气候变化有一定的启发意义。受灾人员享有与以前一样的权利,但行使这些权利可能更加困难,而且往往需要优先考虑某些权利,因为灾害情势可能不能同时实现所有的权利。从人权价值层面看,人权没有高低之分和等级顺序,但从操作层面看,国家在疫情防控的过程中,需要优先考虑有些权利,与气候变化关系最为密切的生命权应置于首要地位。

第四,在适用路径方面的启示。气候变化国际法演进的经验表明,国际软法将长期存在。原因主要在于,其一,鉴于各国应对气候变化的能力和人权保障水平的差异,国家不愿超越现有的国际义务,对具有法律约束力的救济标准做出承诺。其二,由于气候变化的影响具有独特性,因此需要灵活多样的应对措施,软法文件成为更实际的政策选择。不过,仅有不具有法律拘束力的软法,显然无法保证其在国家层面得到切实的落实。而基于人权的方法更加注重与国内相关机制之间的互动,是一个内化的过程。借鉴基于人权的方法将国际气候变化软法纳入国家应对气候变化的法律和政策中,在防范气候变化中把已有国际人权法律框架中的原则和标准融入国家法律与政策的实施过程。核心国际人权条约中所规定的各项权利为气候变化提供了国际法上的规范依据,各项软法则可为政策制定者提供具体的行动清单。

第四节　基于人权方法的气候适应路径

基于人权方法的气候适应路径首先是指在气候适应谈判中纳入人权

---

① 第 24 号一般性意见:关于批准或加入《公约》或其《任择议定书》时提出的保留或者有关《公约》第四十一条下声明的问题,第 10 段。https://tbinternet. ohchr. org/_layouts/15/treatybodyexternal/Download. aspx? symbolno = CCPR%2FC%2F21%2FRev. 1%2FAdd. 6&Lang = en.

的视角，各国应当在气候变化谈判的各个阶段考虑人权要素，实现气候正义。其次，各国还应当对其采取的气候变化适应措施开展人权影响评估以确保不会因为适应气候变化本身而损害人权。最后，国家自主贡献也是适应气候变化的一个重要路径，各国应当在制定国家自主贡献的各个阶段纳入人权视角。

一、基于人权的气候适应谈判方法

联合国人权高专办发布的《推动基于人权的气候谈判方法》，将立足人权的方针应用于气候变化谈判、政策和措施，详细阐述了如何将健康环境这一人权纳入联合国工作，尤其是有关环境问题的政府间谈判工作。这为基于人权的气候适应谈判提供了一般性指导。

首先，公众参与、获取信息、接受教育、言论自由和集会自由等都属于基本人权，需要得到各国的确认和维护。联合国各实体负责人发布共同声明，承诺采取必要措施，扩大儿童和青少年在联合国政策制定、实施和审查各个阶段的有意义参与，鼓励在气候行动中对儿童和青少年的跨领域关注等，基于此，应当通过代际协商和相关机制，考虑将儿童、青年和子孙后代的权利和需求纳入决策过程。① 该声明还呼吁各方开展民间社会合作，促进公众参与，包括促进民间社会参与气候谈判，并提到所有人都应当在安全和完全透明的环境下参与气候行动，尤其是受到气候变化影响最为严重的群体。②《巴黎协定》第 12 条同样呼吁缔约方酌情合作，采取措施以加强气候变化教育、培训、公众宣传、公众参与和获取信息的能力，因此，各国应当确保公众在参与气候谈判的过程中免受报复以履行这一承诺。③

其次，所有人都有权诉诸司法和有效的补救措施。世界各地，人们的

---

① See United Nations, STEP UP! A joint commitment by Heads of United Nations Entities. June 2021.

② See United Nations, STEP UP! A joint commitment by Heads of United Nations Entities. June 2021.

③ See United Nations Human Rights Office of the High Commissioner, Advancing a Human Rights-Based Approach to the Climate Negotiations.

生计和生活方式正在因气候变化而彻底改变,导致其获得基本商品和服务的机会减少和被剥夺,甚至生命也会因气候变化而丧失。应对这场危机需要一个更有效、更雄心勃勃和更公平的损失和损害制度,以维护受气候变化影响最严重者的权利。关于损失和损害的格拉斯哥对话需要包括受气候变化影响最严重的群体,并为其达成协议以迅速有效地解决损失和损害的资金和资源调动要求。同样,华沙损失和损害国际机制以及圣地亚哥损失和损害网络的进程也应尊重、保护和实现所有人的人权,特别是受气候变化影响最严重的人的人权。[①] 此外,基于人权的国家合作通过公平地征求受影响群体的意见,设置完善的保障措施和问责机制,将有助于提高项目的可持续性。在《联合国气候变化框架公约》缔约方大会第二十六届会议上,缔约方确认了基于人权义务的气候行动合作方式,承诺将采取具有包容性和参与性的气候行动,建立补救机制和监督机制,比如设置符合权利的利益相关方协商机制、环境和社会保障机制和申诉/补救机制,保证不采取对人权和环境具有不确定风险的技术等。[②]

二、基于人权的气候变化适应措施影响评估

IPCC 第五次评估报告(WG Ⅱ AR5)中,第二工作组对影响、适应性和脆弱性的评估以来,越来越多的证据表明,许多行业和区域存在不良适应(maladaptation)。不良适应将会产生脆弱性、暴露度和风险的锁定效应,使这种局面难以改变且代价高,进而加剧当前的不平等。开展气候变化适应措施的人权影响评估,规划和实施灵活的、多行业的、包容的、面向长期的适应行动,可避免不良适应,并对多行业和多系统都有好处。

人权影响评估建立在国际文书所述的国际人权法规范框架下,如《世界人权宣言》、《公民权利和政治权利国际公约》和《经济、社会及文化权利国际公约》,是衡量国家人权承诺(应然人权)和权利主体实际享有的

---

① See United Nations Human Rights Office of the High Commissioner, Advancing a Human Rights-Based Approach to the Climate Negotiations.

② See United Nations Human Rights Office of the High Commissioner, Advancing a Human Rights-Based Approach to the Climate Negotiations.

人权(实然人权)之间差异的方法。人权影响评估从人权角度来检验气候适应活动的影响,包括外国政府的开发项目对受益国的影响,政府立法和政策对本国人权保护的影响,跨国公司的人权影响,以及与人权有关的非政府组织实现其政策目标的程度。人权影响评估有助于以结构化方式收集气候变化适应措施的数据并建立起与国际人权标准间的清晰联系,分析政策效果,约束政府(和企业)采取行动推动改善受影响社区的人权状况。①

各国政府确保其气候变化减缓和适应措施符合其人权义务的第一步是评估这些措施是否可能对人权产生不利影响。人权影响评估为各国政府提供了一种工具,通过在发展过程中识别和避免或减轻人权问题来防止侵犯人权,以人权为基础的气候行动方针需要进行人权影响评估和人权尽职调查。丹麦人权研究所发布了《人权影响评估——指南和工具箱》,并提出了人权影响评估的五个阶段,分别为规划和界定、收集数据和制定基准、分析影响、缓解和管理影响、评估与报告。② 首先,在规划和界定阶段,应当通过适应项目的类型和利益相关方来定义评估范围,并建立起独立于公司的人权影响评估团队。其次,人权评估团队通过实地考察,进一步对工人、社区成员和其他相关权利人的人权情况进行研究。收集原始数据和其他次要数据,制定人权影响评估基线和人权指标,记录现有的人权状况,能够帮助团队识别实际影响并预测未来影响。在第三阶段,人权影响评估团队需要评估现存人权影响的严重性,以及企业与这些影响的关系,尤其是企业已经造成和促成的影响,以及通过业务关系与业务运营、产品和服务直接相关的影响。评估影响的严重性需要从影响的范围、规模和不可补救性三个方面考虑,进而应当制订详细的计划,解决每个已确定的人权影响。由于人权影响涉及各种业务职能,因此不同业务

---

① See Oxfam, Community-Based Human Rights Impact Assessment: The Getting it Right Tool-Training Manual (2011).

② See The Danish Institute For Human Rights. Human Rights impact assessment Guidance and Toolbox[OL]. see https://www.humanrights.dk/files/media/dokumenter/udgivelser/hria_toolbox_2020/eng/dihr_hria_guidance_and_toolbox_2020_eng.pdf.

部门都应当参与人权影响管理。一旦确定了不利的人权影响并制定了影响管理计划,就必须跟踪行动的实施和有效性,并通过设置申诉机制为受影响的群体和个人提供补救。在第五阶段,人权影响评估团队向利益攸关方明确报告人权影响评估。一份详细的人权影响评估报告可供权利人、责任承担者和其他利益相关方查阅,通过记录已查明的影响和相应的措施,促进对话和问责制的完善,从而促进公司进行尽职调查和人权成果的持续改进。

三、基于人权的国家自主贡献

国家自主贡献包含国家对实现《巴黎协定》目标的承诺,必须纳入人权并确保其实施符合人权原则和更广泛的发展议程。为实现这一目标,联合国人权高专办呼吁国家自主贡献应当全面概述缔约方将人权纳入气候行动的计划,包括如何履行缔约方尊重、促进和考虑人权的承诺的信息;纳入有关气候行动对人权的影响以及这些行动所附保障措施的信息。此外,国家自主贡献应强调尊重和促进人权、健康权、土著人民权利、当地社区权利、移徙者权利、儿童权利、残疾人权利和弱势群体权利、性别平等、妇女赋权和代际公平以及《巴黎协定》所呼吁的劳动力公正转型。

国家自主贡献包括气候变化减缓与适应,从措施成效看,减缓与适应存在一定的协同性。例如,保护与修复森林、增加城市绿道、节水节材、低碳交通、加强农业管理等适应措施,既有利于减碳,又有助于防范气候风险。因此,这些措施的制定、实施应遵循整体利益、责权对等、适应优先、最大收益和补偿行为等基本原则,权衡近期与中长期发展利弊来采取行动。[①] 基于人权的国家自主贡献有利于实现减缓和适应的协同发展,最大限度减轻气候变化的不利影响。

(一)将人权因素纳入国家目标/承诺

《巴黎协定》要求国家自主贡献:(1)相对于先前的国家自主贡献加

---

① 参见杨秀、李政:《减缓与适应并重协同应对气候变化》,载新浪网 2023 年 12 月 2 日,https://news.sina.com.cn/zx/gj/2023-12-02/doc-imzwqtfw3369934.shtml。

大力度;(2)反映尽可能高的目标;(3)根据不同国情反映各国共同但有区别的责任和各自的能力。国际人权义务是对这些要求的补充,这意味着气候行动应符合人权义务,并以现有的气候科学为依据,包括气候变化对人权可能产生的影响。《巴黎协定》实施细则中并未限制国家自主贡献中可包含的信息类型和承诺范围,即缔约方可以在其国家自主贡献中提高超越《巴黎协定》要求的信息以传达其减排目标如何有助于履行《巴黎协定》和国际人权法规定的义务。虽然国家自主贡献是一种旨在报告和加强气候变化减缓的工具,但也可以解决适应问题以及损失和损害问题,而且真正雄心勃勃的国家自主贡献应该囊括尊重、保护和实现人权所需的所有气候行动。

首先,国家应当设定以科学为基础的人权目标,反映其最高雄心。《巴黎协定》的序言呼吁,根据现有的最佳科学知识,对气候变化的紧迫威胁作出有效的应对。IPCC 反映了当前气候变化对人类健康和福祉的影响,并指出气温升高 1.5℃及以上将加重这些影响。因此,根据现有的最佳科学,各国应至少采取防止全球变暖超过 1.5℃的相应措施,为此,应当设定一个雄心勃勃的长期目标,并采取即时行动,以立即有效地减少排放。相反,依靠预期或假设的未来技术突破来证明推迟缓解行动的合理性不符合国家人权义务。其次,国家应当管理其管辖范围内所有的公共和私人排放源。根据人权法,各国应采取平权行动,防止气候变化造成可预见的人权损害,采取有效措施评估和限制温室气体的人为排放,并有效监管其管辖范围内所有个体的行为,包括域外排放。对于国家而言,这意味着需要减少因商品消费而产生的排放——最终由化石燃料出口或与其管辖下的企业行为有关的排放,即使此类排放发生在国外。最后,国家应当利用财政资源采取有效的减排措施。国际人权法要求各国调动和最大限度地分配可用资源,以逐步实现经济、社会和文化权利,并促进公民权利和政治权利以及发展权。人权义务要求各国有效监管私营部门,避免其采取可能损害人权的行动。因此,各国应停止对与《巴黎协定》气候目标不相容的活动进行公共补贴和投资,并对金融投资行为进行监管,以停止此类投资。国家应通过最大限度地调动可用资源,用于基于人权的气候变化减缓、适应以及损失和损害,设置问责机制管理气候融资,以确保其不会加剧人权损害。①

(二)公众参与设定、实施国家自主贡献目标

正如1966年《公民权利和政治权利国际公约》和其他人权文书所呼吁的那样,所有人都有权自由、积极和有意义地参与。② 公众参与、获取信息、言论自由和集会自由都是人权,有助于确保强有力的气候政策和气候行动的有效实施。《联合国气候变化框架公约》缔约方大会第二十五届会议关于性别的决定进一步认识到,妇女在《联合国气候变化框架公约》进程的各个方面以及国家和地方层面的气候政策和行动中充分、有意义和平等地参与和领导对于实现长期气候目标至关重要。IPCC也强调具有包容性和参与性的气候政策规划可以带来更大的社会共同效益以及更具弹性和有效的气候行动,通过基于人权的方法来减少气候风险,包括能力建设、弱势群体的有意义参与及其获得资源的机会。③ 此外,《奥尔胡斯公约》和《埃斯卡苏协定》详细阐述了缔约方在程序性权利方面的义务,包括公众参与环境事务的权利。当地社区、原住民和民间社会参与规划和实施气候变化减缓和适应以及解决损失和损害的措施会促进公众对气候行动的支持,有助于实现更高的目标,并提高其有效性和可持续性。④

首先,国家应当确保利益相关方知情并有效参与到国家自主贡献目标的制定过程中。所有权利人有效参与国家自主贡献的规划过程有助于确保气候承诺的丰富性、透明性、包容性和公众支持度,促进有效实施,这

① See OHCHR, Integrating Human Rights in Nationally Determined Contributions[OL]. (2022-12)[2024-06-17]. https://www.ohchr.org/sites/default/files/documents/issues/climatechange/publications/2022-12-09/Integrating-Human-Rights-in-Nationally-Determined-Contributions_Toolkit-for-Practioners.pdf.

② See Rio Declaration on Environment and Development, Principle 10.

③ See IPCC, Working Group II Contribution to the IPCC Sixth Assessment Report on Climate Change Impacts, Adaptation and Vulnerability, Summary for Policy Makers (2022), para. 2.1.

④ See IPCC, Working Group II Contribution to the IPCC Sixth Assessment Report on Climate Change Impacts, Adaptation and Vulnerability, Summary for Policy Makers (2022), at 25, 28, and 29.

还将有助于在规划过程的早期阶段解决潜在的需求和利益冲突。其次,国家应致力于国际自主贡献的参与性实施和监督。国家自主贡献应涉及有效参与整个国家气候承诺和相关政策的实施和监督,这将有助于确定具体的模式,加强国家自主贡献的集体所有权,促进透明度和问责制。最后,国家应落实具体措施,确保所有人自由、积极、有意义地参与。可能需要采取具体政策措施确保所有人(包括弱势和边缘化群体、农村社区和受歧视者)自由、积极和有意义地参与,以确保及时获取与决策相关的信息。①

(三)将人权纳入国家自主贡献执行过程

联合国人权理事会及其特别程序机制和联合国人权高专办力求通过一系列关于人权和气候变化的决议、报告和活动,引起人们对人权和气候变化主题的关注,并倡导以基于人权的方式应对气候变化。联合国人权理事会表示,气候变化直接和间接影响人权,"人权义务、标准和原则有可能为气候变化领域的国际、区域和国家决策提供信息并加强其政策制定,促进政策的一致性、合法性和可持续性"。《巴黎协定》序言中申明,缔约方在采取行动处理气候变化时,应尊重、促进和考虑它们各自的人权义务。

因此,国家应当,第一,致力于在制定和实施国家自主贡献相关行动中尊重、保护和实现人权。所有国家都有义务尊重、保护和实现所有人的人权。国家自主贡献应强调履行相关人权义务的优先事项、实施和支持需求,包括努力实现儿童在气候变化相关问题上接受教育的权利,享有适当生活水平的权利(住房、粮食安全、水、卫生设施、生计和健康),享有清洁、健康和可持续环境的权利、发展权、生命权和文化权利。第二,确保气候行动惠及受气候变化影响最严重的群体。各国有义务保障所有人的平等和不歧视。国家自主贡献应包含有关保护特别脆弱群体的权利免受气

---

① See OHCHR, Integrating Human Rights in Nationally Determined Contributions[OL]. (2022-12)[2024-06-17]. https://www.ohchr.org/sites/default/files/documents/issues/climatechange/publications/2022-12-09/Integrating-Human-Rights-in-Nationally-Determined-Contributions_Toolkit-for-Practioners.pdf.

候变化不利影响的信息，并确保他们是气候行动的主要受益者，包括人权和环境影响评估；社会和环境保障；在任何合作中明确承诺尊重、保护和实现人权；努力促进诉诸司法和有效补救（如独立的申诉机制）。第三，确保国家人权机构和其他相关机构参与到国家自主贡献的制定和实施中。多数国家都有不同的机构承担具体的人权任务，比如国家人权机构、部委、部际委员会和负责促进性别平等和妇女权利、残疾人权利和儿童权利的机制。这些机构在将人权有效纳入政府政策方面拥有独特的经验和专门知识，应当积极参与国家自主贡献的规划和实施，支持将人权有效纳入国家自主贡献。①

（四）在国家自主贡献中实现性别主流化

《消除对妇女一切形式歧视公约》（The Covention on the Elimination of All Forms of Discrimination against Women，CEDAW）明确禁止对妇女的歧视，并要求将妇女纳入相关决策过程。消除对妇女歧视委员会在关于气候变化背景下减少灾害风险的性别层面的第 37 号一般性建议中，明确阐述了国家在气候变化背景下尊重妇女权利和性别平等的义务和气候行动。《巴黎协定》的序言特别提到了性别平等和妇女赋权，呼吁促进性别平等的适应，该协定第 7 条进一步强调了将妇女权利和性别平等纳入气候行动主流的重要性。在《联合国气候变化框架公约》缔约方大会第二十五届会议上，缔约方指出，“促进性别平等的气候政策和行动的实施可以使缔约方提高雄心，加强性别平等”。在国家自主贡献中，各国应致力于将性别平等以及妇女和女孩的权利纳入整个气候行动的主流，采取具体的、与性别相关的行动。

首先，国家应当将性别平等以及妇女和女孩的权利纳入国家自主贡献相关政策中。国家自主贡献中应明确国家气候承诺与国家性别行动计划、方案和政策之间的联系，以促进所有领域的政策一致性和促进性别平

① See OHCHR，Integrating Human Rights in Nationally Determined Contributions［OL］.（2022 - 12）［2024 - 06 - 17］. https://www. ohchr. org/sites/default/files/documents/issues/climatechange/publications/2022-12-09/Integrating-Human-Rights-in-Nationally-Determined-Contributions _ Toolkit-for-Practioners. pdf.

等的行动，特别是妇女、女童、性别多元化者、性别协调中心、性别平等机构框架和协调机制应在国家自主贡献的设计和实施中发挥明确的作用。其次，国家应当承认妇女、女童和性别多元化人士作为变革推动者和利益相关者的作用。参与是解决歧视和边缘化问题的核心要素，当妇女、女孩得到充分参与时，有助于支持受气候变化影响的社区的项目和规划就会变得更加有效。国家自主贡献应保障国家和地方各级社区、妇女组织和政府官员的能力发展，以促进妇女权利和性别平等。最后，国家应当做好性别预算并通过国家和全球气候基金及新型气候融资工具支持促进性别平等的气候融资机制。各国应确保气候基金惠及受气候变化影响最严重的国家和人民，并将性别平等和妇女及女童权利系统地纳入治理结构、项目审批、实施流程和公众参与机制中，包括事前和事后性别和人权影响评估；根据定量和定性指标、整个项目周期收集的按性别分列的数据以及妇女和不同性别人士积极参与性项目监测，定期报告性别政策的执行情况；制定促进性别平等的利益攸关方协商指南；促进从事性别平等和气候变化工作的国家和地方组织的参与，如增加支持基层组织的资金等。①

（五）尊重土著人民的权利

国家自主贡献的规划和实施应充分尊重《联合国土著人民权利宣言》中规定的土著人民的权利，包括与土著人民土地、资源相关的任何决定。国际劳工组织关于土著和部落民族的第 169 号公约第 4 条指出，应酌情采取专门措施，保护有关民族的环境，且这种专门措施之采取不得违背有关民族自由表达的意愿。《巴黎协定》序言呼吁缔约方在采取气候行动时尊重、促进和考虑土著人民的权利，第 7 条提到了以传统知识为指导的参与性适应。IPCC 的最新报告 IPCC AR6（《气候变化 2023》）也强调了基于人权的方法，承认尊重土著人民的传统知识并将土著人民纳入气候行动可以带来更有效和可持续的气候抵御能力发展。

① See OHCHR, Integrating Human Rights in Nationally Determined Contributions[OL]. (2022 - 12) [2024 - 06 - 17]. https://www.ohchr.org/sites/default/files/documents/issues/climatechange/publications/2022-12-09/Integrating-Human-Rights-in-Nationally-Determined-Contributions_Toolkit-for-Practioners.pdf.

第一,应当将《联合国土著人民权利宣言》中的权利纳入国家自主贡献执行过程。《联合国土著人民权利宣言》建立了与原住民权利相关的最低标准框架,其中许多标准与气候相关政策制定直接相关,宣言明确应保障土著人民对其土地、领土、资源和传统知识的权利,以及他们在环境保护方面的权利。《联合国土著人民权利宣言》还指出各国应保护可能受到气候变化和气候政策潜在不利影响的原住民的文化权利,包括维持和加强与其土地、水域和近海独特的精神关系的权利,以及对子孙后代的责任。第二,尊重原住民的自由、事先和知情同意。国家自主贡献的规划和实施应维护原住民的自由、事先和知情同意。自由、事先和知情同意赋予原住民对可能影响他们或其领土的任何项目支持、拒绝和撤回同意的权利,并告知其项目设计、实施、监控和评估的条件。如果拟议活动和政策会影响集体拥有的土地,国家自主贡献要求证明其如何满足有关的国际人权标准。第三,在国家自主贡献的准备和实施过程中整合并尊重传统知识。IPCC 和生物多样性和生态系统服务政府间科学政策平台认识到,气候政策制定可以从减缓和适应政策背景下整合传统知识中获益匪浅。①

(六)土地保有权和基于社区的自然资源管理

国家自主贡献应解决权属、资源管理、保护区以及陆地和水下生态系统恢复等问题。获取、使用和控制土地、水和自然资源影响人权的享有,其中包括生命权、财产权、食物权、适足住房权、水权、卫生设施权、发展权、迁徙自由权和清洁、健康、可持续的环境。《联合国农民权利宣言》阐明了与土地和资源管理相关的人权义务,强调需要保护这些权利,特别是弱势群体的权利,支持加强农民、妇女、青年、土著人民和当地社区等群体的土地和资源权利,增加他们获得营养食品的机会,促进性别平等,并减少资源冲突。而土地和自然资源治理作为国家自主贡献的重要组成部

---

① See OHCHR, Integrating Human Rights in Nationally Determined Contributions [OL]. (2022 – 12) [2024 – 06 – 17]. https://www.ohchr.org/sites/default/files/documents/issues/climatechange/publications/2022-12-09/Integrating-Human-Rights-in-Nationally-Determined-Contributions_Toolkit-for-Practioners.pdf.

分,发挥着至关重要的作用——既可以遏制森林砍伐、干旱和其他形式的生态系统退化造成的排放,又可以恢复和增强自然生态系统的作用。因此,为了减少林业和土地使用的排放,促进农村社区的权利,国家自主贡献应包括以下承诺:加强对妇女和女童、土著人民、当地社区和农民等的土地和资源权利的保护。

首先,应当将基于权利和促进性别平等的土地保有方法和基于社区的自然资源管理纳入国家自主贡献执行过程中。国家自主贡献应认识到土地保有权和基于社区的自然资源管理在减少排放和增强生态系统复原力方面发挥的作用,并明确承诺性别平等和加强土著人民及当地社区的保有权制度。其次,通过公平、促进性别平等的气候融资,促进可持续的土地和资源利用,包括森林和其他自然系统的保护和恢复。国际气候和发展融资提供了加速和支持有效保护个人和集体土地及资源权利的机会。捐助国应通过其国家自主贡献承诺,使妇女和女童、农民、当地社区和土著人民等能够直接获得其气候融资捐款,以支持他们对健康生态系统做出贡献。此外,捐助国还可以增加对负责确保和保护社区土地和资源的政府机构的支持。①

---

① See OHCHR, Integrating Human Rights in Nationally Determined Contributions[OL]. (2022-12)[2024-06-17]. https://www.ohchr.org/sites/default/files/documents/issues/climatechange/publications/2022-12-09/Integrating-Human-Rights-in-Nationally-Determined-Contributions_Toolkit-for-Practioners.pdf.

第三章 适应气候变化人权义务的法理基础

在法律体系上,国际人权法和区域人权法均已承认国家负有适应气候变化的人权义务;在权利基础上,既有人权和环境权为国家适应气候变化的权利来源,这都表明国家具有适应气候变化的人权法基础。基于此,应当进一步明确国家适应气候变化的人权义务之性质,即适应气候变化主要表现为积极义务和行为义务,兼具程序义务和实质义务。适应气候变化的义务表现为三个层次:事前的预防、公开信息和公众参与;事中的气候变化措施影响评估和协助与合作;事后确保获得补救的义务。

第一节 适应气候变化的人权义务来源

国际人权法和区域人权法体系均承认了气候变化与人权的关系,从而为国家履行适应气候变化的人权义务提供了基础。进一步讲,适应气候变化的人权义务主要源于既有人权和环境权的规定。

一、基于不同人权法体系的适应义务

国家有义务采取积极的适应措施,保护所有公民免受已经发生的和可预见的气候变化威胁的人权损害。自1954年以来,联合国通过的一系列国际人权条约和国际文件将人权以法律形式确定下来并得到各国普遍接受和认同,其中包括公认的《世界人权宣言》《经济、社会及文化权利国际公约》《公民权利和政治权利国际公约》《联合国发展权利宣言》等,区域性的《欧洲人权公约》《美洲人权公约》《非洲人权和民族权宪章》等。这些国际性人权条约和文件为国家和企业在气候变化适应中履行人权义务和承担人权责任提供了国际法基础。

(一)国际人权法体系下的适应义务

首先,《联合国宪章》在其序言中“重申基本人权,人格尊严与价值,以及男女与大小各国平等权利之信念”。《世界人权宣言》中列明了包括生命权、健康权、财产权和受教育权等在内的25项基本人权,规定人人有权要求能够充分实现该宣言所载权利和自由的社会和国际秩序,并指出“通过国家的和国际的渐进措施,使这些权利和自由在各会员国本身人民及在其管辖下领土的人民中得到普遍和有效的承认和遵行”。在此基础上,《经济、社会及文化权利国际公约》丰富了权利类型,进一步规定了实现人权的途径,“缔约国承允尽其资源能力所及,各自并借国际协助与合作,特别在经济与技术方面之协助与合作,采取种种步骤,务期以所有适当方法,尤其包括通过立法措施,逐渐使本盟约所确认之各种权利完全实现”。逐步实现表明并非所有国家都拥有平等的能力和资源,因此各国应尽最大努力以与现有资源和能力相适应的速度实现人权。此外,《经济、社会及文化权利国际公约》和《公民权利和政治权利国际公约》在序言中均承认“鉴于联合国宪章之规定,各国负有义务,必须促进人权及自由之普遍尊重及遵守”。《联合国发展权利宣言》也呼吁各国通过其单独和集体行动,创造有利于实现发展所有人的人权和基本自由的国家和国际条件,包括通过国际合作,向发展中国家提供适当的便利。

在环境与人权的关系方面,目前没有承认健康环境权具有约束力的国际法律文书。《世界人权宣言》并未将可持续发展或环境权列为一项人权或作为实现人权的先决条件。然而，环境因素隐含于国际文件中。诸如人人有权享受可能达到的最高标准健康权（载于1966年《经济、社会及文化权利国际公约》）和生命权（载于1966年《公民权利和政治权利国际公约》）等基本权利取决于可持续、清洁、健康的环境。2021年，联合国人权理事会通过了第48/13号决议，承认享有清洁、健康和可持续环境的人权——这是全球层面首次正式承认这一权利。次年，联合国大会以161票赞成、8票弃权的结果通过了一项历史性决议，宣布享有清洁、健康和可持续的环境是一项普遍人权，呼吁各国、国际组织、企业和其他利益相关者确保人人享有健康的环境。享有健康环境的权利对于充分享有所有人权至关重要，并且与生命权和健康权等其他权利密不可分。

2018年，消除对妇女歧视委员会发布了关于气候变化背景下减少灾害风险所涉性别相关方面的一般性建议，强调减轻气候变化不利影响的紧迫性，并强调实现性别平等的必要步骤，实现性别平等将增强全球个人和社区在气候变化和灾害背景下的抵御能力。尽管不具有法律约束力，但这些建议可以成为全球、国家和企业层面行动的催化剂，对人们的生活质量产生多重积极影响，例如改善空气质量、清洁水、培育健康土壤、发展可持续生产的食品和绿色能源产业，加速各国履行环境和人权义务的承诺，并促使各国将享有清洁、健康和可持续环境的权利写入宪法和区域条约。这对于减少环境不公正现象和增强群体权能特别重要，特别是环境人权维护者以及遭受环境退化影响尤为严重的妇女、青年、儿童和土著人民等。

除了正式承认享有清洁、健康和可持续环境的人权之外，还有其他标准将环境与人类福祉和人权的实现联系起来。1994年《人权与环境原则草案》是关于环境权的全面声明，反映并建立在国家和国际法中的权利之上，该草案虽然不具有法律约束力，但已被各国法院用作环境问题判决的基础。自草案拟定以来，在国家和地方层面采用基于人权的环境保护方法已越来越普遍。在国家层面，每个人都应有适当的途径获取有关环境的信息，包括有关危险材料的信息，以及参与决策过程的机会，各国也应通过广泛提供信息来促进和鼓励公众认识和参与，提供有效诉诸司法的机会以使相关人员获取补救。通过这些规定，国家一方面应当采取适应措施促进人权的实现，避免气候变化以及适应行动本身带来的人权损害；另一方面还应当在维持现状的基础上，通过气候适应不断促进人权的改善。①

（二）区域人权体系下的适应义务

区域人权体系面对气候变化有关的侵犯人权行为发挥着重要作用，欧洲人权法院、美洲人权委员会和人权法院、非洲人权和人民权利委员会和人权法院等区域性机构，均在权利保障中做出了积极贡献。区域性人权文书（如条约、公约、宣言）有助于将国际人权规范和标准本地化，反映该区域的特殊人权关切。② 近年来，这些区域机构已转向认为环境退化可能侵犯人权的立场。除了一些人权条约明示或默示承认健康环境权外，一些法院还对基本人权以保护环境的方式进行解释，例如生命权、健康权、文化权、生存权以及尊重私人和家庭权。

《欧洲人权公约》并未规定健康环境权，有关环境问题一般通过欧洲人权法院的解释已经承认的人权间接处理，提供有限的保护。比如，《欧洲人权公约》第 2 条规定了公民的生命权受到国家保护，这意味着国家有责任通过构建立法和行政体系来提供有效的人权保护，防止可预见的生命风险。③《欧洲人权公约》第 8 条还为国家发布适应政策和开展复原力建设提供了人权义务基础。在 2022 年的建议中，欧洲委员会呼吁其成员方积极考虑在国家层面承认清洁、健康和可持续环境的权利是一项人权。《奥尔胡斯公约》在第 1 条中确认“当代人和后代人都有权生活在适合其健康和福祉的环境中”。该公约建立在参与性民主原则的基础上，旨在增

① See Bordner A, Barnett J & Waters E. The human right to climate adaptation[J]. npj Climate Action, 2023, 2(1): 43.

② See Universal Rights Group. A Rough Guide to the Regional Human Rights Systems[R/OL]. [2024 - 06 - 17]. https://www.universal-rights.org/human-rights-rough-guides/a-rough-guide-to-the-regional-human-rights-systems/.

③ See Mladenov M, Prelević P S & Staparski T. Climate change from the perspective of the European Court of Human Rights[J]. International Review, 2022 (3 - 4): 118 - 122.

强公民和民间社会组织在环境问题上的作用,规定了获取信息的权利,公众参与决策以及在环境问题上诉诸司法的机会。尽管《奥尔胡斯公约》是联合国欧洲经济委员会成员国之间的区域性文书,但其全球意义已得到广泛认可。《奥尔胡斯公约》还通过规定环境信息权、知情权、公共参与的权利等直接为适应气候变化确立了程序性人权义务。

美洲人权法院承认健康环境权是一项人权并通过发布咨询意见案的形式将对健康环境权的保护涵盖在《美洲人权公约》第 26 条所保护的经济、社会和文化权利中,为气候变化与人权建立了稳定的联系。美洲人权法院还进一步列明了与环境有关的人权义务,包括保护和恢复环境、监测风险活动、开展环境影响评估、减轻已经造成的环境损害以及向个人提供司法补救措施等,这与适应气候变化的内容和要求相一致。①《美洲人权公约关于经济、社会和文化权利领域的附加议定书》规定人人有权生活在健康的环境中。《埃斯卡苏协定》是拉丁美洲和加勒比地区的一项区域条约,其中规定当代人和子孙后代每个人都有权生活在健康的环境中并实现可持续发展,这是世界上第一份关于环境问题上人权维护者条款的协议。

《非洲人权和民族权宪章》同样承认环境权,规定所有人民均有权享有有利于其发展的普遍令人满意的环境(第 24 条)且非洲人权和人民权利委员会受理以此为基础提起的申诉。非洲人权和人民权利委员会曾发布有关人权和气候变化的决议,提到所有公民享有有利于其发展的环境的权利。这对非洲联盟的成员方具有普遍约束力,敦促各国遵守人权标准,特别应当对弱势群体进行保护。这些区域人权公约及其机制为公民向那些未能达成共识或采取措施应对气候变化的国家提供了最优路径。②

---

① See Rocha A, Sampaio R. Climate change before the European and Inter—American Courts of Human Rights: Comparing possible avenues before human rights bodies[J]. Review of European, Comparative & International Environmental Law, 2023, 32(2): 279 – 289.

② See Chapman M S. Climate Change and the Regional Human Rights Systems [J]. Sustainable Dev. L. & Pol'y, 2009, 10: 37.

二、基于不同权利基础的适应义务

（一）基于既有人权的适应义务

随着人权法和气候变化议题的相互交融与发展，健康权、生命权、食物权、用水权和文化权等基本人权也包含适应气候变化的要求。每个人都拥有这些权利，在法律上有权获得保护，使其权利免受干扰，并保证在其权利受到侵犯时获得有效补救。根据主要国际人权条约，《公民权利和政治权利国际公约》和《经济、社会及文化权利国际公约》，缔约国承担具有约束力的法律义务，即维护、保护和实现人权。几乎所有国家都批准了这些公约。因此，它们有义务采取充分的适应措施，以保护所有公民免受已经发生的和可预见的气候变化威胁的人权损害。关于经济、社会和文化权利，逐步实现原则承认并非所有国家都拥有平等的能力和资源，因此要求各国尽最大努力以与现有资源和能力相适应的速度实现这些权利。无论如何，由于各国有义务确保在充分享有所有人权方面不断取得进展，适应措施不仅应维持现状，而且应促进人权状况的改善。各国还必须确保适应行动本身不会造成额外或附带的侵犯人权行为，适应过程应透明、公平和具有参与性。①

此外，民族自决权也包含了国家适应气候变化的义务，尤其是对于小岛屿发展中国家而言。自决权赋予特定人民群体不可剥夺的权利，包括通过政治独立实现自治的权利、维护自身领土完整的权利以及对其自然资源的永久主权。② 洪水、干旱和海岸侵蚀等气候变化影响正在导致海洋和陆地自然资源退化，剥夺受影响人民对这些资源的永久主权。③海平面上升已经损害了领土完整，从而阻碍政治独立、自治和主权的充分

---

① See Robinson M & Shine T. Achieving a climate justice pathway to 1.5℃[J]. Nature Climate Change, 2018, 8(7): 564–569.

② See International Court of Justice. Legal Consequences of Separation of Chagos Archipelago from Mauritius in 1965, Advisory Opinion, 2019 I.C.J. Rep. 169 (2019).

③ See Bordner A S, Ferguson C E & Ortolano L. Colonial dynamics limit climate adaptation in Oceania: Perspectives from the Marshall Islands[J]. Global Environmental Change, 2020, 61: 102054.

表达。[①] 对于大洋洲的许多小岛屿发展中国家来说，气候变化对自决权构成的威胁是迫在眉睫的，如果缺乏迅速而大规模的适应行动，地势最低的岛屿国家可能在21世纪后期无法居住。[②] 除了《公民权利和政治权利国际公约》和《经济、社会及文化权利国际公约》外，自决权还被广泛认为是一项强制法规范，这意味着所有国家都有义务坚持这一原则。因此，自决权包含了足以维护领土完整和完全主权的绝对适应权利——无论成本或困难如何。同时，自决原则还要求整个国际社会承担绝对的法律义务，即提供必要的援助以实现所需的适应水平。

（二）基于环境权的适应义务

2022年7月28日，联合国大会宣布享有清洁、健康和可持续的环境是一项普遍人权。联合国秘书长古特雷斯表示，该项决议有助于减少环境不公正，弥合保护差距，并赋予人们权能，特别是那些处于弱势地位的人，包括儿童、青年、妇女和土著人民。

在1988年所通过的《美洲人权公约关于经济、社会和文化权利领域的附加议定书》承认了一项单独的健康环境权。该议定书第11条规定了人人有权享有健康环境和获得基本公共服务的权利以及缔约国应促进环境的保护、保全和改善。随后，美洲人权法院在其发布的咨询意见中也明确承认《美洲人权公约》的第26条（发展权）包含了享有健康环境的权利，[③]虽然这一根据仍然存在争议。[④]《欧洲人权公约》虽然始终未承认单独的健康环境权，但十分重视程序性的环境权利，并于1998年通过了《奥尔胡斯公约》，保障了公民获取环境信息的权利，公众参与环境方面的计划、方案和

---

① See Frere T, Mulalap C Y & Tanielu T. Climate change and challenges to self-determination: case studies from French Polynesia and the Republic of Kiribati[J]. Yale Law J, 2020, 129: 648 - 673.

② See Portner H. Technical Summary: IPCC WGII Sixth Assessment Report[J]. 2022.

③ See Advisory Opinion oc - 23/17 of November 15, 2017, Requested by the Republic of Colombia, "Environment and Human Rights", para. 57 - 58.

④ 塞拉利昂·波尔图（Sierra Porto）法官认为，法院根据第26条认定直接可诉诸健康环境的权利超出了该条款的范围和咨询意见。格罗斯（Grossi）法官认为，第26条仅涉及已在该公约中承认的经济、社会和文化权利，只有已经列入该公约的权利才能成为其保护的对象。

政策以及诉诸法律的权利,[①]从而最终保障实体性环境权利的实现。至今,欧洲人权法院已经成为发展最为完善、判例最为丰富的区域人权法院。《非洲人权与民族权宪章》首次以国际条约的形式宣布了环境权利,并在第24条中规定了所有人民均有生活在一个良好的健康的环境中的权利。[②]非洲人权和人民权利委员会要求国家采用环境影响评估等技术措施来保护环境,同时保障公众的环境信息知情权、决策参与权及环境损害救济权。

第二节 适应气候变化的人权义务性质

一方面,由于适应气候变化要求国家采取主动的适应措施来提高气候复原力,因此适应气候变化具有积极义务的性质。另一方面,国家应当尽量努力提高当地的适应能力,因此适应气候变化也是一种行为义务。此外,适应气候变化因采取措施的性质不同而具有实质性义务和程序性义务的性质。

一、适应气候变化的积极义务性质

根据履行的方式通常可将义务区分为积极义务和消极义务,其中消极义务是不造成伤害的义务,而积极义务是援助或协助的义务。波格认为,前者指任何确保他人不会因自己的行为而受到不当伤害的责任,而后者为任何使他人受益或保护他们免受其他伤害的责任。[③] 气候变化的性质及其影响唤起了各国积极的人权义务,这一点已得到明确证实。[④] 气

---

① See Convention on Access to Information, Public Participation in Decision-making and Access to Justice in Environmental Matters.

② See Protocol to the African Charter on Human and Peoples' Rights on the Establishment of the African Court on Human and Peoples' Rights, last modified Jan. 2, 2020.

③ See Pogge T. World poverty and human rights[J]. Ethics & international affairs, 2005, 19(1): 1–7.

④ See Janig P, Hofbauer J A & Binder C. Peacekeeping in the Anthropocene: the Effects of Climate Change and Positive Human Rights Obligations in 'Protection of Civilians' Mandates[J]. Max Planck Yearbook of United Nations Law Online, 2023, 26(1): 602–630.

候变化给弱势群体的根本利益带来了相当大的伤害,国家的积极义务可通过资助适应行动来履行,例如采取建造防洪墙或使脆弱社区搬迁等措施。

在丹尼尔·比利等人诉澳大利亚案中,联合国人权事务委员会发现澳大利亚未能"履行其积极义务,采取适当的适应措施来保护提交人的住所、私人生活和家庭"并且"[未能]及时采取适当的适应措施来保护提交人维持其传统生活方式的集体能力",侵犯了他们享受文化和家庭生活的权利。荷兰最高法院在乌尔根达诉荷兰案中强调,在气候影响的背景下,人权所提供的保护"不仅限于特定的领域",并且"还包括国家有义务采取预防措施应对危险,即使这种危险是否会发生是不确定的"。巴西、哥伦比亚、德国、南非和美国等一系列不同司法管辖区也发布了类似判决。各国的司法实践表明,在平衡相互竞争的社会利益时国家有自由裁量权,但同时也必须履行积极义务,以应对影响人权的环境损害,并制定了一些适度的实质性最低标准,例如建立相应的法律框架。① 正如在莱加里诉巴基斯坦联邦案中,原告胜诉后,当地政府迅速确定并实施其政策框架下的优先项目,发展应对气候变化的适应能力和恢复能力。

对于排放者本身而言,其还可以通过补偿性适应措施弥补其排放所造成的人权伤害,比如,通过建造防洪墙来保护低洼地区免受海平面上升的影响,或者通过改善医疗保健来对抗热带疾病。由于气候危害具有全球性特点,因此补偿性适应是有争议的。一种观点认为,假设污染者过度排放到 x 的量级,补偿性适应的前提是根据对 x 水平适应所需的要求来确定相应的预防措施,当污染者采取了这种预防措施,就不应让其履行更高的消极义务。然而,关键在于即使污染者在一个地区采取了措施防止人权伤害,考虑到气候变化的全球影响,其排放仍然会对其他地区造成伤

---

① For example, Powell & Rayner v. United Kingdom, (1990) 12 EHRR 355 (ser. A); Lopez Ostra v. Spain, 20 EHRR. Rep. 277 (1994); Guerra & Others v. Italy (1998) 26 EHRR; McGinley & Egan v. United Kingdom (1998) 27 EHRR. Rep. 1; Öneryildiz v. Turkey (2005) 41 EHRR 20; Fadeyeva v. Russian Federation (2007) 45 EHRR 10; the Saramaka People v. Suriname (2007) IACHR Series C no. 172; Tătar v. Romania (2009) ECtHR.

害，因此，污染者似乎总是与损害有因果关系。另一种观点认为，只要仍然是污染者，每个主体都有义务提高全球的气候变化适应能力，但这就代表将每个污染者所造成的伤害与其他的损害混为一谈。解决这一问题的合理办法是，污染者向全球适应基金或基于公平的保险计划支付费用的程度取决于其污染程度，但污染者不能单方面控制基金或保险系统如何在接受者之间分配资源。①

气候变化是由温室气体的过量排放引起的，因此涉及违反消极义务。然而，即使气候变化不涉及违反消极义务，它仍然会对人们造成一系列伤害，包括死亡和流离失所，而国家有责任控制、减轻或防止这种伤害，就像地震等自然灾害发生时一样。②

二、适应气候变化的行为义务性质

根据义务履行的程度，可以将义务划分为结果义务和行为义务。结果义务要求国家具体执行某种行动，实现特定的结果。相比之下，行为义务要求国家为实现目标或结果而尽最大努力。③ 对于适应气候变化而言，国家应当尽其努力提高当地社区的气候适应力和复原力。

区分行为义务的出发点在于，法律没有必要强加于义务人其无法履行的义务，虽然义务人对于法律所期望的结果有一定的控制权，但其中也存在不可控因素。当不可控因素严重干扰结果的实现时，行为义务关注义务人可以控制的唯一结果：尽其最大努力。④ 国际法院和法庭在其判例中也承认了行为义务，例如在科孚海峡案中，国际法院提到每个国家都有义务禁止故意将其领土用于侵犯其他国家权利的行为，作为后来称为

---

① See Duus-Otterström G & Jagers S C. Identifying burdens of coping with climate change: A typology of the duties of climate justice[J]. Global Environmental Change, 2012, 22(3): 746 – 753.

② See L. S. Schipper, I. Burton (Eds.), The Earthscan Reader on Adaptation to Climate Change, Earthscan, London (2011).

③ See Mayer B. Obligations of conduct in the international law on climate change: A defence [J]. Review of European, Comparative & International Environmental Law, 2018, 27(2): 130 – 140.

④ See Mayer B. Obligations of conduct in the international law on climate change: A defence [J]. Review of European, Comparative & International Environmental Law, 2018, 27(2): 130 – 140.

“尽职调查”的一部分。①

涉及气候变化方面，一国采取一切必要措施防止气候变化损害的义务(预防原则)是一种行为义务，在这种情况下，如果一个国家没有尽其最大的努力，即使损害尚未发生，也可能被追究责任。受害方需要证明国家未能表现出足够的努力/注意以及存在重大(风险)损害，行为义务的基本原理是免除义务的规范对象的举证责任。此时，国家被推定为“善意”行事，从而将举证责任放在声称侵权的一方身上，与民法一样，该方很难证明国家未能采取合理措施，尤其是在缺乏科学证据的情况下。此外，一些国家缺乏实施全面的环境保护法律和政策的资源。在此背景下国际法院将不损害原则解释为一项行为义务，因为一国的努力可能并不总是足以防止重大跨界损害。在气候变化适应上也是如此，《联合国气候变化框架公约》高度强调协调气候行动与发展政策的必要性。②《巴黎协定》第4条规定了国家应当采取减缓措施、编制并通报连续国家自主贡献且应当比当前的国家自主贡献有所进步，发达国家缔约方应当向发展中国家缔约方提供资金援助等内容，本质上是让每个缔约方确定并传达其“雄心勃勃”的努力，体现了对国家适应气候变化的行为义务要求。

三、程序义务与实质义务

相对于减缓气候变化，国家承担着降低二氧化碳的排放量以保护公民基本人权免受侵犯的实质义务。适应气候变化同时还要求国家关注并承担其应尽的程序性义务，这包括保障公民享有言论自由、寻求和接收信息的权利、参与决策的权利以及诉诸司法的权利等。

(一)程序义务

各国必须通过透明的流程来应对气候变化，在气候变化相关问题的决策早期阶段向公众提供全面、完整的信息。《联合国气候变化框架公

① “不得允许”的义务严格来说是一项结果义务(消极义务、不去实施允许的行为)。但它只是国家确保其领土不被用于危害其他国家的广泛行为义务的一个方面。

② See UNFCCC, Art 3(4).

约》和《巴黎协定》都承认人们必须拥有适应决策的相关信息并有能力参与。联合国人权与环境问题特别报告员约翰·诺克斯认为,程序正义需要有关气候变化风险和影响、温室气体评估以及减缓和适应方案的详细信息。教育和提供信息有助于公众参与减缓和适应项目的决策,各国应就此与受影响者进行充分且有意义的磋商,促进边缘化和弱势群体的参与,土著人的集体自决权和自由、事先和知情同意的权利以及对土著知识和进程的尊重与土著人的参与以及实现程序正义息息相关。需要采取有效的补救措施来保护遭受气候危害的社区。发展中国家主张对气候变化造成的损失和损害采取补救措施,包括赔偿,适当的补救措施需要在国家和国际层面通过采取适当的行政、立法和司法措施予以落实。程序性义务尤其体现在对原住民社区权利的保护中,越来越多的气候变化诉讼表明国家必须在其项目开发中进行环境影响评估,特别应当尊重原住民社区在适应气候变化问题上的公众参与权和信息知情权。

（二）实质义务

实质义务,是指各国应当采取一切积极措施适应气候变化,开展尽职调查以防止气候变化造成损害。实质义务的范围涉及广泛行动,其中最为明显的领域反映在国家履行适应气候变化的义务以促进基本人权的实现。

大多数国际性人权条约和文书都规定了尊重、促进和实现人权的实质性义务,并且随着气候变化的紧迫威胁,人权义务的内涵和范围都得到了进一步的扩大和延伸。《巴黎协定》的序言明确了气候变化与人权之间的关系:气候变化是人类共同关注的问题,缔约方在采取行动处理气候变化时,应当尊重、促进和考虑它们各自对人权、健康权、土著人民权利、当地社区权利、移徙者权利、儿童权利、残疾人权利、弱势人权利、发展权,以及性别平等、妇女赋权和代际公平等的义务。这为缔约方在应对气候变化时履行人权义务提供了法律基础。但由于国际气候变化条约主要着眼于限制国家温室气体的排放或者通过技术手段适应不利影响,无法涵盖人权的全部内容,因此气候变化中的人权保护仍然需要依赖国际人权法规范。正如《美洲人权公约》通过规定和解释将健康环境权作为一项人权来解决气候变化所导致的人权问题。具体到适应气候变化,国家在采取适应措施时应当持续监测此过程中潜在的人权问题,比如在搬迁计划中应当重点关注流离失所者的权利以及对当地社区所产生的环境影响等。

第三节　适应气候变化义务的类型及内容

从阶段上划分,适应气候变化的人权义务首先是预防义务、信息公开和保障公众参与的义务;其次是国家应当实施气候变化适应措施的影响评估以及协助和合作的人权义务;最后是当采取措施不力而导致气候变化损害时,国家应当确保获得补救的义务。

一、事前:预防、公开、参与

(一)预防义务

预防原则在防止原则的基础上发展而来,其目的在于应对尚未发生的损害。《里约宣言》原则十五规定"为了保护环境,各国应根据它们的能力广泛采取预防性措施。凡有可能造成严重的或不可挽回的损害的地方,不能把缺乏充分的科学肯定性作为推迟采取防止环境退化的费用低廉的措施的理由"。在气候变化领域,《联合国气候变化框架公约》第 3 条第 3 款不仅承认国家在应对气候变化方面应当遵循预防原则还进一步对其如何适用进行限制,"各缔约方应当采取预防措施,预测、防止或尽量减少引起气候变化的原因,并缓解其不利影响。当存在造成严重或不可逆转的损害的威胁时,不应当以科学上没有完全的确定性为理由推迟采取这类措施,同时考虑到应付气候变化的政策和措施应当讲求成本效益,确保以尽可能最低的费用获得全球效益"。这说明,即使只有伤害风险但尚未发生实质损害时,国家也有义务采取预防措施。其中主要的预防义务包括:监管;监督和防止;环境影响评估;制定应急计划;在发生环境损害时减轻损害。哥伦比亚和智利在向美洲人权法院递交的咨询意见书中提出的主要问题涉及与气候事件有关的预防义务的具体范围以及各国根据这一义务应采取的其他具体措施,以最大限度地减少气候变化造成的损害。

气候变化背景下的预防义务要求各国采取减缓和适应措施,即阻止气候相关风险的出现(减缓),提高抵御能力并降低气候脆弱性,以减轻伤害(适应)。尽管历史上和当前全球温室气体排放量的最大部分源自发达国家,发展中国家的人均排放量仍然相对较低,但即使某一国家的温室气体排放量极小,该国也有义务帮助个人和群体适应气候变化的实际和预计的不利影响。对于大多数国家来说,这意味着采取适应措施的义务通常比通过减少温室气体来减轻损害的义务更明确或更紧迫。就适应而言,根据《联合国气候变化框架公约》和 IPCC 的建议,国家应当采取措施提高适应能力、增强复原力并降低气候脆弱性,以促进可持续发展;考虑弱势群体、社区和生态系统,基于现有的最佳科学和当地传统知识,制定短期和长期适应战略。适应战略的设计应注重在紧急情况下尊重和保障人权,特别强调受气候变化严重影响的权利。这意味着各国在制定、传达和更新气候政策时,以及在国际合作努力中,应确保充分了解为应对气候变化而采取的措施以及这些努力如何与保护人权保持一致。此外,在实施预防措施时,应考虑减缓与适应之间的互补、协同、权衡和替代关系;适应的限制和约束;以证据为依据,包括一般科学证据和当地脆弱性及危害等背景证据;遵循基于权利的考虑。

(二)提供信息的义务

获取信息将使公众了解可能影响气候变化并影响其人权享有的政府决策,允许公众参与批评,从而改善政府在适应、减缓、技术转让、排放交易、监测和报告方面与气候相关的决策,最终有助于防止可能对生命权和健康权造成重大损害的有害活动。[①] 获取信息被视为一项基本人权并且可以适用于气候变化的背景下。《世界人权宣言》第 19 条规定了发表意

---

① See Kravchenko S. Procedural rights as a crucial tool to combat climate change [J]. Georgia Journal of International and Comparative Law, 2009, 38: 613.

见和言论自由的权利，同样的权利也规定在《公民权利和政治权利国际公约》的第19条和区域人权条约中。

1996年，欧洲委员会议会通过了第1087、178号决议，承认信息权是一项重要的人权。关于切尔诺贝利灾难后果的第1087号决议指出，公众获得有关该主题以及许多其他主题的清晰、完整的信息必须被视为一项基本人权。在土耳其案中，欧洲人权法院表示，在涉及危险活动的情况下，“在欧洲，公众获得清晰、完整的信息被视为一项基本人权”。① 法院更进一步援引Guerra诉意大利案的裁决，认定信息属于《欧洲人权公约》第8条规定的私人和家庭生活权利。《奥尔胡斯公约》承认公众根据请求获得信息的权利，该公约已获得39个欧洲国家以及欧盟的批准。② 时任联合国秘书长科菲·安南指出虽然《奥尔胡斯公约》的范围是区域性的，但其意义是全球性的。美洲人权法院也表达了环境问题信息权是一项基本人权的观点，其在Claude Reyes诉智利案中引用了《美洲人权公约》第13条，“人人都有思想和发表意见的自由”，这项权利包括寻求、接受和传递各种信息和思想的自由。③

在韩国、印度、日本、巴基斯坦、以色列和法国等国家，法院同样将宪法中的言论自由权解释为包含获取信息的权利。这种对言论自由的广义解释认为获取信息是一项基本人权，也是政府向公众提供有关气候变化的信息的义务，如科学发展现状、现有条约和国家承诺、国内法律和法规、国家适应和减缓计划、有关排放交易的信息以及资金支出、碳汇、技术转让等信息，公众可以利用这些信息来应对气候变化。④

（三）确保公众参与

公众参与作为国际环境法中的一项权利，或者至少是一项原则，最早

---

① See Öneryildiz v. Turkey (Grand Chamber), 41 Eur. Ct. H. R. 20 ¶ 62(2004).

② See Kravchenko S. Right to carbon or right to life: human rights approaches to climate change[J]. Vermont Journal of Environmental Law, 2007, 9: 513.

③ See American Convention, Art. 13(1).

④ See Kravchenko S. Is access to environmental information a fundamental human right[J]. Oregon review of international law, 2009, 11(2).

是在《21世纪议程》中确立的：公众广泛参与决策是实现可持续发展的基本先决条件之一。此外，在环境与发展的具体背景下，出现了对参与形式的新需求，包括个人、团体和组织参与环境影响评估程序以及了解和参与决策，特别是那些可能影响他们生活和工作的社区的决策。《里约宣言》原则十指出：环境问题最好在所有相关公民在相关层面的参与下得到解决。在国家层面，每个人都应有适当的途径获取公共当局掌握的有关环境的信息以及参与决策过程的机会，各国应通过广泛提供信息来促进和鼓励公众了解和参与。①

积极和知情的参与——包括最弱势群体的参与——不仅可以为决策过程提供关键投入，而且可以增强决策的合法性、有效性和结果的可持续性。《奥尔胡斯公约》确立了公众参与的综合方法。根据《奥尔胡斯公约》第6条，是否允许可能对环境产生重大影响活动的所有决定都应保证并要求公众参与，"在决策程序的早期，以充分、及时和有效的方式"向公众通报拟议的活动。② 公众参与程序包括合理的时间，让公众"在环境影响期间有效地准备和参与"，公众还应当能够获得有关拟议活动的所有相关信息，包括环境影响的描述、防止或减轻影响的措施、项目概述以及主要替代方案。③ 公众参与可以采取书面或口头评论的形式，所有决定以及该决定所依据的理由和考虑因素均应公开。除了规定公众参与具体项目的决策外，《奥尔胡斯公约》还促进公众参与环境计划、方案、政策和法规的制定。欧洲法院在多项判决中考虑到公众参与决策过程的问题，认为国家有积极义务确保公众参与与环境有关的决策过程。欧洲法院在哈顿等人诉英国一案中指出"像本案一样，涉及复杂的环境和经济政策问题的政府决策过程必须涉及对环境和经济政策的适当调查和研究，以便让公众能够在各种利益冲突之间取得平衡"。因此，从该案中不难看出，在就环境问题做出决定之前，国家有积极的义务进行适当的调查和研究，以提前预测和评估风险，并让公众参与决策过程，让公众表达自己的意见和看法。

---

① See Rio Declaration.

② See Aarhus Convention, Arts. 6–8.

③ See Aarhus Convention, Arts. 6–8.

二、事中:评估与合作

(一)气候变化措施影响评估

环境评估程序旨在确保在公众充分知情的情况下,参与可能对环境产生影响的活动的决策,这一程序通常涉及可预见风险的科学记录和公众咨询。欧盟委员会《关于“适应气候变化”的白皮书》指出,成员国、利益攸关方和委员会应共同努力,“确保在实施环境影响评估(EIA)和战略环境评估(SEA)指令以及空间规划政策时考虑到气候变化的影响”。① 比利时法律规定,应当对可能产生重大影响的项目(如大型燃烧厂)自动进行环境影响评估,而对其他项目,考虑到对环境的重大影响,许可证颁发机构可根据具体情况决定是否进行环境影响评估。在联邦一级,国家也必须进行实质性的环境影响评估,以保证其对潜在有害活动的有效控制。此外,其他多个欧盟成员国也规定了相应的环境影响评估程序。如在波兰,环境影响评估是其环境保护的基本法律文书之一,法律中规定了环境影响评估是决策过程中的一个强制性环节,旨在为拟议项目的实施颁发许可证,同时也是确保环境问题与社会和经济问题得到平等对待的辅助手段。奥地利的《影响评估法》规定了符合特定阈值或每类项目特定标准(如生产能力、使用土地面积)的项目,必须进行环境影响评估,这一制度明显提高了环境评估质量,是朝着预防性和综合性环境保护迈出的重要一步。

环境影响评估有助于在早期阶段整合气候变化,从而减少气候变化脆弱性并提高自然和人类系统的恢复力。为了在应对和适应气候变化、阻止生物多样性丧失和生态系统退化方面取得进展,必须将这些问题充分纳入整个欧盟实施的计划、方案和项目中。2016 年,欧盟发布《将气候变化信息和适应纳入项目开发》②。该报告为将气候变化适应纳入上游规划和政策制定提供了指导,强调了在开发早期阶段启动评估的重要性,并以透明的方

---

① See Wende W, Bond A, Bobylev N, et al. Climate change mitigation and adaptation in strategic environmental assessment[J]. Environmental Impact Assessment Review, 2012, 32(1): 88 - 93.

② See Integrating Climate Change Information and Adaptation in Project Development.

式传达调查结果，以便将其纳入融资协议和项目设计文件。加勒比社区和共同市场（CARICOM）还发布了《将气候变化适应纳入环境影响评估（EIA）过程的指南》，其中确定了六个步骤将气候变化适应纳入环境影响评估，包括定义项目和替代方案；进行初步脆弱性评估；对气候变化影响和风险进行初步筛查；确定关键问题和信息需求；评估与评价；制订环境管理计划。[①]

（二）协助与合作义务

《联合国气候变化框架公约》强调了合作的概念，指出“气候变化的全球性要求所有国家根据……尽可能开展最广泛的合作。”该公约第 4 条强调了合作和援助的重要性，比如向脆弱发展中国家提供资金，包括自 2001 年投入运行的《京都议定书》适应基金，为发展中国家的适应提供资金。

国际人权文书规定了合作义务的法律基础。正如《联合国宪章》所述，在促进人权方面实现国际合作是国际社会的核心目标之一。《联合国宪章》第 56 条强调，所有成员承诺与本组织合作采取联合和单独行动，以实现第 55 条规定的目的。其他人权条约也承认了各国的人权义务超越其国界并包括合作行动的主张。例如，《经济、社会及文化权利国际公约》第 2 条第 1 款要求该条约的缔约方“承担尽其资源能力所及，各自并借国际协助与合作，采取种种步骤”，逐步实现经济、社会和文化权利。经济、社会及文化权利委员会的意见试图在一定程度上澄清国际合作义务的内容和界限，包括第 2 条规定的一般义务的性质以及与特定人类有关的义务。《儿童权利公约》和《联合国残疾人权利公约》的缔约国也承诺开展国际合作，以实现特定权利。[②] 援助义务包括发达国家向发展中国家提供适应支持的义务，正如《联合国气候变化框架公约》所规定的，发展中国家义务的履行取决于“发达国家缔约方对其在本公约下所承担的有关资金和技术转让的承诺的有效履行”。《巴黎协定》以这些承诺为基础，要求为发展中国家履行其适应义务提供“持续和加

---

① See Sabin Center for Climate Change Law. EIA Guidelines for Assessing the Impact of Climate Change on a Project[EB/OL]. 2024－06－17. https://climate. law. columbia. edu/content/eia-guidelines-assessing-impact-climate-change-project.

② See McInerney-Lankford S, Darrow M, Rajamani L. Human rights and climate change: a review of the international legal dimensions[J]. 2011.

强的国际支持”,包括发达国家的财政援助,当发展中国家无法自行实施适应性行动来保护生命或提供必要资源时,资金支持是必要的。

上述有关合作与援助的人权义务意味着,首先,国家必须提供获得食物、水、住房和医疗保健所需的最低限度的基本资源,在某些情况下这将促进积极行动,以确保获得这些资源,包括通过适应措施。发达国家有义务协助适应,通过一体化解决权利风险。其次,如果一个国家无法履行其核心权利义务——包括履行其适应义务——它应该寻求援助,而其他国家,特别是有能力这样做的发达国家,有义务合作并提供援助,以履行这些核心义务。这是适应义务所要求的,并由相关人权义务予以明确,有助于明确发达国家的适应援助形式,确保发展中国家弱势群体获得基本必需品。最后,《经济、社会及文化权利国际公约》的缔约方的相关职责是合作和协助确定适足生活水准权的重要性。虽然生命权迫使国家在某些情况下提供援助,但这可能只适用于紧急情况。然而,正如对生命权的分析,有尊严生活所需的条件与适足生活水准权所保护的条件是一致的,后者的纳入使相关积极义务的整合更加直接,国家协助和合作的义务也是如此。实际上,一体化可以转化为将基于人权的方法纳入气候制度内的适应援助请求中,并承担提供此类援助的双重或强化义务。①

三、事后:确保获得补救

气候变化对享有人权构成的威胁证实了对与气候变化有关的侵犯人权行为获得补救的权利的重要性。② 损害赔偿是基于人权的方法应对气候变化的核心,实际上也是正义的基本公理。谢尔顿指出,补救措施不仅在于让受害者痊愈,还在于让其恢复健康,从整个社会的角度对违法者进行谴责,从而肯定、强化社会的基本价值观。③ 在国际人权法中,获得补

① See Nishimura L. Adaptation and anticipatory action: Integrating human rights duties into the climate change regime[J]. Climate Law,2022,12(2): 99 - 127.

② See Wewerinke-Singh M. Remedies for human rights violations caused by climate change [J]. Climate Law,2019,9(3): 224 - 243.

③ See Shelton D. The right to reparations for acts of torture: what right,what remedies[J]. Torture,2007,17(2): 96 - 116,96.

救的权利是一项实质性权利，在习惯国际法①和国际条约中得到了明确规定。欧洲人权法院强调，人权法目前“不是理论上或虚幻的权利，而是实际有效的权利”②。同样，非洲人权和人民权利委员会强调，“只有政府提供使个人在受到侵犯时能够寻求补救的结构，《非洲人权和民族权宪章》所载的个人权利和自由才能得到充分实现”③。大多数人权条约所保障的补救权具有两个要素：诉诸司法和实质性补救。④ 诉诸司法是指对侵犯人权行为的申诉进行听证和裁决的过程。而实质性补救则涉及该过程的结果：向侵犯人权行为的受害者提供的实际救济。根据国际人权法，各国有义务确保受害者获得补救的权利。《公民权利和政治权利国际公约》设置了三个单独的条款确保获得补救的权利。其中第 2 条第 3 款规定了该公约缔约方的义务，以确保任何权利受到侵犯的人获得有效和可执行的补救。⑤ 联合国人权事务委员会在 2004 年第 31 号一般性意见中规定，缔约方必须建立适当的司法和行政机制，根据国内法处理侵犯人权的指控，若缔约方未能调查侵权行为的指控，其本身就可能导致单独违反该公约。

第四节　企业适应气候变化的人权责任

企业是温室气体排放的重要主体，也是开展“气候尽责”的关键角色。在工商业与人权的视角下，企业应当积极参与应对气候变化，履行相

① See Shelton D. Remedies in international human rights law[M]. Oxford University Press, USA,2015,103.

② Stephe N H. Introduction: human rights and climate change[M]Challenges in International Human Rights Law. Routledge,2017: 297 -330,11.

③ Jawara v. The Gambia Communications 147/95,149/96 74.

④ See Crawford J. The International Law Commission's articles on state responsibility: introduction,text and commentaries[M]. Cambridge University Press,2002,at 95,paras 3 -4.

⑤ See Scheinin M. The Human Rights Committee's Pronouncements on the Right to an Effective Remedy—An Illustration of the Legal Nature of the Committee's Work under the Optional Protocol[M]Towards Implementing Universal Human Rights. Brill Nijhoff,2004: 101 -115.

应的人权责任。司法实践中也在不断出现以企业为被诉对象的诉讼案件,此类诉讼意在追究企业在应对气候变化过程中所应当承担的人权责任。因此,有必要对企业适应气候变化的人权责任基础、司法实践和发展路径进行阐明与分析。

一、企业适应气候变化的人权责任基础

(一)企业环境责任起源与发展

企业环境责任是企业社会责任的重要组成部分。20世纪60年代,一部《寂静的春天》淋漓尽致地描绘出化工企业如何以破坏自然、牺牲环境为代价攫取经济利益。一系列经济、社会和政治变革使商人重新审视自己在社会中的角色和责任。麦奎尔认为,除了法律和经济义务,公司还应当关心政治、社区的福利以及员工的教育和幸福。这一时期的美国相继出台了严格的环境立法:1960年的《机动车尾气研究法案》、1962年的《空气污染控制法案》、1963年的《清洁空气法案》。商界也出现了与此相呼应的"社会责任投资"(Social Responsibility Investment)理念,劳工权益、种族和性别平等、商业道德、环境保护成为投资的优先选择,如英国的梅林生态基金只投资注重环保的企业。

直到20世纪90年代,随着全球化深入发展,企业社会责任逐渐成为跨国公司应对全球化进程中挑战和机遇的重要战略选择。1992年里约会议上形成的《里约宣言》《21世纪议程》《联合国气候变化框架公约》以及其他国际公约代表了国际社会在气候问题及相关企业行为标准上所形成的可持续发展观。面对国际社会多样化的商业机遇和监管环境,承担社会责任和可持续发展成为跨国公司在提升市场竞争力、全球知名度和影响力的有利选择。1992年建立的企业社会责任协会(BSR)致力于推动积极的社会变革:保护并恢复自然资源,保障公平和人类尊严,实施透明化运营。埃尔金顿(Elkington)还提出"三重底线"理论,认为企业应当在社会和环境层面作出与其经济目标相平衡的行为。相继地,可持续发展指数开始为投资者选择环境保护、践行社会责任、提升治理能力的投资对象提供参考,包括1990年的多米尼400社

会责任指数(现为 MSCI KLD 400 Social Index)和 1999 年的道琼斯可持续发展指数(DJSI)。1997 年,全球报告倡议组织(Global Reporting Initiative)在荷兰成立,成为首家制定可持续发展报告准则的组织,为企业编制和披露可持续发展报告提供了标准。

(二)企业气候尽责软法规范

《经合组织跨国企业负责任商业行为准则》是各国政府向在加入国境内或是以加入国为总部开展业务的跨国企业提出的建议。这些准则提出了在全球背景下开展负责任的商业行为,并且符合适用法律及国际公认标准的自愿原则和标准。《经合组织跨国企业行为准则》在其第六章中专章规定了企业环境尽责的步骤,包括风险评估、确立可衡量的目标、基于预防原则的预防措施、风险缓解措施以及监测,鼓励企业披露温室气体排放信息、公开气候变化影响,并有义务向公众提供与环境有关的信息。

1999 年,时任联合国秘书长科菲·安南首次提出全球契约。联合国全球契约是一个自愿性举措,呼吁各企业调整其战略和业务,使之符合与人权、劳工、环境和反腐败相关的十项普遍原则,并采取行动推进社会目标及可持续发展目标的实施。它旨在吸引公司以及包括劳工在内的民间团体,共同致力于推动在人权、劳工标准、环境保护以及 2004 年增加的反腐败领域的联合国标准。作为世界上最大的企业可持续发展倡议,联合国全球契约立足于联合国及其原则和价值观,具有独特的作用,可促进合作以提供和推广应对全球挑战的解决方案。全球契约要求企业支持和尊重对国际公认的人权的保护,其中包括由气候变化所造成的人权损害。此外,全球契约还要求企业支持对环境风险采取预防性方法,主动开展行动,履行更大的环境责任以及鼓励开发和推广环保技术。

2011 年通过的《联合国工商业与人权指导原则》并未明确提及气候变化。然而,2011 年以来,《联合国工商业与人权指导原则》特别提到的两项主要国际人权法文书(在指导原则 12 中),即《公民权利和政治权利国际公约》和《经济、社会及文化权利国际公约》的解释方式与国际环境和气候法一致。《国际劳工组织关于工作中的基本原则和权利宣言》(也在指导原则 12 中提到)现在包括了“安全和健康的工作环境”。这些发展符合指导原则 12 的评注,即“工商企业视情况不同,可能需要考虑一些补充标准”。因此,国家和工商企业在气候变化方面以及在气候变化对人权的影响方面负有义务和责任。《联合国工商业与人权指导原则》为各国和工商企业应对气候变化对人权的影响提供了有用和有价值的指导。此外,所有气候变化目标、政策、方案和行动的核心应该是对权利持有人的影响,而不是对企业的影响。此外,正如指导原则 14 所指出的,商业活动对人权的影响的严重程度,例如气候变化,将根据其规模、范围和不可补救的性质来判断。

根据《联合国工商业与人权指导原则》,工商企业有责任尊重人权,不造成、助长或直接与商业活动产生的人权影响有关,其中包括就与气候变化有关的实际和潜在影响采取行动的责任。为履行这些责任,工商企业应采取措施,将气候变化考虑因素纳入其政策、流程、治理结构和决定,以查明、预防、减轻和解释不利的人权和环境影响,并在其所有业务中这样做;针对气候变化对人权和环境的所有实际和潜在影响,制定和公布政策和行动计划;将气候变化考虑因素纳入其整个行动及人权尽职调查过程的所有方面;确定其在整个运营过程中的所有第 1、2、3 类温室气体排放,这种确定是有科学依据的,可核查的,并由专家提供信息;就气候变化对人权和环境的实际和潜在影响与所有利益攸关方进行有效和有意义的磋商,包括确保土著人民自由、事先和知情同意;采取紧急补救行动,包括停止它们造成或促成的任何与气候变化有关的人权影响;利用其对业务关系的影响力,防止、减少或减轻其通过业务、产品或服务造成或直接与之相关的任何与气候变化相关的人权影响。

二、针对企业的适应气候变化诉讼

2014 ~ 2024 年,气候诉讼已经扩展到碳密集型企业之外。除了涉及公司通过温室气体排放对气候变化造成影响的案件持续增加之外,许多行业针对公司的新型索赔也开始出现。这些指控包括涉及董事职责的指控,及公司需要充分披露其业务活动造成的气候变化风险。

（一）针对企业的气候变化诉讼概览

根据萨宾气候变化法律数据库的分类，针对企业提起的气候变化诉讼包括"气候破坏""碳信用额""信息披露""环境评估和许可""融资""温室气体减排""公正过渡""误导性广告""污染"。截至 2023 年上半年，除去重复分类的诉讼，一共有 135 起案件。

1. 针对企业提起的气候变化诉讼类型统计

在针对企业的气候变化诉讼中，与气候破坏有关的诉讼为 26 起；与碳信用额相关的诉讼为 3 起；与信息披露有关的诉讼为 11 起；与环境评估和许可有关的案例为 32 起；与温室气体减排有关的诉讼为 21 起；与融资有关的案例为 2 起；与公正过渡有关的案例为 2 起；与误导性广告有关的案例为 37 起；与污染有关的案例为 1 起（如图 3 所示）。

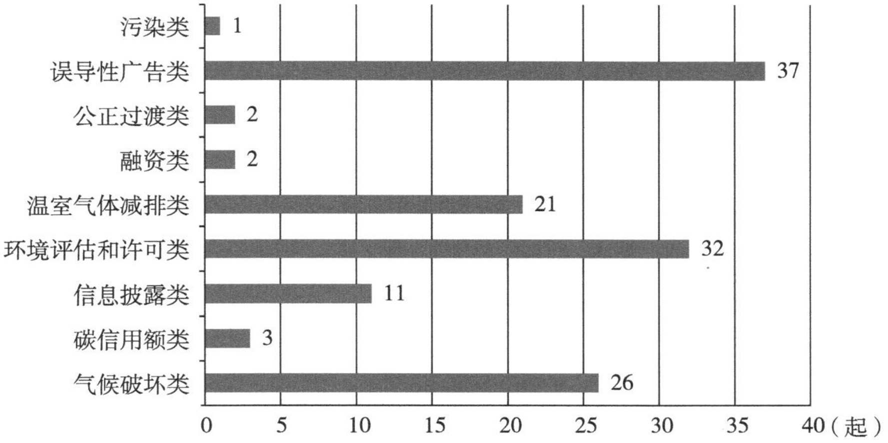

图 3　针对企业提起的气候变化诉讼类型统计

相较于针对国家提起的气候变化诉讼，针对企业提起的气候变化诉讼中原告胜诉案件数量更多，其中，与误导性广告、环境评估和许可以及气候破坏有关的气候变化诉讼中原告胜诉案件超过败诉案件，而与温室气体减排和信息披露有关的案件败诉率更高（如图 4 所示）。

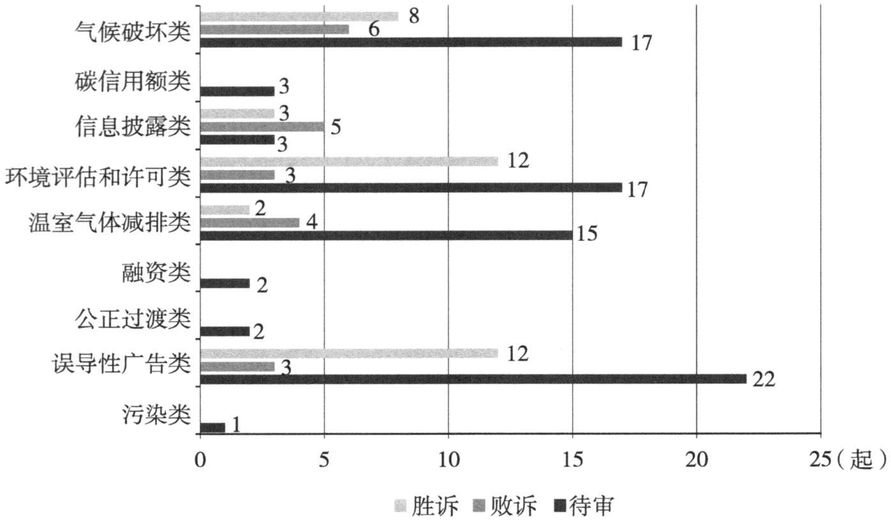

图 4　针对企业提起的各类型气候变化诉讼胜诉和败诉情况

2. 针对企业提起的气候变化诉讼全球分布

巴西拥有最多的针对企业提起的气候变化诉讼，共 24 起；其次为澳大利亚和德国，均为 17 起；印度尼西亚有 11 起；法国有 9 起；英国有 8 起；意大利有 7 起；荷兰有 6 起；阿根廷有 5 起；波兰、日本和比利时均为 3 起；中国、尼日利亚、新西兰和加拿大均为 2 起；西班牙、瑞士、厄瓜多尔、挪威、韩国和印度均为 1 起。（如图 5 所示）

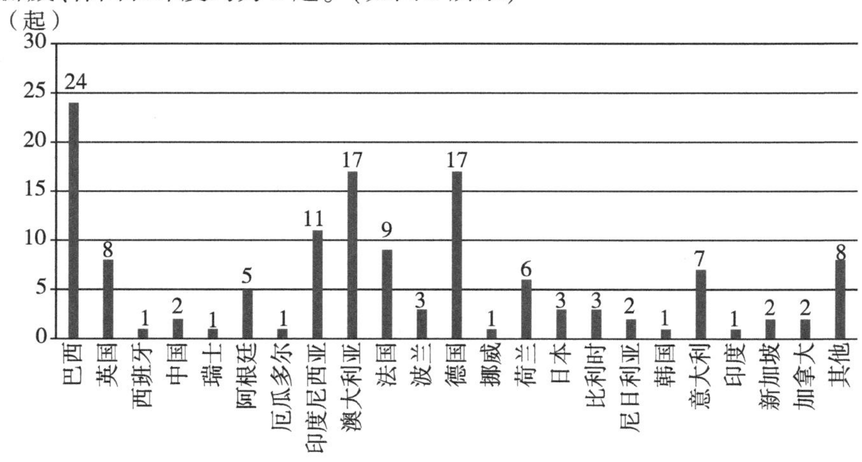

图 5　针对企业提起的气候变化诉讼全球分布

发达国家共受理78起诉讼，其中胜诉案件为15起，败诉案件为15起，因此胜诉率和败诉率均为19%；发展中国家共受理49起诉讼，其中胜诉案件为16起，败诉案件为6起，因此胜诉率和败诉率分别为33%和12%。（如表3所示）

表3　发达国家和发展中国家的胜诉和败诉情况

具体情况	发达国家	发展中国家
胜诉/起	15	16
败诉/起	15	6
总计/起	78	49
胜诉率/%	19	33
败诉率/%	19	12

3. 针对企业提起的气候变化诉讼的发展趋势

截至2022年，针对企业提起的气候变化诉讼案件数量呈现上升趋势，并在2022年达到顶峰，预计未来案件数量仍会不断增加。就胜诉和败诉的情况来看，近三年来胜诉案件数量持续增加，败诉案件不断减少。（如图6所示）

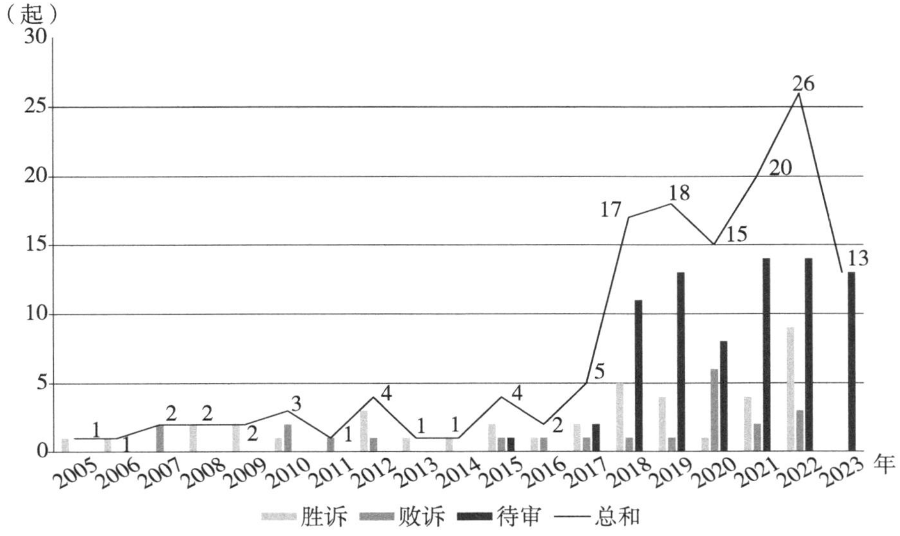

图6　针对企业提起的气候变化诉讼发生时间和发展趋势

(二)针对企业的气候变化适应诉讼案例分析

针对企业的气候变化诉讼主要分为四类:污染者付费案件、违反《巴黎协定》类案件、未能适应类案件以及气候洗绿案件。其中,未能适应类案件涉及未能使实体基础设施适应气候变化的影响以及未能应对适应风险。这些诉讼可能针对董事、高管,因为他们对高排放行业的气候变化风险沟通不当或管理不善。在养老金、退休基金等机构中,受托人也可能因未妥善管理气候相关风险而成为诉讼对象。

1. ClientEarth 诉壳牌董事会案(ClientEarth v. Shell's Board of Directors)

2023 年 2 月 9 日,ClientEarth 对壳牌董事会提起衍生诉讼(根据英国法律,衍生诉讼是一种机制,股东可以通过该机制向公司的董事和高级管理人员就该公司犯下的错误提出索赔)。ClientEarth 以股东身份指控壳牌董事会对重大和可预见的气候风险管理不善以及违反《英国公司法》。该索赔得到了机构投资者的支持,他们共同持有该公司超过 1200 万股股份,管理总资产(AUM)超过 5 亿美元(4500 亿英镑)。[①] 投资者群体包括英国养老基金 Nest 和 London CIV、瑞典国家养老基金 AP3、法国资产管理公司 Sanso IS、比利时的 Degroof Petercam Asset Management(DPAM),以及丹麦的 Danske Bank Asset Management 和养老基金 Danica Pension 和 AP Pension。以股东身份提起诉讼的 ClientEarth 于 2022 年 3 月通过诉讼前信函将其索赔通知董事会。

该诉讼指控壳牌的 11 名董事未能采用和实施符合《巴黎协定》的能源转型战略,违反了《英国公司法》规定的法律义务。壳牌声称其"能源转型战略"包括 2050 年目标的净零排放计划,与《巴黎协定》的 1.5℃温度目标一致。然而,根据"气候行动 100 +"进行的第三方评估,ClientEarth 声称该战略不包括减少范围 3 排放的中短期目标,尽管这些

---

① See ClientEarth. ClientEarth files climate risk lawsuit against Shell's Board with support from institutional investors[EB/OL]. (2023-02-09)[2024-06-17]. https://www.clientearth.org/latest/press-office/press/clientearth-files-climate-risk-lawsuit-against-shell-s-board-with-support-from-institutional-investors/.

目标占公司总排放量的90%以上。预计到2030年,壳牌的净排放量将仅下降5%,这不符合荷兰法院2021年的命令,即到本十年末将整个壳牌集团的排放量减少45%。ClientEarth声称,董事会未能完全遵守荷兰法院的判决也违反了其法律义务。壳牌已对该判决提出上诉。壳牌集团的战略还要求继续对新的矿物燃料项目进行过度投资,这与国际能源机构的建议背道而驰。ClientEarth已要求高等法院发布命令,要求董事会根据《英国公司法》规定的职责,并遵守荷兰法院的判决,采取管理气候风险的策略。现在由高等法院决定是否允许ClientEarth提出索赔。

法院裁定ClientEarth败诉。法院的理由在于,《英国公司法》第172条及第174条规定的是一般义务。法官认为这些具体义务不属于法律自动赋予董事会的一部分,因此不会强行要求董事会必须履行。法院引用了一个既定的原则,即由董事会自己决定(善意行事)如何最好地促进公司的成功,这基本上是一个商业决定,法院没有能力做出,除非在明确的案件中。因此,法院只会在特殊情况下进行干预,即股东可以证明董事会没有理由合理地得出结论,他们采取的行动符合公司的利益。该判决强化了股东索赔人必须通过的高障碍,以便对公司及其董事提出衍生索赔。判决书的几个部分都明确了法院干预公司管理决策的速度会很慢。而公司董事会对股东的责任与环境保护的联系是该案的创新点。该案中公司责任范围的认定已从一般的以"盈利"为核心扩大到了涵盖环境责任、社会责任及人权责任更广泛的领域。根据《英国公司法》对于董事会的责任认定与精神要求,公司董事会作决定时应当同时兼顾尊重人权、环境保护以及社会责任,而非仅将利益放在核心位置。

2. 麦克维诉雇员退休金信托基金案(McVeigh v. Retail Employees Superannuation Trust)

2018年,当时23岁的澳大利亚养老基金成员麦克维对零售雇员退休金信托基金(Retail Employees Superannuation Trust,REST)提起诉讼,指控该受托人未能提供与气候变化商业风险相关的信息以及任何应对这些风险的计划,违反了《2001年澳大利亚公司法》。原告要求REST提供有关以下方面的信息:(1)对REST气候变化业务风险的了解;(2)对气候变化、物理风险、过渡风险和 REST 气候变化商业风险的意见;(3)应对 REST 气候变化业务风险的行动;(4)遵守《2001 年澳大利亚公司法》和其他与 REST 气候变化业务风险有关的法律规定的义务。第一份投诉称,REST 提供的信息没有履行其义务,因此寻求声明性救济,称 REST 未披露所要求的信息违反了《2001 年澳大利亚公司法》,并要求 REST 提供该信息。

该案中法院承诺对养老金受托人与管理气候变化风险有关的义务的披露和履行进行首次司法审判。判决将为在高度不确定的环境中运作的受托人提供确定性。虽然从某种意义上说,和解是失去确定性的机会,但是,不仅将 REST 置于积极管理气候变化风险的道路上,而且为其设定了一个标准,其他基金可以期望由其成员进行衡量。① 该案是世界首例法庭试图澄清控制数万亿美元退休储蓄的超级基金在气候风险方面的法律责任。与澳大利亚的养老基金一样,世界各地的养老基金和主权财富基金也有信托义务。他们从受益人的最佳利益出发,必须谨慎、熟练和勤奋地行事。尽管诉讼在澳大利亚进行,但该案对全球基金如何管理气候风险产生了重大影响。在国际上,公司和资产所有者都面临着内部和外部利益相关者对其气候变化政策和风险报告的日益严格的审查。

3. 巴尔的摩市诉英国石油公司案(Mayor and City Council of Baltimore v. BP plc)

2018 年 7 月 20 日,巴尔的摩市长和议会向马里兰州法院提起诉讼,要求追究 26 家化石燃料公司因气候变化造成的伤害的责任。与其他市政当局类似,巴尔的摩指控被告生产、推广和销售化石燃料产品,隐瞒其已知危害,并借助积极为其辩护、否认气候变化科学的团体或个人,直接或间接导致了不利的气候变化影响。据称,其伤害包括城市中更频繁和更严重的风暴和洪水,平均海平面大幅上升,以及热浪、水文周期中断(包括极端降水和干旱),以及相关的公共卫生影响。巴尔的摩市声称,由于

---

① See Mills Oakley. McVeigh v Rest—a new standard for managing climate change risks [EB/OL]. (2020 - 11 - 04)[2024 - 06 - 17]. https://www.lexology.com/library/detail.aspx?g=59d53c5f-c8e9-463d-b8bd-35c4650428cb.

其拥有60英里的滨水土地，城市特别容易受到海平面上升和洪水的影响，气候变化对该市的基础设施已经产生了不利影响。巴尔的摩市声称，被告存在造成公害、私人滋扰、严格责任不警告、严格责任设计缺陷、疏忽设计缺陷、疏忽警告和非法侵入等行为，以及违反《马里兰州消费者保护法》的规定。

巴尔的摩辩称，被告关于联邦普通法管辖金融城侵权索赔的断言提出了一种普通的抢占辩护，而这种辩护没有赋予标的物管辖权。此外，根据联邦普通法，被告的主张不需要得到承认，而且无论如何，也不属于联邦普通法的范围。被告的其他试图将案件从州法院移送至联邦法院的驱逐理由没有为联邦主体管辖权提供依据。

首先，法院驳回了被告关于联邦普通法管辖巴尔的摩市法律滋扰索赔的论点，认为这“巧妙地隐含先发制人的论点”。法院表示，普通的抢占只是一种抗辩理由，不能据此将原告依据州提出的索赔视为基于联邦法律的请求，从而允许联邦法院行使管辖权。法院进一步得出结论认为，即使根据完全的先发制人原则，联邦普通法也不会支持撤职，因为被告没有表明有任何联邦普通法对公共滋扰的索赔，而且判例法建议《清洁空气法》取代任何此类索赔。其次，法院认定本案不构成联邦问题管辖权。虽然被告称巴尔的摩基于州法的索赔涉及实质性且有争议的联邦问题，法院认为这些所谓的联邦问题并非巴尔的摩索赔中的必要内容。尽管法院承认“在应对气候变化方面存在联邦利益”，但被告未证明外交政策或联邦监管计划等联邦问题构成本案州法律索赔的实质性要素。再次，法院驳回了外交学说或《清洁空气法》完全先发制人地抢占巴尔的摩申诉的论点。最后，法院根据被告在联邦飞地的活动，没有发现联邦管辖权的依据。

《巴黎协定》要求其签署方承诺减缓和适应全球气候变化，但没有为受害者的任何责任或赔偿提供依据。然而，赔偿受害者的责任不一定只落在国家身上。化石燃料公司应该承担部分成本，因为它们已经损害了受到损失和损害的社区。公害索赔并不寻求禁止化石燃料使用或排放的禁令，它寻求对那些因美国不受监管的化石燃料消费而遭受损害的人进行赔偿。

第四章　国家适应气候变化政策中的人权维度

对国家适应气候变化政策进行量化分析，可以发现国家适应气候变化政策的实施仍然存在局限性，主要表现在优先事项之间存在冲突、国家政策之间缺乏一致性、利益相关者之参与不足以及缺乏资金、人力和信息等资源。因此，应当在国家适应气候变化政策中纳入人权因素，通过提高公众适应意识、促进利益相关方参与、整合部门政策和机构设置、开展国家适应气候变化监测与问责以及关注气候脆弱群体，以推进国家适应气候变化政策的落实。

第一节　国家适应气候变化政策的量化分析

国家适应政策是指确定中长期适应需求并制定和实施应对这些需求的战略和方案的正式国家政策，包括标有“国家适应政策”“国家适应行动方案”“国家适应战略”“国家适应方案”“国家适应行动方案”的国家适应政策。[①] 据统计,目前许多国家已经建立气候变化适应的立法和政策框架,内容涉及信息生成与共享、适应规划、行动监测、适应投资等领域,其中气候风险信息是多数国家的优先事项,而适应类政策则较为缺失。[②] Alexandra Lesnikowski 等人针对 147 个国家[③]的 217 项法律政策进行研究,发现多数国家虽然承诺尊重人权,但实施效果却并不理想,气候脆弱群体往往排挤在气候变化适应政策的制定和实施进程之外。[④]

研究发现,仅 50 个国家在其适应政策中提及人权(如图 7 所示),包括 42 个非《联合国气候变化框架公约》附件一缔约国和 8 个《联合国气候变化框架公约》附件一缔约国。其中,在 50 个国家中,38 个国家仅笼统地提及人权的重要性,12 个国家则具体讨论了人权原则和标准的必要性,从而指导适应政策和具体措施的制定。这 12 个国家具体分布在拉丁美洲和加勒比地区,如阿根廷、伯利兹、萨尔瓦多、危地马拉、墨西哥和巴拉圭,以及撒哈拉以南非洲地区,如加纳、纳米比亚、乌干达和津巴布韦,以及两个《联合国气候变化框架公约》附件一缔约国,即加拿大和挪威。从区域分布上看,拉丁美洲和加勒比地区在适应政策文件中提及人权的国家比例最高,占比 59%,其次是撒哈拉以南非洲地区,占比 39%,然后是亚洲及太平洋地区,占比 31%。除去这 50 个国家以外的 97 个国家,目前在其适应政策中并未提及人权。

---

① See Lee S., Paavola J. & Dessai S.. Towards a deeper understanding of barriers to national climate change adaptation policy: A systematic review[J]. Climate Risk Management, 2022, 35: 100414.

② See Nachmany M, Byrnes R & Surminski S. Policy Brief: National Laws and Policies on Climate Change Adaptation: A Global Review[J]. Grantham Research Institute on Climate Change and the Environment, London School of Economics and Political Science, London, 2019.

③ 其中,41 个撒哈拉以南的非洲国家;38 个欧洲国家;33 个亚洲和太平洋地区的国家;22 个拉丁美洲和加勒比地区的国家,11 个中东和中亚地区的国家;2 个北美地区的国家。

④ See Lesnikowski A & Jodoin S et al. Human rights in climate change adaptation policies: a systematic assessment[J]. Climate Policy, 2023: 1-15.

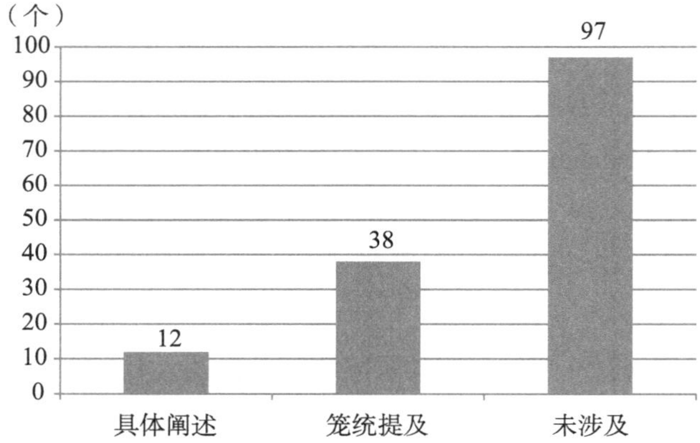

图 7　在其适应政策中提及人权的国家数量及程度

在内容上,78% 的国家承认结构性不平等在影响气候变化风险和脆弱性方面的作用。具体而言,81% 的非附件一缔约国在其政策中涉及结构性不平等,而相应附件一缔约国的比例只有 69% 。从区域分布上看,承认结构性不平等的国家比例最低的区域是中东和中亚,仅为 55% ;其次为欧洲,为 61% ;而亚洲和太平洋地区以及拉丁美洲和加勒比地区的大多数国家都描述了结构性不平等,前者的国家比例为 79% ,后者为 86% ;撒哈拉以南非洲地区 95% 的国家承认结构性不平等。(如图 8 所示)在承认结构性不平等的政策中,49% 的政策中认为社会和经济是结构性不平等的主要因素,33% 的政策以社会和性别为驱动因素,34% 的政策将经济和性别作为不平等的根源,而仅有 7% 的政策将原住民作为不平等的主要原因,4% 的政策将残疾作为不平等的主要原因,2% 的政策将族裔作为不平等的主要原因。①

① See Lesnikowski A & Jodoin S et al. Human rights in climate change adaptation policies: a systematic assessment[J]. Climate Policy,2023: 1 – 15.

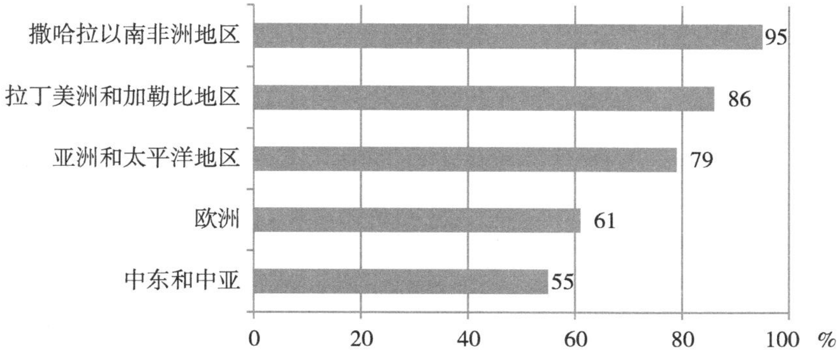

图 8　各区域国家的政策涉及结构性不平等的比例

就气候脆弱群体层面,89% 的国家在其适应政策中承认至少一个气候脆弱群体的权利。其中,经济贫困群体最受重视,在所有国家的适应政策中出现频率最高,占 64%;其次为妇女,占 61%;儿童和青少年,占 59%;老年人,占 50%。[①] 此外,气候移民被提及的频率较低,占所有国家适应政策的 7%;少数族裔群体为 4%;气候难民为 3%。就残疾人群体的定义,17% 的国家适应政策将其认定为某种程度的弱势群体,使用"残疾人""残疾"等术语,29% 的国家适应政策将其描述为患有慢性病的人。(如图 9 所示)在适应战略中对气候脆弱群体的认可存在显著的地区差异:几乎所有撒哈拉以南非洲地区的国家的适应政策都涉及贫困人口、妇女、儿童和农村社区的气候脆弱性;而北美、拉丁美洲和加勒比地区的政策中提到原住民的比例更高;欧洲和北美的适应政策提及老年人、残疾人和/或疾病的比例远高于次区域的政策。非洲、亚洲或拉丁美洲和加勒比地区则提及儿童和青少年的比例最高。

① See Lesnikowski A & Jodoin S et al. Human rights in climate change adaptation policies: a systematic assessment[J]. Climate Policy,2023: 1 - 15.

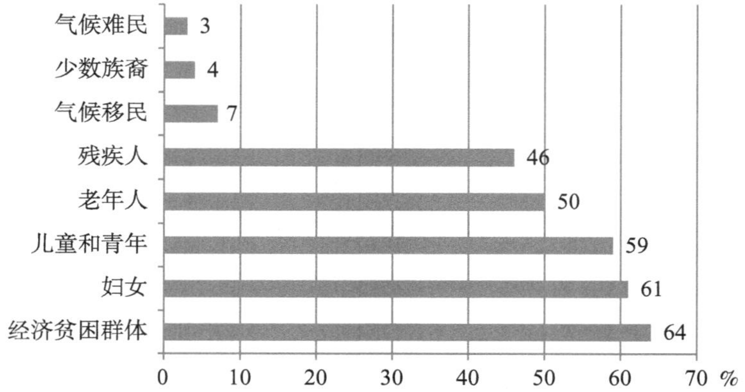

图 9　各气候脆弱群体在国家适应政策中出现的比例

最后,通过评估气候脆弱群体是否以及如何被纳入气候适应政策的制定和实施,笔者发现 52% 的国家并未表明应享有公平权利的群体参与适应政策设计和/或决策过程,只有 30% 的国家在制定适应战略时咨询了其中至少一个群体,7% 的国家积极将气候脆弱群体纳入政策的规划和设计。50 个国家在政策的规划和设计过程中征求了相关群体意见,其中包括 27 个撒哈拉以南非洲地区国家和 11 个亚洲及太平洋地区国家。在所有的政策中,一半以上的政策是国家适应行动方案,其中 10 项政策明确表明应享有公平权利的群体积极、正式地参与了政策的规划和设计,包括 4 项国家适应行动方案和 6 项国家战略计划。①

各国的适应政策表明,大多数国家未能将人权义务与适应纳入国家政策联系起来,在国家适应政策中,气候脆弱群体没有以有意义的方式被纳入国家适应规划,这同样反映出各国政府尚缺乏解决适应行动对人权造成的损害的问责机制。②

---

① See Lesnikowski A & Jodoin S et al. Human rights in climate change adaptation policies: a systematic assessment[J]. Climate Policy, 2023: 1 – 15.

② See Lesnikowski A & Jodoin S et al. Human rights in climate change adaptation policies: a systematic assessment[J]. Climate Policy, 2023: 1 – 15.

第二节 国家适应气候变化政策实施的局限性

尽管国家适应政策取得了实质性进展,但与国家适应政策有效性相关的问题和“适应差距”仍然存在,这反映出国家在执行适应气候变化政策时的局限性。其中主要表现在国家适应优先事项之间存在冲突,国家适应政策与其他政策之间缺乏一致性导致执行部门效率低下,在制定和执行适应政策时利益相关者参与程度不足以及部分国家缺乏资金、人力和相关气候信息等资源。

一、优先事项之间存在冲突

适应是一个地域性的问题,具有跨部门维度,强烈依赖于气候、环境、社会和政治条件。经济发展程度不同的国家对于落实气候适应政策的优先顺序不尽相同,比如,将气候变化纳入救援服务、卫生、环境、社会关怀甚至教育等基础设施建设,建立社区复原力不足是爱沙尼亚①、圭亚那②等国家的突出问题。凯瑟琳·希基和托尼韦斯的研究表明圭亚那政府虽然清楚地认识到该国对气候变化的脆弱性并将大规模基础设施修复作为主要的适应优先事项,但政府在适应方面的投资仍然相对较少,其中财政预算、技术限制、公众意识低下和气候威胁的紧迫性等是主要原因,这凸显了经济落后的国家在优先投资适应时面临的艰巨挑战。而一项针对澳大利亚的适应政策研究表明,治理、政策、社会心理、资源和信息是五类主要的适应障碍。比如,对于地方政府而言,管理层缺乏领导,其对适应的作用和责任含混不清是适应的主要障碍。此外重大财政和经济影响也可

---

① See Orru K & Tillmann M et al. Making administrative systems adaptive to emerging climate change-related health effects: case of Estonia[J]. Atmosphere,2018,9(6):221.

② See Hickey C & Weis T. The challenge of climate change adaptation in Guyana[J]. Climate and Development,2012,4(1):66－74.

能会妨碍气候变化适应政策决定的有效实施。① 喀麦隆出现了类似的情况,该国高度重视与气候有关的减缓和适应措施,但这些措施被更紧迫的问题取代,如减贫和创造就业机会。②

二、政策缺乏一致性

政策一致性是指通过减少单个政策内部和多个政策间的目标或工具冲突,实现同一目标。政策的一致性/连贯性将减少冲突和矛盾,促进不同政策之间和内部的协调,从而提高效率并减少对相同预算和资源的竞争。③ 政策缺乏一致性主要体现在机构设置的混乱以及政策的碎片化。一方面,政策需要明确实施过程,包括具体说明实施的体制结构、执行机构的作用和责任、所需资源、监测和评价。在尼泊尔,环境部负责协调气候变化适应相关政策,并推动各部门之间的合作,然而,关于气候变化委员会和气候变化倡议协调委员会在各部门政策中的具体作用,尚未形成连贯且有效的实践。虽然气候变化委员会被指定为负责指导气候变化政策的最高政治机构,但 2012 年以来几乎处于休眠状态,这表明尽管适应气候变化国家议程,政府在实际推进中可能更关注其他政策的实施。④ 另一方面,各辖区各级之间的适应政策缺乏系统性。卡拉梅等人发现,国家层面的优先事项与地方或社区的优先事项之间存在差距,国家适应政策通常只反映国家层面的优先事项。⑤ 而巴耶茨反过来指出,地方适应

---

① See Waters E, Barnett J & Puleston A. Contrasting perspectives on barriers to adaptation in Australian climate change policy[J]. Climatic change, 2014, 124: 691 – 702.

② See Brown H C P & Nkem J N et al. Institutional adaptive capacity and climate change response in the Congo Basin forests of Cameroon[J]. Mitigation and adaptation strategies for global change, 2010, 15: 263 – 282.

③ See Akhtar-Schuster M & Thomas R J et al. Improving the enabling environment to combat land degradation: Institutional, financial, legal and science - policy challenges and solutions[J]. Land Degradation & Development, 2011, 22(2): 299 – 312.

④ See Ranabhat S & Ghate R et al. Policy coherence and interplay between climate change adaptation policies and the forestry sector in Nepal[J]. Environmental management, 2018, 61: 968 – 980.

⑤ See Kalame F B, Kudejira D & Nkem J. Assessing the process and options for implementing National Adaptation Programmes of Action (NAPA): A case study from Burkina Faso[J]. Mitigation and Adaptation Strategies for Global Change, 2011, 16: 535 – 553.

计划同样不能反映国家适应政策。① 比斯布鲁克等还对欧盟成员国的适应政策进行研究并发现,大多数国家的适应政策都侧重于国内问题,很少关注欧盟的作用。②

三、利益相关者参与不足

国家适应行动方案进程受到若干因素的影响,尤其是利益相关方的参与、理解和支持。布基纳法索政府于2005年9月启动了国家适应行动方案的制定进程,举办了一系列国家讲习班,以提高利益攸关方对国家适应行动方案的认识,并组建"多学科专家小组"进行研究,该小组由气候学家、农学家、经济学家、气象学家、水文学家、林务员、畜牧专家和非政府组织代表组成。该小组的组成表明决策者仍然认为气候变化是一个环境问题,应由直接参与自然资源和环境服务管理的机构严格按照环境术语加以解决,这也解释了为什么研究结果偏向于自然资源。值得注意的是,该研究小组中既缺乏卫生代表,也没有明确的卫生部门优先事项。与许多非洲国家一样,健康问题是布基纳法索减贫战略文件的一个明确优先事项,例如,布基纳法索是容易发生与气候变化有关的热带疾病(如脑膜炎和疟疾)的西非国家之一。尽管大多数布基纳法索公民依赖从森林和林地中提取的传统药物,但国家适应行动方案没有提到可能与卫生部门相关的药用植物。相比之下,在许多东部和南部非洲国家适应行动方案中,卫生部门是第一优先部门,甚至排在农业、水利或林业之前,而这些国家的国家适应行动方案研究小组成员来自更广泛的学科和机构,包括学术界、农业、教会、商品市场协会、农民协会、性别和发展专家、卫生保健专家、媒体、非政府组织以及规划、金融、社会学和统计领域的代表。③

---

① See Lazarević B N. Integrating climate change adaptation policies in spatial development planning in Serbia: A challenging task ahead[J]. Spatium,2011 (24): 1 - 8.

② See Biesbroek G R & Swart R J et al. Europe adapts to climate change: comparing national adaptation strategies[J]. Global environmental change,2010,20(3): 440 - 450.

③ See Kalame F B, Kudejira D & Nkem J. Assessing the process and options for implementing National Adaptation Programmes of Action (NAPA): A case study from Burkina Faso[J]. Mitigation and Adaptation Strategies for Global Change,2011,16: 535 - 553.

四、缺乏资金、人力和信息等资源

对于小岛屿发展中国家而言，融资是阻碍国家适应行动方案实施的主要障碍之一。一项研究表明，在8个小岛屿发展中国家所列明的202个国家适应行动的限制中，15%的障碍来自财政、预算和收入。[①] 爱沙尼亚因为缺乏资金而无法实现监测、整合数据库以评估健康影响和救援必要性以及信息系统的多样化。当地医疗基础设施和工作人员人力资源匮乏的主要原因是缺乏资金和优先次序，由于人力资源不足，无法应对与气候有关的疾病爆发。而这最终源于当地对于气候变化的认识不足，在爱沙尼亚，人们和政府普遍认为气候变化目前极不可能发生，其影响不会超出医院的一般能力。这也解释了为什么爱沙尼亚对医院和疗养院的冷却系统投资不足。[②] 科赫（Koch）还提到高度的人员流动率也可能是制约适应政策有效实施的一个障碍：在南非，许多机构都面临员工流动率高的挑战，经常性的借调导致本应专注于项目和战略的工作人员来培训新人，工作人员更替和能力问题严重制约了政府部门与其他机构之间的有效联系。[③]

第三节　在国家适应气候变化政策中纳入人权的策略

为解决上述挑战，应当在国家适应气候变化政策中纳入人权视角，确保适应政策和成果既尊重和保障基本人权，又能有效履行国家人权义务，关注利益相关方群体的需求和利益，评估并解决气候变化对受专门文书或通过平等权保护的群体的不同影响，确保其适应政策和进程符合人权

---

① See Robinson S. Adapting to climate change at the national level in Caribbean small island developing states[J]. Island Studies Journal, 2018, 13(1): 79 - 100.

② See Orru K & Tillmann M et al. Making administrative systems adaptive to emerging climate change-related health effects: case of Estonia[J]. Atmosphere, 2018, 9(6): 221.

③ See Koch I C, Vogel C & Patel Z. Institutional dynamics and climate change adaptation in South Africa[J]. Mitigation and Adaptation Strategies for Global Change, 2007, 12: 1323 - 1339.

要求,采取基于人权的方法。具体而言,国家在制定适应气候变化战略时应当重点关注以下四个方面。

一、提高公众适应意识

一般来说,国家适应战略是既包括硬措施,也包括软措施的长期愿景,旨在减少气候变化的影响和脆弱性并增强社会的适应能力。一套完善的软措施能够提高对个人和集体适应性行动的认识和沟通效率。① 普通民众往往对气候问题以及对其日常生活的潜在影响和后果缺乏清晰的了解,尽管最近人们对气候变化的关注增多,但这一点仍然被视为适应的主要障碍。

所有战略都强调通过提供信息提高公众认识的重要性,但只有少数国家已经制定或打算制定具体的国家适应传播战略。国家提议的组织结构包括传播适应信息、措施和战略以及其他信息(如关于减缓和能源效率的信息)。② 大多数关于气候变化适应活动的信息是由国家政府或负责适应的部门(通常是环境部)提供的,这包括有关气候变化挑战和政府应对措施的基本信息以及更详细的信息来源。一些国家开展了关于适应和脆弱性的新型研究计划,通过利益相关者讨论、讲习班、会议、研讨会、出版物、时事通讯和网页传播其信息。另外,在某些情况下,可以选择成立专门组织,从而更为连贯地提供信息。例如,丹麦适应信息中心是在丹麦国家科学院下设立的,由气候和能源部协调,其目标是提供有关适应、政策战略、新闻报道和常见问题的科学信息,对于公民、企业和市政当局是一个切入点。

除传播信息外,国家适应战略还应当关注提高公众对于适应气候变化的认识。这一战略还建议通过开展教育项目、组织相关活动、搭建利益相关方平台等多种互动交流方式,促进社会各界的双向学习和共同成长。

① See Kabat P & Van Vierssen W et al. Climate proofing the Netherlands[J]. Nature,2005,438(7066): 283 -284.

② See Biesbroek G R & Swart R J et al. Europe adapts to climate change: comparing national adaptation strategies[J]. Global environmental change,2010,20(3): 440 -450.

北欧和西欧国家的适应战略中提到了基于网络的工具,理由为当前计算机普及率普遍较高,方便信息的存储和更新,并且可以在全球范围内访问互联网。例如,英国为地区和地方政府及个人提供工具和向导,包括有关漏洞和选项以及政府应对措施的信息。在芬兰,“气候变化社区响应门户”引导气候信息的潜在用户获取最相关的科学信息,包括帮助地区政府和个人的工具和向导。这些工具主要针对地方政府、个人和机构,由政府、研究项目和大学资助和运营,提供有关气候变化影响、适应和综合治理框架的信息。或许还存在更为有效的方式,但所有的模式都应当旨在增加人们对气候问题的普遍了解、增强应对能力和激励人们积极参与适应实践。①

二、促进利益相关方参与

适应气候变化是一个知识密集型主题,涉及许多跨领域问题,涉及不同的政治或行政层面,需要不同区域和部门行为者共同承担责任并采取协调行动。因此,参与性方法是适应政策的重要组成部分,基于科学和基于政策的方法都可以支持适应政策的制定和实施。②

在适应气候变化的背景下,多层次治理提出了关于不同规模行动者的作用、权力和责任的新问题,利于在早期举措中学习以及制定和实施适应政策。然而,国家适应行动方案并没有提供多少关于政府如何在实践中促进适应的多层次治理的内容。

现有的国家适应战略通常不是基于包容性的治理方法,而只涉及小部分专家、政府和社会代表。尽管国家计划是一份中央政府文件,但其最终目标是实现跨时间和空间的多个治理层面的适应性实践,因此应当重视地方和区域代表以及脆弱群体的参与。这将有利于确定最合适的适应方法并预估其可行性;调动并吸收利益相关者关于当地脆弱性和影响的

① See Biesbroek G R & Swart R J et al. Europe adapts to climate change: comparing national adaptation strategies[J]. Global environmental change,2010,20(3):440-450.

② See Biesbroek G R & Swart R J et al. Europe adapts to climate change: comparing national adaptation strategies[J]. Global environmental change,2010,20(3):440-450.

隐性知识和经验;分析利益相关方应对气候变化影响的能力;建立对适应的影响、脆弱性和选择的共同理解;增强确定优先领域的能力。丹麦、芬兰、英国的国家适应战略中提到了实施参与性方法,但并没有制定具体的行动战略。荷兰的战略特别主张,应在地方一级创造适当的环境,在既定的立法、金融和技术框架内促进社会学习、自我组织和动员。①

三、整合部门政策和机构设置

为了更有效地实施气候适应措施,国家应当在其适应战略中重点关注适应气候变化相关部门和政策的整合,以提高国家在适应气候变化方面的治理能力。在欧洲国家,将适应性纳入或"主流化"到新的和现有的部门政策中是所有适应性战略的共同特征,而在政府层面内和政府之间建立连贯性并将适应性纳入气候敏感政策需要国家政府发挥积极作用。

经济合作与发展组织确定了可持续发展有效政策整合的四个先决条件,有学者在国家适应战略的背景下纳入了此框架:第一,应该设置一个强有力的领导部门、部委或机构来发起或者制定国家适应战略。欧洲国家的领导部门一般是负责环境或附属事务的部门。在某些情况下,领导部门应当积极参与制定战略或主持负责起草战略的工作组。第二,应在领导脆弱行业部门的部门中设立适应(子)单位,以加强适应在决策中的纳入。第三,跨部门单位可以在综合国家适应战略的背景下,在管理适应与部门政策的整合方面发挥作用。第四,考虑应将其他治理层面的(自下而上的)投入纳入其中,以制定连贯而综合的适应战略。经济合作与发展组织为加强政策整合而提出的这四个组织问题都在欧洲国家的国家适应战略中得到了不同程度的体现:丹麦和英国的适应战略表明需要新的承诺和立法,而德国和荷兰则加强政策整合以实现政策体系的一致性。在现有政策制定中加强适应的措施之一是将适应纳入评估工具,例如战略环境评估、环境影响评估,或具体规划工具,例如水评估

① See Biesbroek G R & Swart R J et al. Europe adapts to climate change: comparing national adaptation strategies[J]. Global environmental change,2010,20(3): 440 - 450.

测试、建筑规范。此外,大多数国家的适应战略都借助本国的空间规划体系来落实,例如英国、荷兰、德国、芬兰,这些国家在借助空间规划在协调不同部门和不同治理层级之间的利益关系上具有悠久的实践传统。①

四、针对国家适应气候变化战略开展监测与问责

国家适应战略标志着一个进程的开始而不是结束,将问题列入国家政策议程,仍然需要详细阐述实施和衡量国家适应战略有效性的具体建议或流程。设置灵活的机制来实施、评估和修订适应战略,包括衡量进展和政策有效性的指标,以及一系列监管、经济和其他工具。

国家可以在战略中包含特定的日期或时间范围以定期审查,将审查责任分配给负责机构,并建立主管机构作为常设机构,配备足够的资源和权力。例如,芬兰、德国和英国制定了对其国家适应战略进行总体修订的时间表,并对战略及其有效性进行更全面的评估。就英国而言,《气候变化法案》规定一旦国家适应行动方案落实到位,议会必须每5年对其进行一次审查,同时考虑到必须进行的最新气候变化风险评估。有效和高效的监测需要考虑两个基本问题:检测的对象以及责任主体。② 英国的适应战略最接近监测框架,并建立了相应的法律机制,政府需要向议会报告应对气候变化风险所取得的进展。英国在气候变化委员会下还设立了适应小组委员会,负责审查国家适应行动方案的进展并就国家风险评估提供独立建议。荷兰国家科学院认识到需要"积极监测适应过程",但没有详细阐述如何开展。瑞典的气候与脆弱性委员会只是建议瑞典环境保护局负责监测适应工作和报告,但没有设定严格的时间表。③

对于监测气候适应的挑战,设定指标将有助于衡量不同政策和措施的成功或失败。然而,由于挑战多种多样,很难制定具体的、可量化的指

---

① See Biesbroek G R & Swart R J et al. Europe adapts to climate change: comparing national adaptation strategies[J]. Global environmental change,2010,20(3): 440 -450.

② See Biesbroek G R & Swart R J et al. Europe adapts to climate change: comparing national adaptation strategies[J]. Global environmental change,2010,20(3): 440 -450.

③ See Biesbroek G R & Swart R J et al. Europe adapts to climate change: comparing national adaptation strategies[J]. Global environmental change,2010,20(3): 440 -450.

标。一般而言,衡量政策绩效的最重要指标是其最终结果——实现主要目标的有效性。此外,与结果直接相关的目标和指标更适合根据辅助原则进行谨慎监管,将工具的选择权留给相关的地方和社会参与者。例如,英国和芬兰的战略承认需要制定定量指标。2008 年欧洲环境署研讨会期间收集的初步考虑集中于“过程指标”的开发,以量化那些目前看来是实现最终适应目标的必要步骤的事实和行为变化,例如气候变化情景的可用性、脆弱性评估、适应指南和灾害计划、跨领域的识别问题以及利益相关者的参与。①

五、重点关注气候脆弱群体

将对气候脆弱群体的保护纳入国家适应战略是因为气候变化对其享受人权造成了负面影响。由于地理、贫困、性别、年龄、土著或少数群体地位、民族或社会出身、出生或其他身份以及残疾等因素,弱势群体可能更容易遭受由气候问题引起的人权损害。将弱势群体有意义地纳入并使其能够参与地方、国家、区域和全球各级的灾害风险管理和气候相关决策,是以人权为本的气候行动的核心。

发展中国家和边缘化人群有限的适应能力和不成比例的气候脆弱性是殖民化、剥夺和侵占资源的结果,但现有的主流适应方法在很大程度上忽视了气候脆弱性的这些根本原因,而侧重于应对物理危害的技术措施,导致采取不完整且不公平的解决方法。② 但发达国家应在其战略中重点突出对气候脆弱国家和群体的援助和支持,以解决国家之间存在的不公正和不平等问题。根据传统的人权方针,国家应当对其公民的个人人权负全部责任,而对于许多最脆弱国家来说,殖民化和剥削使国家没有资源和能力来实现或保护其人民的人权。气候变化进一步加剧了这些不平

---

① See Biesbroek G R & Swart R J et al. Europe adapts to climate change: comparing national adaptation strategies[J]. Global environmental change, 2010, 20(3): 440 - 450.

② See Bordner A S, Ferguson C E & Ortolano L. Colonial dynamics limit climate adaptation in Oceania: Perspectives from the Marshall Islands[J]. Global Environmental Change, 2020, 61: 102054.

等。在人权背景下应用跨界损害原则有可能促进气候正义,因为这些发达国家对温室气体高排放和由此造成的潜在社会脆弱性负有责任,应承担更大的义务。

对于国家而言,其在适应战略中纳入气候脆弱群体的权利,可以通过落实不歧视和平等的人权原则来解决潜在的脆弱性和气候变化的影响。平等原则并不要求各国向所有公民提供同等水平的支持。相反,由于边缘化群体和弱势群体的人权已经受到更多损害,各国有义务格外确保此类群体得到保护。虽然各国落实情况具有较大差异,最弱势群体在气候适应方面往往无法从国家获得较高水平的支持,但由于这些原则具有法律效力,弱势群体可以利用这些原则来维护自己的权利。气候变化带来的日益加剧的威胁已经促使弱势群体采取法律行动,要求各国根据人权法提供所需水平的适应支持。

第五章　适应气候变化的脆弱群体权利保护

气候变化对脆弱群体的权利影响尤其之深，尤其是对儿童权利、妇女权利、老年人权利、残疾人权利、少数族裔的权利、土著人权利以及难民和流离失所者的权利。此类群体往往由于性别、年龄、能力、地理位置等而不成比例地遭受着气候变化的影响。因此，通过对有关案例和权利内容的分析，笔者对相应群体的权利如何在气候变化适应中得到保护提出针对性策略。

第一节　气候变化对脆弱群体的影响和应对策略

由于脆弱群体之间存在共通性，因此对其特点策略的宏观概览和分析有助于为开展针对性研究提供方法。气候变化对脆弱群体存在普遍的人权侵犯，主要表现为损害各项基本权利和群体所遭受的多重歧视。基于此，在脆弱群体的保护中应当采取基于人权的方法。

一、气候变化对脆弱群体的影响

(一)气候变化影响与人权

1. 气候变化影响样态

在家庭层面与国家层面,气候变化影响都阻碍着经济与人类的发展。其中,又以妇女、儿童、老人、残疾人、少数族裔、土著人民与流离失所者等脆弱群体受影响最深。许多老人、妇女、儿童在气候危机期间遭受暴力、剥削、忽视和虐待。随着气候变化引发世界各地的冲突,妇女和女童越来越容易遭受各种形式的性别暴力,包括与冲突有关的性暴力、人口贩运、童婚和其他形式的暴力。[①]

气候变化及其灾害已经对人们的生命造成了破坏性影响,尤其是发展中国家。据世界卫生组织预测,由于营养不良、疟疾和登革热发病率的上升,2030 年至 2050 年每年约有 25 万人因此死亡。[②] 气候变化引发了新的生理与心理健康问题,气候幸存者的身心健康在灾后会受到影响,他们会产生一系列负面情绪及其躯体症状,如震惊、恐惧、压力、焦虑和抑郁等,甚至出现创伤后应激障碍,随着步态障碍与步态干扰。[③] 还可能存在恐惧症、药物滥用、自杀或攻击行为等症状。患有精神疾病的人尤其容易受到气候变化的负面影响。在自然灾害发生时,他们可能因为污名化而失去已经有限的社会支持,进而损害了他们的社会关系。国内外的极端温度都会导致心血管疾病和脑血管疾病发病率和死亡率的增加。在越南热带城市,热浪事件使心血管疾病发病风险增加了 12.9% 。[④]

气候变暖为虫媒及病原体的寄生、繁殖和传播创造了适宜条件,使原

---

① See Alfthan B & Skaalvik J et al. Women at the frontline of climate change: Gender risks and hopes[J]. 2011.

② See World Health Organization, Quantitative Risk Assessment of the Effects of Climate Change on Selected Causes of Death, 2030S and 2050S 13 (Simon Hales et al. eds., 2014).

③ See Antal H & Bhutani S. Identifying linkages between climate change, urbanisation, and population ageing for understanding vulnerability and risk to older people: A review[J]. Ageing International, 2023, 48(3): 816 - 839.

④ See van Der Walt A J & Fitchett J M. Trend analysis of cold extremes in South Africa: 1960 - 2016[J]. International Journal of Climatology, 2021, 41(3): 2060 - 2081.

有的流行区域不断扩大,疾病流行的趋势不断增强,引起疾病的分布发生变化,从而加重了对人群的危害;气候变暖还可使病菌繁殖、传播速度加快,传播范围扩大。免疫系统较弱的老年人感染西尼罗河病毒和圣路易斯型脑炎病毒的风险更大,这些病毒是由蚊子传播的。撒哈拉以南非洲和东南亚低收入国家的老年人特别容易感染疟疾和登革热等媒介传播的疾病,预计这些疾病将因气候变化而变得更加频繁和严重。① 妇女作为家庭的操持者,容易陷入劳累,生理力量不如男性强壮,更容易被感染患病,若家中有其他人特别是孩子生病,妇女往往还要担负照顾他人和孩子的过重责任,给其造成负担。贫困地区的妇女发病率高,而且因为无钱治病或医疗水平有限,健康承受着更大的损害风险。更多妇女患上呼吸系统疾病,特别是在没有可再生能源的农村地区,妇女使用危险的传统生物质来烹饪食物,导致吸入有毒污染物。② 随着气候压力不断上升,老年人容易受到热浪的影响。气候变化加剧高温水平和极端天气事件,老年人的风险尤其高。人口正在老龄化,预计气候变化导致的高温将对老年人健康造成严重损伤,死亡率和发病率将更高。这是因为老年人体温调节和适应能力较低,对热暴露的生理反应下降。随着年龄的增长,老年人的耐热性降低,口渴机制减弱,无法感知到口渴的需求,察觉不到自身需要补充水分,从而放大脱水风险。③

随着全球气候变化造成的极端天气模式增多,包括降水量增加、暴风雨更加频繁和剧烈,以及积雪和冰川融化,河流洪水的风险也在增加。飓风的影响在沿海地区生活的所有领域都可见,包括农业、饮用水供应和获取、自然资源、健康和卫生设施。受气候变化影响,水和卫生设施受损可

---

① See Sarkar S M, et al., Climate change and aging health in developing countries[J]. Global Challenges, 2023, 7(8): 2200246.

② See Mazorra J, et al. A comprehensive analysis of cooking solutions co-benefits at household level: healthy lives and well-being, gender and climate change[J]. The Science of the Total Environment, 2020, 707: 135992.

③ See ntal H, Bhutani S. Identifying linkages between climate change, urbanisation, and population ageing for understanding vulnerability and risk to older people: A review[J]. Ageing International, 2023, 48(3): 816 - 839.

能导致传染病暴发,这些疾病是通过偶发的气候事件和生态的逐渐变化传播的。世界上很大一部分人口已经无法获得清洁水,而居住在主要水道附近的人们尤其面临水源感染的风险。

与成年人相比,老年人更容易受到气旋的影响。由于老年人拥有较少的资产,依赖年轻家庭成员,缺乏社会意识和培训、获得卫生设施的机会有限等因素,他们处理此类事件的能力有限,在飓风登陆时有较高的脆弱性。① 海平面上升和沿海洪水影响到低洼沿海地区、小岛屿发展中国家和其他小岛屿的人民和基础设施。特别是在北极地区和低洼岛国。低洼的特大三角洲地区的居民也面临特别的风险,近年来,数百万人因水灾而受影响。

空气污染与各种负面健康结果有关,例如呼吸系统疾病和心血管疾病。② 美国国家空气污染—发病率和死亡率影响项目发现,可吸入颗粒物会影响呼吸系统健康,特别是 65 岁以上老年人的肺阻塞性肺病和肺炎。③ 发展中国家车辆排放标准较低,燃煤电厂更常见,大城市的空气污染通常最为严重,且穷人居住在非正规居民区,通常靠近垃圾场,更容易受到影响。④

气候变化也加剧了武装冲突期间的脆弱性和不平等。气候变化和冲突的综合影响对人民,尤其是妇女和女童产生了极为不利的影响。由于常年冲突破坏了既定的系统和进程的稳定,而这些系统和进程本可以为应对气候变化提供重要手段。时任红十字国际委员会主席彼得 · 毛雷尔 2020 年对萨赫勒地区的访问表明,受冲突影响地区的人们经常面临日益

---

① See Malak M A, et al. "We are feeling older than our age": vulnerability and adaptive strategies of aging people to cyclones in coastal Bangladesh[J]. International Journal of Disaster Risk Reduction, 2020, 48: 101595.

② See Sarkar S M, et al. Climate change and aging health in developing countries[J]. Global Challenges, 2023, 7(8): 2200246.

③ See Sanyal S, et al. Long-term effect of outdoor air pollution on mortality and morbidity: A 12 - year follow-up study for metropolitan France[J]. International Journal of Environmental Research and Public Health, 2018, 15(11): 2487.

④ See Desouza P. Air pollution in Kenya: a review[J]. Air Quality, Atmosphere & Health, 2020, 13(12): 1487 - 1495.

严重的洪水和干旱风险。这些自然灾害和气候变化迫使他们离开家园寻找新的生计。因此,气候变化已成为加剧痛苦和脆弱性的因素之一,特别是武装冲突期间的妇女和女童。

2. 气候变化影响的人权体现

联合国人权理事会2009年《关于气候变化与人权的关系问题报告》便指出,气候变化的有关效应会对人权产生一系列的影响,会明显威胁人们的人权实现。2011年联合国人权理事会通过了有关气候变化与人权的第三个决议——第18/22号决议。该决议指出,气候变化是全球问题,需要国际社会通力合作,而气候变化之下的人权保护问题需要加强该领域内国际和国家政策的制定与实施,促进政策的协调一致性和合法性。

气候变化威胁着人类的最大利益和几乎所有实质性权利,包括生命、生存和发展权利以及休息、文化生活、健康、适足生活水准、住房、食物、饮用水和卫生设施、教育、身份和平等等权利,通过多种途径不成比例地影响各个群体的身心健康和发展。随着地球持续变暖,气候变化的影响将进一步加剧。

首先,气候变化影响着人类的生命权和健康权,天气灾害的加剧对各国特别是发展中国家的人民及其生命权的享有造成了破坏性的影响。气候变化引起的热浪、洪水、风暴、火灾和干旱会对人造成患病、受伤甚至死亡的威胁。

其次,气候变化影响着适足生活水准权中水和食物的权利,住房的权利等。气候变化问题会影响低纬度地区的粮食生产能力,严重时会造成饥饿风险和粮食匮乏。由于气候变化,积雪和冰川减少,将对某些主要靠融水获取水资源的特殊群体的水权造成不利影响。

(二)气候脆弱群体遭受的多重歧视

脆弱群体为一个国家内具有特定特征的人口,其比其他人更需要人道主义援助或被排除在金融和社会服务之外。在危机中,这些群体将需要额外的援助,这需要采取额外的措施,作为灾害管理紧急阶段的一部分。

在实践中,脆弱群体的身份经常被同质化,而没有考虑到导致灾害和环境结果不平等的多重特征和持续因素。采用交叉视角意味着超越简单的一维分类来理解权力关系，一维分类往往会造成对同质群体的刻板印象，比如仅仅将群体分为男性和女性。脆弱群体面对着复杂而受压迫的经历，这些经历由社会和权力差异共同决定。气候变化脆弱性是由预先存在的社会结构和关系造成的，这些社会结构和关系受到性别、种族、土著、阶级和年龄等因素的交叉、聚集和放大的影响。①

在2019年，安理会就题为“妇女与和平与安全”的项目举行了两次高级别会议，联合国秘书长明确呼吁迫切需要审查气候变化与性别之间的联系。该报告指出：“气候变化和环境退化的全球威胁可能会加剧本已日益增多的复杂紧急情况，而这些紧急情况对妇女和女童的影响尤为严重。因此，迫切需要更好地分析并立即采取具体行动，从性别角度解决气候变化与冲突之间的联系。”②多米尼加共和国作为联合国安理会主席于2019年1月25日组织了一次公开辩论，讨论气候相关灾害对国际和平与安全的影响。然而，75个成员国中只有5个在解决“气候相关灾害对国际和平与安全”的影响时认识到性别考虑是一个重要问题。③

以儿童群体为例，气候变化引起的问题相互高度关联。女童特别容易受到气候变化的影响，为了减轻气候变化对生计的影响，女童有时可能会被卖掉，被逼接受童婚，被贩卖或被迫劳动，从而对她们的教育、健康、自由和安全造成影响。土著儿童也可能受到减轻气候变化所采取的行动的不利影响，例如与生物燃料生产或水力发电有关的项目，这些项目有时会在未经自由、事先和知情同意的情况下，导致整个土著社区的人民流离失所。残疾儿童可能会遭受社会和经济排斥，无法参与决策过程，难以获

① See Kuran C H A & Morsut C et al. Vulnerability and vulnerable groups from an intersectionality perspective[J]. International Journal of Disaster Risk Reduction, 2020, 50: 101826.

② UN Security Council. Report of the Secretary General: women, peace and security S/2023/725[R/OL]. (2019-10-09)[2021-04-28]. https://reliefweb.int/report/world/report-secretary-general-women-and-peace-and-security-s2023725-enarruzh.

③ See UN Security Council. Report of the Secretary General: women, peace and security S/2023/725[R/OL]. (2019-10-09)[2021-04-28]. https://reliefweb.int/report/world/report-secretary-general-women-and-peace-and-security-s2023725-enarruzh.

得社会服务。在出现紧急情况时,残疾儿童可能更会受到虐待、忽视和被遗弃。由于灾害规划没考虑到残疾问题,因而撤离、应急和救援工作对无障碍的考虑不足,残疾儿童特别容易受到伤害和生病。①

老龄化和气候变化这二者的影响因性别而有所区别。女性往往寿命更长,因此老年女性比老年男性人数更多,而且异性伴侣中的女性往往比自己的伴侣长寿,所以有更多老年女性独居。生理与体力差异,社会规范与角色,以及获得资源和权力方面的性别歧视与不平等都是影响因素,令老年妇女格外易受气候影响。年龄和残疾令问题更加严重。例如,很多老年残疾人住房条件差,因而更加容易受到与气候有关的紧急情况和温度效应的影响。交叉形式的偏见和歧视可能导致老年人,特别是认知障碍者被无视,并被排除在政策回应之外。少数族裔群体面临严重的贫困和歧视,获得人权的机会也较少。老龄化可能加剧这些不平等,从而令这些群体加倍易受气候影响。

残疾人面临基于年龄、性别、性取向、种族、宗教和损伤类型的交叉和复合形式的歧视。交叉性概念承认,属于多个弱势群体的人面临复杂的受压迫经历,这可能导致更大的法律和社会障碍。② 比如,残疾妇女在应对气候变化方面面临着性别不平等模式和规范所带来的额外障碍。③ 残疾儿童特别容易受到气候变化的影响,并且这种影响尤为严重。然而,残疾儿童往往缺乏对自己权利的了解,也不清楚气候变化对他们的影响。在数据收集方面,这一点一直被认为是需要解决和改进的领域之一。这会影响残疾儿童发展其能力的机会。一般而言,儿童往往缺乏充分的机会来表达他们的声音,而残疾儿童则更加受到发声机会的限制。残疾儿

① 参见联合国人权高专办.关于气候变化与充分有效享有儿童权利之间的关系的分析研究报告 A/HRC/35/13[R/OL].(2017－03－02)[2024－06－17].第 3 页. https://documents.un.org/doc/undoc/gen/g17/110/93/pdf/g1711093.pdf.

② See Jodoin S, Ananthamoorthy N & Lofts K. A disability rights approach to climate governance[J]. Ecology LQ,2020,47: 73.

③ See Kett M & Cole E. Supra note 13,at 47－50; UNESCO Inclusive Policy Lab. Disability inclusion in disaster risk reduction: experiences of people with disabilities in Vanuatu during and after Tropical Cyclone Pam and recommendations for humanitarian agencies[R]. 2017: 6.

童的社会经济地位和受教育水平通常较低,这一现象在社会生态模型中得到了论证,而这种差异又会直接影响到个体的行为模式。由于基础疾病、免疫系统较弱以及缺乏专门针对残疾人的服务(如获得药物、保健服务、辅助器具、食物和清洁水),残疾儿童更容易感染水传播疾病。① 这种情况侵犯了残疾人的基本权利,包括健康权、水权、食物权以及受到适当保护和照顾的权利。因此,应当采取措施来减少残疾人面临的歧视和不平等,并提供他们所需的支持和保障,以确保他们能够应对气候变化带来的挑战。多方面的交叉歧视可能导致一些残疾人更多地遭受气候变化的不利影响,从而限制他们的权利。全球变暖可能会限制残疾人获得充足的食物、水、卫生设施、保健、适足住房和体面工作,还可能增加流离失所和移民以及自然灾害风险。②

二、基于人权保护脆弱群体权利的气候应对策略

(一)人权方法的必要性与优点

1. 气候变化影响的自然与社会双重属性

气候变化引起环境污染、空气质量下降、飓风、气温、降水模式改变、海平面上升和极端天气等,大众和媒体的解读往往集中于气候变化的自然性上。气候变化影响不仅具有自然属性,还具有社会属性,它与人们的日常生活有着不可分割亦难以分割的联系。气候变化造成的影响程度与脆弱性紧密相关。脆弱性是指一个人或一个群体的特点及影响他们预测、应付、抵抗和从自然灾害影响中恢复的能力的情况。脆弱性涉及一系列经济与政治因素,这些因素由社会制度和权力决定,而不由自然力量决定。脆弱性决定一个人的生命、生计、财产和其他资产在自然界和社会中受到的危害程度。

---

① See Kosanic A, et al. An inclusive future: disabled populations in the context of climate and environmental change[J]. Current Opinion in Environmental Sustainability, 2022, 55: 101159.

② See OHCHR. 关于在气候变化背景下促进和保护残疾人权利的小组讨论 A/HRC/46/46[R/OL]. (2020-12-22). 第15段. https://documents.un.org/doc/undoc/gen/g20/353/66/pdf/g2035366.pdf.

气候变化造成的影响并非孤立存在,是自然与人类行为的复杂组合。人类无法地获得平等的资源和机会,相对的,遭受的危害也是不平等的。例如,在世界各地,生活在较贫困家庭和社区的儿童最容易受到极端天气事件的影响。全世界有5亿多儿童生活在洪水发生率极高的地区,近1.6亿儿童生活在干旱严重的地区。①

2. 脆弱性与赋权

人不是生来就脆弱的,而是变得脆弱的。气候脆弱性由对气候变化的敏感性和暴露性决定,影响脆弱性关键的变量正是社会阶层(包括财富差异)、职业、种姓、族裔、性别、残疾和健康状况、年龄和移民状况等。因此,儿童、妇女、老年人、残疾人、土著人和少数民族等脆弱群体最容易受到气候变化影响。这些群体在灾害发生前可能已遭受歧视,处于边缘地位。他们对灾害的风险抵御能力和恢复能力皆较弱。

不同的受灾群体具有不同的脆弱性。许多不太明显的政治因素与经济因素都影响着气候变化影响的程度,这些因素涉及分配福利和社会保护中各种形式的歧视。不同的群体生活在不同的社会经济环境之中,贫困和脆弱性往往高度相关,贫穷人士比富裕人士遭受的灾害更多。不利的社会经济迫使他们居住在更危险的地区,比如洪泛平原、火山斜坡和地震带。

赋权的人权方法在应对脆弱性方面具有重要意义,将气候脆弱群体视为能动的主体。在这种方法中,被赋权者被赋予了相当程度的自主权和独立性。赋权是一种参与过程,它涉及将决策的责任和资源控制权交予或转移到脆弱群体手中。如果国家能够制定气候变化适应战略,并将其转化为针对脆弱地区和群体的具体行动,那么将更有效地管理气候变化带来的灾害和风险,尤其是从人权的角度出发。

3. 人权方法的优点

在适应气候变化的背景下采用人权方法有明显的优点。国家对因未

---

① See Colón-González F J, Sewe M O, et al. Projecting the risk of mosquito-borne diseases in a warmer and more populated world: A multi-model, multi-scenario intercomparison modelling study [J]. The Lancet Planetary Health, 2021, 5(7): e404 – e414.

能适应气候变化而导致的侵犯人权行为承担责任，发展中国家将可能优先考虑适应项目。尽管这些国家已经对此类项目进行了优先排序，但根据每个项目对基本人权的影响程度来确定这些项目的优先顺序，可以确保为尽可能多的人提供最好的保护。①

面对有限的适应资金，这种方法可以确定紧急情况下有限资金的优先用途。假如非洲发生了由气候变化引起的饥荒。该地区的政府有足够的资金来暂时养活部分人口，但无法为每个公民提供食物。政府可以利用食物权来确定哪些人群在饥荒期间获得补充粮食供应。②

（二）保护脆弱群体的气候适应性策略

适应可以被视为一个社会过程。适应是以社会观念、价值观、决策结构为基础的。从本质上讲，适应措施受到社会反应和恢复能力的影响，而社会反应和恢复能力又受到文化的调节。适应措施大多是被动的，是人类面对已经存在的气候问题所寻求的自我保护。适应措施无法兼顾所有人的利益，因社区、企业、组织、国家或地区的独特情况而异。在面对气候变化的时候，一个适应措施解决了某一地区的问题的同时，往往又影响另一地区的环境，不存在“一刀切”的解决方案。适应措施的范围广泛，包括但不限于建设防洪设施、建立气旋预警系统、改种抗旱作物、重新设计通信系统、调整企业运营和制定政府政策等。许多国家和社区已经在采取措施方面取得了一定进展，致力于建设具有复原力的社会和经济体系。

《联合国气候变化框架公约》（UNFCCC）通过设立相关机构和工作机制来推动适应措施的实施并增强社会及环境韧性。每年，《联合国气候变化框架公约》缔约方都会召开缔约方会议，以监督《联合国气候变化框架公约》这一与气候变化有关的国际公约的实施情况。在 2021 年该公约

① See Stillings Z L. Human rights and the new reality of climate change: adaptation's limitations in achieving climate justice[J]. Michigan Journal of International Law, 2014, 35(3): 637.

② See Stillings Z L. Human rights and the new reality of climate change: adaptation's limitations in achieving climate justice[J]. Michigan Journal of International Law, 2014, 35(3): 637.

缔约方大会第二十六届会议上启动的“全球适应目标工作方案”为世界指明了提高适应能力、强化韧性和减少与气候变化相关的脆弱性的路径。该公约进程内的适应工作由来已久。

最不发达国家专家组(LEG)成立于2001年,其当前任务是就制定国家适应行动方案的进程向最不发达国家提供技术指导和加速支持。国家适应行动方案已有47个国家提交,每个国家适应行动方案都列出了最不发达国家的适应需求,并提出了帮助最不发达国家适应气候变化的不同项目。每一项国家适应行动方案都表明,最不发达国家充分意识到气候变化对其人口的潜在威胁。①

《联合国气候变化框架公约》适应委员会成立于2010年,是“坎昆适应框架”的一部分,是适应问题的全球代言人,致力于通过提供专家指导、加强外联和支持《巴黎协定》的执行,促进在《联合国气候变化框架公约》下以一致的方式实施强化的适应行动。2018年以来,促进工作组(FWG)推动了当地社区和土著人民平台(LCIPP)的运行,促进了与知识、参与能力以及气候变化政策和行动有关的三项职能的实施。

《联合国气候变化框架公约》适应委员会的活动包括:向缔约方提供技术支持和指导;分享相关信息、知识、经验和良好做法;促进协同作用,加强与国家、区域和国际组织、中心及网络的接触;借鉴良好的适应做法,提供信息和建议,供缔约方会议在就激励执行适应行动的手段,包括资金、技术和能力建设提供指导意见时审议;审议缔约方通报的关于测量和审查适应行动、提供和接受的支持的信息。《联合国气候变化框架公约》适应委员会的大部分工作是协作性的,例如该委员会的国家适应行动方案工作组是该委员会内的一个专门小组,负责持续研究与国家适应行动方案有关的事宜。

我国2007年制定实施了《中国应对气候变化国家方案》,提出减缓与适应并重的应对气候变化原则。2013年发布的《国家适应气候变化战

① See Stillings Z L. Human rights and the new reality of climate change: adaptation's limitations in achieving climate justice[J]. Michigan Journal of International Law,2014,35(3):637.

略》与2022年的《国家适应气候变化战略2035》为气候变化适应提供了战略性指导。2016年发布的《城市适应气候变化行动方案》是城市气候变化适应的切入点。

为帮助人们适应气候变化国际上已有诸多努力。《联合国气候变化框架公约》下的全球适应基金便是其中之一。该基金为发展中国家的创新性倡议提供资金,支持着许多国家的气候适应行动项目。在2015年以来启动的203个项目中,53%位于最不发达国家,14%位于小岛屿发展中国家。[①] 气候变化的许多解决方案蕴藏于大自然中,包括基于自然的适应解决方案。基于自然的适应解决方案被定义为"保护、可持续地管理和恢复自然的行动以及通过改造生态系统有效地、适应地应对社会挑战,同时提升人类福祉并为生物多样性带来好处"[②]。它们通常用于解决四种主要类型的气候相关危害:沿海灾害、强降水、干旱、高温。[③] 例如,吉布提的社区通过建造防洪墙来维护自身安全,恢复红树林,以防止海平面上升,为人们提供粮食,并为动植物提供庇护。然而,由于适应往往具有高度的环境特异性,基于自然的适应解决方案个体在处理不同严重程度或不同地点的危险方面的有效性可能存在一些不确定性。[④]

考虑到气候变化的规模以及其对各个方面生活的影响,政府有责任发挥主要协调作用,采取更广泛的行动,将经济和社会视为一个整体。这包括采取建造或改造道路和桥梁等措施,以应对更高的温度和更强的风暴。一些沿海城市可能需要建立综合系统,以防止街道和地下交通被淹没。山区地区可能需要探索限制山体滑坡和冰川融化溢出的方法。

个人方面,不同的脆弱群体都可以采取一些简单措施。例如,在居所

---

① 参见联合国. 2020适应差距报告[R/OL]. (2020-06-30)[2024-06-17]. 第36页. https://www.unep.org/zh-hans/resources/2020shiyingchajubaogao.

② 联合国. 2020适应差距报告[R/OL]. (2020-06-30)[2024-06-17]. 第45页. https://www.unep.org/zh-hans/resources/2020shiyingchajubaogao.

③ 参见联合国. 2020适应差距报告[R/OL]. (2020-06-30)[2024-06-17]. 第46页. https://www.unep.org/zh-hans/resources/2020shiyingchajubaogao.

④ 参见联合国. 2020适应差距报告[R/OL]. (2020-06-30)[2024-06-17]. 第46页. https://www.unep.org/zh-hans/resources/2020shiyingchajubaogao.

周围种植或保护树木，以保持较低的室内温度；清理灌木来减少火灾发生的风险。脆弱群体需要意识到自己身处在怎样的自然灾害可能性之中，以及灾害发生后可以利用的资源，并能够提前为灾害的到来做相应的准备。

第二节　气候变化对儿童权利的影响及应对

一、气候变化下的儿童权利内容

（一）儿童生命健康权

1. 儿童的生理健康

儿童健康权容易在气候变化下受到侵害的原因诸多，其拥有独特的行为模式，器官系统和生理机能正在发育，单位体重暴露于空气、食物和水污染物的程度更高，并对照顾者高度依赖。截至 2020 年，气候变化造成的疾病负担中 88% 以上发生在 5 岁以下的儿童中。①

（1）极端天气和自然灾害

超过 5 亿儿童生活在洪水发生率相当或极高地带，约 1.15 亿儿童生活在热带旋风发生率高或极高地区。② 约 1.6 亿儿童被确定为生活在高度或极度干旱地区。③ 长期受到频繁洪灾影响的儿童面临受伤和溺水的危险。许多儿童缺乏足够的体力，无法在水流湍急时站稳脚跟。山洪常常以惊人的速度爆发，儿童及其家人几乎没有时间做好准备和应对。山洪还可能破坏重要的基础设施，比如学校和保健中心。④ 这些影响都对

① See Sanson A V & Burke S E L. Climate change and children: an issue of intergenerational justice[A]. In: Children and peace: from research to action. 2020: 343 – 362.

② See Unicef. Unless we act now: The impact of climate change on children[J]. 2015:9.

③ See Unicef. Unless we act now: The impact of climate change on children[J]. 2015:9.

④ See Florida Division of Emergency Management. First lady Casey DeSantis announces Florida's first disaster recovery mental health coordinator has been hired and will be deployed to northwest Florida [EB/OL]. [2024 – 6 – 17]. https://www.floridadisaster.org/news-media/news/20191016-first-lady-casey-desantis-announces-floridas-first-disaster-recovery-mental-health-coordinator-has-been-hired-and-will-be-deployed-to-northwest-florida/.

儿童的健康权造成损害。

在极端高温中幼儿死亡危险过高。儿童与青少年可能具有和成人相当的体温调节能力，但需要更长的时间才能适应高温。婴儿与65岁以上的成年人一直被认为是与高温相关的死亡风险最高的人群。① 婴幼儿由于无法或缺乏调节体温和控制周围环境的能力，更容易死亡或中暑。暴露在异常或长时间的高温和潮湿环境中而得不到缓解或无法补充足够的水分，会引发各种类型的热相关疾病。其他可能使儿童特别易受伤害的风险因素包括他们是否有足够的住所、衣服和水。因此，为社区提供教育和资源以保护儿童免受极端高温的影响至关重要。② 儿童的学习能力也会受到高温的影响。③ 在哥斯达黎加的一项研究中，小学教室温度从30℃降低到25℃，学生的语言和逻辑思维的表现显著提高。④ 对于生活在城市中的儿童而言，城市热岛效应额外加剧了高温对儿童健康的不利影响。不同程度的树木覆盖和建筑密度可导致单个城市地区的气温相差高达10℃，这种差异与历史上种族主义的住房政策有关。⑤

飓风摧毁家园、社区、工作场所和财产，给儿童健康和福利带来风险。譬如，当净水系统出现故障时，社区往往会接到命令要求烧开水或使用瓶装水；对于低收入家庭来说，遵守这些命令可能很困难，进而影响低收入家庭中儿童获取干净的水资源。这些损失给最贫困的家庭造成了巨大的经济压力，并可能危及弱势儿童的医疗保健、食品安全和住房稳定。风暴造成的损失和流离失所使佛罗里达潘汉德尔地区的4000名儿童失学，许

---

① See Xu Z & Etzel R A et al. Impact of ambient temperature on children's health: a systematic review[J]. Environmental Research, 2012, 117: 120-131.

② See UNICEF. The climate crisis is a child rights crisis[EB/OL]. [2024-6-17]. https://www.unicef.org/media/105531/file/UNICEF_climatecrisis_child_rights_crisis-summary.pdf.

③ See Wyon D P, Andersen I & Lundqvist G R. The effects of moderate heat stress on mental performance[J]. Scandinavian Journal of Work, Environment & Health, 1979, 5(4): 352-361.

④ See Porras-Salazar J A & Wyon D P et al. Reducing classroom temperature in a tropical climate improved the thermal comfort and the performance of elementary school pupils[J]. Indoor Air, 2018, 28(6): 892-904.

⑤ See Rees N. The Climate Crisis Is a Child Rights Crisis: Introducing the Children's Climate Risk Index[J]. UNICEF, 2021.

多家庭流离失所,没有永久住址。[①] 飓风事件后,儿童出生后面临重大疾病的风险增加,对此已有相关证据支持。[②] 这些影响凸显了儿童及其母亲在灾难事件后面临的健康风险。

(2)空气污染

空气污染不是气候变化引起的,但某些形式的空气污染会导致气候变化。此外,气候变化可能会加剧某些形式的空气污染,例如,加剧臭氧等污染物的毒性,臭氧会引起儿童哮喘的发作和/或加重。热浪和干旱引起野火的风险增加,这就会影响空气质量和儿童呼吸器官,温度升高也会引起空气传播的过敏原释放,可能加剧哮喘和呼吸系统过敏疾病。因此,空气污染和气候变化导引起一种恶性循环,对儿童造成的影响尤为严重,由于儿童呼吸频率较高,儿童较易感染呼吸道疾病和因空气污染而受到感染。[③]

儿童特别容易受到空气污染的影响,因为他们的肺部正在发育,呼吸道较小,呼吸频率增加,而且通常在户外活动的时间与成人相比较长。儿童的呼吸速度是成人的2倍,每单位体重吸入的空气更多。[④] 儿童的肺部和免疫系统仍处于发育阶段,因此特别容易受到空气污染的影响,而且他们的呼吸道比成人的小,因此感染后比成人更容易造成堵塞。全球约90%的儿童每天呼吸着有毒的空气,而空气污染与肺炎等对儿童健康损害最高的疾病紧密相关。环境空气污染暴露是全球疾病负担的主要因素,与儿童的多种疾病有关,包括哮喘、癌症和神经发育障碍,在世界许多

---

① See Florida Division of Emergency Management. First lady Casey DeSantis announces Florida's first disaster recovery mental health coordinator has been hired and will be deployed to northwest Florida[EB/OL].[2024 - 06 - 27] https://www.floridadisaster.org/news-media/news/20191016-first-lady-casey-desantis-announces-floridas-first-disaster-recovery-mental-health-coordinator-has-been-hired-and-will-be-deployed-to-northwest-florida/.

② See Berberian A G, et al. Racial disparities in climate change-related health effects in the United States[J]. Current Environmental Health Reports, 2022, 9: 451 - 464.

③ 参见联合国人权高专办. 关于气候变化与充分有效享有儿童权利之间的关系的分析研究报告 A/HRC/35/13[R/OL]. (2017 - 03 - 02)[2024 - 06 - 17]. 第3页. https://documents.un.org/doc/undoc/gen/g17/110/93/pdf/g1711093.pdf.

④ See Guarnieri M & Balmes J R. Outdoor air pollution and asthma[J]. The Lancet, 2014, 383(9928): 1581 - 1592.

地区，儿童哮喘和过敏的疾病负担呈上升趋势。① 儿童的患病率存在显著的种族差异，黑人和美洲印第安人/阿拉斯加原住民儿童的哮喘患病率较高。接触高浓度的花粉是儿童哮喘恶化和住院的重要触发因素。② 空气污染会导致发病，并与哮喘、支气管炎和其他呼吸道感染和疾病有关，这些疾病会使人衰弱，迫使儿童缺课，甚至对他们的身心健康造成长期损害。

(3)媒介传播的疾病与传染病

儿童比成年人更容易感染许多媒传疾病和传染病。水传播疾病通常在与气候变化相关的洪水和风暴之后开始蔓延，特别是在水和卫生设施受损的情况下。卫生条件差和饮用受污染水促使腹泻和霍乱等疾病的发病率增加。

截至2021年，有6亿儿童经常接触媒介传播的疾病，随着有利于蚊子生长的气候条件的扩大，这一数字还会增加。③ 气候变化也可能延长媒传疾病发病的季节，扩大发病的地域范围，对温度、湿度和降水变化敏感的昆虫会传播疾病。据儿童基金会报告，预计疟疾将蔓延至热带高地地区，这些地区人口的医疗和免疫反应能力可能难以应付疟疾。生活在卫生设施低于标准的地区的婴儿和贫困的年轻儿童面临的风险特别大。2015年，约有30万未满5岁的儿童因疟疾死亡；亡者大多数住在非洲大陆。影响儿童的其他疾病的暴发，如登革热、脑膜炎、水痘、病毒性肝炎、利什曼病和百日咳等均与气候变化有关。④

2. 儿童的精神健康

除生理健康外，气候变化对儿童心理健康的影响也不容忽视。《儿童

---

① See Rees N. The Climate Crisis Is a Child Rights Crisis: Introducing the Children's Climate Risk Index[J]. UNICEF,2021.

② See Shrestha S K & Katelaris C et al. High ambient levels of grass, weed and other pollen are associated with asthma admissions in children and adolescents: A large 5-year case-crossover study[J]. Clinical & Experimental Allergy,2018,48(11):1421－1428.

③ See Colón-González F J & Sewe M O et al. Projecting the risk of mosquito-borne diseases in a warmer and more populated world: A multi-model, multi-scenario intercomparison modelling study[J]. The Lancet Planetary Health,2021,5(7):404－414.

④ 参见联合国人权高专办.关于气候变化与充分有效享有儿童权利之间的关系的分析研究报告 A/HRC/35/13[R/OL].(2017－03－02)[2024－06－17].第6页. https://documents.un.org/doc/undoc/gen/g17/110/93/pdf/g1711093.pdf.

权利公约》第27条第1款规定："缔约国确认每个儿童均有权享有足以促进生理、心理、精神、道德和社会发展的生活水平。"良好的心理健康可以被理解为一种动态的适应能力，包括在面对生活正常起伏时调节情绪和精神状态的能力。

气候变化是国家内部和国家之间现有儿童心理健康不平等的关键因素，弱势群体包括存在心理健康困难的儿童、生活在社会和健康不平等严重的农村和社会孤立社区的儿童、直接依赖土地生存的儿童（如农业社区、土著居民）以及生活在脆弱地区（如易发生洪水、干旱和火灾等）的儿童，特别是生活在缺乏资源有效应对气候变化威胁和影响的低收入和中等收入国家的儿童。与气候变化的生存威胁相关的心理困扰（如担忧、焦虑和抑郁）也亟待解决。①

相对成年时期而言，童年是发育极其脆弱的时期，大多数精神疾病都在这个时期首次出现。② 儿童在意识到气候变化后会经历情感反应和生态焦虑。心理健康结果包括抑郁、焦虑和悲伤、愤怒和恐惧等极端情绪。来自土著社区等弱势社区的青年或与土地有密切联系的青年往往被认为在情感上易受到气候变化的影响。③

国际样本数据显示，儿童与青少年对气候变化的忧虑随对其认知程度的加深而加深。④ 气候变化对儿童的影响因发育阶段而异，婴儿期与青春期的差异很大。幼年时期的儿童不适应气候变化的发展轨迹会积累负面的生活事件，影响后续生长阶段的发展，例如学业成绩低下。童年中期除了产前或儿童早期存在的压力源可能会延续之外，还存在因社会心理独立性的增强而产生的新风险，儿童对气候变化及其预期影响的担忧

---

① See Climate Change and Children's Mental Health: A Developmental Perspective, https://doi.org/10.1177/21677026211040787, 2021.

② See Solmi M & Radua J et al. Age at onset of mental disorders worldwide: large-scale meta-analysis of 192 epidemiological studies[J]. Molecular psychiatry, 2022, 27(1): 281 – 295.

③ See Léger-Goodes T & Malboeuf-Hurtubise C et al. Eco-anxiety in children: A scoping review of the mental health impacts of the awareness of climate change[J]. Frontiers in Psychology, 2022, 13: 872544.

④ See Lee K & Gjersoe N et al. Youth perceptions of climate change: A narrative synthesis [J]. Wiley Interdisciplinary Reviews: Climate Change, 2020, 11(3): e641.

可能会增加。

(二)儿童的食物、水和环境安全

获得食物和清洁水是儿童健康的先决条件。粮食不安全对儿童的健康构成严重威胁,维生素和脂肪酸在内的营养素对于大脑的健康发育和新陈代谢是非常必要的。[①] 但受到气候变化影响,儿童往往很难获取其需要的营养素。

截至2021年,每年有3.3亿儿童经常遭受洪涝灾害,同时有超过50万儿童死于腹泻,随着冰川融化和降水增加,这一数字还会上升。另有2.4亿儿童面临沿海洪水的威胁。[②] 当灾害袭击最没有能力防备或恢复的家庭时,儿童可能承受最大的负担,因为家庭会减少医疗保健支出,并让孩子退学,使贫困代代相传,损害着儿童受教育权、发展权、生存权的实现。

气候变化已经对水供应和粮食供应产生了影响,并对贫困社区的儿童造成了严重后果。随着气候变化,降水格局发生变化、海平面上升和蒸发量增加,这种情况将导致大多数干旱亚热带地区的地表和地下水资源减少。根据第三工作组在2014年的评估报告,预计干旱灾害将加剧,个人用水会减少,农业和经济活动的水资源也会减少。此外,海洋酸化和水温日益上升也进一步威胁着许多沿海社区赖以生存的渔业。[③]

粮食安全被破坏后,儿童会被要求帮助生产粮食或进行相关工作以提供额外的收入来源,这在某些情况下可能会导致对儿童的经济剥削。截至2019年,全球5岁以下儿童死亡中至少有1/3是由营养不良造成的。据估计,到2030年,气候变化引起的营养不良每年可能会导致另外的95,000名5岁以下的儿童死亡。同时,慢性营养不良导致发育迟缓,

① See Prado E L & Dewey K G. Nutrition and brain development in early life[J]. Nutrition reviews,2014,72(4):267-284.

② See Colón-González F J & Sewe M O et al. Projecting the risk of mosquito-borne diseases in a warmer and more populated world: A multi-model,multi-scenario intercomparison modelling study[J]. The Lancet Planetary Health,2021,5(7):e404-e414.

③ See Climate change 2014: mitigation of climate change[M]. Cambridge University Press,2015:232.

已经影响到全世界1.5亿儿童,限制了他们的学习潜力,并对未来的就业机会产生负面影响。① 与成人相比,儿童每单位体重需要消耗更多的食物和水。粮食与水资源的匮乏会对儿童产生直接及终身影响。水资源缺乏还会增加一系列疾病的发病率,缺乏饮用淡水和清洁用水会增加儿童罹患霍乱、伤寒、急性呼吸道感染和麻疹等疾病的风险。② 这影响着儿童获得食物与水的权利,继而影响其生命权等基本人权的实现。

(三)儿童的适当住房权

受到气候变化影响的儿童无法获得稳定的住所,更加频繁、不可预测和强烈的极端天气事件摧毁家园、生计和重要的基础设施,同时对儿童造成心理困扰。流离失所不仅会造成家庭和生活空间的丧失,还会导致儿童社会关系破裂、社区支持减弱和日常生活的混乱,进而加重其社会和心理适应的难题。③ 在英格兰,经历过洪灾的儿童因临时撤离家园而遭受了多方面的损失,包括家庭、同伴和社区网络。其整个日常生活被破坏,受灾儿童经历了痛苦、焦虑和对社会反应的失望。④ 当儿童的日常生活和安全区域被打乱,他们很容易遭受身体暴力和性暴力,面临被招募加入武装团体、早婚、贩运和童工等危险。⑤

(四)儿童的受教育权

儿童容易受到环境的影响,恶劣的气候变化事件可能会破坏儿童的社会支持网络,比如热浪与较高的环境温度会损害儿童的睡眠质量。⑥

---

① See Swinburn B A & Kraak V I et al. The global syndemic of obesity, undernutrition, and climate change: the Lancet Commission report[J]. The lancet, 2019, 393(10173): 791 - 846.

② See Rees N. The Climate Crisis Is a Child Rights Crisis: Introducing the Children's Climate Risk Index[J]. UNICEF, 2021.

③ See Mort M & Walker M et al. Displacement: critical insights from flood-affected children [J]. Health & Place, 2018, 52: 148 - 154.

④ See Walker M & Whittle R et al. "It came up to here": learning from children's flood narratives[M] Children and Young People as Knowledge Producers. Routledge, 2020: 5 - 20.

⑤ See Sanson A V & Burke S E L. Climate change and children: An issue of intergenerational justice[J]. Children and peace: From research to action, 2020: 343 - 362.

⑥ See Minor K & Bjerre-Nielsen A et al. Ambient heat and human sleep[J]. arXiv preprint arXiv: 2011.07161, 2020.

这种不利的环境条件可能会干扰他们的学习,使他们在认知测试中表现不佳,①进而影响他们的学习质量,影响学业成绩和未来发展。②

尤其是生活在低收入家庭和社区、缺乏接受高质量教育的机会、遭受种族主义和其他形式的不公正歧视的儿童,他们遭受气候变化危害的风险更大。最脆弱的地区是热带和亚热带边缘地区,这些地区的卫生和社会保障系统资源不足,往往会加剧传染病暴发的风险。③

这些影响不仅会直接影响儿童的心理健康,还会影响他们的受教育权的实现,因为他们可能会面临学习困难、适应问题以及学业成绩下降等挑战。因此,保障青少年的健康和教育权利对于他们的全面发展至关重要。

早期的适应和预防工作将对儿童的长期心理健康和福祉产生比青春期或成年期更大的影响。如果对生态焦虑的定义过于狭隘,可能会导致生态焦虑病态化,而人们可以积极利用生态焦虑引发的情绪,将其作为采取行动和学习适应性应对策略的动力。④ 这意味着可以在学校环境中制定有针对性的应对策略,实施气候教育和具体计划,同时支持儿童和青少年的心理健康发展,如在小学开始时引入气候教育,包括每个年级可采取的行动,并纳入接触大自然的内容;学校项目应探索整合户外元素的好处,以增强儿童和青少年与大自然的联系。⑤ 建议当权者承认自己在气

---

① See Park R J. Hot temperature and high-stakes performance [J]. Journal of Human Resources,2022,57(2):400 - 434.

② See Park R J, Behrer A P & Goodman J. Learning is inhibited by heat exposure, both internationally and within the United States[J]. Nature human behaviour,2021,5(1):19 - 27.

③ See Colón-González F J & Sewe M O et al. Projecting the risk of mosquito-borne diseases in a warmer and more populated world: A multi-model, multi-scenario intercomparison modelling study [J]. The Lancet Planetary Health,2021,5(7):e404 - e414.

④ See Masson-Delmotte et al. Climate Change 2021: The Physical Science Basis. Contribution of Working Group I to the Sixth Assessment Report of the Intergovernmental Panel on Climate Change[EB/OL]. [2024 - 6 - 17] Cambridge University Press. https://www.ipcc.ch/report/ar6/wg1/downloads/report/IPCC.AR6_WGI_SPM.pdf.

⑤ See Malboeuf-Hurtubis et al. Impact d'une intervention axée sur les thèmes de l'environnement et de la crise climatique, combinant l'art thérapie, la philosophie pour enfants et la psychologie positive sur la santé mentale d'élèves du primaire (Knowledge Grant) [R]. Social Sciences and Humanities Research Council of Canada,2022.

候危机中的责任,减轻年轻人和儿童肩上缓解气候变化的责任负担,并向他们表明政府正在采取更大的行动,有可能减少这一代人感受到的痛苦。①

二、儿童权利保护的策略

(一)人权机制

在可持续发展目标时代,国家需要对儿童福祉有一个一致的国家愿景,这是确保国家机关的体制框架和协调机制保持一致的必要前提。《儿童权利公约》已经提出了这样的框架,该公约于1989年开放供签署,除美国外,所有联合国成员均已批准。然而,旨在协调和实施政府各部门政策的所谓"联合治理"必须从当地实际情况出发,以确保政府各部门之间、国家决策中心与社会和政治最孤立地区之间的沟通,并确保公民(包括儿童)参与政府决策的程序。与可持续发展目标一样,改善儿童健康和福祉的战略如果不能真正做到多部门参与,就不可能取得成功。家庭、工作场所和学习场所都为整合和提供各类服务创造了重要契机,但实现这一目标需要在强有力和重点突出的领导推动下对治理进行重大变革。②

儿童权利委员会确认了以儿童权利为基础的方针的四项一般原则:不歧视、以儿童的最大利益为首要考虑,儿童的生命权,儿童的存活和发展权,以及尊重儿童表达自己的观点的权利。以儿童权利为基础的气候变化方针应考虑到以下因素。

(1)制定气候政策和方案时,应考虑到儿童面临的特殊风险、独特的发育需要,确定他们的最大利益,按照他们不断发展的能力,纳入其意见,保护其人权。

---

① See Hickman C & Marks E et al. Climate anxiety in children and young people and their beliefs about government responses to climate change: A global survey[J]. The Lancet Planetary Health,2021,5(12): e863 – e873.

② See Clark H & Coll-Seck A M et al. A future for the world's children? A WHO-UNICEF-Lancet Commission[J]. The Lancet,2020,395(10224): 605 – 658.

(2)必须确保儿童参与相关的决策过程,包括参与与气候适应和缓解政策有关的决策过程。

(3)必须澄清国家和私人行为者等义务承担者的义务和责任。

(4)源自国际人权法,特别是《世界人权宣言》和核心世界人权条约的原则和标准应指导所有政策和方案。①

国家人权机构、人权条约机构以及联合国人权理事会的特别程序和普遍定期审议都可以在保护儿童权利免受气候变化影响方面发挥作用。例如,消除对妇女歧视委员会目前就变化气候中与减少灾害风险有关的性别方面起草一项一般性建议,而儿童权利委员会曾多次发表载有关于气候变化的意见和建议的结论性意见。2015 年,英联邦国家人权机构论坛发布了《圣朱利安气候正义宣言》,其中人权机构承诺推行"促进气候行动中的平等和不歧视原则,包括儿童权利"。与享有安全、清洁、卫生和可持续环境有关的人权义务问题特别报告员 2017 年提交的报告以儿童为重点,报告员和其他特别程序任务负责人在他们的报告中将重点关注气候变化对人权的影响。最后,联合国人权理事会在普遍定期审议的范围内已经多次发出有关气候变化及其对儿童权利的影响的具体建议。②

《儿童权利公约》第 3 条第 3 款规定:"缔约国应确保负责照料或保护儿童的机构、服务部门及设施符合主管当局规定的标准,尤其是安全、卫生、工作人员数目和资格以及有效监督等方面的标准。"在孕期、婴儿期,卫生部门最有可能限制有害影响,这可以通过在产前检查期间告知具体的气候风险,或确保医疗保健设施设备齐全、拥有有效的供应链和有效的护理来应对气温升高、降水增加以及极端天气事件频率和强度的增加。在许多情况下,这些可能会导致儿童的教育和发展机会不佳。当孩子长大后,教育部门和学校能够适应这些变化,尽管环境发生了变化,但仍允

---

① 参见联合国.关于执行《儿童权利公约》的一般措施的第 5 号一般性意见 CRC/GC/2003/5[R/OL].(2003-05-08)[2024-06-17].第 4 页. https://documents.un.org/doc/undoc/gen/g03/600/31/pdf/g0360031.pdf?token=7vlijUpkoB14nD1dIw&fe=true.

② 参见联合国人权高专办.关于气候变化与充分有效享有儿童权利之间的关系的分析研究报告 A/HRC/35/13[R/OL].(2017-03-02)[2024-06-17].第 3 页. https://documents.un.org/doc/undoc/gen/g17/035/13/pdf/g1703513.pdf?token=7vlijUpkoB14nD1dIw&fe=true.

许玩耍和总体有利的建筑环境变得很重要。[①]

（二）气候适应性措施

联合国儿童基金会于2021年推出了儿童气候风险指数(CCRI)。该指数是一个综合指数,用于监测儿童的脆弱性(健康、营养、教育、水和卫生设施、贫困和其他社会资产)以及气候变化驱动因素的风险;[②]内容关于儿童健康和环境冲击,包括水资源短缺、河流洪水、沿海洪水、热带气旋、媒介传播的疾病、热浪、空气污染、固体废物污染和水污染。该指数显示,有10亿儿童,即世界上所有儿童的近一半,面临气候变化影响的"极高风险"。这些影响分布不均,并且预计会随着时间的推移而发生变化,贫富地区和人口之间的差距不断扩大。

越南政府通过了《2012—2020年国家应对气候变化战略》和《2020年前国家预防、应对和缓解自然灾害战略》。这两项战略都强调减少气候变化对儿童不利影响的重要性,为各省制定各自的规划提供了框架。这些规划包括各阶段儿童照料与保护的综合措施,以预防为主。同时,越南也开始重视气候变化的宣传,以期制定2017～2021年以儿童为本的减少灾害风险方案。[③]

1. 增强儿童对气候变化的参与度

联合国教育、科学及文化组织通过促进可持续发展的气候变化方案,一直与各国政府,特别是非洲和小岛屿发展中国家政府合作,通过创新方法将气候变化纳入国家课程。在意大利,环境部和教育部之间的合作导致启动适用环境教育新准则。课外项目还可以促进儿童的积极行动和参与气候变化政策。在赞比亚,联合国儿童基金会赞助了Unite4Climate项目。这是一个以儿童为主导的倡导计划,使11～17岁的年轻人担任气候

① See Daniel Helldén et al. Climate change adaptation across the life-course-from pregnancy to adolescence-it's time to advance the field of climate change and child health, Environmental Research: Health, Vol 1 Number2, (2023). 10. 1088/2752－5309/acc2dd.

② See UNICEF 2021 Introducing the children's climate risk index.

③ 参见UN,关于气候变化与充分有效享有儿童权利之间的关系的分析研究报告,A/HRC/35/13(2017)。

大使和社区变革推动者以及全球气候谈判的代理人。①

2. 减少灾害风险

在减少灾害风险、可持续发展和气候变化行动中纳入儿童最大利益的原则是保护儿童在不断变化的气候中享有权利的关键。在菲律宾，2016 年《儿童紧急救济和保护法》规定了在紧急情况下保护和教育儿童的具体措施，确保他们参与相关决策过程并收集更好的数据。② 印度尼西亚通过试点以儿童为中心的气候风险评估方法，将“爱幼城”倡议与气候变化和减少灾害风险目标挂钩。《2015—2030 年仙台减少灾害风险框架》和可持续发展目标也强调，迫切需要在气候变化条件下保护儿童及其权利。然而，这些话语必须转化为行动，需要深入评估气候变化对儿童权利的影响，以更好地指导行动。③

与儿童有关的气候适应策略包括通过密切监测作物产量和增加作物多样性、向家庭提供现金转移计划以及支持当地农业市场，应对农业产量下降和随之而来的营养不良风险。此外，也包括通过控制和调节室内温度来减少室内空气污染。④

更一般的适应干预措施包括早期预警系统，以提供警告，以促进社区和社会适应热浪和其他极端天气条件（可能针对婴儿等弱势群体）。社区工作人员向儿童教授气候变化知识。一个例子是越南农村的节能节水运动。社区工作人员向儿童传授可在家中使用的简单资源节约技巧，如关闭电器或确保水龙头完全关闭。孩子们能够向父母宣传环境问题，潜在地也为他们的家庭提供了省钱方法。加强社会保护体系，特别是从性

---

① 参见联合国人权高专办：《关于气候变化与充分有效享有儿童权利之间的关系的分析研究报告》（A/HRC/35/13[R/OL]），（2017－03－02）[2024－06－17]，第 13 页，https://documents.un.org/doc/undoc/gen/g17/035/13/pdf/g1703513.pdf? token＝7vlijUpkoB14nD1dIw&fe＝true。

② 参见联合国人权高专办：《关于气候变化与充分有效享有儿童权利之间的关系的分析研究报告》（A/HRC/35/13[R/OL]），（2017－03－02）[2024－06－17]，第 13 页，https://documents.un.org/doc/undoc/gen/g17/035/13/pdf/g1703513.pdf? token＝7vlijUpkoB14nD1dIw&fe＝true。

③ 参见联合国人权高专办：《关于气候变化与充分有效享有儿童权利之间的关系的分析研究报告》（A/HRC/35/13[R/OL]），（2017－03－02）[2024－06－17]，第 13 页，https://documents.un.org/doc/undoc/gen/g17/035/13/pdf/g1703513.pdf? token＝7vlijUpkoB14nD1dIw&fe＝true。

④ See Clark H, Coll-Seck A M, Banerjee A, et al. A future for the world's children? A WHO-UNICEF-Lancet Commission[J]. The Lancet, 2020, 395(10224): 605－658.

别和公平角度考虑。这些干预措施现实化的基础是强调社区一级实施干预措施的能力，并让多个部门参与以增强干预措施的影响和可持续性。重点关注社区、区域和国家层面的供水基础设施、适当的环境卫生和个人卫生。一些适应机制包括避免干旱期间缺水以及通过提高水质来减少传染病的传播。①

在气候变化如何影响孕妇和婴儿的健康和福祉方面，尤其是在国家和次国家层面还存在知识鸿沟。除了高温预警系统和其他形式的热适应，以及针对营养不良或腹泻病的更一般的适应措施外，几乎没有考虑到孕妇和婴儿的独特脆弱性和需求的气候变化适应措施。重要的是，在试点适应干预措施时，这些措施应适应当地情况并考虑实施的障碍。母亲在怀孕前和怀孕期间的护理和营养有助于孩子一生的健康成长和发展。怀孕的妇女在产前与早期受到气候冲击，可能会导致产下的儿童出生体重及身高低于标准，影响儿童健康权的实现。②

考虑到个人、社会、环境、时间和代际因素的相互依赖性，应针对儿童不同发展阶段的具体脆弱性和需求来定制适应气候变化的措施。在儿童整个发展过程中，不同的行为者和社会部门在保护和促进儿童权利的方面也具有不同程度的影响。

三、关于气候适应与儿童权利的案例

儿童在有关气候变化保护的政治进程中的发言权较少，因此更有可能向法院寻求维权。虽然后代在国际法中的法律地位不明确，但国内发展突出说明了其利益通过气候变化政策和诉讼可以获得保护的方式。一些国家宪法在其关于环境权利的规定中已经提到了后代。例如，《多民族玻利维亚国宪法》第 33 条规定了享有健康的、受保护和平衡的环境的权利，以便今世后代不论个人或集体均能够获得发展。

---

① See Clark H & Coll-Seck A M et al. A future for the world's children? A WHO-UNICEF-Lancet Commission[J]. The Lancet, 2020, 395(10224): 605－658.

② See Rees N. The Climate Crisis Is a Child Rights Crisis: Introducing the Children's Climate Risk Index[J]. UNICEF, 2021.

在未来世代诉环境部及其他案(Future Generations v. Ministry of the Environment and Others)中,25 名年龄在 7 ~ 26 岁的儿童、青少年和青年组成的群体起诉了哥伦比亚政府、哥伦比亚市政当局和一些公司内的几个机构,声称影响了他们的健康环境、生命、健康、食物和水的权利。原告声称气候变化以及政府未能减少森林砍伐并确保到 2020 年实现哥伦比亚亚马逊地区森林零净砍伐的目标(根据《巴黎协定》和 2014 ~ 2018 年国家发展计划达成的协议),威胁原告的基本权利。青年原告提出了一项特殊的宪法要求,称为"tutela",用于执行基本权利。下级法院对原告作出了不利判决。2018 年 2 月 16 日原告上诉。2018 年 5 月 4 日,最高法院推翻下级法院判决,承认"生命、健康、最低限度生存、自由和人类尊严的基本权利与环境和生态系统有实质性联系和决定关系"。最高法院宣布哥伦比亚亚马逊地区因此有权得到保护、保存、维护和修复。法院命令政府制定和实施行动计划,以解决亚马逊地区的森林砍伐问题。

全球不同地区儿童气候变化适应存在差异,权利的实现途径也存在差异。以非洲大陆为例,其保护儿童权利的法律基础为《非洲儿童权利和福利宪章》(以下简称《儿童宪章》)。该宪章不仅规定一系列权利,还规定了每项影响儿童决定都必须考虑的四项原则,这些原则的重要性在于体现了儿童权利的相互关联性和相互依存性,并设定缔约国采取"一切可能的积极措施以实现儿童权利"的广泛义务。[①] 非洲儿童权利和福利专家委员会根据《儿童宪章》设立非洲联盟机构,由 11 名以个人身份任职的成员组成,其任务是促进和保护《儿童宪章》所规定的儿童权利。非洲儿童权利和福利专家委员会接收国家报告并通过结论性意见,开展后续访问和调查,定期举行会议,开展研究并发表声明及通过一般性意见。与《非洲人权和民族权宪章》和《非洲人权和民族权宪章关于非洲妇女权利的议定书》等其他非洲人权文书不同,《儿童宪章》没有单独规定享有健

---

① 非洲联盟:《非洲儿童权利和福利宪章》(1999 - 11 - 29)[2025 - 05 - 25] ,36804-treaty-african_charter_on_rights_welfare_of_the_child. pdf。

康和清洁环境的权利，而是将其包含在生存权和发展权中。[①]《儿童宪章》中的一些条款与气候变化的背景特别相关。此外《儿童宪章》还对保护特定类别弱势儿童作出了具体规定，包括残疾儿童（第 13 条）和儿童难民（第 23 条）。这些权利共同为非洲儿童提供了强有力的保护，使其免受气候变化影响可能导致的一系列权利侵犯。

非洲儿童委员会关于国家义务的第 5 号一般性意见（GC5）进一步说明了在气候变化背景下儿童最大利益原则的重要性。GC5 还进一步论证了参与原则的相关性，要求非洲各国"在制定涉及儿童利益的计划、政策和法律时征求儿童的意见，并确保给地区和国家下放儿童参与治理的权力"。承认儿童参与权的必要性与应对气候变化导致的不稳定天气事件和灾害（适应）以及围绕国家能源生产的发展政策和长期计划有关。关于生命权、生存权和发展权的原则，根据《儿童宪章》，国家有责任确保"最大程度"实现这些权利。"最大程度"的提及表明，成员国承担着强有力的义务，这意味着在气候诉讼案件中，成员国承担着很高的举证责任，以证明它们一直通过其气候政策和实践最大限度地确保这些权利。[②]

儿童对风险有独特的认识，他们拥有独特的知识和经验，能够帮助确定并实施可行的、适合当地的适应对策。然而，仍有一些障碍会阻碍他们融入和全面参与抗灾能力建设计划。参与气候变化活动并采取行动可为儿童带来信心和自信，这本身就是一种复原力建设，让儿童参与气候风险评估和适应设计有助于避免适应不当的风险。儿童对其面临的风险有着独特的感知以及独特的知识和经验，当他们对自身生活和脆弱性的深入了解与从外部信息来源获得的适当信息相结合时，他们就能够识别相关的气候风险并参与制定和推动可行的、适合当地的适应战略。全球人权机构在其声明中对气候变化的不利影响发出了警告，对儿童的不利影响在其中占据

---

① 《非洲人权和民族权宪章关于非洲妇女权利的议定书》，Microsoft Word-Protocol on the Rights of Women。

② See Boshoff E & Damtew S G. The potential of litigating children's rights in the climate crisis before the African Committee of Experts on the Rights and Welfare of the Child[J]. African Human Rights Law Journal, 2022, 22(2): 328－361.

了突出位置。2023 年 8 月 28 日，联合国儿童权利委员会（UNCRC）发布了《关于儿童权利和环境的第 26 号一般性意见》（GC26），特别关注气候变化。①

儿童往往是发展中国家人口中最大的群体之一。针对他们的特殊需求设计应对气候变化的方案，意味着可以减少气候变化对很大一部分弱势群体的影响，从而提高抗灾能力的有效性。减轻气候变化对儿童带来的不公平的适应性负担是当务之急，这迫切需要社区、国家和区域层面对有效的适应措施进行详细分析，将儿童成长全程的角度作为此类干预措施的重要指导框架。即便目前存在知识欠缺的问题，但各国政府、国际组织和其他利益攸关方必须加强其对保护儿童健康的承诺。

第三节　气候变化对妇女权利的影响及应对

气候变化加剧了性别的不平等。男性和女性的脆弱性和适应能力的决定因素是性别化的，并通过社会文化、经济和政治结构及进程来调节。气候变化在健康、教育、过度劳动、性犯罪和移民等各方面对妇女群体造成严重影响，妇女的多项权利遭到侵犯或无法实现，如健康权、生存权、公共参与权及免受暴力和歧视的权利等。

一、气候变化下的妇女权利内容

（一）妇女的健康权与生命权

气候变化可能对妇女的身心健康产生不成比例的影响。在极端天气事件中，女性比男性更容易死亡，而幸存下来的女性的预期寿命也会缩短。气候变化也会影响女性的精神健康。当极端天气事件发生时，妇女支持其家庭的压力通常会不成比例地增加。这会增加造成精神健康不良

① See https://www. ohchr. org/en/documents/general-comments-and-recommendations/crccgc26-general-comment-no-26-2023-childrens-rights.

后果的风险，包括与压力有关的疾病和抑郁症。将妇女排除在气候行动和决策之外，可能会进一步加剧应对气候变化的压力。①

1. 性与生殖健康权利

气候变化对性与生殖健康权利（SRHR）有明显的影响，反之亦然，资助和改善性健康和生殖健康及权利的努力可能会减轻气候变化的影响。

SRHR 概念涵盖了四个相关方面：生殖健康、性健康、生殖权利和性权利。生殖健康被定义为涉及生殖系统及其功能和过程的所有事项中，身体、精神和社会完全健康的状态，而不仅仅是没有疾病或虚弱。性健康涉及积极和尊重的性行为和性关系，以及获得非暴力、自愿和非歧视的安全性体验的权利。生殖权利强调以下人权：自由负责地决定是否生育、何时生育以及生育几个孩子；尽可能获得最佳的性保健和生殖保健；在不受歧视、暴力或胁迫的情况下做出有关生殖健康的决定。SRHR 中涵盖了诸多议题，例如获得生殖健康信息的机会、就生殖和生育问题做出知情决定的权利、孕产妇和新生儿健康、避孕药具以及基于性别的暴力。②

（1）性健康与生殖健康

气候变化对 SRHR 的主要影响之一是产品和服务的获取受阻。与气候相关的灾害可能会破坏妇女获得必要产品和服务的医疗保健设施，或摧毁妇女使用这些设施所必需的关键基础设施。性保健和生殖保健设施的使用受阻，可能使妇女无法获得必要的护理和产品，如避孕药具和性传染病治疗。没有基本的性和生殖保健，妇女可能会遇到新的或加剧的健康问题。③

气候变化对 SRHR 的最具体的影响是对提供必要服务的卫生设施的破坏。与气候相关的极端天气事件和灾害发生后，妇女获得性与生殖健

---

① 参见联合国：《关于促进性别平等的气候行动以利妇女充分和切实享有各项权利的分析研究报告》(A/HRC/41/26)[R/OL]，(2019-07-08)[2024-06-17]，第 5 页，https://documents.un.org/doc/undoc/gen/g19/041/26/pdf/g1904126.pdf?token=7vlijUpkoB14nD1dIw&fe=true。

② See Fink J. The intersection of climate change and women's sexual and reproductive health and rights[J]. Journal of Animal & Environmental Law, 2023, 14(2): 34-55.

③ See Fink J. The intersection of climate change and women's sexual and reproductive health and rights[J]. Journal of Animal & Environmental Law, 2023, 14(2): 34-55.

康服务和产品的机会可能会受到限制。暴风雨、洪水和野火等事件往往造成广泛的物质破坏,包括对卫生设施和基础设施的破坏。这些事件可能会损坏诊所,甚至高速公路,从而进一步阻碍妇女获得性健康和生殖健康服务。这种破坏的直接影响包括中断获得艾滋病毒治疗、紧急避孕、安全堕胎服务和其他必要用品的机会。例如,孟加拉国发生气旋后,在气旋避难所避难的妇女收到的救灾包中没有必要的性健康和生殖健康用品,如避孕药具和卫生护垫。此外,与气候有关的事件可能会阻碍医疗供应链并破坏医疗记录,从而间接影响性保健和生殖保健。获得性健康和生殖健康服务及产品的机会有限,给妇女造成了许多困难。她们无法获得卫生用品,清洁水和卫生设施的供应也有限,这可能导致妇科感染、月经不调和尿路感染。①

气候变化和与气候有关的灾害对妇女获得性健康和生殖健康产品和服务的影响显而易见,特别是在贫困国家。孟加拉国洪水泛滥,造成农村和偏远地区卫生设施中的避孕药具供应不足,从而减少了妇女获得避孕药具的机会。② 气候变化和灾害限制了妇女和女童获得服务和医疗保健的机会,并增加了与孕产妇和儿童健康相关的风险,从而危及妇女和女童的健康。

(2)生殖权利

气候变化加剧了妇女独特的健康需求,特别是在孕期,孕产妇的健康和营养对发育中的胎儿和婴儿至关重要。气候变化对孕产妇健康产生影响,继而影响婴儿出生结果和健康,孕期的妇女有更高的卫生保健需求,妇女更有可能出现孕产妇健康并发症。气候变化与妊娠和分娩并发症之间存在关联,新生儿贫血、宫内发育迟缓、低出生体重和围产期死亡率的发生率也与气候变化有关。与气候有关的灾害使妇女面临更大的流产和早产风险。气候变化还产生了一系列可能威胁孕产妇健康的其他影响,

---

① See Fink J. The intersection of climate change and women's sexual and reproductive health and rights[J]. Journal of Animal & Environmental Law,2023,14(2):34 -55.

② See Fink J. The intersection of climate change and women's sexual and reproductive health and rights[J]. Journal of Animal & Environmental Law,2023,14(2):34 -55.

如疟疾等通过媒介传播的疾病、接触有毒化学品、空气污染和人口迁移。孕产妇疟疾等通过媒介传播的疾病会增加自然流产、早产、死产和婴儿出生体重不足的风险。[①]

全球有大量女性劳动力在怀孕期间在户外从事体力劳动,佛罗里达州的农场女工受到与冈比亚女农民相同的许多社会经济压力的限制,因为她们的收入取决于她们在农场的生产率,工人们可能会把自己逼到耐热极限,以避免影响她们的生计。了解妇女是否能够以及如何通过建立机制来应对热压力,从而最大限度地减少热暴露的影响,是保护暴露于高温下的妇女健康的关键。温度升高和高温暴露以及相关的身体压力会增加孕妇的分娩风险,尤其是妊娠期较短的孕妇。[②] 此外,与气候有关的灾害还可能影响月经健康,包括影响卫生用品的获取和初潮时间。

2. 性别暴力

全球范围内越来越多的证据表明,针对妇女的性暴力和基于性别的暴力数量在灾害期间和灾害后有所增加。[③] 气候变化和自然灾害导致自然资源的稀缺,迫使妇女和女孩不得不前往较远的地方冒着各种风险去收集食物、水或木柴。这种情况给妇女和女孩带来了经济负担,使她们更容易成为家庭内外各种形式的性暴力和基于性别的暴力的受害者。贩卖女童和妇女以及其他形式的性暴力和基于性别的暴力在很大程度上在南亚,尤其是尼泊尔发生。[④]

---

① See Fink J. The intersection of climate change and women's sexual and reproductive health and rights[J]. Journal of Animal & Environmental Law, 2023, 14(2): 34-55.

② See Spencer S & Samateh T et al. The challenges of working in the heat whilst pregnant: insights from Gambian women farmers in the face of climate change[J]. Frontiers in Public Health, 2022, 10: 785254.

③ See UN Women. Climate Change, Disasters and Gender-Based Violence in the Pacific[EB/OL]. [2024-06-17] Available at: https://www.uncclearn.org/sites/default/files/inventory/unwomen701.pdf.

④ See UN. Secretary-General's remarks to the Security Council-on addressing climate-related security risks to international peace and security through mitigation and resilience building[EB/OL]. [2024-06-17] https://www.un.org/sg/en/content/sg/statement/2021-02-23/secretary-generals-remarks-the-security-council-addressing-climate-related-security-risks-international-peace-and-security-through-mitigation-and-resilience-building.

研究表明,在气候变化导致的移民或流离失所在内的灾难时期,妇女和女童面临更多的家庭暴力和性暴力。当家庭流离失所并被迫住在营地或其他缺乏隐私的地方时,这种情况就会变得严重。气候变化以多种方式对妇女造成不成比例的影响,一方面灾害和气候引起的流离失所导致性贩运现象突出,另一方面妇女和女童因外出寻找水和木柴导致强奸案增加。现有的性别不平等现象加剧,并且在灾害或气候变化引发的紧急情况期间和之后出现了新形式的性暴力和性别暴力。这种影响不仅是破坏性的,而且是永久性的。由此产生的针对妇女和女童的性暴力和基于性别的暴力类似于武装冲突期间的情况。①

性别身份会导致气候变化风险的不同影响和应对措施。社区的性别规范在一定程度上决定了人们可以获得、控制和管理发展适应能力所需的资源和技能的能力库。关于脆弱性和气候变化适应的研究经常表明,性别与种族、文化、经济、年龄、残疾和阶级一起在能力的构成和社会化方面发挥着关键作用。这类研究主要围绕"妇女"及其相关问题,如家庭活动、医疗保健、社会不平等和暴力。妇女关注的问题主要涉及男性、资源获取方式(如信息和资本的获取方式)、日常活动(如与耕作、替代收入来源、家庭责任和粮食安全有关的活动)、性别方面(如决策、资产持有、流动性、家庭支持、权力和收入范围方面的不平等)和知识(主要是教育范围和缺乏认识)等概念。需要优先发展妇女的适应能力,因为在男性主导的社会结构中,气候变化对她们的影响尤为严重。②

在气候变化的背景下,针对妇女的性暴力和基于性别的暴力问题需要优先关注。这一挑战不仅对于各国社会、维护国际和平与安全、环境、人权、难民和人道主义法体系等方面的国际法律保护有严重影响,而且对于建立紧急的国际和国家法律和机制至关重要。

① See Desai B H & Mandal M. Role of climate change in exacerbating sexual and gender-based violence against women: A new challenge for international law[J]. Environmental Policy and Law, 2021, 51(3): 137-157.

② See Dev D S & Manalo IV J A. Gender and adaptive capacity in climate change scholarship of developing countries: a systematic review of literature[J]. Climate and Development, 2023, 15(10): 829-840.

(二)妇女的自主权与参与权

尽管妇女是受气候变化挑战影响最严重的群体之一,但她们往往无法参与寻找气候解决方案和采取必要政策的决策。气候变化背景下妇女的领导权、自主权和参与权的表现也值得关注。

气候变化对妇女的影响较大,因为她们的社会经济地位较低,对妇女基本人权的保护力度仍有较大提升空间。在制定应对气候变化和加强对妇女保护的干预措施时,需要让妇女参与决策。在肯尼亚,议会由 78% 的男性和 22% 的女性组成。这种决策能力的不平衡需要得到纠正,以便女性在气候变化问题上拥有与男性平等的发言权。① 早在 2010 年,《肯尼亚宪法》便规定:“所有人都应免受任何形式的暴力侵害,对暴力不采取行动就等于支持暴力并支持暴力永久存在。”②

部分国家的社会结构下,妇女即使为家庭财富作出了重大贡献,也没有决定家庭财务资源命运的权力。女性在社会对话和决策平台中的身份和角色往往受到家庭关系和社会地位的影响,这在一定程度上可能限制了女性在决策和协商中的主动性与空间。妇女获得正规教育和信息来源的机会有限,这大大减少了她们的知识积累领域。妇女对气候变化等问题缺乏认识,加剧了家庭和社区中本已扭曲的决策过程。在农村地区,男性通常在决策过程中享有更多话语权,而在大多数情况下,女性在社区会议上没有发言权。③

在当前的话语体系下,常以简化的方式描述妇女在气候变化中的处境,倾向于将其视为气候变化影响下的脆弱受害者。这种叙述模式可能将性别规范的问题简单归因于气候变化,从而忽略了妇女面临的多样化且复杂的挑战。这也会导致忽视了女性作为气候变化适应举措的发起者

---

① See Allen E M, Munala L & Henderson J R. Kenyan women bearing the cost of climate change[J]. International journal of environmental research and public health, 2021, 18(23): 12697.

② Aura R. Situational Analysis and the Legal Framework on Sexual and Gender-Based Violence in Kenya: Challenges and Opportunities., Available online: http://kenyalaw. org/kl/index. php? id = 4512.

③ See Kushwah P & Khoria O. Doubly Marginalised: Women Rights in the Age of Climate Change[J]. J. Legal Ethical & Regul. Isses, 2022, 25: 1.

和管理者所扮演的角色，而且很可能没有得到认可或承认。

（三）妇女的食物、水和环境安全

家庭单位是了解妇女气候变化适应能力的关键单位。“家庭”与户主、安全、食物、收入、资本和生计等概念密切相关。① 在印度，每10名中产阶级和中下层妇女中就有8人负责为日常家务取水。此外，印度65%的农业劳动力包括妇女。气温的升高和妇女从远处取水以及在农村偏远地区收集燃料的负担，给作为家庭天然照料者的妇女造成了健康问题。虽然妇女最先受到气候变化的不利影响，但从地方到国际层面，妇女在环境保护决策过程中的参与度和领导力却在下降。②

当家庭受到恶劣天气的负面影响时，女孩往往首先出于家庭压力辍学，她们更容易遭遇童婚、早孕和健康问题。在马拉维这样的国家，气候变化导致食物短缺的未成年女孩被迫结婚。家庭中的男性还可能会通过对其伴侣、子女进行情感、身体和/或性暴力发泄焦虑和沮丧。贫困、缺乏经济独立性、歧视与移民加剧了这种脆弱性。③

在马哈拉施特拉邦一个名叫登甘玛尔的小村庄，饮用水仅来自两口水井，而且距离很远，需要等待数小时。在这个村子里，由于家庭面临安全饮用水短缺的问题，男人们不得不再娶，这样家里的女人就能留在田里干活和打水。有时，即使是寡妇或被遗弃的妇女也乐于成为水妻。这些妇女不关心婚姻中的任何权利，因为她们唯一关心的就是为家人打水。印度的情况就是这样，由于气候变化和政府缺乏关注，妇女的权利受到了影响。尽管政府了解情况，但却没有采取任何措施来遏制水妻数量的增加。④

---

① See Antwi-Agyei P & Amanor K et al. Predictors of access to and willingness to pay for climate information services in north-eastern Ghana：A gendered perspective［J］. Environmental Development，2021，37：100580.

② See Kushwah P & Khoria O. Doubly Marginalised：Women Rights in the Age of Climate Change［J］. J. Legal Ethical & Regul. Isses，2022，25：1.

③ See Kushwah P & Khoria O. Doubly Marginalised：Women Rights in the Age of Climate Change［J］. J. Legal Ethical & Regul. Isses，2022，25：1.

④ See Kushwah P & Khoria O. Doubly Marginalised：Women Rights in the Age of Climate Change［J］. J. Legal Ethical & Regul. Isses，2022，25：1.

(四)妇女的土地权与资源权

农业是低收入和中低收入国家妇女最重要的就业部门。洪水、飓风、热浪和干旱影响了农业产业。在农业产业中,妇女作为主要劳动者工作,获取日常消费的食物,并严重依赖家庭收入。在干旱和降雨不稳定时期,妇女作为农业工人和初级采购员,会更加努力地工作,以确保家庭的收入和资源,这给女童施加了额外的压力,她们常常不得不离开学校来帮助母亲分担增加的负担。

女性农民适应的一个主要障碍是土地获取和所有权。获得土地的妇女能够改善或优化她们的生计。妇女的土地所有权拥有率较低,尤其是年轻女性、丧偶女性和单身女性。年龄、婚姻状况和居住状况影响女农民获得土地的机会。在农业是粮食和收入主要来源的地区,土地所有权对于社会福祉至关重要。与移民女农民相比,在该地区出生和长大的农民更容易获得土地。年长的农民比年轻的农民更有可能获得土地保有权保障,已婚妇女(尤其是有儿子的妇女)更容易获得土地。单身、年轻的女性不太可能实施创新的适应策略,而且更有可能选择迁徙。单身妇女可能会永久迁徙,而丈夫居住在社区的已婚妇女有时会在非农季节季节性迁徙。而非移民女性农民似乎比移民到该地区的女性农民更能适应最近出现的极端天气现象,还可以相对更好地获得资源。①

女性对气候变化的影响更加敏感,因为她们获得增强经济复原力所需的生产和经济资产及资源的机会有限。在如何管理资源方面,性别性的体制造成了能力、激励和偏好上的差异。它们还影响着如何促进适应和可持续发展的手段、动机和条件。有关环境的知识可以是性别化的,决定农民如何管理自然资源以及如何采用新耕作技术和实践的态度和能力也是性别化的。对资源的权利可能表现为私人、共同或公共物品的组合,并且其具体表现可能因在习惯法或成文法等不同法律制度而有所不同。

---

① See Lawson E et al. Dealing with climate change in semi-arid Ghana: understanding intersectional perceptions and adaptation strategies of women farmers[J]. Geo Journal, 2020, 85: 459 - 452.

在缺乏国家承认的财产权的情况下，性别制度可能会管理资源的获取、所有权和控制权。如果某种性别活动或季节性农业实践与某种资源相关联，那么对资源的权利可能是临时性的；如果妇女面临失去土地权的风险，例如离婚或丧偶，那么对资源的权利可能是永久性的。①

（五）妇女的文化权利

在社会和文化问题方面，妇女获得教育和有偿劳动的机会往往较少，这些都增加了她们面对气候变化的脆弱性。大多数发展中国家的经济以农业为主，大多数人民以农业为生。气候挑战强烈影响着农民经济增长及其社会地位。许多农场内外的适应性实践以及社会实践为农民提供健康意识干预措施以应对气候风险。他们强调信息的自由流动以及针对弱势和边缘化农民的适当预警系统。女性农民比男性农民更容易面临巨大的信息和技术障碍。此外，父权制度下妇女缺乏土地所有权导致妇女农活产出分配不均。男性仍然负责田间和田外的农场生产和产品销售，是女性能力建设的主要障碍。竞争性农业标记由负责农产品销售的男性负责，女性农民很难在市场上与男性竞争。②

小农为气候信息付费的意愿存在性别差异。小农获取气候信息以及支付气候信息费用的意愿受到个人和环境特定因素的影响，男性农民对于气候信息的可及性和支付气候信息费用的意愿是由干旱经历、粮食不安全和农业经验等因素预测的。女性对农业系统的创新持怀疑态度并且较少采用。对于女性农民来说，获得气候信息并愿意付费是受到政府补贴、社会团体成员身份和培训等因素的推动。农业和环境规划机构需要避免“一刀切”的气候政策和气候信息服务提供系统。气候服务的提供应量身定制，以满足不同社会经济群体的需求，建议采取诸如针对不同性

---

① See Antwi-Agyei P et al. Predictors of access to and willingness to pay for climate information services in north-eastern Ghana: A gendered perspective [J]. Environmental Development, 2021, 37: 171－191.

② See Antwi-Agyei P et al. Predictors of access to and willingness to pay for climate information services in north-eastern Ghana: A gendered perspective [J]. Environmental Development, 2021, 37: 171－191.

别的农业培训讲习班等干预措施来改善对农业妇女的培训。这将确保女性农民更多地参与农业环境中的此类培训讲习班,而社会文化障碍往往使女性农民无法参加重要的培训讲习班。①

（六）妇女权利受影响的区域性差异

非洲国家不断遭受水资源短缺的困扰,由于气候变化,水资源短缺问题日益严重,进而导致农业产出不佳。尼日利亚人民发现即使仅将水资源用于家庭用途也很难管理其水资源。畜牧业作为非洲人民普遍的生计选择,在干旱期间也面临巨大压力。乌干达的天然水源正在枯竭,人们需要迁移到其他地方为牲畜寻找水源。这种情况使小农和边缘农民更难为家庭谋生。非洲相关气候变化适应措施的研究重点在于如何通过改进耕作方法提高男性和女性农民的适应能力。除了社会结构之外,政治影响和政治歧视也可能影响能力建设的进程。②

南亚和东南亚发展中国家与非洲类似,亚洲国家也遭受了与水有关的危机,包括干旱和洪水。印度农村地区的社会差异和男女参与社区决策的不平等加剧了气候变化影响造成的问题。孟加拉国和越南的类似研究探讨了气候变化将加剧现有的社会规则和规范中对女性的歧视。妇女被视为最容易受到气候影响的群体,孟加拉国研究干预的措施与该地区其他国家没有什么不同,都将妇女作为重点单位。在该地区,女性常常同意男性的决定,而没有任何不同意见或抵抗,这表明父权制规范的强烈存在。③

---

① See Antwi-Agyei P et al. Predictors of access to and willingness to pay for climate information services in north-eastern Ghana: A gendered perspective [J]. Environmental Development,2021,37: 171 - 191.

② See Debashish Sarker Dev. Gender and adaptive capacity in climate change scholarship of developing countries: A systematic review of literature[J]. Climate and Development,2023,15(10): 829 - 840.

③ See Debashish Sarker Dev. Gender and adaptive capacity in climate change scholarship of developing countries: A systematic review of literature[J]. Climate and Development,2023,15(10): 829 - 840.

二、妇女权利保护的策略

（一）人权机制

1.《消除对妇女一切形式歧视公约》

《消除对妇女一切形式歧视公约》旨在保护妇女免受一切形式的歧视，确保她们在政治、社会、经济和文化发展中与男性享有平等的权利和机会。该公约涵盖了妇女的一系列人权，并为其提供了一个具有有效性的全面制度。其中界定了“对妇女的歧视”的概念，并规定了缔约方终止这种歧视的法律义务。妇女因为其自身生理等在气候变化灾害中处于弱势地位，应该得到倾斜性保护。

在国际公约对妇女的健康权利进行了特别的保护。《经济、社会及文化权利国际公约》的第 14 号一般性评论就涉及妇女。正如第 14 段所述，“母亲的孕产期保健权利”；第 21 段，“消除对妇女的歧视，制订医疗保健体系，强调其主要目的是降低妇女的健康风险，并建议避免有害的传统文化风俗和条款，使她们无法充分享受生育权利；第 34 段和第 35 段涉及国家的义务，也重点阐述了缔约方为保护妇女健康而必须履行的义务。第 34 段基本上阐明了缔约方应遵守的义务，即“不能因妇女的健康和需求而实行歧视性的做法”，第 35 段则侧重于政府的保护责任，“防止第三方强迫妇女采用诸如切割妇女生殖器官等传统做法；以及为防止针对性暴力行为侵害的各类弱势和边缘化人群，尤其是妇女、儿童、青少年和老人”提供保护。《消除对妇女一切形式歧视公约》更详尽地阐述了健康权的确认及其保障。其中第 11 条规定：“缔约各国应采取一切适当措施，消除在就业方面对妇女的歧视，以保证她们在男女平等的基础上享有相同的权利，特别是：缔约各国为使妇女不致因为结婚或生育而受歧视，又为保障其有效的工作权利起见，应采取适当措施”

第 12 条“1. 缔约各国应采取一切适当措施以消除在保健方面对妇女的歧视，保证她们在男女平等的基础上取得各种保健服务，包括有关计划生育的保健服务。2. 尽管有本条第 1 款的规定，缔约各国应保证为妇女提供有关怀孕、分娩和产后期间的适当服务，于必要时给予免费服务，并保证在怀孕和哺乳期间得到充分营养。”

《消除对妇女一切形式歧视公约》制定了保障家庭内男女平等以及家庭与国家之间平等的国际标准，但在肯尼亚乃至全球，气候变化下的亲密暴力依然是突出的人权问题。针对妇女的暴力行为可能是最普遍和社会容忍的侵犯人权行为，它跨越国界、种族、阶级、族裔和宗教。性暴力和基于性别的暴力是一种特别令人不安的现象，广泛存在于世界所有地区。

《消除对妇女的暴力行为宣言》承认暴力侵害妇女行为侵犯了妇女的人权和基本自由，并呼吁各国和国际社会朝着消除暴力侵害妇女行为的目标努力。2017 年，消除对妇女歧视委员会为纪念其第 19 号一般性建议 25 周年，进一步制定了关于基于性别的暴力侵害妇女行为的国际标准。消除对妇女歧视委员会在第 35 号一般性建议中承认，禁止基于性别的暴力侵害妇女行为已成为习惯国际法的一项准则。

2.《联合国气候变化框架公约》

《巴黎协定》的序言规定，“缔约方在采取行动应对气候变化时，应当尊重、促进和考虑它们各自对人权……以及性别平等、妇女赋权”的义务。《巴黎协定》第 7 条第 5 款提到气候适应行动需要注重性别问题，第 11 条第 2 款要求进行注重性别问题的能力建设。《联合国气候变化框架公约》缔约方大会第二十四届会议上通过的规则手册，要求缔约方在适应信息通报、国家自主贡献和透明度框架范围内提供有关性别敏感方法和规划进程的信息。缔约方大会第二十四届会议还决定授权新的技术框架处理两性平等问题。这些决定还纳入了华沙国际机制流离失所问题工作组的建议，呼吁对气候引发流离失所问题采取考虑国际人权标准和性别平等因素的做法。

在 2012 年缔约方大会第十八届会议上，缔约方通过了关于性别平衡和妇女代表性的决定。自此，性别和气候变化一直是缔约方会议和附属履行机构一个独立的议程项目。为促进《联合国气候变化框架公约》中性别问题敏感的气候行动的实施，缔约方大会第二十届会议中制定了利马工作方案。该工作方案包括审查《联合国气候变化框架公约》秘书处对与性别有关的任务的执行情况，以及对代表们进行关于性别问题敏感的气候行动的培训,提高认识和能力建设。2016 年,缔约方大会第二十二届会议上通过了一项决定,该项决定承认了基层妇女参与各级促进两性平等的气候行动的重要性。

2017 年,缔约方大会第二十三届会议根据利马工作方案通过了《联合国气候变化框架公约性别问题行动计划》(以下简称《性别问题行动计划》),来指导正在进行的对气候变化采取有助于性别平等的方法。该计划的目的是确保妇女能够参与并影响气候变化决定,以及她们在《联合国气候变化框架公约》的所有工作中享有平等的代表性。《性别问题行动计划》还列出了五项优先领域:能力建设、知识共享和交流,性别平衡、参与和妇女领导,一致性,性别响应性实施和执行手段,监测和报告。此外,该计划还确定了帮助实现以上事项的步骤,例如制定和实施以区域、国家和地方各级的妇女和青年为目标的气候教育与培训方案。

3.《2030 年可持续发展议程》

《2030 年可持续发展议程》的核心是人权和致力于不让任何一个人掉队。由于可持续发展目标是相互依存的,实现任何目标都需要在目标 13 下采取有效的气候行动。

其中,目标 5 贯穿各领域,并特别呼吁会员国"确保妇女全面有效参与各级政治、经济和公共生活的决策,并享有进入以上各级决策领导层的平等机会",并消除对妇女的一切形式歧视。目标 13 则明确呼吁会员国"建立增强能力的机制,帮助其进行与气候变化有关的有效规划和管理,包括重点关注妇女"。目标 16 和目标 17 是实现所有目标,包括目标 13 的关键推动因素。目标 16 和目标 17 分别突出了各级包容性、参与性和代表性决策的必要性,以及对充足资金的需要。

4.《亚的斯亚贝巴行动议程》

第三次发展筹资问题国际会议的《亚的斯亚贝巴行动议程》要求在各级采取透明的方法、政策一致,以及性别平等和赋予妇女权能。具体而言,它要求报告对性别平等和赋予妇女权能的资源分配,强调私营部门和开发银行在维护或扩大维护人权和性别平等制度方面的作用,并呼吁为提高资源效率以及减缓和适应气候变化采取和实施综合政策和计划。

《亚的斯亚贝巴行动议程》呼吁将性别观点纳入"制定和实施所有财政、经济、环境和社会政策"的主流。

5.《北京宣言》和《行动纲要》

《北京宣言》和《行动纲要》的目的是"确保充分贯彻妇女和女童的人权,作为所有人权和基本自由的一个不可剥夺、不可缺少、不可分割的部分"。它指出,"在持续的经济增长、社会发展、环境保护和社会正义的基础上消灭贫穷,需要妇女参加经济和社会发展、男女有平等的机会并作为推动者和受益者充分和平等地参加以人为中心的可持续发展"。它要求让妇女能够积极参与各级的环境政策,并且将性别问题和观点纳入可持续发展政策和方案,并在国家、区域和国际各级加强或建立机制,以评估发展和环境政策对妇女的影响。

6. 妇女地位委员会

妇女地位委员会就环境管理、减轻自然灾害和气候变化问题发布了若干结论。该委员会第五十二届会议强调气候变化往往对妇女造成不成比例的影响,加上妇女不能平等地获得资源和参与决策过程,强调性别观点在气候变化的所有方面都至关重要。

(二)气候适应性措施

1. 灾害风险管理与干预措施

根据《2015—2030 年仙台减少灾害风险框架》的规定,应将性别观点纳入所有政策和做法,并应促进妇女担任领导。《2015—2030 年仙台减少灾害风险框架》认识到妇女参与的重要性,鼓励各国促进这种参与,并为妇女赋权提供适当的能力建设措施。减少灾害风险的区域承诺建立在这一全球承诺的基础之上。①

在妇女的生殖健康方面,以飓风和洪水等气象灾害为例,其可能导致营养不良孕产妇早产、新生儿出生体重不足和自然流产等。为减少水资

---

① 参见联合国. 关于促进性别平等的气候行动以利妇女充分和切实享有各项权利的分析研究报告 A/HRC/41/26[R/OL]. (2019-07-08)[2024-06-17]. 第 5 页. https://documents.un.org/doc/undoc/gen/g19/041/26/pdf/g1904126.pdf? token=7vlijUpkoB14nD1dIw&fe=true.

源缺乏的负面影响,巴西设立了一项计划,在最贫穷、最干旱的地区修建一百万个蓄水池以小规模收集分散式的雨水。该计划基于蓄水池在孕早期可增加新生儿体重的考量,在水资源日益匮乏的背景下,保护新生儿的健康权。研究结果证明,该计划会积极地影响出生结果,每多暴露在蓄水池中一周,新生儿的体重便会增加约 1.7 克。除对新生儿的影响以外,距离水源较远的妇女也能从中受益。修建的蓄水池可能避免她们为取水而付出繁重的体力劳动,尤其是受孕的妇女,繁重的体力活动将不利于新生儿的健康,新生儿健康是长期影响下的结果。这可以通过在产前检查期间告知具体的气候风险,或确保医疗保健设施设备齐全、拥有有效的供应链和有效的护理来应对气温升高、降水变化增加以及极端天气事件频率和强度的增加。①

针对孕妇、女性家庭成员,男性伴侣、社区领导和其他利益相关者的信息宣传和行为改变干预措施可以支持女性怀孕期间的自我护理干预措施。此类干预措施包括在炎热时期保持水分;进入凉爽的地方或寻求阴凉处;使用低成本的水喷雾;穿着合适的衣服,最好是棉质的;自我监测中暑症状,尤其是头晕、大量出汗、疲劳和皮肤湿冷、起鸡皮疙瘩。许多孕妇甚至在妊娠后期仍继续从事体力劳动,包括长途步行去取水和柴火。对此需要采取干预措施,将这些工作量转移给怀孕期间的其他家庭成员。在环境温度较高的时期促进水合作用和补充水分,例如"水—休息—遮阳"措施。非洲许多地区产前保健和社区服务的覆盖率很高,这意味着孕妇经常与卫生系统接触,为改变行为模式提供了多种机会。一些移动医疗举措专门针对孕妇,为热健康信息传递提供了额外的媒介。在环境温度较高期间,帮助妇女提前计划分娩期间的交通可能尤其重要。②

① See Da Mata D & Emanuel L et al. Climate adaptation policies and infant health: evidence from a water policy in Brazil[J]. Journal of Public Economics,2023,220:104835.

② See Chersich M F & Scorgie F et al. Increasing global temperatures threaten gains in maternal and newborn health in Africa: A review of impacts and an adaptation framework[J]. International Journal of Gynecology & Obstetrics,2023,160(2): 421 -429.

2. 妇女基于自然的适应策略

由于依赖雨养农业和自然资源，半干旱地区的农民已经处于高度脆弱的境地。女性农民通过多种方式应对降雨不稳定和气温升高造成的困难。这些方式包括储存谷物的使用、改变播种和收获时间、旱季园艺、土壤保持和种植新作物等，大部分经验是通过个人实践或从亲戚和朋友那里获得的。①

大多数女性农民已经在管理气候风险。最常用的做法是改变种植日期、混合种植、间作、种植早熟品种、堆肥和非农活动。为产生额外收入而采取的两项主要社会经济战略包括小额贸易和向外移民。20 岁至 30 岁之间相对年轻的女性偶尔也会采取移民行动。在不同社会群体背景下的女性农民中，农用化学品投入和灌溉计划的使用率较低。她们还参与贸易和加工等替代生计来养活自己和家人。婚姻状况影响了适应策略的选择，已婚女性农民普遍采取的适应策略是改用早熟品种、发展种植业和畜牧业、改变种植日期和使用堆肥。这可能是因为大多数已婚妇女可以通过她们的丈夫更好地获得信息、土地和农业投入，并且她们彼此分享这些信息，从而促进了她们对这些适应战略的采用。未婚女性农民根据自己对天气模式变化的经验，广泛采用改变种植日期的做法。②

3. 关注性别差异结构以有效赋权

将男性作为独立的实体讨论也具有重要性，而不仅仅是在讨论女性气候变化适应能力时谈到他们，因为了解男性的经历和观点可以帮助人们理解性别关系方面的更多特征，提高人们对性别关系的理解。这也将使社会结构权力关系更加清晰，有助于改善妇女接触社会结构权利关系的机会，从而增强她们的适应能力。适应气候变化需要发展中国家立即采取行动。与其提出更多问题，不如通过研究来尝试寻找当地已有的最

---

① See Lawson E et al. Dealing with climate change in semi-arid Ghana: understanding intersectional perceptions and adaptation strategies of women farmers[J]. GeoJournal, 2020, 85: 459 – 452.

② See Lawson E et al. Dealing with climate change in semi-arid Ghana: understanding intersectional perceptions and adaptation strategies of women farmers[J]. GeoJournal, 2020, 85: 459 – 452.

佳解决方案。① 从女性那里获得适应战略方面的见解是有益的,因为她们更有可能就长期可持续解决方案提供观点,这需要赋予妇女参与决策过程的权力,特别是在使用能源和水等自然资源方面。②

无论是性别关系、性别身份还是性别规范,都需要置于气候变化的背景下进行详细的讨论。现有研究仅对男女性别类别脆弱性的简单解释,性别角色和身份的复杂性很少被触及。女性和男性在面对气候变化影响时的应对方式存在差异,然而,将男性视为女性问题的根源,以及对男性和女性的简化和二元分化描述,可能会导致女性被视为同质的"被动受害者"。我们需要收集更多证据来了解女性和男性在面对气候变化影响时的不同现实,以更好地支持性别视角,特别是支持处于弱势地位的妇女。③

4. 保护妇女免遭性别暴力的不足

尽管目前尚无关于自然灾害和人为灾害管理的具体国际公约,处理环境和气候变化问题的国际法律机制也并不涉及对妇女的性暴力问题及其影响,但消除对妇女歧视委员会在 2018 年发布了《关于气候变化背景下减少灾害风险所涉性别方面的第 37(2018)号一般性建议》。虽然消除对妇女歧视委员会并未详尽地涵盖减缓和适应气候变化措施中与性别相关的层面,也没有区分与气候变化有关的灾害和其他灾害,但免遭基于性别的暴力侵害妇女和女童行为的权利被列入了具体关切领域,并对缔约国提出了若干建议。④

立法层面上,通过纳入主要国际人权公约的文字和精神建立一个国

---

① See Debashish Sarker Dev. Gender and adaptive capacity in climate change scholarship of developing countries: a systematic review of literature[J]. Climate and Development, 2023, 15(10): 829 – 840.

② See Desai Z, Zhang Y. Climate change and women's health: A scoping review[J]. Geohealth, 2021, 5(9): e2021GH000386.

③ See Lawson E et al. Dealing with climate change in semi-arid Ghana: understanding intersectional perceptions and adaptation strategies of women farmers[J]. GeoJournal, 2020, 85: 459 – 452.

④ 参见联合国:《关于气候变化背景下减少灾害风险所涉性别方面的第 37(2018)号一般性建议》第 15 ~ 16 页,载联合国网,https://docs.un.org/zh/CEDAW/C/GC/37。

际和国家法律框架来解决性别问题一直被呼吁,包括《消除对妇女一切形式歧视公约》在内的权利文书,为国际环境治理结构打开新的维度。在联合国环境与发展组织会议上,代表们讨论了一些问题,重点是气候变化对妇女和女童造成的不成比例的影响。主权国家需要分析和确定与灾害和环境变化有关的性别影响和保护措施。与将妇女仅仅视为受害者的现有慈善方法相比,这一过程需要基于权利的方法。事实上,妇女在气候变化面前的脆弱性要求实现妇女和女童的基本人权。

国家和非国家行为者都必须采取有效措施减轻气候变化和灾害,并确保保护受影响妇女的基本人权。消除对妇女一切形式歧视公约第 37 号一般性建议要求缔约国根据《消除对妇女一切形式歧视公约》第 21 条第 1 款和第 18 条的规定,缔约方应向消除对妇女歧视委员会提交报告,以确保履行与妇女人权和气候变化有关的一般和具体义务。它特别提到了目标、范围和其他国际环境法机制,例如《里约会议》《2015—2030 年仙台减少灾害风险框架》《联合国气候变化框架公约》缔约方会议等,均表明了这一点。尽管消除对妇女一切形式歧视公约第 37 号一般性建议使用了性别敏感的术语,但并未对其进行定义。它采用了问题导向的建议方法,但对妇女权利的保护需要建立以解决方案为导向的全球性机制。

三、关于气候适应与妇女权利的案例

2018 年,在玛丽亚·汉等人诉巴基斯坦联邦政府案(Maria Khan v. Federation of Pakistan)中,以玛丽亚为首的一群巴基斯坦妇女代表她们和子孙后代提出了反对巴基斯坦联邦政府的宪法请愿书,以政府不作为侵犯妇女和后代宪法权利为由起诉巴基斯坦联邦政府。①

她们声称联邦政府对气候变化的不作为侵犯了她们的基本权利,包括享有清洁健康的环境和能够维持人类生命的气候的权利。这一权利先前在 Asghar Leghari 诉巴基斯坦联邦政府 2018 CLD 424 案中得到承认。

---

① See Maria Khan v. Federation of Pakistan. Supreme Court of Pakistan, Civil Appeal No. 123 of 2023, Judgment dated April 1, 2023.

她们认为，由于气候变化对妇女产生了不成比例的影响，政府在气候问题上的不作为侵犯了原告依法享有平等保护和不受性别歧视的权利。

第四节 气候变化对老年人权利的影响及应对

人口老龄化已经成为21世纪世界各国最显著的人口发展特征。根据联合国的报告，截至2023年，全球有7.61亿65岁或以上的人口。预计在2050年之前，全球65岁或以上人口将增加1倍以上，超过15亿。到2050年，老年人将占全球人口的16.0%，高于2020年的9.3%。① 据估计，到2050年，65岁及以上人口将达到15亿，占世界人口的1/6。②

老年人的脆弱性具有独特性。年龄本身并不会使人易受气候风险的影响，但随之而来的一些物质、政治、经济和社会因素却可能使人易受气候风险的影响。气候变化对老年人的生活构成了一个强大而持续的挑战，既造成了脆弱性，又加剧了现有的问题。老年人往往被指责为温室气体排放的主要责任者，或认为他们没有为应对气候变化运动做出贡献。老年人更容易受到与气候有关的不利因素的影响，身体和精神健康状况的发病率很高，在高温或飓风等极端条件下死亡率也很高。社会压力源也增加了老年人的脆弱性，例如老年人缺乏代际联系和社交空间以及社会关系紊乱。老年人的社交圈通常相当有限，主要由几位亲朋好友组成，这些人在紧急情况下可能是他们唯一可以求助的对象。③

然而，目前缺乏具有法律约束力的国际文书专门保护老年人的人权，

---

① See Sarkar & Sabrina Maria et al. "Psychological adjustment and guidance for ageing urban women." Ageing International 48.1 (2023): p.222–230.

② 参见联合国：《关于在气候变化背景下促进和保护老年人权利的分析研究报告》(A/HRC/47/46)[R/OL],(2021–07–12)[2024–06–17]，第9页，https://documents.un.org/doc/undoc/gen/g21/047/46/pdf/g2104746.pdf? token=7vlijUpkoB14nD1dIw&fe=true。

③ See Malak M A & Sajib A M et al. "We are feeling older than our age": Vulnerability and adaptive strategies of aging people to cyclones in coastal Bangladesh[J]. International Journal of Disaster Risk Reduction, 2020, 48: 101595.

而且关键的国际气候文件中很少提及老年人,这表明国内法和国际法缺乏对老年人的充分关注。各个领域的社会政策依然以年轻人为出发点,暗含对老年人的刻板偏见以及根深蒂固、难以察觉的年龄歧视,导致老年人的权利需求难以得到有效回应,从而陷入系统性的权利困境。① 为确保老年人的权利得到保护,尤其是在气候变化影响日益明显的情况下,有必要将老年人和环境可持续性领域联系起来。②

一、气候变化下的老年人权利内容

(一)老年人的生命、健康权

气候变化的背景下,老年人的生命权和健康权首当其冲。老年人的抵抗力相对较低,经常受到各种疾病的折磨。《柳叶刀人群健康与气候变化倒计时》2021 年报告估计,2019 年全球 65 岁以上有 345, 000 人因高温死亡,比 2000 ~ 2005 年平均增长 80% 。欧洲和东地中海地区的人口由于人口老龄化和城市化进程加快而面临特别危险的风险。③ 有些健康状况会使人们更容易受到热浪的冲击,例如心血管疾病,这种疾病在 65 岁以上的人群中更为常见。生理衰老过程和一些药物也会降低体温调节系统的功能,使老年人的身体更难以对极端温度做出反应。

老年人也更有可能患有多种疾病,使他们对外部压力的反应能力较差。有证据表明,老年人在重大灾难中的情况要糟糕得多。在 2005 年卡特里娜飓风以及随后新奥尔良及其周边地区的洪水中死亡的人中,有 3/4 的人年龄超过 60 岁,尽管该年龄组当时仅占总人口的 15% 左右。④

---

① See Ayalon L & Keating N et al. Climate change and mental health of older persons: A human rights imperative[J]. The American Journal of Geriatric Psychiatry, 2021, 29(10): 1038 - 1040.

② See Ayalon L & Keating N et al. Climate change and mental health of older persons: A human rights imperative[J]. The American Journal of Geriatric Psychiatry, 2021, 29(10): 1038 - 1040.

③ See Kaminski I. Does climate change threaten human right to health[J]. The Lancet Planetary Health, 2023, 7(4): e268 - e269.

④ See Kaminski I. Does climate change threaten human right to health[J]. The Lancet Planetary Health, 2023, 7(4): e268 - e269.

老年人可能面对更高的血压、呼吸频率,血氧饱和度降低等问题,在生理上,他们对冷刺激也相当敏感,身体需要更多时间来适应变冷的气温。从1998年到2017年,热浪已造成超过166,000人死亡,其中大多数是来自发展中国家的老年人。《中国心血管病报告2018》显示,城市心血管疾病死亡占全部死因的比率在40%以上,农村地区死亡率高于城市。由于心血管疾病和脑血管疾病等慢性非传染性疾病,60~64岁和65~69岁年龄组城市老年人的死亡率分别高达357.00/100,000和6.0997/100,000。[①]

老年人的身体机能随着年龄的增长而下降,残疾或半残疾的发生率也随之增加,这会加重老年人的脆弱性。增加老年人对外部环境的依赖对于维持正常的身体功能是必要的。因此,当极端气候事件发生时,老年人被迫搬迁,因为他们的生活环境遭到破坏。饮用水和食物可能会中断,导致营养不良。受伤或死亡更有可能发生在易感人群中,例如行动不便的人。老年人因体弱或有身体残疾等与年龄有关的并发症,所以可能很难迁徙到许多地方。此外,资金不足也会降低他们的行动能力。无论是在发达国家还是在发展中国家,气候变化对老龄化人口健康的影响都是巨大的。在发达国家,老年人主要容易受到气候变化对健康的不利影响,包括极端高温、空气污染和传染病。在美国的老年人中这些风险已显著增加,暴露在极端高温下与住院率和死亡率增加有关。气候变化对发展中国家的老龄人口的健康影响往往比发达国家更为严重和复杂。在低收入和中等收入国家,60岁及以上的人群更有可能承受灾害,地区人口老龄化增长速度比发达国家快得多。[②] 气候变化对发展中国家的健康影响会加剧现有的健康差距和社会经济不平等。由于极端天气事件和农业发展环境变化,生活在贫困中或无法获得清洁饮水和卫生设施的老年人患介水传染病和营养不良的风险增加。[③]

---

① See Shi C & Wang L et al. Predictors of mortality in patients with coronavirus disease 2019: a systematic review and meta-analysis[J]. BMC infectious diseases, 2021, 21: 1-15.

② See Sarkar S M & Dhar B K et al. Climate Change and Aging Health in Developing Countries[J]. Global Challenges, 2023, 7(8): 2200246.

③ See Sarkar S M & Dhar B K et al. Climate Change and Aging Health in Developing Countries[J]. Global Challenges, 2023, 7(8): 2200246.

（二）老年人的食物权、水权和环境卫生的权利

对许多人而言，气候变化不仅改变了可获得的食物的数量，也改变了可获得的食物的质量和类型，老年人因此受到影响，他们尤其容易营养不良，并且可能特别依赖专门饮食。在小岛屿发展中国家，农业用地丧失导致对工业和加工食品的依赖加重，从而增加了老年人患糖尿病等非传染性疾病的概率。获得传统食品的机会有限，也可能对健康权和文化生活权产生负面影响。紧急情况和应急反应不力也可能令老年人更加难以获得足量、优质、多样的食物以满足其健康和生存所需。[①]

气候变化的背景下，饮用水和流动水源面临更大的污染风险。世界许多地区的水质、水量以及可获得性的可预测程度正在因气候变化而降低。供水无保障严重影响着老年人，体力、财力和设计上的障碍都导致他们无法充分利用已有的供水和卫生服务，而气候变化只会加剧这种情况。老年人特别容易受到脱水和与卫生条件差有关的传染病的影响，因此这将对老年人的健康产生重大影响，也是流离失所的一个成因。[②] 在发达国家，水资源通常会经过过滤和氯化处理，以去除可能致病的生物，从而保证其适合饮用。因此，在发达国家，大多数与这些致病生物相关的疾病都很少见。然而，在发展中国家，人们仍然受到伤寒、霍乱等疾病的困扰，受污染的水资源将老年人置于胃肠道疾病高风险的境地。[③]

（三）老年人的适足住房权

气候变化还影响着老年人的适足住房权。老年人的资产在气候灾难面前是脆弱的，包括物质资产、人力资产、社会资产、金融和文化资产。有研究对孟加拉国沿海地区老年人的居住情况进行调查，有 61.9% 的老人

---

① 参见联合国：《关于在气候变化背景下促进和保护老年人权利的分析研究报告》（A/HRC/47/46[R/OL]），(2021－07－12)[2024－06－17]，第 9 页。

② 参见联合国：《关于在气候变化背景下促进和保护老年人权利的分析研究报告》（A/HRC/47/46[R/OL]），(2021－07－12)[2024－06－17]，第 9 页，https://documents.un.org/doc/undoc/gen/g21/047/46/pdf/g2104746.pdf? token =7vlijUpkoB14nD1dIw&fe = true。

③ See Fan H & Wang Y et al. The impact of environmental pollution on the physical health of middle-aged and older adults in China[J]. Environmental Science and Pollution Research,2022,29(3):4219－4231.

住在铁皮棚子里，还有 27.5% 的老人住在半混凝土结构里。70.4% 的老人有自己的家，其余的则住在非政府组织和政府提供的家中。约 66.7% 的受访者依赖管井作为食用水源。①

老年人的有形资产包括住房和住所、私人土地、充足的水和卫生设施、能源和获得信息的机会。实物资产通常与其他资产相关。因此，共同的社会基础设施（如道路、住房、堤防、公用事业服务等）也被视为老年人的有形资产。相对于其他年龄段的社会群体，老年人更少得到照应，通常拥有有限的资产，气候灾难会以摧毁住房等形式损害他们的实物资产，从而进一步影响到老年人的其他权利。老年人因为身体和精神能力衰退或受伤以及技能丧失，通常无法继续参与任何经济活动。因此，即使他们拥有房产，但如果潜在继承人接管房产管理，老年人可能无法对这些房产做出任何决定。另外，老年人对银行系统可能并不了解。所以他们把钱留在家中，飓风来临时，老年人的存款时常会和其他家庭用品一起被冲走。因此老年人需要政府和非政府组织的特别关注，他们在社会上不太活跃，而且与年轻人和中年人不同，他们的经济和物质资源较少，更容易受到影响。②

老年人更有可能因居所供暖和制冷系统不足，也更有可能能效较低而无法适应新的温度极值，他们严重缺少利用安全、清洁、健康和可持续能源的机会。国家为促进更加节能或适应气候的住宅而采取的措施有时不包括确保老年人的能源使用所需的规定。美国的多起灾害期间进行的研究表明，老年人的生活辅助设施通常不包括在社区应急准备规划中，并且得到的灾后援助较少，接收被疏散人员的设施因疏散工作而资源紧张。避难所的设计通常不能满足老年人的具体需求，例如靠近无障碍厕所或者在家人身边。灾难过后，由于身体上的限制和得不到人道主义援助，重

---

① See Malak M A & Sajib A M et al. “We are feeling older than our age”: Vulnerability and adaptive strategies of aging people to cyclones in coastal Bangladesh[J]. International Journal of Disaster Risk Reduction, 2020, 48: 101595.

② See Malak M A & Sajib A M et al. “We are feeling older than our age”: Vulnerability and adaptive strategies of aging people to cyclones in coastal Bangladesh[J]. International Journal of Disaster Risk Reduction, 2020, 48: 101595.

建和修复受损的住所对他们而言可能特别困难。[①]

(四)老年人得到社会保护、照护和支持的权利

灾害和极端天气事件日益频繁,给社会服务资源和能力带来了巨大压力,可能会占用老年人可获得的照护和支持。在受气候影响地区,年轻人外迁可能导致留下来的老年人得到的照护和支持减少,尽管这种移民的部分动机可能是希望寄回汇款,用于照顾年长的亲属。[②] 老年人需要一系列基本支持,例如食物、住所和日常护理,这些需求通常会随着年龄和体弱而增加。然而,通常只有家庭才能提供这种密集的支持。

以孟加拉国为例,根据孟加拉国的规范,家庭有义务照顾年长成员。然而,随着时间的推移,由于社会转型、极端贫困、社会和宗教伦理的退化以及西方习俗(不太以家庭为中心)的采用,家庭和亲属关系正在减弱,老年人越来越难以得到需要的生活支持。在这些情况下,老年人获得社会保护、照护和支持的权利通常难以得到保障。

(五)老年人的体面生活和生计的权利

刻板印象可能认为老年人基本上在劳动力之外,但现实情况是,许多老年人负担不起退休并且年老后仍继续工作。老年人可能从事的劳动类型,包括糊口型农业和非正规劳动,特别容易受到气候变化的影响。在世界许多地区,老年人,特别是老年妇女过度依赖糊口型农业维持生计。这给老年人造成了严重影响,因为气候影响农业生产力,并且气候变化适应与减缓措施可能扰乱农业实践,例如计划搬迁和为生产生物燃料而转换土地。传统生计,例如耕作、放牧和手工业方面的变化,也严重影响着老年人,他们往往更加依赖传统生计,并且获得适应新生计所需支持的机会有限。失去传统生计不仅影响经济稳定,也影响健康、福祉和社会文化安

---

① 参见联合国:《关于在气候变化背景下促进和保护老年人权利的分析研究报告》(A/HRC/47/46[R/OL]),(2021-07-12)[2024-06-17],第4页,https://documents.un.org/doc/undoc/gen/g21/047/46/pdf/g2104746.pdf?token=7vlijUpkoB14nD1dIw&fe=true。

② 参见联合国:《关于在气候变化背景下促进和保护老年人权利的分析研究报告》(A/HRC/47/46[R/OL]),(2021-07-12)[2024-06-17],第9页,https://documents.un.org/doc/undoc/gen/g21/047/46/pdf/g2104746.pdf?token=7vlijUpkoB14nD1dIw&fe=true。

全。旨在解决气候变化对生计之影响的方案和资金可能由于无意的疏忽或有意的年龄限制而排除老年人。这类方案中，老年人有时面临来自年轻人的激烈竞争，或者技能和能力被低估。[①]

（六）老年人的文化权利

气候变化对文化传统、习俗和遗产地有毁灭性的影响。老年人并非掌控文化或传统的必然或唯一群体，但许多老年人感到对文化习俗或场所有特定且长久的义务，许多社区也在保护文化和传统习俗与知识方面赋予老年人某种角色。因此，当文化遗产地丧失，具有重要文化意义的食物或材料越来越难获得，或者传统生态知识由于气候变化而变得不可靠时，一些老年人会产生巨大的丧失感。一些老年人因此不愿接受涉及远离或丧失文化习俗或遗产地的气候变化适应措施。[②]

老年人中季节性流动模式的突出特征使得他们在往返移动中面临摇摆不定的风险和机遇。虽然在目的地，他们可能会找到更多的社会参与机会，但同时也需要与原籍地相关的地方依恋进行抗衡，这使幸福感在短期内变得不稳定。在老龄化进程中，地方依恋具有极其重要的意义，因为老年人通过对地方的依赖来获得自主权，而不是在晚年追求独立。此外，老年人凭借着他们的生活经验和充满回忆的历程，深深地依附于所在地。同时，他们所居住的地方（包括对基础设施和其他资源的依赖）以及所处的社会环境可能会受到气候变化的影响，从而增加了他们的脆弱性并使得他们的社会地位变得更加不稳定。[③] 在孟加拉国，老年人仍然严重依赖家人。在灾难发生时，通常是家人来照顾他们。然而，尽管他们在灾难期间可能会受到相当大的关注，但他们有时也可能成为无知和忽视

---

① 参见联合国：《关于在气候变化背景下促进和保护老年人权利的分析研究报告》（A/HRC/47/46[R/OL]），(2021－07－12)[2024－06－17]，第 8 页，https://documents. un. org/doc/undoc/gen/g21/047/46/pdf/g2104746. pdf? token＝7vlijUpkoB14nD1dIw&fe＝true。

② 参见联合国：《关于在气候变化背景下促进和保护老年人权利的分析研究报告》（A/HRC/47/46[R/OL]），(2021－07－12)[2024－06－17]，第 5 页，https://documents. un. org/doc/undoc/gen/g21/047/46/pdf/g2104746. pdf? token＝7vlijUpkoB14nD1dIw&fe＝true。

③ See Antal H & Bhutani S. Identifying linkages between climate change, urbanisation, and population ageing for understanding vulnerability and risk to older people: A review[J]. Ageing International, 2023, 48(3): 816－839.

的受害者。在规划灾害、实际事件本身及其后果时,需要考虑他们的需求。①

二、老年人权利保护的策略

(一)人权机制

老年人享有生命权、健康权、食物权、水权和环境卫生权、适当住房权、体面工作权和发展权。这些权利载于国际文书中,包括《公民权利和政治权利国际公约》、《经济、社会及文化权利国际公约》、《消除对妇女一切形式歧视公约》和《联合国发展权利宣言》等。尽管没有专门关于老年人人权的条约,尽管其中许多文书没有明确将年龄列为禁止的歧视理由,但所有这些文书都保护老年人的人权。

许多国际文书并未具体提及老年人及其人权,但也有多份国际法律和政策文件表示,致力于应对人口老龄化带来的机遇和挑战。国际人权法上的生命权对老年人的保护,应从尊严出发,明确规定,除应符合《公民权利和政治权利公约》及其实施委员会所确定的范围之外,还应明确老年人的生命存在权、生命自主权、生命延续权等权利内容上的特点。老年人的生命存在权表现为,老年人不论年龄和身体健康程度或是否具有行动和决策能力,不能被视为无用的或者残缺的生命,更不能按年轻时的贡献大小来划分价值高低。老年人的生命自主权表现为老年人有权自主照顾自己的生命,并在此基础上谋求生命价值的实现。② 经济、社会及文化权利委员会第 6 号一般性意见(1995 年)解释道,《经济、社会及文化权利国际公约》缔约国"有义务特别注意促进和保护老龄人的经济、社会和文化权利"。这包括特别关注老年人在工作、社会保障、适足生活水平、健康、

---

① See Malak M A & Sajib A M et al. "We are feeling older than our age": Vulnerability and adaptive strategies of aging people to cyclones in coastal Bangladesh[J]. International Journal of Disaster Risk Reduction,2020,48: 101595.

② See Celorio R. The Kaleidoscope of Climate Change and Human Rights: The Promise of International Litigation for Women,Indigenous Peoples,and Children[J]. Ariz. J. Env't L. &Pol'y, 2022,13: 155.

教育和文化方面的权利。①

现今有两项区域协定专门保护老年人的人权。一是2015年的《美洲保护老年人人权公约》。该公约第25条规定了老年人享有健康环境的权利,第29条则规定了在危险和人道主义紧急情况下老年人的安全、需要和参与。二是《非洲人权和民族权宪章关于老年人权利的议定书》。该议定书第14条规定,在冲突和灾害中须保护老年人,并规定,缔约方有义务确保在紧急情况下优先获得援助的人群包括老年人,并确保老年人一向得到人道待遇、必要的医疗、保护和尊重。② 此外,《非洲联盟保护和援助非洲境内流离失所者公约》第9条第2款要求缔约方向境内流离失所的老年人提供特别保护和援助。许多国际文书内容并未具体涉及老年人及其人权,但有多份法律和政策文书表达了致力应对人口老龄化的意愿,如《马德里老龄问题国际行动计划》。

(二)气候适应措施

联合国人权高专办在报告中提出,为了完善保护老年人的国际法律制度和行动,国家和其他利益相关方应针对气候变化对老年人及其人权的影响进行系统、具体的实证研究,使用年龄包容型指标收集数据,按性别、残疾和年龄分列,并对60岁以上年龄段的数据作进一步细分;根据《巴黎协定》和国际人权法之下的承诺,将老年人权利纳入《联合国气候变化框架公约》缔约方会议今后的决定和其他气候政策协议,包括气候融资协议;考虑通过一项保护老年人人权的国际法律文书,为此应加快联合国大会第67/139号决议授权的老龄问题不限成员名额工作组的进度,应特别注意气候变化对老年人的影响,并确保他们享有安全、清洁、健康和可持续环境的权利;确保环境及可持续承诺与旨在满足老年人需求的举

---

① 参见联合国:《关于在气候变化背景下促进和保护老年人权利的分析研究报告》(A/HRC/47/46[R/OL]),(2021-07-12)[2024-06-17],第7页,https://documents.un.org/doc/undoc/gen/g21/047/46/pdf/g2104746.pdf? token=7vlijUpkoB14nD1dIw&fe=true。

② See OAU/AU Treaties, Conventions, Protocols & Charters. African Union. [EB/OL]. [2024-06-17]. Available at: https://au.int/en/treaties/protocol-african-charter-human-and-peoples-rights-rights-olderpersons.

措，例如世界卫生组织对老年人友好城市的倡议和联合国2021—2030年健康老龄化行动十年之间的政策一致和一体化。①

1. 老年人气候策略参与度的增加

有意义和有效的气候行动需要所有受影响社区和群体的参与，这种参与受到国际人权法的保障。必须尊重、保护和实现老年人的参与权，并为他们参与气候行动创造真正的机会，包括采取必要措施，为他们提供相关气候信息，并消除他们融入的障碍。

老年人作为顾问和知识保管者的一面应被重视，而不仅仅将其作为气候灾害的“元凶”看待或者被忽略。许多老年人积累了多年经验与知识，作为环境相关传统知识的守护者。在此基础上，也不应将所有的老年人一概定性。许多老年人还具备习得的经验、技能和能力，因而能够为气候行动做出重大贡献。世界上许多最有权力和最富有的人，包括国家元首、商界和社区领袖，都属于老年群体。对于寻求气候解决方案和解决气候变化的负面人权影响而言，这一人群掌握的巨大资源十分宝贵。他们曾经在导致气候变化的情况中获得巨大利益，因而负有解决其负面后果的人权责任。② 受到气候相关灾害威胁或发生气候相关灾害之后，老年人的贡献有助于社区恢复和发展复原力。老年人或许能够利用以往灾难或其他威胁的经验。③

一些利益攸关方指出了环境和可持续性规划中一些纳入对老年人的考虑的努力。芬兰和斯洛伐克的国家气候变化适应计划要求考虑包括老年人在内的风险群体的视角，瑞士的计划包括减少热浪对老年人影响的措施。孟加拉国的一些气候和灾害法律及政策条款对老年人给予了关

---

① See Sarkar S M & Dhar B K et al. Climate Change and Aging Health in Developing Countries[J]. Global Challenges, 2023, 7(8): 2200246.

② 参见联合国：《关于在气候变化背景下促进和保护老年人权利的分析研究报告》(A/HRC/47/46[R/OL]), (2021-07-12)[2024-06-17], 第9页, https://documents.un.org/doc/undoc/gen/g21/047/46/pdf/g2104746.pdf? token=7vlijUpkoB14nD1dIw&fe=true。

③ 参见联合国：《关于在气候变化背景下促进和保护老年人权利的分析研究报告》(A/HRC/47/46[R/OL]), (2021-07-12)[2024-06-17], 第5页, https://documents.un.org/doc/undoc/gen/g21/047/46/pdf/g2104746.pdf? token=7vlijUpkoB14nD1dIw&fe=true。

注。墨西哥已在实现《巴黎协定》之下的国家自主贡献,执行与森林和砍伐森林有关的战略,并在专为从事可持续农业活动的老年农民提供支持的方案的工作中纳入了尊重老年人权利。德国科隆市制定了一项"老年人高温行动计划",英国的曼彻斯特则将气候行动纳入了"老龄友好战略"。①

2. 宣传

目前,发展中国家对气候变化的宣传力度不足,且公众对气候变化对健康的认识有待提高。有学者建议将气候变化对健康的影响纳入健康素养。② 通过普及健康知识,提升老年人健康防护能力,例如,开展健康咨询、公开讲座、宣传口号、宣传册、甚至展览等,都是健康教育和宣传的极好形式,发展中国家应大力开展气候变化对老年人健康影响的宣传活动。为了提高老年人对气候变化对健康影响的认识,发展中国家应引入应对气候变化的重大战略、指导方针和政策,以及气候变化对老年人健康的影响。③ 此外,培养一批宣传人员,如与老年人密切相关的社区工作者、养老院的护理人员和医疗机构的医务人员,向老年人宣传气候变化及其不利影响,并通过积极干预维护老人的健康权。

3. 灾害风险管理

已将老年人纳入减少灾害风险和灾害应对工作的国家也有一些。例如,柬埔寨在灾害疏散中优先考虑老年人,菲律宾国家经济和发展管理局的《灾后复原及恢复规划指南》要求收集按年龄分列的数据。

三、关于气候变化与老年人权利的案例

在老年妇女组织诉瑞士案中,瑞士老年妇女气候保护协会是瑞士的

---

① 参见联合国:《关于在气候变化背景下促进和保护老年人权利的分析研究报告》(A/HRC/47/46[R/OL]),(2021-07-12)[2024-06-17],第 4 页,https://documents.un.org/doc/undoc/gen/g21/047/46/pdf/g2104746.pdf? token=7vlijUpkoB14nD1dIw&fe=true。

② See Kotcher J & Maibach E et al. Views of health professionals on climate change and health: a multinational survey study[J]. The Lancet Planetary Health, 2021, 5(5): e316-e323.

③ See Sarkar S M & Dhar B K et al. Climate Change and Aging Health in Developing Countries[J]. Global Challenges, 2023, 7(8): 2200246.

一家老年民间组织,其超过1/3的成员在75岁以上。该组织主张全球变暖引发的热浪给她们的家庭生活和身体健康带来严重威胁,并于2020年连同其他四位个人向欧洲人权法院提出申诉。她们指控瑞士政府未能履行《瑞士宪法》和《欧洲人权公约》规定的义务,没有引导瑞士走上与将全球气温升幅控制在工业化前水平以上远低于2℃的目标相一致的减排轨道。请愿者声称,她们的人口群体特别容易受到气候变化带来的热浪的影响,因此欧洲人权法院必须从妇女健康权利的角度审查该案件。

该申请列出了三项主要投诉:瑞士气候政策不完善,侵犯了《欧洲人权公约》第2条和第8条规定的妇女的生命、健康尊重私人和家庭生活的权利;瑞士联邦最高法院以任意理由驳回了他们的案件,违反了《欧洲人权公约》第6条规定的公平审判权;瑞士当局和法院没有处理他们的申诉内容,违反了《欧洲人权公约》第13条中获得有效补救的权利。[①] 申请人指出了瑞士老年妇女气候保护协会的性质和使命,而就其他人而言,他们声称自己是受气候变化影响的最弱势群体的成员。有证据表明,热浪对老年妇女的生活和健康的影响比其他人群更严重。她们提出,这可以从她们的案例中看出,因为她们都有各种受热浪影响的健康损害,而且由于预计热浪的频率和持续时间会增加,这种不利影响会随着时间的推移而加剧。[②]

2018年11月27日,瑞士联邦行政法院驳回上诉,认为75岁以上的瑞士女性并非完全受到气候变化的影响。2019年1月,原告针对该判决向瑞士最高法院提出上诉。2020年5月20日,瑞士最高法院驳回上诉。该法院认为,原告所主张的权利并未受到足够严重的影响,她们寻求的补救措施必须通过政治手段而非法律手段来实现。2020年11月26日,在用尽瑞士所有可用的法律补救措施后,原告向欧洲人权法院提出申请。在用尽所有可用的国家补救措施后,瑞士最高法院的最终决定于2020年5月传达给各方。2021年9月21日,国际法学家委员会(ICJ)和国际法

① See ECtHR. Klima Seniorinnen v. Switzerland.

② See ECtHR. Klima Seniorinnen v. Switzerland.

学家委员会瑞士分会(ICJ-CH)提交了一份第三方干预意见,提供了关于气候变化对生命权以及尊重私人和家庭生活的权利的影响的意见,除此之外,还考虑到国际环境法原则以及这些权利所产生的家庭和国家的积极义务。

2024年4月9日,欧洲人权法院裁定瑞士政府侵犯了尊重私人和家庭生活的权利(第8条)和诉诸法庭的权利(第6条第1款)。该法院认为,《欧洲人权公约》第8条包含了获得国家当局有效保护的权利,使其免受气候变化对生命、健康、福祉和生活质量的严重不利影响。该法院认为,瑞士未能履行《欧洲人权公约》规定的有关气候变化的积极义务,在建立相关的国内监管框架(包括碳预算或国家温室气体排放限制)方面存在重大差距。瑞士也未能实现其过去的温室气体减排目标。该案以老年妇女的胜诉落幕,法院虽然承认国家当局在实施立法和措施方面享有广泛的自由裁量权,但认为瑞士当局没有及时并以适当的方式采取行动,以制定和实施该案的相关立法和措施。此外,该法院认为,《欧洲人权公约》第6条第1款适用于瑞士老年妇女气候保护协会关于根据现行国内法有效实施缓解措施的申诉。

第五节　气候变化对残疾人权利的影响及应对

《联合国气候变化框架公约》缔约方会议、联合国人权理事会和联合国人权高专办特别指出,残疾人是最有可能不成比例地受到气候变化影响的群体之一。[①] 根据《联合国残疾人权利公约》中关于残疾人的定义,残疾人易受气候变化影响的脆弱性可被理解为其长期身体、精神、智力或感官损伤以及阻碍其充分参与社会的多重障碍共同作用的结果。有越来越多的证据表明,残疾人的生活、健康和福祉可能会受到气候变化后果的

---

① 参见联合国:《关于气候变化与人权的关系》(HRC/41/21[R/OL]),(2019-04-07)[2024-06-18],第22页,https://ap.ohchr.org/documents/dpage_e.aspx?si=A/HRC/41/21。

严重影响。尽管国际社会认识到残疾人更容易受到气候影响，但实践者和政策制定者、学者仍然很少关注这方面的残疾问题，使这些需求在适应气候的努力中基本上被忽略。

大多数情况下，残疾人更容易受到气候变化影响的原因是环境、政策和文化对其造成的不利影响，其生命权、健康权、适当生活水准权等都遭受着威胁。残疾在弱势人群中较为普遍，而残疾人通常是社区中最边缘化和资源匮乏的群体之一，他们受教育的机会、收入、社会论坛和决策权也都受到严重限制。

一、气候变化下的残疾人权利内容

（一）残疾人的生命权与健康权

1. 生命权

气候变化对残疾人的人权有许多不利影响。尽管气候变化对所有群体的权利都会造成损害，但残疾人受到的影响是不成比例的，并且具有独特性。① 气候变化最可能影响残疾人群体的是《公民权利和政治权利国际公约》第 6 条所规定的生命权。《联合国残疾人权利公约》第 10 条中也规定了对生命权的保护，要求缔约国采取一切必要措施，确保残疾人实现与非残疾人的平等。针对残疾人的具体措施应包括确保他们平等获得基本服务和设施，以及防止执法人员对他们不合理使用武力。

在自然灾害和极端天气事件中，残疾人的死亡率高得不成比例，这证明他们特别容易受到伤害。同样，一项元审查发现，有心理健康障碍的人在热浪中死亡的可能性是普通人的 3 倍多。如前文所述，这种脆弱性可归因于现有的社会和健康不平等，以及个人和环境因素的综合作用，这些因素限制了他们的适应能力，并最终阻碍了他们享受《联合国残疾人权利公约》赋予他们的权利的能力。

① See Jodoin S, Ananthamoorthy N & Lofts K. A disability rights approach to climate governance[J]. Ecology LQ, 2020, 47: 73.

2. 健康权

根据《联合国残疾人权利公约》第25条对健康权的规定,“残疾人有权享有能达到的最高健康标准,不受基于残疾的歧视”。气候变化直接而不成比例地威胁着残疾人的健康权,在自然灾害中,由于缺乏包容性规划、无障碍信息、预警系统、交通设施以及机构内部和个人之间的歧视态度,全球残疾人的死亡率是非残疾人的4倍之多,这一事实令人震惊。极端高温与精神疾病、心肺疾病和其他残疾患者的急诊就诊率、住院率和死亡率上升有关。已有的社会心理残疾会使热浪期间的死亡风险增加两倍。气候变化不仅增加了营养不良和用水不安全的风险,还导致与压力相关的精神疾病的增加,并改变了传染病的地理分布。① 气候变化导致的自然灾害也会加剧残疾人现有的健康风险,因为这些自然灾害会破坏食物、医疗保健、安全住所和重要社会关系的供应。有慢性健康问题的人有特定的医疗和功能需求,这些需求可能会受到这些自然灾害的干扰,缺血性中风幸存者需要抗凝剂,糖尿病患者需要胰岛素,肺病患者需要补充氧气,肾衰竭患者需要定期进行血液透析。②

在高温下,不同类型的残疾人可能会受到不同程度的影响。感觉障碍患者的病情可能不会因高温而加剧,但多发性硬化症等身体残疾患者的症状可能会加重。此外,城市热岛效应可能会进一步放大高温对残疾人的影响。由于受教育水平较低、经济状况困难以及缺乏社会支持网络,农村地区的残疾人可能会更加脆弱,更容易受到高温的严重影响。③ 气候变化会加剧残疾人面临的现有健康和医疗保健不平等,由于气候变化对卫生系统的有害影响,残疾人的健康可能会受到气候变化更严重的影响。由于各种结构性因素,包括污名化、社会排斥、贫困、歧视性立法和政

---

① See Stein P J S & Stein M A. Climate change and the right to health of people with disabilities[J]. The Lancet Global Health, 2022, 10(1): e24 – e25.

② See Jodoin S, Ananthamoorthy N & Lofts K. A disability rights approach to climate governance[J]. Ecology LQ, 2020, 47: 73.

③ See Kosanic A & Petzold J et al. An inclusive future: disabled populations in the context of climate and environmental change[J]. Current Opinion in Environmental Sustainability, 2022, 55: 101159.

策,以及量身定制的服务和方案有限,[①]残疾人获得医疗服务的机会可能减少,健康状况可能比其他人差。因为无法获得医疗保健服务,他们更容易受到收入、教育、就业或适当住房等社会健康决定因素的影响。[②] 在气候变化和极端天气事件的影响下,必须采取措施保护残疾人的健康权利,确保他们得到适当的支持和保障。

(二)残疾人的食物权与粮食安全

气候变化还对残疾人群体的食物权产生了严重影响。《联合国残疾人权利公约》第 28 条第 1 款规定了食物权的内容。气候变化正逐渐威胁着世界各地的粮食安全问题,残疾人及其家庭不成比例地受到影响,他们粮食短缺和营养不良程度往往高于一般人群。

气候变化已经削弱了一些社区养活自己的能力,随着气温上升,受影响的人数将会增加。[③] 粮食产量下降将对生活已经很贫困的人产生不利影响,包括残疾人,他们比其他人更有可能生活贫困。笔者预计气候变化将加剧世界最贫穷地区的粮食短缺和营养不良状况,同时也对农业和社区企业的生计产生负面影响。这可能会对最贫困社区人民的生活质量产生不利影响,这些社区的残疾人比例过高。[④]

(三)残疾人的适当住房权

气候变化将影响残疾人的适足住房权,其中包括保有权保障、免受强迫驱逐、服务提供、无障碍环境和文化适足性等权利。这些风险不仅限于残疾人,其他人群也可能感受到。联合国人权高专办注意到,海平面上升

---

① 参见联合国. 残疾人权利问题特别报告员就促进和保护人权:人权问题,包括增进人权和基本自由切实享受的各种途径的报告(A/73/161[R/OL]),(2018 - 07 - 16)[2025 - 05 - 21],第 8 页,https://docs. un. org/zh/A/73/161。

② See Stein P J S & Stein M A. Climate change and the right to health of people with disabilities[J]. The Lancet Global Health,2022,10(1):e24 - e25.

③ 参见联合国:《与享有安全、清洁、卫生和可持续环境有关的人权义务问题特别报告员的报告》(A/HRC/31/52[R/OL]),(2016 - 02 - 01)[2024 - 06 - 17],第 12 页,https://documents. un. org/doc/undoc/gen/g16/031/52/pdf/g1603152. pdf? token = 7vlijUpkoB14nD1dIw&fe = true。

④ 参见联合国:《关于在气候变化背景下促进和保护残疾人权利的分析研究报告》(A/HRC/44/30[R/OL]),(2020 - 06 - 22)[2024 - 06 - 17],第 5 页,https://documents. un. org/doc/undoc/gen/g20/044/30/pdf/g2004430. pdf? token = 7vlijUpkoB14nD1dIw&fe = true。

和风暴潮正在直接影响一些沿海定居点，威胁到住房、关键基础设施和其他服务。残疾人往往是更加脆弱的群体，他们通常缺乏适应能力或经济保障，无法迁移到质量更好的住房或风险较小的地区，面临寻找以无障碍方式设计的房屋的挑战。气候变化导致更多人流离失所，这可能进一步削弱适当住所和住房的可用性。①

气候变化对残疾人的适当住房权产生了影响。土著残疾人可能生活在特别容易受到气候变化影响的地区，如沿海地区、太平洋地区和北极地区，并且面临更高的突发事件风险。在紧急情况下，环境障碍可能会阻止残疾人进入庇护所和安全空间。残疾人在寻找无障碍住宅时经常遇到障碍，气候变化可能进一步损害适当住房。贫困者的适应能力，例如搬到不太易受灾害影响的地区或获得高质量住房的能力，往往较差。包括残疾人在内的许多人别无选择，只能移入城市贫民区和非正规定居点，并在危险地区建造棚户。② 据估计，已经有10亿人生活在城市贫民区、居住在危险山坡或易遭洪涝的河岸上，面对极端气候事件时极为脆弱。贫民窟缺乏基础设施和服务，疾病的发病率高，在获得安全饮用水和卫生设施方面存在挑战。这种环境对残疾人构成更大的障碍。③

（四）水和环境卫生安全权

气候变化还将损害残疾人的水权。《联合国残疾人权利公约》第28条规定了这一权利，强调平等获得清洁水服务是确保残疾人获得社会保护的一项措施。对于已经在获取安全饮用水方面面临障碍的残疾人来说，缺水问题可能会进一步加剧，比如受极端天气事件影响更难获得水源。气候变化对适足卫生设施权构成威胁，因为卫生条件差是导致水污

---

① 参见联合国：《关于在气候变化背景下促进和保护残疾人权利的分析研究报告》（A/HRC/44/30[R/OL]），(2020-06-22)[2024-06-17]，第5页，https://documents.un.org/doc/undoc/gen/g20/044/30/pdf/g2004430.pdf? token=7vlijUpkoB14nD1dIw&fe=true。

② 参见联合国：《联合国人权事务高级专员关于气候变化与人权的关系问题的报告》（A/HRC/10/61[R/OL]），(2009-01-15)[2024-06-17]，第11页，https://documents.un.org/doc/undoc/gen/g09/103/43/pdf/g0910343.pdf? token=7vlijUpkoB14nD1dIw&fe=true。

③ 参见联合国：《关于在气候变化背景下促进和保护残疾人权利的分析研究报告》（A/HRC/44/30[R/OL]），(2020-06-22)[2024-06-17]，第5页，https://documents.un.org/doc/undoc/gen/g20/044/30/pdf/g2004430.pdf? token=7vlijUpkoB14nD1dIw&fe=true。

染和与水有关疾病的主要原因之一。气候变化，如海平面上升、热带风暴、极端降水、洪水和山体滑坡，都可能严重影响与卫生设施相关的基础设施和服务，并在许多情况下加剧现有的残疾人的脆弱性。

（五）工作权和就业权

气候变化还对残疾人群体的工作权和就业权产生影响。根据《联合国残疾人权利公约》第27条的规定，工作权包括残疾人在开放、包容和无障碍的工作环境中自由工作的权利。气候变化可能会损害普通民众的这一权利，因为气候变化可能以不同的方式导致不同经济部门的衰退，进而导致失业率上升。恶劣天气事件造成的基础设施破坏和人口流离失所也会产生重大的经济后果，可能直接影响工作权。此外，气温升高、降雨量变化无常以及水盐碱化等缓慢发生的事件将影响农业生计和获得安全工作条件的机会。气候变化对残疾人工作权的影响尤为严重，因为他们已经面临着在就业方面存在的重大障碍，尤其容易受到与环境退化相关的风险和危害的影响。① 有研究指出，由于残疾人感知到的和实际存在的限制，他们参与以灾后恢复为导向的短期就业机会的数量有限。②

（六）迁徙自由

气候变化可能会削弱世界各地残疾人群体的迁徙自由，尤其是不流离失所的权利。气候引起的移徙和流离失所对残疾人的影响更为严重，因为气候变化侵蚀和破坏了本来就紧张的服务和基础设施，同时也影响了残疾人所依赖的有限支持网络和谋生机会。对于这些残疾人来说，重新安置的可能性通常较小；许多人需要特殊的支持系统，如个人助理、医疗设备或服务动物，而这些系统难以运送到新的地点，并且高度依赖于基本服务，如水和电。③ 在加拿大，移民政策长期以来一直以国家的经济需

---

① See Jodoin S, Ananthamoorthy N & Lofts K. A disability rights approach to climate governance[J]. Ecology LQ,2020,47: 73.

② See Lord A. Citizens of a hydropower nation: Territory and agency at the frontiers of hydropower development in Nepal[J]. Economic Anthropology,2016,3(1): 145 – 160.

③ See Ghenis A. Climate Change, Migration and People with Disabilities[EB/OL]. World Institute on Disability, 2015 [2024 – 06 – 17]. https://wid.org/wp-content/uploads/2018/09/migration-blogs-take – 2.pdf.

求为基准,这一标准最终影响了移民申请的审批方式。残疾人仍然被视为国家系统的经济负担,因此在甄选过程和绩点系统中面临能力歧视。这种情况并非加拿大独有,许多国家,移民政策的核心在于经济问题,残疾人往往被排斥在外。此外,一旦被迫移徙,残疾人难以谋求合适的工作或教育,并面临社会服务不足与医疗服务中断的问题。这都对残疾人构成重大风险,进一步影响其健康权等其他权利的实现。

(七)无障碍权、独立生活和融入社区权与规定个人行动能力的权利

气候变化对残疾人三项特别重要的权利影响最深,即《联合国残疾人权利公约》第 9 条规定的无障碍权,第 19 条规定的独立生活和融入社区权,以及第 20 条规定的个人行动能力的权利。《联合国残疾人权利公约》是唯一明确承认这些特殊权利的国际人权条约,因此这些特殊权利被理解为应对残疾人在社会中所面临的独特挑战,这对维护他们的尊严与平等至关重要。《联合国残疾人权利公约》第 3 条同时规定,无障碍权为该公约的原则之一,此外还将其作为工作权、就业权、康复权、受教育权、健康权的基础,可见保障残疾人群体无障碍权的重要性。

1. 无障碍权

无障碍权是实现《联合国残疾人权利公约》其他权利的先决条件,这一点在气候变化的背景下尤为重要,因为残疾人往往无法使用现有的紧急情况救援系统。此外,缓慢发生的影响以及极端天气事件会侵蚀现有基础设施,增加国家预算压力,最终限制了为残疾人提供无障碍服务的资源。气候变化引起的迁移也会限制残疾人获得医疗保健、支持系统和所需服务,从而影响他们的无障碍权利。最后,缺乏无障碍的物质环境会阻碍残疾人参与日常活动和进入重要空间(如学校),最终导致残疾人的社会生存空间被挤压。

2. 独立生活和融入社区权

虽然独立生活和融入社区权在其他人权公约中没有确切的类似条款,但它植根于国际人权法,包括公民、政治、经济、社会和文化权利。在极端天气事件发生后,独立生活和融入社区权往往受到损害,而气候变化将加剧这种情况。在自然灾害发生期间和灾后,残疾人可能难以获得住

房、交通、必要的医疗服务、就业和基本的通信渠道,最终损害了他们独立生活的权利。①

根据联合国《残疾人权利公约》第 19 条的规定,缔约国确认所有残疾人享有在社区中生活的平等权利以及与其他人同等的选择,并应当采取有效和适当的措施,以便利残疾人充分享有这项权利以及充分融入和参与社区,包括确保:(1)残疾人有机会在与其他人平等的基础上选择居所,选择在何处、与何人一起生活,不被迫在特定的居住安排中生活;(2)残疾人获得各种居家、住所和其他社区支助服务,包括必要的个人援助,以便在社区生活和融入社区,避免同社区隔绝或隔离;(3)残疾人可以在平等基础上享用为公众提供的社区服务和设施,并确保这些服务和设施符合他们的需要。②

3. 个人行动能力权利

在气候变化的背景下,残疾人群体尤其受到个人行动能力权利实现的影响。例如,严重天气事件造成的倒塌树木和建筑物等会对行动不便者或视觉障碍者的行动造成阻碍。道路、小径和人行道的状况不断发生不可预测和意想不到的变化,可能会被水淹没、结冰、积雪或因其他原因而恶化,而反常的天气模式也会损害个人行动能力权利。这对于行动不便者(如使用轮椅者)的安全造成了很大影响。除了摔倒或被卡住的风险外,残疾人在寻找替代路线(如主干道)时也面临安全风险。在极端的冬季条件下使用公共交通也有类似的风险:通常情况下,坡道和电梯会结冰,司机也缺乏如何帮助行动不便者的知识。此外,热浪可能会阻止因慢性疾病而对热敏感的人离开家门并获得他们所需的服务。最后,应急规划往往没有考虑到残疾人的疏散需求。③

---

① See Ghenis A. Climate Change, Migration and People with Disabilities[EB/OL]. World Institute on Disability, 2015[2024 - 06 - 17]. https://wid. org/wp-content/uploads/2018/09/migration-blogs-take - 2. pdf.

② See UNCRPD, Art. 19.

③ See Ghenis A. Climate Change, Migration and People with Disabilities[EB/OL]. World Institute on Disability, 2015[2024 - 06 - 17]. https://wid. org/wp-content/uploads/2018/09/migration-blogs-take - 2. pdf.

孟加拉国、肯尼亚和瓦努阿图在应对气候变化方面普遍未考虑到残疾人的权利,并未采取政策措施加强他们对气候变化的适应能力。关于残疾人被排除在适应努力之外的大部分证据都与减少灾害风险的子领域有关。根据美国国家残疾人委员会2005年的报告,现有的备灾和应急系统仍然是为非残疾人设计的,因为这些计划涉及行走、跑步、驾驶、视觉和听觉等活动。①

二、残疾人权利保护的策略

2016年世界人道主义峰会明确讨论了将残疾人纳入人道主义范畴的问题。该峰会的主要成果之一是《将残疾人融入人道主义行动宪章》。该宪章敦促各国政府确保人道主义行动将残疾人纳入其中,让他们更多地参与人道主义方案的规划和实施,并确保消除无障碍救济、保护和支持的障碍。其他适用于气候变化背景下的著名残疾人权利政策文书包括:2007年的《关于在发生灾害时援救残疾人的维罗纳宪章》、2012年的《亚洲及太平洋残疾人"切实享有权利"仁川战略》、2015年的《关于残疾与灾害风险管理的达卡宣言》。各国应确定并追求实现残疾人权利与实现经济低碳化以及使社会做好应对未来气候影响的准备之间的协同作用。除了实现残疾人的权利和促进一个更具包容性的世界之外,兼顾残疾问题的气候解决方案还能产生积极的成果,使更多的人口能够为实现碳中和做出贡献,并增强整个社会的气候适应能力。②

按照联合国可持续发展目标的要求,各国应利用参与、包容、赋权、不歧视和无障碍等人权原则,提高残疾人的健康平等。要实现具有气候复原力的健康平等,就需要增强残疾人及其组织的能力,使他们能够在公平参与的规划和实施过程中代表自己的需求及确定解决方案,并通过残疾

① See Lord J E. Disability-inclusive disaster preparedness and response: challenges and opportunities for reconstruction in Haiti[C]//Proceedings of the ASIL annual meeting. Cambridge University Press,2010,104: 118 - 122.

② See Jodoin S, Ananthamoorthy N & Lofts K. A disability rights approach to climate governance[J]. Ecology LQ,2020,47: 73.

指标和交叉分析加以验证。使残疾人能够进入医疗保健行业,并在发展和减少灾害风险方面开展合作,可以提供尚未开发的有关残疾歧视和适应的知识。各国政府应将残疾人组织作为利益相关者,以确保制定兼顾残疾问题的健康适应规划。残疾指标和分类数据对于制定兼顾残疾问题的政策至关重要。医疗保健设施必须是无障碍的,包括灾后。值得称赞的是,世界银行已承诺进行包容性的灾后重建。①

残疾的社会模式认为,残疾不是个人的缺陷所致,而是社会的组织方式造成的。这一观点在社会对残疾人持消极态度、缺乏无障碍的物质结构、存在歧视性的政策以及支持体系的缺乏等方面得到体现。基于权利的理解将残疾人视为权利的持有者,他们有权获得法律保护,免受歧视,并实现与非残疾人同龄人的实质性平等。这一模式承认缺陷是人类多样性的一部分,残疾人可能因社会所设立的障碍需要支持,也可能因个人潜在的生理缺陷需要支持。残疾人权利方法不仅要求消除歧视,还要求采取措施,消除阻碍残疾人充分享有权利的物质、经济、制度和社会障碍,此外,还应考虑到其他形式的边缘化和歧视可能对残疾妇女、儿童和少数族裔造成的不利影响。②

(一)人权机制

目前,国际法中有明确的法律义务和标准,规定政府在气候变化问题上应如何咨询、保护和赋权于残疾人。《巴黎协定》指出,当缔约方致力于应对气候变化时,他们应尊重、促进和考虑其对若干人权的义务,包括残疾人和弱势人群的权利。③

气候治理的残疾人权利方法强调在制定、实施、监测和评估气候政策及计划时,承认和保护残疾人所拥有的实质性和程序性权利的重要性。除了简单地确保残疾人的权利不因气候变化和为应对气候变化而采取的

① See Stein P J S & Stein M A. Climate change and the right to health of people with disabilities[J]. The Lancet Global Health,2022,10(1): e24 – e25.

② See Jodoin S, Ananthamoorthy N & Lofts K. A disability rights approach to climate governance[J]. Ecology LQ,2020,47: 73.

③ See Paris Agreement.

任何行动而受到损害外,残疾人权利方法还要求政府确保气候解决方案有助于使社会更无障碍和更具包容性。从残疾人权利的角度出发,各国也有义务采取气候适应政策,保护残疾人在与气候有关的紧急情况中不受伤害,并增强他们对气候影响的适应能力。①

《联合国残疾人权利公约》旨在保护残疾人享有的广泛人权。它包括对公民权利和政治权利的保护,如生命权、诉诸司法权、人身自由和安全权、不受剥削权、不受暴力和虐待权、身心健全权、迁徙自由权、表达和意见自由权以及参与政治和公共生活权。《联合国残疾人权利公约》还包括应对残疾人面临的特殊挑战的条款。为了保护这些权利,《联合国残疾人权利公约》要求缔约国修改国内法律、政策和法规以承认这些权利,在制定政策和计划时考虑残疾人的权利并与残疾人协商,采取措施消除基于残疾的歧视,并促进通用设计和无障碍环境。② 缔约国还必须设立国家协调中心以及独立机制,以促进和监督公约义务的履行,包括创造无障碍环境使残疾人能够独立生活和融入社区,增强其个人行动能力以及进行适应训练和康复。随着各国采取措施来应对气候变化并适应其影响,了解如何以尊重、保护和实现残疾人的人权来设计和实施这些努力至关重要。

《联合国残疾人权利公约》第 11 条强制要求缔约国在危险情况下,包括在人道主义紧急情况和自然灾害中,确保残疾人获得保护和安全。③联合国人权高专办关于第 11 条下残疾人权利的专题研究阐述了缔约国在防备和应对风险局势和人道主义紧急情况时应遵守的人权标准。这些标准包括缔约国有义务通过或改革国家的应急计划和议定书,使其包容残疾人并确保其无障碍,包括将残疾人纳入疏散计划,并根据需要提供预

---

① See Ghenis A. Climate Change, Migration and People with Disabilities[EB/OL]. World Institute on Disability, 2015 [2024 - 06 - 17]. https://wid. org/wp-content/uploads/2018/09/migration-blogs-take - 2. pdf.

② See UN Committee on the Rights of Persons with Disabilities. General Comment No. 6 on Equality and Non-Discrimination. U. N. Doc. CRPD/C/GC/6[R/OL]. (2018 - 04 - 26)[2024 - 06 - 17][hereinafter CRPD].

③ See UN Committee on the Rights of Persons with Disabilities. Convention on the Rights of Persons with Disabilities (CRPD), Article 11.

算拨款。此外,缔约国有义务将残疾因素纳入其人道主义援助政策的主流,包括其移民和难民政策。缔约国也有义务确保有不同类型障碍的人无障碍地获得与紧急情况有关的信息,并以其在领土上使用的语言提供这些信息。这些标准符合《2015—2030 年仙台减少灾害风险框架》中概述的建议。该框架是在 2015 年 3 月举行的联合国世界减少灾害风险大会上通过的一项不具约束力的国际文书。随后该框架于 2015 年 6 月获得联合国大会的批准。

由独立专家组成的残疾人权利委员会负责审查缔约国提交的报告,并向缔约国政府提出意见和一般性建议。① 此外,有 92 个国家批准了《〈联合国残疾人权利公约〉任择议定书》。该议定书使残疾人权利委员会能够接受和审查个人或团体提交的声称违反《联合国残疾人权利公约》的投诉,并对议定书缔约国严重或系统违反《联合国残疾人权利公约》的情况进行调查。其他发展中国家也面临相似的挑战:缺乏残疾问题的可靠数据、行政基础设施不完善、政府机构之间缺乏跨部门协作,以及私人和非国家行为者的参与有局限性。这些因素都可能导致执行层面的差距。《联合国残疾人权利公约》并非没有局限性,而且在执行方面仍然存在重大差距,但它提供了一个有用的工具,残疾人活动家及其盟友可以利用这一工具,包括通过提起国内诉讼,消除其社会中的平等障碍。世界一些地区在区域和国家层面发起残疾人权利诉讼有助于增强残疾人的权能,保护他们的权利。

在气候恢复力方面,《联合国残疾人权利公约》认为,确保残疾人的充分参与将大大推进整个社会的人的发展、社会经济发展。因此,"充分和切实地参与和融入社会"被确立为该公约的一般原则,载入了第 3 条。为此,第 4 条要求缔约国在制定和实施与残疾人相关的立法和政策时,与残疾人协商并让他们积极参与。② 随后的条款进一步阐明了各种公民、

---

① See UN Committee on the Rights of Persons with Disabilities. Convention on the Rights of Persons with Disabilities (CRPD), Article 34.

② See UN Committee on the Rights of Persons with Disabilities. Convention on the Rights of Persons with Disabilities (CRPD), Article 34.

文化、经济和政治权利，其中包括参与和社会包容的权利，还包括不受歧视地参与公共事务的权利。

（二）气候适应策略

在气候适应和灾害风险管理领域，残疾人的权利经常被忽视，这可能侵犯了他们的平等权和包容性权利。一些国家的气候适应工作未能充分考虑残疾人的特殊需求，也没有采取政策来提高他们对气候变化和灾害的适应能力。几乎没有证据表明各国在制定和实施气候政策及方案时有效地咨询了残疾人或考虑了他们的权利。

1. 增强残疾人的气候变化战略参与

尽管《联合国残疾人权利公约》明确规定各国有义务与残疾人磋商并在国际上促进他们的权利，但与妇女、儿童和青年或土著人民不同，残疾人目前并不拥有使他们能够参与多边气候谈判的支持者。此外，有学者在对《联合国气候变化框架公约》决策过程中提及残疾问题的所有内容进行审查后发现，残疾人很少得到各国的关注，他们只是被列入弱势群体名单，而不是尊重和实现其权利的具体倡议的重点，其他群体已通过设立的土著人民平台或通过《性别问题行动计划》获得保障。① 构建可持续的计划、政策和方案的过程中也往往忽视残疾人的残疾经历，导致无法满足残疾人的需求。缺乏关于残疾经验的知识以及将残疾人排除在环境政策过程之外，损害了残疾人的政治公民身份。这种情况还导致了无法实施的政策和计划，加强了现有的社会、经济和制度不平等，并阻碍了残疾人的复原力和恢复能力。残疾人的社会参与对减少风险至关重要，因为它促进了信息交流，并激发了行动的动机。当个人能够参与政策和规划过程时，他们也更有可能从事积极的风险减少行为，例如收听新闻和制定应急计划。此外，可持续气候恢复计划的可行性高度依赖于参与群体的参与。②

---

① See Jodoin S, Ananthamoorthy N & Lofts K. A disability rights approach to climate governance[J]. Ecology LQ, 2020, 47: 73.

② See Jodoin S, Ananthamoorthy N & Lofts K. A disability rights approach to climate governance[J]. Ecology LQ, 2020, 47: 73.

残疾人也必须被确认为自己权利的代理人、制定者和实施者。残疾学技术科学挑战了有价值的科学知识和技术变革从中立的、非残疾的身体心理出发的假设，并将残疾人视为“建设和拆解世界以实现更公正的社会关系的有效推动者”。[①] 例如，在20世纪60年代和70年代，残疾积极分子采取了直接行动，他们在美国城市的人行道上铺设了自己的斜坡，推动民选官员通过法律，将这些斜坡作为城市生活的强制性特征。残疾人处于创造、设计和倡导政策、实践和技术的前沿，这些政策、实践和技术使他们能够克服障碍，自主地、有尊严地生活，并改变了他们与之相互作用的空间、文化和机构。[②] 在气候治理的背景下，这种方法凸显了残疾人作为重新配置人类社会与气候变化之间关系的与其他人共同作为创造者的作用。考虑到残疾人为抵御自然灾害而开发的知识、资源和社区，以及他们每天必须面对的结构性障碍，他们作为知识者和创造者的作用在未来应受到特别重视。由于气候变化的影响，他们的生活可能会变得更加具有挑战性。

2. 灾害风险管理

在一些地区如孟加拉国、肯尼亚和瓦努阿图，残疾人的权益常常被忽视，导致他们在灾害发生时更加脆弱。在印度尼西亚，虽然残疾人组织一直在努力提高残疾人的抗灾能力和促进集体减灾，但这些努力往往被政策制定者忽视。残疾人在灾害规划中的参与程度有限，导致每次新的灾害都会暴露更多残疾人被忽视或边缘化的情况。因此，根据残疾人权利委员会的建议，在设计和实施气候适应和灾害风险管理措施时，必须充分考虑所有残疾人的需求，以确保他们的权利得到充分保障，不受到任何形式的歧视和排斥。社会必须承认包括残疾人在内的所有人都是权利持有人，必须消除对他们的包容构成的重重障碍，如歧视。考虑到残疾人具体要求的交叉方法应包括问责制及按残疾状况和其他身份层次分列的数据

---

① See Hamraie A & Fritsch K. Crip technoscience manifesto[J]. Catalyst: Feminism, theory, technoscience, 2019, 5(1): 1 – 33.

② See Jodoin S, Ananthamoorthy N & Lofts K. A disability rights approach to climate governance[J]. Ecology LQ, 2020, 47: 73.

收集。它要求残疾人积极参与气候行动规划、审评程序和决策,通过与残疾人协商以确保其需求和意见被充分纳入相关政策与措施。必须支持和增强残疾人的权能,使他们能够作为变革推动者充分参与气候变化相关预防和应对进程。在紧急情况发生之后的规划和重建工作中,还必须确保场地、信息和通信畅通,确保无障碍标准得到实施。残疾人定期参与地方和地区一级的应急准备和其他减少灾害风险措施,可以预防或在灾害发生时尽量减少风险和损害。采纳通用设计原则的物质和信息基础设施将提高安全和生存机会。残疾妇女和女孩经受了多重交叉形式的歧视。①

(三)气候恢复力策略

目前存在一些以残疾问题为重点的气候恢复行动,这些行动旨在将残疾人的需求纳入主流的气候适应和缓解措施中。在印度,伊曼纽尔医院协会(Emanuel Hospital Association)与基督教盲人使团(Christian Blind Mission)合作,已在八个邦制定了包容性灾害准备计划。这些计划旨在考虑残疾人的需求,其中包括制定残疾人包容性灾害准备计划,并提供盲文急救指南。图瓦卢在其初次报告中指出,该国的气候变化政策将考虑弱势群体,而且正在制定的气候变化立法也适当考虑到弱势群体,其中也包括残疾人和有特殊需要的人。② 一些计划强调必须确保残疾人参与减少灾害风险的工作。在印度尼西亚开展的一个项目,旨在确保失学残疾儿童参与减少灾害风险的工作。该项目针对失学残疾儿童无法获得相同备灾信息的问题,采取了训练培训师的措施进行宣传。他们首先为地区一级的政府官员提供培训,然后由这些官员培训村级的个人,最终向失学的残疾儿童提供相关信息。③

---

① 参见联合国人权理事会:《关于在气候变化背景下促进和保护残疾人权利的小组讨论》(A/HRC/46/46),(2021-05-28)[2024-06-17],第10页,https://documents.un.org/doc/undoc/gen/g21/046/46/pdf/g2104646.pdf? token=7vlijUpkoB14nD1dIw&fe=true。

② 参见联合国残疾人权利委员会:《图瓦卢根据〈公约〉第35条提交的初次报告》(CRPD/C/TUV/1),(2019-03-07)[2024-06-18],第20页,https://digitallibrary.un.org/record/3794835? ln=zh_CN&v=pdf。

③ See Jodoin S, Ananthamoorthy N & Lofts K. A disability rights approach to climate governance[J]. Ecology LQ,2020,47:73.

三、残疾人权利保护的案例

(一)穆尔纳诉奥地利案(Müllner v. Austria)

在穆尔纳诉奥地利案中,患有温度依赖性多发性硬化症的患者穆尔纳对奥地利政府提起诉讼,指控政府未能制定有效的气候保护措施,侵犯了他的人权。

请愿人声称,奥地利政府对气候危机不采取行动,侵犯了他根据《欧洲人权公约》第8条享有的宪法权利,以及根据第2条享有的生命权面临可预见的风险。请愿人还声称,他在奥地利法律体系中没有可用的有效补救措施,这侵犯了他根据《欧洲人权公约》第13条享有的权利。在申请中,原告还请求根据《欧洲人权公约》第41条对该案进行快速审理,因为该案极为紧迫,而且对原告的身心健康造成了深远影响。[①] 该案尚处于待决的状态,但气候变化对残疾人权利的影响可见一斑。

(二)美国布鲁克林残疾人独立中心诉布隆伯格案(Brooklyn Center for Independence of the Disabled v. Bloomberg)

在美国布鲁克林残疾人独立中心诉布隆伯格案中,布鲁克林残疾人独立中心根据《美国残疾人法》提起集体诉讼,声称纽约市在规划和应对紧急情况和灾难时没有充分考虑残疾人的需求。最终,法院认为,该市只在某些方面满足了残疾人的需求,没有充分考虑残疾人的需求,比如疏散计划中没考虑残疾人的权利,没有按照《美国残疾人法》的规定提供无障碍避难所,也没有就无障碍应急服务的可用性和位置与残疾人进行充分沟通。在此判决之后,双方达成和解,纽约市同意对灾害规划进行全面改进,包括以下内容:

(1)聘请一名残疾人和无障碍及功能需求协调员,负责监督该市的应急计划,确保这些计划既能满足残疾人的需求,又符合州和联邦法律的规定。

(2)成立残疾人社区咨询小组,以便残疾人能够就该市的应急计划

---

① See Mex M v Austria. European Court on Human Rights; Strasbourg, France; March 25, 2021.

提出建议。

(3)与纽约大都会运输署、出租车和豪华轿车委员会以及纽约市住房管理局合作,制定紧急情况下的无障碍交通计划。

(4)组建一个纽约市/《美国残疾人法》高层建筑疏散工作组,由市政府和残疾人组织的代表组成。

(5)建立一个紧急情况后拉票行动,对残疾人进行调查,以确定和评估他们的关键需求。

(6)建立至少 60 个无障碍应急中心。①

该解决方案为在其他情况下设计兼顾残疾问题的备灾政策提供了思路。然而,在设计兼顾残疾问题的气候适应方面取得进展的障碍依然存在,包括需要更好的灾害背景下的残疾数据;灾害组织需要关注改变环境以适应残疾人,而不仅是帮助有缺陷的个人适应其处境;参与减少灾害风险的机构和项目需要"支持性的态度、结构和系统";缺乏与残疾人的协调和残疾人参与,以及相应地增加残疾人的代表性的需要;社会对残疾人的持续歧视、边缘化和剥削。消除这些障碍可以更好地支持残疾人应对极端天气事件的适应能力。正如美国布鲁克林残疾人独立中心诉布隆伯格案的例子所示,将残疾人权利充分纳入气候适应和灾害准备政策需要预先存在的法律,该法律要求政府强制将残疾人权利纳入其政策,并在残疾人权利未得到保障的情况下为其提供司法途径。在有残疾人权利立法的国家,残疾人必须拥有提起诉讼的可能性,以确保他们的权利在实践中得到保护。② 在美国,联邦紧急事务管理局通过设立残疾人融合与协调办公室(Office of Disability Integration and Coordination)实现《美国残疾人法》的目标。该办公室自 2016 年成立,使命是为联邦、州与地方政府以及公共部门和非营利组织提供必要的工具、方法和战略,以确保在应急管理的各个阶段残疾人都能平等地获得服务。

---

① See Brooklyn Center for Independent of the Disabled. 980 F. Supp. 2d: 596.

② See Ghenis A. Climate Change, Migration and People with Disabilities[EB/OL]. World Institute on Disability, 2015[2024 - 06 - 17]. https://wid.org/wp-content/uploads/2018/09/migration-blogs-take-2.pdf.

第六节 气候变化对少数族裔权利的影响及应对

少数族裔通常指人数较少,但具有共同宗教、种族或语言特征的群体。例如欧洲的罗姆人、印度的达利特人和穆斯林以及哥伦比亚的非洲后裔。由于环境的脆弱性和资源的有限性,居住在偏远地区的少数族裔群体通常被认为是最容易受到气候变化影响的人群之一。气候变化下少数族裔对所面临的人权威胁往往缺乏足够的认识和关注。少数族裔群体在气候相关的灾害发生后的第一时间以及在地方、国家和国际各级官方规划应对气候变化的过程中,都受到不利条件和歧视的影响。这种缺乏认识和应对的情况使少数群体更加脆弱,使他们更难以应对气候变化带来的挑战,从而加剧了其处境的困难。

一、气候变化下的少数族裔权利内容

(一)少数族裔的健康权和生命权

气候变化对少数族裔群体的健康权和生存权产生了严重影响。在气候变化加剧的背景下,少数族裔群体的健康权面临更大的挑战和威胁。他们往往生活在较为脆弱的环境中,因此更容易受到自然灾害的影响。

气候变化的环境不公正在很多情况下可能会加剧现有的种族健康不平等。有色人种社区通常承受着累积的环境危害暴露所带来的不成比例的健康风险,也遭受着气候变化下不成比例的人权负面影响,这些社区常常承受着空气、水和土壤污染等环境问题的加剧。对于一些社区来说,最紧迫的环境问题可能是当地的洪水、工业污染、饮用水污染,甚至是肥胖、糖尿病和食物短缺等健康问题。通过广泛审查健康研究,有学者发现黑人母亲最容易同时接触空气污染和热应激,从而增加了她们面临不良妊

娠风险的可能性,例如早产、低出生体重和死产。[①] 这种情况可能侵犯了这些群体的健康权利,尤其是黑人母亲在怀孕期间面临更高的健康风险,可能导致其受到不公平对待,得到不平等的健康结果,他们面临更高的风险,但却没有获得足够的资源和支持来应对这些挑战。

由于种族差异而对人产生的心理健康影响,侵犯了基本的人权原则。与白人相比,黑人和西班牙裔可能会得到更严重的不良心理健康相关结果,例如焦虑、精神病和物质使用障碍。这种差异是通过急诊就诊和自我报告的症状来衡量的,并且与温度(热和冷)有关。研究发现,体温变化与精神障碍的发作或加重有关,精神疾病患者由于潜在的身体病理(例如,与精神分裂症相关的体温调节不规则)而更容易患上与高温相关的疾病;他们可能无法有效适应和应对温度变化;或者他们服用的精神科药物可能影响其体温调节功能。[②] 由于种族不平等导致的心理健康差异,一些种族群体在应对温度相关事件时可能面临更高的心理健康风险,这侵犯了他们的健康权。他们面临的心理健康问题更多的是一种对他们的不公平待遇。这种种族差异的心理健康影响还可能危及他们的人格尊严权。每个人都有权享受自己的人格尊严,而这种心理健康问题可能导致患者在社会和个人生活中受到不公平对待,从而侵犯了他们的人格尊严。[③]

(二)少数族裔的适当住房权

少数族裔往往生活在边缘地区、暴露地区,这些地区的气候变化似乎更大,也更容易受到气候影响。少数族裔社区是受气候影响最严重、最脆弱的社区。以欧洲的罗姆人社区为例,他们的住房条件普遍被认为是不健康且不舒适的。由于处境更加边缘化,他们中的一些人面临更高的洪

---

① See Donaghy T Q & Healy N et al. Fossil fuel racism in the United States: How phasing out coal, oil, and gas can protect communities [J]. Energy Research & Social Science, 2023, 100: 103104.

② See Berberian A G, Gonzalez D J X & Cushing L J. Racial disparities in climate change-related health effects in the United States [J]. Current Environmental Health Reports, 2022, 9(3): 451-464.

③ See Berberian A G, Gonzalez D J X & Cushing L J. Racial disparities in climate change-related health effects in the United States [J]. Current Environmental Health Reports, 2022, 9(3): 451-464.

灾风险,可能受到洪水等自然灾害的影响。

在美国,种族已成为决定一个人是否生活在区域水源、空气或土壤区域的主要因素之一。生活在新奥尔良的非裔美国人在 2005 年卡特里娜飓风造成的洪灾中受到了不成比例的严重打击,受洪水袭击最严重的地区非白人比例过高。①

生活在受到污染的土地和水源附近的危害同样巨大。长期以来,美国黑人和棕色人种的社区一直饱受污染之苦,他们的居住环境中充斥着有害的污染物。② 这种不公平的环境分配严重侵犯了黑人和棕色人种社区居民的健康权利,加剧了他们面临的环境和健康风险,进一步加剧了种族间的不平等现象。2012 年的一项研究由全美有色人种协进会(NAACP)领导,发现了一个令人担忧的趋势:燃煤电厂往往在低收入社区和有色人种社区中占据不成比例的位置。这项研究揭示了以下几点:在燃煤电厂三英里范围内居住的约 600 万人的平均收入较低(约 18,400 美元),并且更有可能属于有色人种(占 39%),而不是一般人口(平均收入为 21,587 美元,有色人种占比为 36%)。该研究还对 75 家燃煤电厂进行了环境正义等级评估,结果显示它们的污染影响较大,并且在选址时倾向于选择黑人、棕色人种、土著社区和贫困社区,因此被评定为不符合环境正义标准。③

在过去几十年中,美国的清洁空气监管措施显著降低了污染水平,尽管在 2016 年至 2018 年,污染水平出现了部分反弹。然而,一项 2020 年的研究发现,尽管总体水平有所下降,但 PM2.5 含量的差异仍然存在,即"1981 年污染最严重的区域在 2016 年仍然是污染最严重的"。在空气质

---

① See Baird R. The impact of climate change on minorities and indigenous peoples[J]. Briefing). Minority Rights Group International: London,2008.

② See Kemp-Neal W C C. Environmental Racism: Using Environmental Planning to Lift People Out of Poverty,and Re-shape the Effects of Climate Change & Pollution in Communities of Color[J]. Fordham Env't L. Rev.,2020,32: 295.

③ See Wilson et al. Coal Blooded: Putting Profits Before People. NAACP, Indigenous Environmental Network & Little Village Environmental Justice Organization[EB/OL]. 2012.[2024-06-17]. Available: https://www.naacp.org/wp-content/uploads/2016/04/CoalBlooded.pdf.

量标准方面，有色人种更有可能居住在违反标准的地区。例如，根据2011年的一项研究，非西班牙裔黑人/非裔美国人“在空气质量最差的社区中所占比例始终过高”，并且近50%的西班牙裔美国人居住在经常不符合臭氧浓度标准的地区。① 东南部的低收入地区是美国黑人/非裔美国人人口最多的地区之一，也是风险最高的地区之一，其中包括许多已经承受高污染负担和环境种族主义遗留问题的社区。② 2018年国家气候评估得出的结论是，“人们和社区面临的危害不同，受到气候相关健康风险的影响也更大”，并指出儿童、老年人、低收入社区、有色人种社区、户外工作者和“社区因环境质量差而承受着不成比例的负担”。低收入家庭的温室气体排放量通常较低，对全球气候变化的影响程度与高收入家庭不同。③

气候变化与更强烈的飓风和降水事件有关，对大西洋和墨西哥湾沿岸、夏威夷和波多黎各等飓风多发地区的社区构成威胁。然而，由于种族和经济因素的影响，这些社区面临更大的挑战。不成比例的洪水、韧性较差的基础设施以及有色人种用于准备和恢复的资源更加有限，都可能导致极端风暴过后的健康差异。最近的国家级洪水风险评估发现，经济上处于不利地位的人口更有可能居住在洪水区内的县，并且更大的洪水风险与较高的贫困率和失业率有关。这种情况暴露了贫困社区和有色人种社区面临的特殊挑战，他们更容易成为极端气候事件的受害者。④

这些社区往往在环境脆弱地区，缺乏基本的防灾设施和资源，因此更容易受到极端天气事件的影响。这种社会和经济排斥导致了他们在灾难

---

① See Donaghy T Q & Healy N et al. Fossil fuel racism in the United States：How phasing out coal，oil，and gas can protect communities［J］. Energy Research & Social Science，2023，100：103104.

② See Associated Press. Poor，Southern counties are most at risk. 2017.［2024-06-17］. Available：https://interactives.ap.org/climate-change-economic-damage/.

③ See Sager L. Income inequality and carbon consumption：Evidence from Environmental Engel curves［J］. Energy Economics，2019，84：104507.

④ See Berberian A G，Gonzalez D J X & Cushing L J. Racial disparities in climate change-related health effects in the United States［J］. Current Environmental Health Reports，2022，9（3）：451-464.

中更容易受到损害,进一步加剧了他们的贫困和不平等。因此,气候变化不仅加剧了自然灾害的影响,也暴露了社会的不公平和种族歧视问题,严重侵犯了这些少数族裔非歧视的权利。

(三)少数族裔的发展权和受教育权

气候变化也严重影响着少数族裔的发展权及受教育权等,以越南为例,该国有54个民族,其中约有1300万人属于少数民族,其中2/3被归类为贫困。这些少数族裔通常居住在越南偏远的边缘地区,他们严重依赖森林和农业来维持生计,采用不可持续的农业生产系统和低效率的活动。一些少数民族仍然采用传统的游牧方式。包括游牧在内的传统方式导致土壤侵蚀和退化,容易受到长期干旱、严寒或暴雨以及山洪暴发的影响。许多少数族裔的儿童必须长途跋涉到高中,通常每天需行走9~70公里,这也阻碍了他们的受教育权。①

针对高度敏感且气候变化适应能力较低的高地少数族裔,应优先考虑制定多层次的发展计划和方案,以保障其人权。这些计划应当致力于促进少数族裔社区的经济多样化和教育水平提升,从而有效减少贫困。②扶贫干预举措可以视为对少数族裔生存权和发展权的有力支持,这些权利在国际人权法框架下被广泛认可。采取措施改善少数族裔的经济状况和提高其教育水平,不仅有助于缓解贫困问题,还能够增强他们应对气候变化挑战的能力,从而维护其基本人权。③

(四)少数族裔的食物、水和环境卫生权

在山区居住的少数族裔特别容易受到气候变化引发的自然灾害的影

---

① See Phuong T T & Tan N Q et al. Livelihood vulnerability to climate change: Indexes and insights from two ethnic minority communities in Central Vietnam[J]. Environmental Challenges, 2023,10: 100666.

② See Phuong T T & Tan N Q et al. Livelihood vulnerability to climate change: Indexes and insights from two ethnic minority communities in Central Vietnam[J]. Environmental Challenges, 2023,10: 100666.

③ See Phuong T T & Tan N Q et al. Livelihood vulnerability to climate change: Indexes and insights from two ethnic minority communities in Central Vietnam[J]. Environmental Challenges, 2023,10: 100666.

响。研究结果表明，少数族裔的生计更容易受到自然灾害、住房、土地、水、食物和健康等自然条件的影响。例如，越南 72% 的少数民族缺乏标准的厕所，超过 1/4 的少数民族家庭无法获得卫生水源。这些不利条件会导致卫生状况的恶化和健康风险的增加，使少数族裔对气候变化有更高的适应难度。①

（五）少数族裔面临的歧视——环境种族主义

在气候变化的背景下，少数族裔还面临因被歧视而遭受的风险。由于种族歧视和社会排斥，这些少数群体在获取救灾资源和重建支持方面可能遭受歧视，侵害了他们的非歧视权利。环境正义要求所有人都能平等地享受健康的自然环境，然而，由于环境污染和气候变化对不同种族社区的不平等影响，环境正义受到了侵犯。

这种不平等的对待进一步加剧了他们所面临的困境，使他们更加脆弱。在印度，约有 1.7 亿达利特人在身体、社会和经济层面都被排斥在社会其他人之外，这是少数群体更容易受到气候变化影响的最令人震惊的例子之一。因此，在 2007 年异常严重的季风洪灾中，他们和另外两个少数民族，即阿迪瓦西人和穆斯林，受到的打击最为严重。许多达利特人住在主要村庄外洪水易发区的摇摇欲坠的房子里，救灾人员没有意识到达利特人居住在主要村庄之外而没有采取救援措施，或者是因为占主导地位的群体控制了分配工作或获得了优先权。②

在美国，化石燃料及其行业对健康的影响仍然保留系统性种族主义的遗留问题。美国的石油、天然气和煤炭活动通常发生在原住民的传统土地上，这使化石燃料行业成为强迫原住民迁移和种族灭绝的同谋受益者。诸如红线政策和住房歧视等长期存在的社会和种族不平等，以及殖民化、原住民种族灭绝和驱逐等历史因素，再加上受制于企业权力的民选

---

① See Phuong T T & Tan N Q et al. Livelihood vulnerability to climate change: Indexes and insights from two ethnic minority communities in Central Vietnam[J]. Environmental Challenges, 2023,10: 100666.

② See Baird R. The impact of climate change on minorities and indigenous peoples[J]. Briefing). Minority Rights Group International: London,2008.

官员等种族主义做法,共同构成了一个系统。在这个系统中,最危险的污染影响最主要落在最弱势群体身上,特别是黑人、棕色人种、土著人和贫困社区。有色人种,特别是黑人、非裔美国人被发现在美国各地承受着不成比例的高化石燃料污染负担。与美国总人口的平均水平相比,黑人或非裔美国人接触颗粒物的量是其 1.54 倍。①

环境种族主义是一个广泛的系统性问题,因此,解决方案需要全面而有力。美国环境正义立法的大部分框架始于 1994 年,时任美国总统比尔·克林顿签署了第 12898 号行政命令。该行政命令指示联邦机构采取环境正义政策,以限制环境破坏对低收入社区和有色人种造成的过高不利影响,并授权当时成立仅两年的联邦环境正义咨询委员会调整环境保护署(EPA)的优先事项。第 12898 号行政命令的制定得益于数百个环境正义倡导团体、民权组织和基层组织长达数十年的努力,这些团体和组织共同起草了该命令的文本。②

二、少数族裔权利保护的策略

(一)相关法律与政策文书

国际上涉及少数族裔的文书主要为《在民族或族裔、宗教和语言上属于少数群体的人的权利宣言》。该宣言建立在《联合国宪章》《世界人权宣言》《防止及惩治灭绝种族罪公约》《消除一切形式种族歧视国际公约》《公民权利和政治权利国际公约》《经济、社会及文化权利国际公约》《消除基于宗教或信仰原因的一切形式的不容忍和歧视宣言》的基础之上。它重申了《联合国宪章》的宗旨之一,“不分种族、性别、语言或宗教,促进并鼓励对于全体人类之人权及基本自由之尊重”。该宣言是对《公民权

① See Donaghy T Q & Healy N et al. Fossil fuel racism in the United States: How phasing out coal, oil, and gas can protect communities [J]. Energy Research & Social Science, 2023, 100: 103104.

② See Donaghy T Q & Healy N et al. Fossil fuel racism in the United States: How phasing out coal, oil, and gas can protect communities [J]. Energy Research & Social Science, 2023, 100: 103104.

利和政治权利国际公约》第 27 条的突破,是为数不多的专门保护少数群体者权利的一项联合国文书,虽然没有法律效力,但是具有权威性。该宣言要求各国必须保护少数群体的存在及特征,不歧视、不排斥、不强制同化他们。

(二)气候适应策略

1. 增强少数民族的政治参与

少数民族在应对气候变化的过程中面临独特的挑战,这些挑战常常与他们在政治决策中的边缘地位密切相关。在全球气候变化日益严峻的背景下,少数民族的有效参与对于实现可持续发展目标具有重要意义。

增强少数民族的政治参与度是提升其气候适应能力的重要策略之一。赋予少数民族更大的决策权和话语权,可以确保其在气候适应政策和项目设计中得到充分考虑,从而更有效地应对气候变化带来的影响。增强少数民族的政治参与度需要在国家和地方层面建立更包容的政治制度和机制。许多国家的气候适应政策往往缺乏对少数民族需求的充分理解和响应。例如,亚马逊地区的原住民长期以来在国家政策制定中缺乏代表性,这导致他们的传统生态知识和适应策略未能被纳入国家适应规划。设立专门的少数民族代表机构和赋予其法律地位,可以确保少数民族在气候适应决策过程中拥有实质性的参与权。例如,玻利维亚通过立法保障原住民在环境政策和自然资源管理中的参与权,促进了少数民族在气候适应中的自主性和有效性。

增强少数民族的政治参与度还需要加强能力建设和教育培训。少数民族往往由于受教育水平较低和信息获取渠道有限,在政策参与中处于劣势地位。提供专门的教育项目和能力建设培训,可以提升少数民族的政策理解和参与能力。例如,非洲的"社区气候行动计划"项目通过培训当地少数民族领导人,提高了他们在地方气候适应项目中的决策和管理能力。此外,利用现代信息技术手段,如移动通信和社交媒体,向少数民族社区传递气候变化信息和政策动态,也是一种有效的教育方式。

增强少数民族的政治参与度还需要在国际层面推动对少数民族权利的保护和支持,《联合国土著人民权利宣言》明确指出土著人民有权参与影响他们的立法和政策制定。在国际气候谈判中,推动各国履行这一义务,可以确保少数民族的声音在全球气候治理中得到重视。《联合国气候变化框架公约》在其机制中引入了“土著人民和地方社区平台”,①为少数民族提供了表达其气候适应需求和分享传统知识的机会。

2. 灾害风险管理

灾害风险管理是少数民族应对气候变化的重要策略之一。由于气候变化带来的极端天气事件和自然灾害频率和强度的增加,少数民族社区面临着严重的生存和发展挑战。通过采取有效的灾害风险管理措施,少数民族可以提高其抵御和恢复能力,减少气候变化带来的负面影响。

灾害风险管理需要整合少数民族的传统知识和现代科技。少数民族在长期与自然环境的互动中积累了丰富的生态知识和适应经验,这些知识对于应对气候变化引发的灾害具有重要价值。例如,太平洋岛国的土著居民通过观察海洋和气象变化,形成了独特的天气预报方法,这些方法在现代科技尚未普及的地区具有重要的补充作用。将这些传统知识与现代科技手段结合,可以提高灾害预警的准确性和及时性。例如,斐济通过与当地土著社区合作,结合传统预报方法和卫星监测技术,建立了综合性的灾害预警系统。

灾害风险管理需要建立和完善社区层面的应急响应和恢复机制。少数民族社区往往位于偏远和资源匮乏的地区,外部救援力量难以及时到达。因此,增强社区自身的应急响应能力尤为重要。开展应急演练、培训志愿者和建立社区应急基金,可以提高少数民族社区在灾害发生时的自救和互救能力。例如,印度尼西亚的阿切省在经历 2004 年海啸后,通过社区参与的方式,建立了完善的应急响应机制,包括社区应急团队、避难所和应急物资储备,这些措施显著提高了社区的抗灾能力和恢复速度。

灾害风险管理还需要加强区域和国际合作。许多少数民族生活在跨

---

① UNFCCC. Local Communities and Indigenous Peoples Platform Draft conclusions proposed by the Chair Recommendation of the Subsidiary Body for Scientific and Technological Advice. FCCC/SBSTA/2024/L. 1[R/OL]. (2024-06-11)[2024-06-18]. https://unfccc. int/sites/default/files/resource/sbsta2024_L01C. pdf.

境地区,气候变化带来的灾害往往具有跨国界的特征。加强区域合作,可以共享灾害预警信息和资源,提升跨境灾害管理能力。例如,南美洲的安第斯山区国家通过建立跨国合作机制,共享气象和水文数据,协调灾害应对行动,提高了区域内少数民族社区的灾害风险管理能力。在国际层面,推动国际社会对少数民族灾害风险管理的支持和援助,也是提升其适应能力的重要途径。又如,联合国开发计划署通过资助和技术援助,支持非洲、亚洲和拉丁美洲的少数民族社区开展灾害风险管理项目,增强其应对气候变化的能力。

三、少数族裔权利保护的案例

2013 年,地球正义代表、北极阿萨巴斯卡理事会提交的请愿书声称,加拿大对黑碳排放的零散和宽松的法规威胁到阿萨巴斯卡人民的人权。该请愿书描述了北极正在经历不成比例的大幅变暖,并声称这种变暖对阿萨巴斯卡人产生了重大不利影响。这些影响包括生态破坏,狩猎和捕鱼变得更加困难和危险,具有文化意义的区域地形改变,以及阿萨巴斯卡人为了生存和维护文化传统等而理解其环境的能力受到损害。

该请愿书将这些影响与导致变暖的黑碳联系起来,解释说黑碳是一种具有严重气候影响的污染物,包括使雪和冰的反照率大幅降低。根据该请愿书,加拿大未能有效监管黑碳排放是一个因果链的开端,最终结果是侵犯了阿萨巴斯卡人根据《美洲人的权利和义务宣言》享有其文化利益、财产、维护健康和自己的生存手段的权利。根据该请愿书,这种失职还导致加拿大违反了避免跨界损害和按照预防原则保护环境的义务。①

① See Inter-American Commission on Human Rights. Petition to the Inter-American Commission on Human Rights Seeking Relief from Violations of the Rights of Arctic Athabaskan Peoples Resulting from Rapid Arctic Warming and Melting Caused by Emissions of Black Carbon by Canada[EB/OL]. [2024 - 06 - 17]. https://climatecasechart.com/non-us-case/petition-inter-american-commission-human-rights-seeking-relief-violations-rights-arctic-athabaskan-peoples-resulting-rapid-arctic-warming-melting-caused-emissions/.

第七节　气候变化对土著人民权利的影响及应对

土著人民是有着独特文化的群体之一。根据《关于土著人民歧视问题的研究报告》,土著人民是指依附于其独特的传统居住地或祖先领土的人。他们视自己为特定文化群体的一部分,并且是在现代国家建立和当前边界确立之前就已经定居在该地区的群体的后代。世界银行统计数据(2025 年)指出,全球约有 4.76 亿土著人民,占世界人口的 5% 。根据联合国粮食及农业组织(2018 年)的数据,他们中的大多数(2.6 亿,即 70%)定居在亚太国家。①

尽管气候变化主要是由发达国家的人为活动引起的环境挑战,但较贫穷的国家,特别是采取低碳生活方式的脆弱土著社区,正在感受到其负面影响。这些社区通常生活在历史上被边缘化、排斥的土地上,高度依赖自然环境的稳定性,面临气候变化带来的巨大影响。土著人民往往面临与历史上和当前的边缘化和歧视相关的社会经济劣势。极端天气事件、干旱、冰融化、海平面上升、海洋变暖和酸化以及土地和生态系统退化正在严重影响土著领地,危及土著人民的粮食安全、传统生计、文化习俗和自决。②

① See Food and Agriculture Organization (FAO). Indigenous peoples in the Asia-Pacific region[EB/OL]. 2018[2024-06-17]. Available: http://www.fao.org/3/CA2045EN/ca2045en.pdf.

② See OHCHR. Frequently Asked Questions on Human Rights and Climate Change[R/OL]. (2021-09-08)[2024-06-17]. https://www.googleadservices.com/pagead/aclk? sa = L&ai = DChcSEwiz_rTD_uSGAxVzJnsHHTMCDHkYABAAGgJ0bQ&ase = 2&gclid = Cj0KCQjw4MSzBhC8ARIsAPFOuyXEIyUjq9sfUr7JJ5jHYEj4QrQzZBdchMuWZnZ3hdvuA131I26mRIaAkhoEALw_wcB&ohost = www.google.com.hk&cid = CAESVuD24ZcbAYrNimWPhKGwrTV4_OX4ICQjcOI4q11wBCzAS4VQWe8 UAypEH10XoJm-AMx-ZP6heNx6W0b-BcppRIARA4fBwtv1 - h0gJjisajBW4EfMcJH_&sig = AOD64_3Zhn1SDwI3iggvEC2sU8XMQYE40w&q&nis = 4&adurl&ved = 2ahUKEwjX267D_uSGAxXmlK8BHQ sXA7IQ0Qx6BAgKEAe.

一、气候变化下的土著人民权利内容

(一)土著人民的健康权和生存权

气候变化严重影响着土著人民的健康权和生存权。在拉丁美洲,土著人民和非洲裔人口占农村总人口的46%。对于非洲后裔人群来说,他们面临着来自气候变化和气候政策的过度影响,这种影响在政治、经济和社会边缘化的背景下变得更加严重。许多非洲后裔生活在贫困集中地区,导致他们更容易受到环境恶化和气候风险的影响,并且缺乏适应气候变化影响的资源。在南美洲,非洲后裔面临食物、健康和生存权受到威胁,包括受到极端天气事件的影响。在美洲和欧洲的贫困地区,未达到标准的住房使非洲后裔更容易受到飓风、洪水等气候事件的影响,同时也更难以应对高温天气的挑战。[①] 在非洲的土著社区,土著人民面临干旱、粮食不安全、土地丧失或流离失所等环境风险,土著人民以特殊的方式受到气候变化的影响,也受到旨在解决气候变化的政策或行动的失败的影响。许多部落拥有丰富的本地农业生态知识,积极参与气候变化的适应和减缓战略。然而,一些部落或社区对于制定气候变化适应战略的了解有限。此外,他们在实施特定类型的适应措施时,往往面临资源和技术获取途径的限制。[②]

长期以来,土著社区一直遭受严重暴力的困扰,而自然资源的开采活动则进一步加剧了这种暴力。近年来,在美国和加拿大,原住民妇女的谋杀和失踪率是其他种族的10倍,成为美国原住民妇女的第三大死因。土著社区已经确定与大型资源开发项目(如管道)相关的活动是暴力事件的促发因素。[③] 这些因素都以难以想象的程度侵害着土著群体的健康权

---

① 参见联合国.气候变化对处境脆弱者的人权的影响 A/HRC/50/57[R/OL].(2022-05-25)[2024-06-17].https://documents.un.org/doc/undoc/gen/g22/050/57/pdf/g2205057.pdf?token=7vlijUpkoB14nD1dIw&fe=true.

② See Leal Filho W & Matandirotya N R et al. Impacts of climate change to African indigenous communities and examples of adaptation responses[J]. Nature Communications,2021,12(1):6224.

③ See Donaghy T Q & Healy N et al. Fossil fuel racism in the United States: How phasing out coal,oil, and gas can protect communities[J]. Energy Research & Social Science,2023,100:103104.

与生命权。因此,减少对化石燃料的依赖,转向清洁能源,以及采取有效的气候行动,对于土著人民的健康和平等至关重要。

在所有土著社区中,北极地区的土著社区中的土著人民的生存权受到的影响最为严重。面对北极环境的迅速变化,国际法在多大程度上能用以缓解北极土著人民越发严峻的生计情况是一大难题。生活在北极地区的土著人民是面临巨大风险的群体之一,大多数北极定居点都位于永久冻土层上,其中近一半是沿海永久冻土定居点,这更加凸显了独特的北极环境对北极原住民生计和文化特性的重要性。①

(二)土著人的文化权利

《联合国土著和部落人民公约》第 13 条规定:“在实施本公约这部分的条款时,各国政府应重视有关民族与其所占有或使用的土地或领域——或两者都适用——的关系对于该民族文化和精神价值的特殊重要性,特别是这种关系的集体方面。”土著人民的文化习俗、社会凝聚力和信仰体系与场所紧密相连,这种依恋加深了土著人民的脆弱性。场所泛指对与之相关的人具有意义的空间。它反映了个人或文化群体所依恋的环境的性质,以及赋予人们生活意义和价值的背景。土著人民与场所之间的深层联系在全球不同的背景下都有记录,这往往是文化信仰体系的基础。环境变化对土著人民的场所依恋造成了强烈影响,土著社区持续受到搬迁的威胁。例如,因纽特人因为冰雪和天气状况变化而减少了传统狩猎和捕鱼的地点。②

另外,这种对场所的亲近感和亲密感也是土著人民适应气候变化的依据。在许多土著文化中,人类世界与非人类世界之间不存在分隔,自然被视为有生命的存在。迁徙移民是土著人民实施的一种有效的适应策略。在印度的祖姆萨社区和澳大利亚的土著群体中,流动性被视为一种

---

① See Mardikian L & Galani S. Protecting the Arctic Indigenous Peoples' Livelihoods in the Face of Climate Change: The Potential of Regional Human Rights Law and the Law of the Sea[J]. Human Rights Law Review, 2023, 23(3): ngad020.

② See Ford J D & King N et al. The resilience of indigenous peoples to environmental change[J]. One Earth, 2020, 2(6): 532 – 543.

有效的应对极端天气和资源压力的策略。这些社区经常采取行动,通过迁移来避免或减轻不利天气条件对他们日常生活的影响。在菲律宾,当地居民也会将家人暂时转移到更安全的地方,以保护他们免受与气候相关的灾害。此外,印度土著青年也采取了类似的行动,通过季节性迁移至城市地区以丰富其生计来源。这些实践表明,流动性在土著社区中被视为一种重要的适应策略,有助于缓解气候变化和资源压力所带来的影响,并促进生计多样化。①

(三)土著人的水、食物和环境卫生安全

气候变化导致空气污染和过敏原增加,传播由病媒携带的疾病,对土著人民的粮食安全产生影响。特别是对其中的15%土著人民,他们被认为处于极度贫困状态,而且生计高度依赖于自然的稳定性。②

在北极地区,随着永冻土的融化、海冰的减少、气温的上升、海洋酸化和海岸侵蚀等现象的发生,北极地区的地貌发生了显著变化,严重影响了北极土著人民清洁用水的权利。北极地区的饮用水供应和安全受到多种因素的影响。其中最显著的包括微生物污染物的出现或增加、永久冻土的融化和侵蚀导致的水体浊度增加,以及咸海水淹没低洼地区。这些因素都可能对饮用水的供应和安全产生负面影响。③

冰层减薄导致了狩猎和捕鱼活动的复杂化和困难化,同时,气候变化也使北极地区的驯鹿牧场逐渐退化,从而影响了驯鹿放牧的可持续性。④这些变化对北极地区土著社区的主要经济活动和生计来源产生了严重的

---

① See Shaffril H A M & Ahmad N et al. Systematic literature review on adaptation towards climate change impacts among indigenous people in the Asia Pacific regions[J]. Journal of cleaner production,2020,258:120595.

② See Shaffril H A M & Ahmad N et al. Systematic literature review on adaptation towards climate change impacts among indigenous people in the Asia Pacific regions[J]. Journal of cleaner production,2020,258:120595.

③ See Mardikian L & Galani S. Protecting the Arctic Indigenous Peoples' Livelihoods in the Face of Climate Change: The Potential of Regional Human Rights Law and the Law of the Sea[J]. Human Rights Law Review,2023,23(3):ngad020.

④ See Mardikian L & Galani S. Protecting the Arctic Indigenous Peoples' Livelihoods in the Face of Climate Change: The Potential of Regional Human Rights Law and the Law of the Sea[J]. Human Rights Law Review,2023,23(3):ngad020.

不利影响。随着冰层的消融，狩猎季节的不确定性增加，狩猎成为了更加困难和危险的活动。与此同时，由于海洋和湖泊中渔业资源的减少，捕鱼活动也受到了影响，进一步削弱了土著社区的渔业收入。此外，驯鹿牧场的退化意味着放牧土地上的食物资源减少，使驯鹿放牧无法为土著社区提供足够的经济支持。海洋变暖和酸化也是造成鱼类资源枯竭和其他海洋物种减少的原因，限制了北极地区土著人民获取海洋资源的机会，威胁到他们的收入、粮食安全和文化遗产。①

海冰减少可能导致过度捕捞现象的加剧，这可能进一步影响到鱼类种群的数量和分布，从而对北极地区土著人民的捕鱼方式造成影响。许多北极地区土著人民依赖于小规模的自给性捕鱼，而这种过度捕捞可能导致他们所依赖的鱼类资源减少，从而威胁到他们的经济和食物来源。②这一情况将严重限制北极地区土著社区获取自然资源的能力，并使其权利受到损害，如捕鱼权。管道、石油和天然气的开采和生产也以各种方式造成环境变化与污染，迫使北极地区土著人民不得不搬迁或调整其社会和经济实践，以适应不同的生活方式。

二、土著人民权利保护的策略

（一）相关法律与政策文书

气候变化不仅对土著社区的经济稳定造成了严重威胁，而且对其文化和生活方式也带来了深远的影响。这些变化严重影响北极地区土著人民的生活栖息地和生态系统，除了威胁着他们的文化传统和生活方式，还可能导致他们失去对资源的依赖和基本生存需求得不到保障。因此，为保护北极地区土著社区的利益和生存权，国际社会需要采取更加积极的措施来应

① See Mardikian L & Galani S. Protecting the Arctic Indigenous Peoples' Livelihoods in the Face of Climate Change: The Potential of Regional Human Rights Law and the Law of the Sea[J]. Human Rights Law Review, 2023, 23(3): ngad020.

② See Fitzmaurice M & Rosello M. IUU Fishing as a Disputed Concept and Its Application to Vulnerable Groups: A Case Study on Arctic Fisheries[J]. International Community Law Review, 2020, 22(3-4): 410-427.

对这些日益严重的环境挑战。国际人权法和国际海洋法在保护对北极地区土著人民生计至关重要的土地和海洋资源方面都发挥着关键作用。①

根据国际人权法,包括《联合国宪章》、《公民权利和政治权利国际公约》和《经济、社会及文化权利国际公约》等文件,土著人民享有维护其传统土地、资源和生活方式的权利。这些法律文件确立了土著人民的土地权、文化权和自决权,要求缔约国政府在采取任何可能影响土著社区的政策或行动时,尊重他们的权利,并进行事先和充分的咨询。而根据国际海洋法,如《联合国海洋法公约》,缔约国有责任保护和管理其管辖范围内的海洋资源,并确保这些资源的可持续利用。对于北极地区的海洋资源,国际海洋法要求各沿岸国家在开发这些资源时考虑到土著人民的利益,并尊重其传统的海洋生活方式。此外,国际海洋法还规定了北极地区的环境保护原则,要求缔约国采取措施保护北极地区的生态系统,以确保其生态完整性和可持续性。这两个法律体系的法院在不久的将来可能会对气候变化相关判例产生催化作用。②

关于土著与部落人民的人权文书还有《联合国土著和部落人民公约》与《联合国土著人民权利宣言》,自决原则和土著人民对其领土和土地的特殊联系是土著人民国际人权的重要组成部分。自决原则赋予土著人民决定自己政治地位和发展经济、社会和文化事务的权利。这意味着他们有权保持并发展自己的文化、语言、宗教和传统,并在其领土和资源的管理和使用方面行使自主权。土著人民与其领土和土地的特殊联系体现了他们对这些地方的精神、文化和经济依赖,这些场所不仅是他们生存和发展的基础,也是他们身份和文化认同的象征。因此,土著人民对其领土和土地的管理和保护具有重大意义,这也是确保他们基本权利得到尊重和保护的关键。涉及土著人民的许多法律标准和一些最关键的挑战都

---

① See Mardikian L & Galani S. Protecting the Arctic Indigenous Peoples' Livelihoods in the Face of Climate Change: The Potential of Regional Human Rights Law and the Law of the Sea[J]. Human Rights Law Review,2023,23(3): ngad020.

② See Mardikian L & Galani S. Protecting the Arctic Indigenous Peoples' Livelihoods in the Face of Climate Change: The Potential of Regional Human Rights Law and the Law of the Sea[J]. Human Rights Law Review,2023,23(3): ngad020.

是在协商和同意方面。国际法目前的趋势是要求缔约国在开展任何影响土著人民土地和领土的活动之前,与土著人民协商并征得他们的同意。国际社会在土著人民的文化权、有尊严的生活权、免遭暴力和歧视权方面,也在制定许多标准。①

（二）气候适应策略

许多土著社区仍然依靠代代相传的土著和本土知识,以应对气候变化带来的挑战。这些土著和地方知识通常包括对自然环境的深入了解以及传统的适应和生存技能,这些知识和技能在应对气候变化方面发挥着重要作用。在瓦努阿图,土著人民面临清洁水供应的挑战时,他们通常会求助于亲属。与此不同,在尼泊尔,当土著人民需要食物、金钱或在灾难期间寻求援助时,他们倾向于向社区寻求帮助。安全和安保方面的加强也是一个重要的主题。在菲律宾,土著人民为应对灾害准备了救生包,以便在危急时刻使用。而在斐济,土著社区采取了行动,将年长的村民转移到村庄疏散中心,同时年轻的村民则协助其他人准备住所,并确保老年人安全转移到疏散中心。这些实践表明了土著社区在面对各种挑战时的准备性和团结性。②

土著人民因熟悉环境而能够依靠传统知识、当地经验和前几代人的记忆,以应对不确定性和不可预测性。在适应气候变化方面,拥有传统知识和本土知识是一个重要优势,因为他们知晓在何时何地采取适当行动符合他们社会经济习惯的时间和地点。一些土著人民中年长的人利用传统知识来应对极端天气的影响。例如,他们会从特定树木中收集水来对抗干旱,或者采取干燥等方法,在没有冷藏设施的情况下储存食物。③ 土著人民仍然依赖环境指标,如云、星星、野生动物的行为、潮汐方向、雪堆和水流方向,

① See Celorio R. The Kaleidoscope of Climate Change and Human Rights: The Promise of International Litigation for Women, Indigenous Peoples, and Children[J]. Ariz. J. Env't L. & Pol'y, 2022, 13: 155.

② See Shaffril H A M & Ahmad N et al. Systematic literature review on adaptation towards climate change impacts among indigenous people in the Asia Pacific regions[J]. Journal of cleaner production, 2020, 258: 120595.

③ See Shaffril H A M & Ahmad N et al. Systematic literature review on adaptation towards climate change impacts among indigenous people in the Asia Pacific regions[J]. Journal of cleaner production, 2020, 258: 120595.

来预测气候变化。这对他们的生存和减轻气候变化的影响至关重要。

在非洲各地,适应气候变化面临多种障碍。其中包括全球脆弱性的不平等分布,不同地区和人群的责任不同,以及在制定政策方面存在的权力不平等。这些因素削弱了土著社区应对气候变化的能力。非洲的土著社区正在尝试采取各种机制来适应气候变化。然而,国际、国家和区域层面的应对气候变化的治理框架并没有有效地保护土著人民的利益。这些利益包括他们具有文化价值的生活方式、生计和资源。尤其令人担忧的是,土著人民并未在任何重大程度上对气候变化做出贡献,但却受到了最严重的影响。这种悖论凸显了需要在基层和社区层面实施人权框架,以帮助他们应对当前所面临的挑战。①

(三)以财产权诉讼的可能性

目前有学者认为,财产权在一定程度上可以为设定国家义务提供额外途径,以应对气候变化的一些多方面影响。这包括气候变化对北极地区土著人民的经济影响,例如对狩猎、捕鱼和驯鹿放牧等主要收入来源的影响。此外,财产权也可以帮助应对这些社区面临的非经济损失,比如失去传统生活方式和文化认同所带来的心理和社会影响。财产与实现食物权、住房权、卫生权、体面的生活水准权、不受歧视权和许多其他基本人权息息相关。尽管财产权本身具有矛盾性,但它作为剥夺结构上处于弱势的群体的权利之一,通过国际和国家的产权分配政策使种族和性别歧视长期存在。即便如此,联系财产权与其他权利为气候变化产生的影响提供救济至关重要。这项权利在将剥夺住房、土地、传统活动和生计导致土著人民边缘化、被迫流离失所和被排斥在正式法律制度之外的一个主要人权问题方面发挥关键作用。② 确保土地和海洋资源的享有属于财产权

---

① See Leal Filho W & Matandirotya N R et al. Impacts of climate change to African indigenous communities and examples of adaptation responses[J]. Nature Communications,2021,12(1):6224.

② See Mardikian L & Galani S. Protecting the Arctic Indigenous Peoples' Livelihoods in the Face of Climate Change: The Potential of Regional Human Rights Law and the Law of the Sea[J]. Human Rights Law Review,2023,23(3):ngad020.

的范畴,有助于土著人民获得住房、食物和水,同时也有助于弘扬其文化、改善其健康和卫生条件。这项权利不仅涉及土地和自然资源的所有权,还包括对这些资源的管理和保护。通过确保土著人民对其土地和资源的所有权和控制权,这项权利可以帮助防止他们被剥夺基本生活条件,并保护他们的传统生活方式和文化认同不受侵犯,减少贫困和健康问题。①

承认土著人民和地方社区的自决权将有效地帮助减少这些社区的脆弱性,提高它们对气候变化的韧性和适应能力,同时加强生态系统的养护,需要确保用于应对气候变化的财政资源和支持能够惠及土著人民和地方社区以及弱势群体,特别是目前无法充分参与地方治理进程的妇女和女童。②

三、关于气候适应与土著人民权利的案例

(一)Duarte Agostinho 等人诉葡萄牙及其他案(Duarte Agostinho and Others v. Portugal and Others)

迄今为止,美洲人权法院成功地提出了财产权的另一种概念,认为财产权不仅限于对土地的所有权和使用权,还包括对土著社区生计的非经济关切。在这个意义上,财产权成为法院"变革性"判例的关键部分,它扩展了对公民权利和政治权利的解释,以解决该地区的核心结构性问题,如普遍排斥、大规模贫困和经济不平等。③ 美洲人权法院已将土著人民、领土和生计之间的联系概念纳入了财产权范畴。它承认继续利用传统的集体制度来控制和使用领地,对于土著人民的生存以及个人和集体的福祉至关重要。目前为止,美洲人权法院对美洲土著人民财产权的广泛保

---

① See Mardikian L & Galani S. Protecting the Arctic Indigenous Peoples' Livelihoods in the Face of Climate Change: The Potential of Regional Human Rights Law and the Law of the Sea[J]. Human Rights Law Review,2023,23(3): ngad020.

② 参见联合国. 关于气候变化对弱势群体充分和切实享有人权的不利影响的专题小组讨论 A/HRC/52/48[R/OL]. (2022 - 12 - 07)[2024 - 06 - 18]. 第 7 页. https://documents.un.org/doc/undoc/gen/g22/614/82/pdf/g2261482.pdf.

③ See Mardikian L & Galani S. Protecting the Arctic Indigenous Peoples' Livelihoods in the Face of Climate Change: The Potential of Regional Human Rights Law and the Law of the Sea[J]. Human Rights Law Review,2023,23(3): ngad020.

护尚未惠及北极地区土著人民。在欧洲人权体系中,欧洲人权法院对该地区土著人民财产权的解释更具限制性。然而,法院的判例中也有将财产权与环境损害以及社会因素联系起来的内容,即 Duarte Agostinho 等人诉葡萄牙及其他案。

该案中,6 名申请人都是居住在葡萄牙的葡萄牙国民,他们特别申诉说,由于气候变化对其祖国和其他 32 个国家造成的现有和未来的严重影响,特别是与热浪、野火和野火产生的烟雾有关的影响,影响了他们的生活、福祉、心理健康和家园的舒适度,因此违反了《欧洲人权公约》第 2、3、8、14 条。申请人认为,葡萄牙是受气候变化不利影响最大的欧洲国家之一,其适应全球变暖影响的能力面临"硬限制"。他们依据的是有关气候变化对人类健康造成危害的相关国际文件、一般性报告和专家结论。

申诉人没有就其申诉在葡萄牙寻求任何法律途径。然而,法院认为国家法律秩序中有一套全面的补救制度。特别是《葡萄牙宪法》明确承认享有健康和生态平衡环境的权利(第 66 条),该权利可由国内法院直接适用和执行。关于程序参与权的《宪法》和法律规定了提起人民行动的可能性,通过该行动,原告(无须表明对行动有直接利益)可以请求公共当局采取某些行为,特别是,保护环境和生活质量。也可以根据《环境政策框架法》采取此类行动,该法保证每个人都有权充分有效地保护其在环境问题上的权利和利益。此外,气候法承认气候变化为紧急情况,并赋予每个人"气候平衡"权,作为抵御气候变化影响的权利,以及要求公共和私人实体具备履行义务的能力以及能够承担他们在气候问题上应承担的义务。

欧洲人权法院在判决该案的过程中证明了财产权与气候变化的潜在相关性。法院可以将财产权作为一个重要的法律工具,通过其各种原则,减轻对土著人民的土地、资源和住房以及捕鱼和狩猎权利的一些负面影响。

(二)丹尼尔·比利等人诉澳大利亚案(Daniel Billy and others v. Australia)

在全球,就气候变化关切问题作出裁决的首批案件之一便与土著人民及其权利有关,而且提交人包括土著儿童。联合国人权事务委员会裁决的丹尼尔·比利等人诉澳大利亚案是由澳大利亚托雷斯海峡群岛的一群土著居民提出的,其中包括6名儿童,他们来自低洼岛屿,极易受到气候变化的影响。他们特别声称,他们的岛屿受到洪水、海岸线侵蚀、飓风、潮汐汹涌、海平面上升、季节变化和物种消失的影响,所有这些都影响到他们传承生态知识、传统生活方式、生存活动和文化的能力。气候模式的变化对他们的生计、文化和传统生活方式产生了直接有害的后果。岛民表示,近年来潮汐引发的严重洪水摧毁了家庭坟墓,遗骸散落在岛上。他们认为,维护祖先墓地以及拜访已故亲人并与他们交流是他们文化的核心。此外,最重要的仪式,例如成年仪式和入会仪式,只有在社区的故乡举行才具有文化意义。岛民还认为,强降雨和风暴带来的气候变化导致土地和树木退化,从而减少了传统捕鱼和农业提供的食物量。他们还声称,国家未能实施一项适应性计划,以确保岛屿的长期可居住性,而且对提供支持和资金的请求置之不理。在丹尼尔·比利等人诉澳大利亚案中,联合国人权事务委员会认为,由于国家对气候变化造成的洪水和随之而来的流离失所现象不作为,侵犯了提交人根据《公民权利和政治权利国际公约》第17条享有的隐私、家庭和家居生活权。联合国人权事务委员会强调,缔约国没有采取及时和适当的适应措施,保护提交人维持其传统生活方式的能力;没有将其文化和传统传给其子女和后代;也没有使用其土地和海洋资源,所有这些都违反了缔约国保护提交人享有其少数民族文化权利的积极义务。①

丹尼尔·比利等人诉澳大利亚案是在气候变化不利影响背景下进一步拓展土著人民权利的一个重要标志。联合国人权事务委员会开始明确各国应采取何种适应措施来保护土著人民免受气候变化最严重的影响。联合国人权事务委员会还承认气候变化对于居住在受影响地区的土著人民的文化、生活方式和生计产生了负面影响。②

① See UNHRC. Daniel Billy et al. (Torres Strait Region) v. Australia. CCPR/C/135/D/3624/2019, para. 1.1. Sept. 22, 2022.

② See UNHRC. Daniel Billy et al. (Torres Strait Region) v. Australia. CCPR/C/135/D/3624/2019, para. 1.1. Sept. 22, 2022.

承认土著人民和地方社区的自决权将有效地帮助减少这些社区的脆弱性,提高它们面对气候变化的韧性和适应能力,同时有利于加强对生态系统的养护。自《联合国土著人民权利宣言》颁布以来的10年间,虽然全球在承认土著人民权利方面取得了一定进展,但仍有一些土著人口众多的国家对该宣言选择弃权,全球土著人民依然面临巨大的结构和法律挑战。尽管国际社会已经意识到土著人民的权利和需求,但主权问题仍未得到充分的重视和承认,土著语言的迅速衰落以及土著人民在环境治理中参与程度有限仍然是存在的现实。因此,需要将关注焦点转向根本原因,将其作为建设抗灾能力的核心,其中包括承认和保护土著人民的权利。这一过程因地而异,可能涉及政治权力下放、解决土地诉求、从法律上承认习惯法规和制度、保护土著土地和资源免受外部压力(包括自由、事先和知情同意的权利),以及发展植根于土著社区和土著机构的新资源管理模式。这些措施可以更好地促进土著人民的权益和文化传统的维护,实现土著社区的可持续发展和自主管理。① 在关于人类和地球集体未来的全球讨论中,土著人民的声音仍然处于边缘,为了实现环境正义,必须在各个层面听取土著人民的声音和他们提出的关于可持续发展的众多建议。

土著人民认为,土著知识和法律体系是支持和促进面对气候危机的适应能力、复原力和可持续性的核心。② 土著司法概念的引入丰富了环境正义理论和实践的基础。这种概念通过整合土著法律秩序、知识、原则和价值观,为我们提供了一种更加综合和包容的方法来处理环境挑战。土著人民对核心问题进行了自己的诊断,并提出了解决方案,这在一定程度上体现在他们在国际、国家和地方层面发表的土著环境或气候变化宣言中。这些宣言对全球气候和生态危机的根本根源提出了反殖民主义的批判和见解。在北美的背景下,原住民一直关注着生态系统的破坏,尤其

---

① See Ford J D & King N et al. The resilience of indigenous peoples to environmental change [J]. One Earth,2020,2(6):532 - 543.

② See Cameron L & Courchene D et al. The Turtle Lodge: sustainable self-determination in practice[J]. AlterNative: An International Journal of Indigenous Peoples,2019,15(1):13 - 21.

是五个多世纪前欧洲人到来以来。他们早在主流社会正式认识到这是一场危机之前，就已经开始意识到这一问题的严重性。因此，从原住民的角度来看，环境不公正，包括气候危机在内，不可避免地与殖民主义、剥夺、资本主义、帝国主义全球化以及父权制度的持续进程联系在一起，并且被视为这些进程的症状之一。

通过引入土著司法概念，我们能够更全面地理解和解决环境挑战，以及根本上与之相关的社会和历史因素。① 土著人民的生态危机也是殖民主义加剧的体现。土著人民深刻理解殖民主义的背景，他们遭受了数个世纪的殖民直接影响，并且千百年来一直在实践与地球共存的替代方法。因此，他们可以为全球社会提供宝贵的见解，帮助人类理解所需的"转型"变革可能是什么样子的。他们的传统知识和生态智慧为我们提供了重要的启示，包括如何与自然和谐相处，以及如何构建可持续的社会生活方式。通过与土著人民真诚合作和学习，人类可以开展一场有意义的转型，建立更加公正、包容和可持续的未来。迄今为止，土著人民长期以来在环境、可持续性和气候变化政策方面的独特经历和贡献受到了有限的认可和影响。对土著人整体经验和贡献的排斥可以被视为另一种形式的环境不公正。这种排斥可能导致政策制定过程中忽视土著人民的声音和利益，从而使相关政策未能充分考虑土著社区的需求和智慧。因此，承认和尊重土著人民的知识、经验和观点，以及与他们进行真正的合作和对话，对于制定更具包容性和有效性的环境政策至关重要。②

第八节　气候变化对难民与境内流离失所者权利的影响及应对

气候变化的深远影响之一与人们的被迫流离失所有关。即使全球各

---

① See McGregor D, Whitaker S & Sritharan M. Indigenous environmental justice and sustainability[J]. Current Opinion in Environmental Sustainability, 2020, 43: 35 – 40.

② See McGregor D, Whitaker S & Sritharan M. Indigenous environmental justice and sustainability[J]. Current Opinion in Environmental Sustainability, 2020, 43: 35 – 40.

国都展现出前所未有的政治意愿来接纳移民,在最坏的情况下,几乎没有安全的地方可以撤退,任何人都没有安全的港湾。气候变化对流离失所者的人权影响,特别是对由于气候变化而跨越国际边界流离失所者的影响最为严重。因气候变化而流离失所者面临多种侵犯人权行为,气候变化事件可能剥夺流离失所者的食物权、水权、卫生设施权、住房权、健康权、受教育权、出入境或返回本国的权利,对一些人而言还可能剥夺生命权。

一、气候变化下的境内流离失所者权利内容

(一)流离失所者的健康权与生命权

因气候变化而跨越国际边界流离失所的人同时也可能遭受武装团伙的骚扰和酷刑,严重影响他们的生命权、健康权。特别是流离失所的儿童,可能面临着多种风险,包括侵害、暴力、贩运、剥削以及其他形式的虐待。这些风险可能会对他们的身心健康造成长期影响,需要及时采取措施保护他们的权利和福祉。气候所致迁移、流离失所和现代奴隶制之间存在明显关联。根据世界粮食计划署的数据,始于 2014 年的厄尔尼诺干旱导致迁往美国的非正常移民大幅增加。世界粮食计划署发现,年轻人和较脆弱人群有流离失所的倾向。[①]

个人和家庭的脆弱程度在境内流离失所中扮演着至关重要的角色。那些相对不那么脆弱的个人和家庭可能能够更好地适应潜在的灾难事件,并减轻其影响,从而有可能留在原居地,或者在灾难发生之前选择搬迁到其他地方。在这种情况下,流动可能是一种有效的适应战略,可能涉及季节性或临时性的迁徙。在危机的早期阶段,迁移可能是短期的、暂时的,可能只涉及家庭的部分成员,并且有更多的选择。然而,大多数脆弱群体可能缺乏适应这种方式所需的资源,可能会被迫留在原地,直到别无

① 参见世界粮食计划署. 粮食安全与移民:萨尔瓦多,危地马拉和洪都拉斯的人们为何逃离以及留在当地的家庭成员所受影响[R/OL]. 2017[2024-06-17]. https://docs.wfp.org/api/documents/WFP-0000019629/download/.

选择，只能离开并流离失所。另外，在一些社区，比如土著人民社区，土著人民可能会因为对土地和文化的特殊依恋而选择不搬迁。随着缓发事件的恶化，通常是最贫困、最脆弱的人因无法适应而被迫留在原地。他们的搬迁往往是最后的手段，旨在确保生存，而并非出于选择。在气候变化缓慢而不利的影响下，境内流离失所预计主要是长期的，而且通常是在境内发生的，尽管在某些情况下，一些人最终可能会越过国界。①

（二）流离失所者的食物权、水权和环境卫生权

气候变化对许多不同社区的适应能力提出了挑战，并对一些社区造成了无法承受的压力。这是由于气候变化与粮食安全、水短缺和边缘土地提供的保护不足等现有问题相互作用，并使这些问题恶化。海平面上升导致的淡水资源盐碱化、干旱会使供水减少，而洪水会降低水质。难民与境内流离失所者的移民之路往往充满不确定，贫民区和非正规就业部门的条件使流离失所者的水和环境卫生安全权、食物权面临着更高的风险。

（三）流离失所者的适当住房权

根据适当住房权的内容，适当住房必须符合隐私、空间、安全和地点等方面的若干标准。受到气候变化的缓发影响而被迫离开家园的人很有可能面临恶劣的生活条件，旅途期间生活在岌岌可危的居住状况中。

与全球城市化趋势相一致，越来越多的境内流离失所者可能会在城市地区定居。大多数境内流离失所者已经生活在城镇的非营地环境、农村地区的收容社区和非正式住区。城市境内流离失所问题日趋严重，这一现实要求所有国家政府改变应对方法。② 境内流离失所还与其他形式的境内和跨境人口流动相互交叉和重叠。③ 因此，针对境内流离失所者

---

① 参见联合国秘书长境内流离失所问题高级小组．关注境内流离失所的问题：未来的愿景［R/OL］．2021［2024－06－17］．https://internaldisplacement-panel.org.

② See Earle L & Aubrey D et al. When internal displacement meets urbanisation: making cities work for internally displaced people［J］. Refugee Survey Quarterly, 2020, 39(4): 494－506.

③ See Cantor D J & Apollo J O. Internal displacement, internal migration, and refugee flows: connecting the dots［J］. Refugee Survey Quarterly, 2020, 39(4): 647－664.

的解决办法必须与针对其他群体的解决办法结合起来，特别是与针对难民、因灾害和气候变化影响而在国外流离失所的人以及回返者的解决办法结合起来。境内流离失所者要重新实现自给自足，就需要工作、谋生以及获得收入和养老金和失业基金等社会保障体系。

（四）流离失所者的迁移自由权和选择居住地权

流离失所对人权的影响是广泛的，首先是对迁移自由权和选择居住地的权利。流离失所者面临无法返回家园的困境，因为气候灾难导致流离失所的情况往往不能迅速改善。有些情况下，缓发事件的影响可能变得不可逆转，导致该地区变得不适宜居住，无法返回。例如，由于海平面上升或土地沙漠化等，土地被淹没或失去肥力，居民无法重返家园。在这种情况下，流离失所者可能被迫寻找新的居住地，并面临长期流离失所的风险。战争遗留爆炸物的存在可能使境内流离失所者无法重新使用他们以前的房屋或土地。而在其他情况下，土地和房屋被占用、非法攫取或重新分配，缺乏证明所有权或保有权的民事文件也是恢复占用或要求赔偿的一个重大障碍，特别是在通过习惯或非正式安排对此类事项加以管理的情况下。①

流离失所者可能在流离失所过程中丢失了身份证件，或者在获取或更新公民证件方面遇到困难，这可能会对其享有基本服务、社会福利、就业机会、住房保障、土地和财产权、政治参与和获得司法救济造成障碍。他们留下的财产可能会遭到摧毁、损坏、侵占或偷盗。境内流离失所者往往缺乏生计，属于粮食最不安全的群体。大多数人住在难民营之外和城市地区，是最贫穷的人群，缺乏安全的住房，面临广泛的健康、社会和经济风险。流离失所者的心理健康也面临威胁，他们可能会因为害怕当权者而进一步被迫躲藏起来，在动荡不安的生活中深感心理痛苦。

随着危机逐渐演变成为灾难，人们可能发现无法返回家园，因此最初的临时行动可能会演变成长期的流离失所。境内移民也可能受到迁移期

① 参见联合国. 境内流离失所情况下的住房、土地和财产问题 A/HRC/47/37[R/OL]. (2021-06-15)[2024-06-17]. 第5页. https://docs.un.org/zh/A/HRC/47/37P239.

间或在新居住地发生的其他事件的影响,成为境内流离失所者。那些被迫从高风险地区撤离并被迫搬到新地点的人可能会面临二次流离失所的风险,而如果他们无法最终返回原居地,那么他们可能会长期处于流离失所的状态。撒哈拉以南非洲是境内流离失所者最多的地区,居住在城市地区的人口比例最低,但城市化速度最快。因此,流离失所的人很可能也会越来越多地迁移到那里的城市,甚至会加速城市化趋势。①

(五)流离失所者的文化权利

当人们流离失所时,他们丧失家园和生计,并可能被剥夺住房、食物、水和卫生设施、医疗保健和财产的权利。他们被迫离开他们的土地和社区,还可能无法践行他们的文化传统和宗教,不能说他们的语言,这使他们的文化和宗教权利受到影响。

境内流离失所者中的儿童和青年受教育权也受到影响。在许多地方,影响教育系统的挑战,如校舍被破坏或被占领,缺乏人员或过度拥挤,以及流离失所儿童面临的特殊障碍,如失学多年、有语言障碍或无法支付教育费用,使流离失所儿童难以融入迁入地学校。

二、难民与境内流离失所者的权利保护策略

(一)人权文书与难民法

1. 气候难民地位争议

气候变化造成的流离失所是前所未有的,它还具有复杂性和多因素性。它可能使政治难民与“气候难民”之间、自愿流离失所者与被迫流离失所者之间的传统界限变得复杂,特别是因为很难区分造成人类迁移的多种原因。②

《难民和移民问题纽约宣言》指出,移民的原因多种多样,包括武装

---

① 参见联合国. 境内流离失所情况下的住房、土地和财产问题 A/HRC/47/37[R/OL]. (2021-06-15)[2024-06-17]. 第 5 页. https://documents. un. org/doc/undoc/gen/g21/047/37/pdf/g2104737. pdf? token=7vlijUpkoB14nD1dIw&fe=true.

② See Kaplan M. Climate Refugees-deserving of protection: A study on climate refugees and their rights to protection[J]. 2023.

冲突、贫困、粮食不安全、迫害、恐怖主义、侵犯人权、气候变化和自然灾害。“气候难民”目前还没有一个明确的定义,只是用以描述那些受到气候变化的不利后果而被迫迁移的人。邦尼·多彻蒂(Bonnie Docherty)和泰勒·詹尼尼(Tyler Giannini)将气候难民概念的构成要素归纳为六个方面:(1)发生被迫迁徙行为;(2)暂时性或者永久性迁徙;(3)跨越国境的迁徙;(4)与气候变化相关的环境损害;(5)突发性或者渐进性的环境损害;(6)人类迁徙行为与前述环境损害之间存在因果关系。[①] 这些概念或交织重叠或指向单一,但基本内涵相对一致。在环境难民的含义、特征标准及因果关系较模糊而难以确定的情况下,气候难民可以率先在一定程度得到国际法上的认可和保护。当今国际法律框架下,没有相应的法律规定这类难民可以得到相应保护的权利,当个人因遭遇气候危机请求其他国家给予保护时因没有法律等的支撑,也很难得到被申请国家的保护,为其提供相应的避难场所和条件。已有的规制国际难民问题的国际法律文件具有较强的时代色彩,均未将气候因素作为界定难民的标准之一,使气候难民很难获得国际法上的难民地位。根据1951年《关于难民地位的公约》的规定,因气候变化而跨越国际边界的人一般不被界定为难民,因为他们不符合难民的法律定义。根据该公约,难民是指由于种族、宗教、国籍、属于某一社会团体或具有某种政治见解遭受迫害,因而不能或不愿返回原籍国的人。1967年《关于难民地位的议定书》扩大了该公约的范围,不再局限于“二战”后欧洲战争难民的范围,但并未修改该定义。传统难民如果被迫害的原因消除了,如受到政治迫害后,原籍国承诺放弃迫害,那么难民可以重新回到家乡。而气候难民的情况则有所不同,因为他们的家园可能遭受了不可逆转的损害,导致无法再次回到原处。气候变化可能导致的海平面上升、土地荒漠化、极端天气等影响,可能使原居民无法再次在家乡安居,因此气候难民的境况更加复杂。

用于界定因气候变化而流离失所者的术语有许多,大众媒体通常将

---

① See Docherty B & Giannini T. Confronting a rising tide: a proposal for a convention on climate change refugees[J]. Harv. Envtl. L. Rev., 2009, 33: 349, p. 372.

这些流离失所者定义为“气候变化难民”或“气候难民”。流离失所的情况是多种多样的。联合国人权高专办在其关于气候变化与人权的关系问题报告中确定了四种流离失所的情况：与天气有关的灾害（突发事件）、环境逐渐恶化和缓慢发生的灾害、灾害风险增加和人们从高风险地区迁移，以及与气候变化有关的因素导致的社会动荡和暴力。气候变化充当了一种威胁倍增器，加剧了那些已经处于脆弱境地的人所受到的影响。① 在《非洲统一组织关于非洲难民问题某些特定方面的公约》和《卡塔赫纳宣言》中，并未涵盖气候难民这种情况。这两项文件扩大了难民的定义，将逃离严重扰乱公共秩序事件的人包括在内，但并未明确涉及气候变化所引发的迁徙。因此，尽管这些国际文件为难民问题提供了一定的框架和指导，但在气候难民问题上仍存在一个重要的、令人不安的规范空白。这种规范空白意味着国际社会尚未就气候变化引起的迁徙现象达成共识，并未建立起相应的法律机制和保护措施来应对这一挑战。一旦一个人越过国界，他们面临的是一个保护的空白地带。国际法中有一个颇为反常的方面，即虽然软法和硬法明确规定了公民离开本国的权利，但却没有对其进入其他国家的相应权利作出明确规定。这种缺乏进入他国的权利的现象只是国际法目前存在的众多缺失之一，还有许多其他问题需要解决。②

《安全、有序和正常移民全球契约》虽然承认难民和移民享有同样的普世人权和基本自由，但在给予他们的法律保护方面存在一种分歧：那些因气候变化的不利后果而被迫迁移的人似乎被归类为受保护程度较低的移民类别。尚且需要国际社会加强合作，共同努力制定针对气候难民的相关政策和法律框架，以确保这一特殊群体的权益得到充分保障和尊重。

由于气候变化而跨越国际边界流离失所或移民者在法律上没有获

---

① See Atapattu S. Climate change and displacement: protecting “climate refugees” within a framework of justice and human rights[J]. Journal of Human Rights and the Environment, 2020, 11(1): 86–113.

② See Behrman S, Kent A. Overcoming the Legal Impasse: Setting the scene[M]//Climate Refugees. Routledge, 2018: 3–15.

得与难民相同的保护。即使有可能在现行难民保护制度的限制下进行这种创新,气候和环境难民也将面临国际法律保护的其他众所周知的限制所带来的重要法律空白。尽管国际人权法承认“人人有权在其他国家寻求和享受庇护以避免迫害”①,但各国并没有相应的义务给予庇护,这是由各国的国内法规定的。② 这意味着气候和环境难民可能会面临被遣返回原籍国或无法获得国际庇护的风险,从而进一步加剧他们的困境。如果无权寻求难民身份,那么他们的基本人权就会被剥夺。拉丁美洲民间社会组织的一位代表指出,有些人不愿认同自己是气候变化所致流离失所者,虽然他们后来承认了这一事实,因为气候变化所致流离失所者无法获得难民地位。因此他们谎称自己在原籍国受到帮派或民兵的骚扰。③

2. 人权机制

人权法要求保护因气候变化而流离失所的人的安全,人权规范和原则是为受到气候变化影响的移民提供保护。目前与难民、境内流离失所者相关的国际人权文书,包括《公民权利和政治权利国际公约》、《经济、社会及文化权利国际公约》、《世界人权宣言》和《保护所有移徙工人及其家庭成员权利国际公约》,规定缔约国有义务尊重、保护和实现所有人的所有人权,免受歧视,包括在其管辖或有效控制下的所有移民,无论其移民身份如何。《安全、有序和正常移民全球契约》邀请各国建立减少灾害风险、减缓和适应气候变化的机制,以应对突发和缓发事件,并满足那些生命和权利最容易受到这些威胁的人的需求。

《联合国气候变化框架公约》中没有明确处理难民及境内流离失所者问题,但《巴黎协定》在序言中促请缔约方在采取气候行动时尊重、促进和考虑包括流离失所者在内的所有处境脆弱者的权利。《联合国气候变化框架公约》缔约方会议及其附属机构为讨论因气候变化而流离失所

---

① UDHR, Art. 14.

② See Atapattu S. Climate Change and Displacement: Protecting “Climate Refugees” within a Framework of Justice and Human Rights[J]. Journal of Human Rights and the Environment, 2020, 11(1): 86-113.

③ 参见联合国. 委内瑞拉玻利瓦尔共和国的人权状况 A/HRC/53/54[R/OL]. (2023-06-01)[2024-06-17]. 第4页. A/HRC/53/54.

者的保护相关问题提供了论坛，为采取综合办法避免、尽量减少和处理气候变化背景下的流离失所问题制定建议。[①]

尽管 IPCC 在 1990 年的第一份报告中就承认了气候变化可能引发的人类迁徙问题，但是直到 20 多年后，气候谈判者才开始将流离失所问题纳入气候变化议程。事实上，气候文件中首次提及与气候变化相关的流离失所问题是在坎昆举行的《联合国气候变化框架公约》缔约方大会第十六届会议上。在这次会议上，缔约方强调了适应问题必须与缓解问题同等优先地加以解决，并邀请所有缔约方采取措施，在国家、区域和国际层面加强对气候变化引起的流离失所、移民和有计划的重新安置问题的理解、协调与合作。这一举措标志着国际社会开始正视气候变化对人类迁徙的影响，并为解决这一问题提供了框架和平台。[②] 在《联合国气候变化框架公约》缔约方大会第二十一届会议上，缔约方要求损失和损害执行委员会成立一个与气候变化相关的流离失所问题特别工作组，并提出建议，就避免、尽量减少和解决与气候变化不利影响相关的流离失所问题的综合方法。[③] 此外，《巴黎协定》承认缔约方在采取行动应对气候变化时应尊重其人权义务。[④] 保护境内流离失所者主要被视为一个短期的人道主义问题。与境内流离失所者直接相关的文书有《国内流离失所问题指导原则》。

《关于难民地位的公约》可在某些情况下为受气候变化不利影响的个人提供保护。例如：(1)国家当局拒绝提供免受气候变化不利影响的保护，且这种拒绝构成迫害；(2)国家当局利用气候变化的不利影响迫害特定群体或个人；(3)气候变化引发的严重侵犯人权行为或武装冲突致使人们基于对迫害有正当理由的恐惧而逃离。在以上情况下，该公约提

---

① 参见联合国. 移民人权特别报告员的报告 A/77/189[R/OL]. (2022 - 07 - 25)[2024 - 06 - 17]. 第 9 页. https://docs.un.org/zh/A/77/189.

② See Atapattu S. Climate change and displacement: protecting "climate refugees" within a framework of justice and human rights[J]. Journal of Human Rights and the Environment, 2020, 11(1): 86 - 113.

③ See UNFCCC. Decisions adopted by the Conference of Parties (Dec 2015), Decision CP/12. FCCC/CP/2015/10/Add. 1[EB/OL]. [2024 - 06 - 17]. https://unfccc.int/resource/docs/2015/cop21/eng/10a01.adpaper = 2.

④ See Paris Agreement, Preamble.

供的保护与国家当局的行动有关,而非与气候变化造成的不利影响有关。在少数情况下,《关于无国籍人地位的公约》也可能为因气候变化而流离失所者提供保护。①

区域范围内,《非洲统一组织关于非洲难民问题某些特定方面的公约》和《卡塔赫纳宣言》对“难民”一词采用了较为宽泛的定义,增加了保护因气候变化而流离失所者并使其获得难民地位的可能性。《关于非洲难民问题某些特定方面的公约》第 1 条第 2 款,也将难民地位的适用范围进行扩大,包括了由于严重扰乱公共秩序的事件而被迫在原籍国或国籍国以外寻求庇护的人。《卡塔赫纳宣言》第 3 条第 3 款则将这一定义延伸到因生命、安全或自由受到大规模侵犯人权行为或严重扰乱公共秩序情形的威胁而逃离本国的人。②

《安全、有序和正常移民全球契约》明确述及为受环境驱动因素影响的人员提供正常移民途径,一些国家正在采取可取做法,使这种途径成为现实。2020 年,政府间发展组织通过了关于人口自由流动的议定书,其中规定,允许受灾害影响的人员在该区域其他国家入境和居留。③

(二)气候变化适应策略

《2015—2030 年仙台减少灾害风险框架》提到与气候变化有关的移民问题。2016 年的《关于难民和移民的纽约宣言》谈到气候变化是流离失所的驱动因素,并呼吁建立和扩大安全、正常的移民途径。《安全、有序和正常移民全球契约》载有具体承诺,即承诺解决迫使人们在灾害、气候变化和环境退化的情况下离开原籍国的驱动因素,并保护和协助在这些情况下离开本国的人。在第一届国际移民问题审查论坛上,联合国会员国通过了《进展宣言》。该宣言所载其中一项承诺的核心内容是更加努

---

① 参见联合国. 移民人权特别报告员的报告 A/77/189[R/OL].(2022-07-25)[2024-06-17]. 第 9 页. https://docs.un.org/zh/A/77/189.

② 参见联合国. 在气候变化不利影响造成人的跨国际边界移徙和流离失所方面处理人权保护差距,并支持发展中国家的适应和减缓计划以弥补这些差距 A/HRC/38/21[R/OL].(2018-06-22)[2024-06-17]. 第 8 页. https://docs.un.org/zh/A/HRC/38/21.

③ 参见联合国. 移民人权特别报告员的报告 A/77/189[R/OL].(2022-07-25)[2024-06-17]. 第 5 页. https://docs.un.org/zh/A/77/189.

力地扩大安全、有序和正常移民的途径并使之多样化，为处境脆弱的移民以及受灾害、气候变化和环境退化影响者提供这些途径。南森倡议是由国家主导、利益攸关方参与的协商进程，具体处理自然灾害和气候变化背景下的跨境移民问题。①

南森倡议保护议程提供了指导和有效做法，为灾害和气候变化背景下的跨境流离失所问题提供了潜在的解决方案。该议程倡导将基于人权的方法纳入减少灾害风险、适应措施和可持续发展努力。它强调积极主动的规划和措施，以及妥善管理人员流动，以应对气候变化的影响。为了让灾害流离失所者能够获得接纳，该议程建议联合国会员国可以扩大接纳那些逃离灾害的人或提高那些已经在灾害中的人的能力。更具体地说，该议程提出了人道主义保护措施，例如通过现有或特别设立的移民政策（如人道主义签证）或双边或区域自由流动协议。该议程还承认将计划搬迁作为最后手段，并提出了使其更具可持续性的方法。其中包括一些法律规定的建议，例如尊重人权，以及其他有效的做法；又如，提供心理健康支持，确保迁入地具备必要的基础设施和生计支持，帮助流离失所者实现社会融合。②

危机国家移民（MICIC）倡议的指导方针也是在与政府和利益相关者进行区域磋商后制定的，不具有约束力。他们的关注重点包括冲突、灾难和移民，案例研究表明这些问题可能会在缓慢发生的过程发生。然而，它们不包括难民或跨境移民或流离失所。相反，它们旨在解决身处受冲突或灾难影响的国家的移民的处境，并包括一套强调危机准备、紧急响应和危机后行动各个方面的原则。③

---

① 参见联合国. 移民人权特别报告员的报告 A/77/189[R/OL].(2022-07-25)[2024-06-17]. 第 5 页. https://docs.un.org/zh/A/77/189.

② See Human Rights Council. The Slow onset effects of climate change and human rights protection for cross-border migrants A/HRC/37/CRP.4[R/OL].(2018-03-15)[2024-06-17]. https://www.ohchr.org/sites/default/files/Documents/Issues/ClimateChange/SlowOnset/A_HRC_37_CRP_4.pdf.

③ See Human Rights Council. The Slow onset effects of climate change and human rights protection for cross-border migrants A/HRC/37/CRP.4[R/OL].(2018-03-15)[2024-06-17]. https://www.ohchr.org/sites/default/files/Documents/Issues/ClimateChange/SlowOnset/A_HRC_37_CRP_4.pdf.

赋能需要有透明和包容性的机构和进程，对温室气体的排放、气候变化及其对人权的影响需要有准确的测量并能方便获得。为跨越边界流动提供充足的常规途径是先决条件。参与决策，以及监测、审评和核实气候变化的影响和承诺，通过确保有效调动减缓和适应气候变化的执行手段缩小保护差距至关重要。将人权，包括移民权利纳入执行《巴黎协定》的指导方针，有助于确保为减缓和适应气候变化的措施有效调动资源以保护流动中的个人提供机会。① 在若干国家，移民已作为适应气候变化的一种形式推广。例如，在肯尼亚，"国家气候变化行动计划"呼吁将移民研究作为气候变化的潜在应对机制。目的地国也必须发挥作用。与气候脆弱国家达成双边移民协定有助于促进安全、有序和正常的流动，前提是此类协议无歧视性和符合国际人权义务。意大利缔结了若干双边协定以促进人口流动，作为适应气候变化的战略。②

三、气候适应与难民、境内流离失所者的案例

2020年初，意大利最高上诉法院判定，孟加拉国大部分地区在2012年和2017年两次遭受洪水袭击，导致申诉人房屋被毁，因此可能影响申请人的脆弱性，随附关于可能侵犯基本人权的充分指控和证据，且这种侵犯可能使申请人无法获得有尊严的基本生活条件。在该案中，法院认为，就自然灾害能够加剧人们的脆弱性和侵犯核心人权而言，它可以构成令人信服的移民驱动因素。③

惠灵顿法院通过具有里程碑意义的伊奥内·泰提奥塔诉新西兰案，表明了将目前的难民类别适用于气候难民所面临的挑战。该案中，新西

---

① 参见联合国. 在气候变化不利影响造成人的跨国际边界移徙和流离失所方面处理人权保护差距，并支持发展中国家的适应和减缓计划以弥补这些差距 A/HRC/38/21[R/OL]. (2018-06-22)[2024-06-17]. 第3页. https://documents.un.org/doc/undoc/gen/g18/038/21/pdf/g1803821.pdf? token=7vlijUpkoB14nD1dIw&fe=true.

② 参见联合国：《在气候变化不利影响造成人的跨国际边界移徙和流离失所方面处理人权保护差距，并支持发展中国家的适应和减缓计划以弥补这些差距》(A/HRC/38/21[R/OL])，(2018-06-22)[2024-06-17]，第4页，https://docs.un.org/zh/A/HRC/38/21。

③ 参见联合国：《移民人权特别报告员的报告》(A/77/189[R/OL])，(2022-07-25)[2024-06-17]，第6页，https://docs.un.org/zh/A/77/189。

兰律师和活动家迈克尔·J.基德在联合国人权事务委员会所作的辩护表明,活动可以达不到其直接目标,但也可以通过推动软性法律以及可能的硬性法律的发展而产生积极影响。有证据表明,基里巴斯正在丧失陆地面积,预计作为一个国家还将存活10~15年。他们的律师创新性地将他们的法律诉求定为涉及"气候难民",这就将适用的法律从狭隘的《关于难民地位的公约》扩大到新西兰"根据其他各项人权条约提供的补充保护"所应承担的义务,包括《公民权利和政治权利国际公约》。[①]

在特萨玛·威廉等诉乌干达司法部长等案(Tsama William and Others v. Uganda's Attorney General and Others)中,2020年10月14日,申请人(乌干达布杜达区反复发生的山体滑坡的受害者)对总检察长(代表政府)、国家环境管理局和布杜达地方政府委员会提起诉讼,声称被告未能建立有效的机制来防止布杜达区的山体滑坡,被告的作为和/或不作为侵犯了申请人的基本权利。申请人向法院申请多项救济,包括宣布他们在山体滑坡发生时的生命、财产、身心健康以及清洁和健康环境的基本权利受到侵犯。申诉人还要求声明被告应对侵犯其基本人权负责。申诉人还要求赔偿共计68亿乌干达先令的赔偿金,以赔偿其生命损失、生命威胁、财产破坏和侵犯其其他基本人权以及重新安置到较安全地区的费用。[②] 乌干达姆巴莱高等法院尚未作出判决。该案的争议焦点在于乌干达是否未能履行气候变化和灾害管理法规定的积极义务,管理布杜达地区山体滑坡的风险。被告辩称,灾害是自然发生的,政府已经履行了相应的义务,申请人使用了"作为"和"不作为"等词,而没有提出作为或不作为的主要证据。此外,申请人故意在布杜达的丘陵和山坡上定居,进行违反被告制定的土地使用准则的活动,从而大大增加了山体滑坡的可能性及其后果。申请人不能就其所进行的非法活动所造成的损失和伤害向法院寻求补救。关于申请人所声称的财产损失,申请人没有提出证据,通过支持宣誓书陈述损失的财产是不够的,但申请人有责任严格证明确切的

---

① See Clarke AW. Climate Change, Migration, and Pandemics: Human Rights in the Anthropocene[J]. Vermont Law Review,2022,47(1):1-39.

② See Tsama William and Others v. Uganda's Attorney General and Others.

财产损失或经认证估价师计算的财产价值。

何塞·诺埃·门多萨·博霍尔克斯等人诉阿劳卡等部门案(José Noé Mendoza Bohórquez et al. v. Department of Arauca et al.)中,原告是两名66岁和63岁的农民,由于2015年和2016年博贾巴河洪水,他们被迫离开他们生活和工作的土地。此后,原告一直未能返回。2024年4月16日,宪法法院进行司法审查,认定环境和气候确实是境内民众被迫流离失所的原因。法院认为,原告因自然灾害而离开家园,因此受到哥伦比亚政府的特殊保护。然而,法院指出,现有法律并未涵盖气候难民这一地位,现有条款仅涉及因武装冲突而流离失所的受害者。因此,法院认为,在环境和气候引起的强迫流离失所的特殊保护方面存在法律真空,并命令国会颁布必要的立法来填补这一真空。[①]

在多种情境下,流离失所是无计划、随意的,这意味着国家未能兑现其与公民和居民之间的社会契约,即违背了国家保护其人民免受伤害的承诺和义务。大多数国家缺乏解决境内流离失所问题的政治意愿,不承认其流离失所的公民和居民。与此同时,联合国、捐助国和国际金融机构也没有对此种危机,尤其是长期流离失所的情况提供足够的保障。几百万境内流离失所者继续陷入被其本国政府拒绝、压迫或迫害的困境,或身处被非国家武装团体控制的地区。

在未来的几十年里,气候变化将迫使数百万人离开家园。小岛国家可能会因海平面上升而被淹没,而荒漠化将使原本适宜人居住的土地变得无法居住。越来越频繁的极端天气事件将迫使人们寻找更安全的避难所,可能会跨越国界。尽管科学家普遍认为全球人类活动是气候变化的主要原因之一,但气候变化本身是环境现象。国际社会有责任减少气候难民灾难的影响,因为气候变化是全球性挑战,而人类活动是其产生的主要原因之一。在危机进一步加剧之前,各国和国际组织需要采取创新、跨学科的全球性解决方案,并立即行动。[②]

---

① See José Noé Mendoza Bohórquez et al. *v*. Department of Arauca et al.

② See McDave K E & Dagadu P P. Reconsidering the Status and Rights of Climate Refugees Under International Law[J]. International Journal of Law and Society,2023,6(2):168 – 172.

第六章　基于人权的适应气候变化的司法考察

适应类气候变化诉讼关注降低特定地区应对气候变化风险的脆弱性，其诉讼主体往往是受气候变化影响极为严重的群体，其目标在于提升社区的适应能力和生态复原力，因此诉讼的争议核心往往集中于自然资源的开发、生物多样性和生态环境保护等有利于降低环境脆弱性的行为。根据萨宾气候变化法律中心的分类，“获得信息”“环境评估和许可”“无法适应”“保护生物多样性和生态系统”项下的气候变化诉讼属于适应类气候变化诉讼。

适应类气候变化诉讼中，围绕获得环境信息提起的诉讼有 19 起、自然资源的开采案件 75 起、公共设施建设案件 26 起、可再生能源案件 43 起、气候适应类案件 51 起、保护生物多样性和生态系统（环境保护）类案件 39 起、无法适应类案件 12 起、其他类型案件 60 起。可见，在适应类气候变化诉讼中，自然资源开采往往受到最多关注，争议双方通常围绕自然资源开采的许可、环境评估等事项产生纠纷。其次是直接与适应气候变化有关的气候适应类案件和可再生能源案件。

第一节　基于人权的气候变化适应类案例分析

基于人权的气候变化适应诉讼既包括纯粹的气候变化适应类案例，诸如保护法基金会诉埃克森美孚公司案、莱加里诉巴基斯坦案、亚马逊研究所诉巴西案以及德高汗水泥有限公司诉旁遮普联邦政府案，也包括以减缓为主同时涉及适应问题的诉讼，如丹尼尔·比利等人诉澳大利亚案等。通过对两类诉讼的分析，笔者发现适应类诉讼中所存在的争议问题以及两类诉讼的救济路径。

一、典型的气候变化适应案例

典型的气候变化适应类案例关注降低特定地区应对气候变化风险的脆弱性，其诉讼主体往往是受气候变化影响极为严重的群体或代表，其目标在于提升社区的适应能力和生态复原力，因此诉讼的争议核心可能聚焦于自然资源的开发利用、生物多样性和生态环境的保护以及基础设施的建设等有利于降低环境脆弱性的行为。

（一）莱加里诉巴基斯坦案（Leghari v. Federation of Pakistan）

2015 年，巴基斯坦的一个农民阿斯加尔·莱加里（Asghar Leghari）向拉哈尔高等法院提起公益诉讼，起诉巴基斯坦政府未能充分执行 2012 年国家气候变化政策和《气候变化政策实施框架（2014～2030）》。基于巴基斯坦对气候变化的脆弱性，莱加里认为政府在应对气候变化方面的不作为违反了 1973 年《巴基斯坦宪法》保障的生命权（第 9 条）、人身尊严和家庭隐私权（第 14 条）、财产权（第 23 条）。宪法规定的生命权、尊严权、正当程序权或健康环境权中都隐含着应对气候变化的义务。虽然国家气候变化政策和气候变化政策的实施框架的重点都在于适应，并且在框架中明确了必须在两年内（最迟在 2016 年）完成的优先事项，但巴基斯坦气候变化部联合秘书承认，政府各部门和当局汇报实施框架中优先事项的进展情况并不积极，需要提高认识。而且，由于巴基斯坦是气候变化的受害者,需要立即采取补救性适应措施来应对破坏性气候模式。

高等法院认为气候变化是这个时代的决定性挑战,对于巴基斯坦来说,气候变化导致了严重的洪水和干旱,在法律和宪法层面,应当保护巴基斯坦公民的基本权利,特别是那些无法诉诸法院的社会弱势群体。而国家在执行《气候变化政策实施框架(2014～2030)》方面的拖延和懈怠侵犯了需要保障的公民的基本权利。随后,法院采用了提名气候协调人,设立气候变化委员会的形式对《气候变化政策实施框架(2014～2030)》的实施进行监测和审查。2018 年 1 月 25 日,该委员会提交的报告指出,在 2015 年 9 月和 2017 年 1 月期间,《气候变化政策实施框架(2014～2030)》中 66.11% 的优先行动已经实施。拉哈尔高等法院的裁决具有变革性,在于法院认为国内宪法所规定的生命权、尊严权包括了享有健康和清洁环境的权利,对于这些基本权利的解释遵循了民主,平等,社会、经济和政治正义的宪法原则,以及可持续发展的国际环境原则,如预防原则、环境影响评估、代际正义和公共信托原则等,从而为现有的基本权利增添了环境色彩,开启了巴基斯坦政府的国际环境法承诺与保护基本权利的宪法义务之间的对话。

(二)亚马逊研究所诉巴西案(Institute of Amazonian Studies v. Brazil)

2020 年 10 月 8 日,亚马逊研究所对巴西联邦政府提起公共民事诉讼(集体诉讼),并声称联邦政府未防止砍伐森林,积极采取措施减缓和适应气候变化,导致其没有实现《气候变化国家政策法》中规定的排放目标以及为预防和阻止森林砍伐而通过的《预防和控制亚马逊法定森林砍伐行动计划》(PPCDAm)。因此,原告要求政府遵守国家气候法和森林政策并承认《巴西宪法》中规定的今世后代享有稳定气候的基本权利。

该案最重要的创新之处在于承认了气候稳定权是一项基本权利。上诉法院在作出驳回裁决时对气候变化诉讼及其与普通环境诉讼的区别进行了详细而充分的论证。首先,法院区分了四类气候诉讼,包括以减少温室气体排放为中心的减缓气候变化诉讼、关注遭受气候变化影响程度的适应气候变化诉讼、寻求气候变化造成的损害赔偿的补偿气候变化诉讼以及管理气候变化风险的风险诉讼。[①] 其中,适应气候变化诉讼的核心问题主要涉及政府和企业因不充分的气候风险评估而应承担的责任以及推动市政当局出台法律文书和计划以应当降雨模式、干旱发生率和海平面上升的变化为中心。[②] 法院认为当前的气候变化诉讼旨在通过司法机关向立法和行政机关施加压力,迫使其履行国家法律规定的义务和政治承诺,该类诉讼将环境诉讼相关理论置于气候变化的背景之下并在一定程度上取得了有利效果。[③] 该案的目的在于保护公民享有气候稳定的权利,并将政府的森林恢复政策作为实现气候目标的手段之一,因此与普通环境诉讼的区别在于诉因和法律依据的不同。[④] 巴西法院首次承认了环境诉讼和气候诉讼之间的区别,并且创造性地利用了国内法应对全球挑战,表明了气候稳定权作为一项新的基本权利的必要性,[⑤]在一定程度上有利于推动国家宪法制度的演变。

（三）德高汗水泥有限公司诉旁遮普邦政府案(D. G. Khan Cement Company v. Government of Punjab)

2021 年 4 月 15 日,巴基斯坦旁遮普邦政府发布通知,禁止在属于“消极区域”的环境脆弱地区建设新水泥厂或扩建现有水泥厂。一家水泥公司业主对该通知提出疑问,理由集中于政府没有充分考虑科学影响,通知内容违反了《宪法》第 18 条规定的贸易、商业和职业自由的宪法权利,在程序上,违反了《宪法》第 4 条、第 9 条、第 10 条 a 项、第 25 条所规

---

① See Institute of Amazonian Studies v. Brazil,4th Federal Regional Court decision rejecting the transfer of the case (unofficial English translation), 2021. 08. 20, p. 4, para. 3. https://climatecasechart. com/wp-content/uploads/non-us-case-documents/2021/20210820 _ Acao-Civil-Publica-No – 5048951 – 39. 2020. 4. 04. 7000_na – 1. pdf.

② See Institute of Amazonian Studies v. Brazil,4th Federal Regional Court decision rejecting the transfer of the case (unofficial English translation),2021. 08. 20,p. 7.

③ See Institute of Amazonian Studies v. Brazil,4th Federal Regional Court decision rejecting the transfer of the case (unofficial English translation),2021. 08. 20,p. 8,para. 1.

④ See Institute of Amazonian Studies v. Brazil,4th Federal Regional Court decision rejecting the transfer of the case (unofficial English translation),2021. 08. 20,p. 10,para. 1.

⑤ See Setzer J & Winter de Carvalho D. Climate litigation to protect the Brazilian Amazon: Establishing a constitutional right to a stable climate [J]. Review of European, Comparative & International Environmental Law,2021,30(2): 197 – 206. p. 197 – 206.

定的申诉人获得聆讯的权利。[①]

首先,旁遮普邦政府是否有权划定“消极区域”。最高法院认为 1963 年《旁遮普邦工业(对设立和扩大的控制)条例》第 3 条(b)规定了政策根据科学资料,在考察拟设立或扩大的工业经营是否有损国家利益,或对当地居民是否造成健康影响或生活滋扰后,可以视情况宣布特定地区为正面或负面区域。[②] 旁遮普邦政府划分积极区域和消极区域的决定是在不损害当地社会、环境、生态、公民和经济利益的情况下实现有组织和有计划的工业发展的手段。[③] 这一决定包含在政府的自由裁量权之内,符合可持续发展的立法政策以及《宪法》所规定的基本权利,尤其是生命权和尊严权的要求,有利于促进社会和经济福祉、保障弱势群体的合法利益。[④]

其次,该通知是否符合公共利益。调查研究表明,该省地下水位平均下降了 64 英尺,浅水井已经完全干涸,因此设立或者扩建现有的水泥厂都将进一步消耗地下水,对当地人民和农业造成更严重的问题。[⑤] 该案中,法院援引了《里约宣言》的预防原则,“存在严重或不可逆转损害的威胁时,不应当以缺乏充分的科学确定性为理由,推迟采取具有成本效益的措施防止环境退化”,以及《世界自然保护联盟关于环境法治的世界宣言》所规定的“自然怀疑”原则,即“在有疑问的情况下,法院、行政机构和其他决策者应以最有利于保护和养护环境的方式解决所有问题,优先考虑对环境危害最小的替代方案”[⑥]。而该案中旁遮普省政府的做法符合预防原则和自然怀疑原则的要求,而且更重要的是,最高法院承认了自然环境作为权利客体的合法性。[⑦]

最后,法院还认识到气候变化适应对于实现水正义和代际正义的重要性。巴基斯坦的淡水资源具有高度的气候变化敏感性,因此必须采取

---

① See D. G. Khan Cement Company v. Government of Punjab, Judgment, p. 2, para. 2.

② See D. G. Khan Cement Company v. Government of Punjab, Judgment, p. 3, para. 4.

③ See D. G. Khan Cement Company v. Government of Punjab, Judgment, p. 3, para. 4.

④ See D. G. Khan Cement Company v. Government of Punjab, Judgment, p. 4, para. 5.

⑤ See D. G. Khan Cement Company v. Government of Punjab, Judgment, p. 7, para. 10.

⑥ D. G. Khan Cement Company v. Government of Punjab, Judgment, p. 12, para. 16.

⑦ See D. G. Khan Cement Company v. Government of Punjab, Judgment, p. 12, para. 16.

综合的水资源管理方法以适应气候变化,比如设立监管框架、水资源许可、人工补给受威胁的含水层以及避免过度开采地下水等方法。[①] 而实现气候正义以气候民主为前提,《宪法》下的民主必须增强气候适应能力,强大的民主国家亟需成为气候民主国家,以免其子孙后代成为气候变化的受害者。[②]

（四）特萨玛·威廉等人诉乌干达司法部长等案

2020 年 10 月 14 日,申请人（乌干达布杜达区反复发生山体滑坡的受害者）对总检察长（代表政府）、国家环境管理局和布杜达地方政府委员会提起诉讼,指控被告未能建立有效的机制来防止布杜达区的山体滑坡,被告的作为和/或不作为侵犯了申请人的基本权利。

2019 年 12 月 3 日,布杜达区布希卡县发生的多起山体滑坡,使申请人流离失所,20 名申请人的亲属丧生,财产和环境遭到破坏。申请人辩称,乌干达东部埃尔贡山地区的布杜达区是一个容易发生山体滑坡的地区,根据支持宣誓书中列出的几份政府文件,答辩人完全了解该地区反复发生的山体滑坡问题,而气候变化加剧了这种山体滑坡问题。申请人辩称,根据国家和国际气候变化和灾害管理法,被告负有积极义务,建立有效的机制来处理布杜达地区的山体滑坡。尽管被告负有法律义务,但被告没有这样做,从而侵犯了申请人的基本权利,包括生命权、清洁健康环境权、财产权和身心健康权。申请人辩称,如果被申请人履行了各自依法承担的义务,申请人的基本权利本来可以避免。申请人认为,由于降雨模式变化以及气候变化和环境退化导致的极端天气事件增加等因素,布杜达区未来可能会遭受更多的山体滑坡。如果不紧急重新安置受影响的人,可能会发生进一步的生命损失、财产损失和侵犯人权行为。

申请人向法院提出几项救济要求,包括宣布被告在山体滑坡发生时侵犯了他们的生命、财产、身心健康以及清洁和健康环境的基本权利。申诉人还要求宣布被告应对侵犯和侵犯其基本人权负责。申诉人还要求赔

① See D. G. Khan Cement Company v. Government of Punjab, Judgment, p. 12, para. 17.

② See D. G. Khan Cement Company v. Government of Punjab, Judgment, p. 16, para. 19.

偿共计6,800,000,000乌干达格里克斯(乌干达先令68亿先令)的损害赔偿金,赔偿其生命损失、生命威胁、财产毁坏和侵犯其其他基本人权,以及重新安置到更安全地区的费用。该案的主要争议在于乌干达是否未履行气候变化和灾害管理法规定的积极义务,以管理布杜达地区的山体滑坡风险。

(五)波士顿的保护法基金会诉埃克森美孚公司案(Conservation Law Foundation v. ExxonMobil Corp.)

保护法基金会根据《资源保护和恢复法》和《清洁水法》对埃克森美孚公司和两家相关公司提起公民诉讼,指控被告在运营马萨诸塞州的海运配送码头埃弗雷特码头时未能考虑气候变化的影响。该投诉是在保护法基金会向埃克森美孚公司提交意向通知4个月后提交的,声称该码头容易受到海平面上升,降水增加,风暴事件的强度和频率增加以及风暴潮的强度和频率增加的影响,并且尽管埃克森美孚公司"早就意识到"气候变化的影响和风险,但其没有采取行动解决这些漏洞。在《资源保护和恢复法》的诉因中,投诉称,风暴潮和海平面上升的威胁迫在眉睫,不改造埃弗雷特码头将导致危险和固体废物释放到环境和周围的住宅社区中。在《清洁水法》的诉因中,原告投诉称该设施违反了NPDES许可证,因为该设施的排放频率高于NPDES许可证允许的频率,并且超过了数量废水限制。此外,原告投诉称该设施的排放违反了州水质标准,并且该设施的雨水污染预防计划和泄漏预防、控制和对策计划不足,因为它们未能解决气候变化的影响。

埃克森美孚公司和两个相关实体要求马萨诸塞州联邦地区法院驳回根据《清洁水法》和《资源保护和恢复法》提起的公民诉讼,该诉讼与埃克森美孚公司在马萨诸塞州经营一个海上配送码头有关。埃克森美孚公司辩称,原告保护法基金会缺乏资格,因为保护法基金会声称的气候变化影响是推测性的,而且未来太远,无法满足提起诉讼的资格要求。出于同样的原因,埃克森美孚公司表示,保护法基金会的指控未能说明提出《资源保护和恢复法》索赔所需的"迫在眉睫的重大危险"。埃克森美孚公司还辩称,保护法基金会与气候变化相关的《清洁水法》索赔在管辖权和表面上都存在缺陷,因为EPA明确采取了立场,即在NPDES许可证、雨水污染预防计划(SWPPP)、SPCC计划方面不需要考虑远程和推测性的气候变化影响。此外,埃克森美孚公司辩称,保护法基金会没有陈述有效的非气候变化清洁水法声明。埃克森美孚公司还表示,法院没有管辖权来考虑SPCC计划,应考虑气候变化的主张,因为《清洁水法》的公民诉讼条款不包括此类主张。

公民诉讼指控被告违反《资源保护和恢复法》和《清洁水法》,因为未能采取行动为气候变化做好海运码头的准备。法院指出了起诉书对气候变化引起的恶劣天气事件的指控,这些事件已经在马萨诸塞州发生或将在不久的将来发生。在考虑保护法基金会是否提出索赔时,法院认为,NPDES许可证要求考虑可预见的恶劣天气事件,包括气候变化引发的天气事件,因为该许可证要求埃克森美孚公司使用"良好工程实践"开发SWPPP,并主动解决潜在的污染物排放问题。法院认为,EPA的指导和对工程师在该领域实践的指控足以证明"良好工程实践"应包括对可预见的恶劣天气事件的考虑。法院没有被埃克森美孚公司的论点说服,即根据许可证保护原则禁止保护法基金会的索赔,因为EPA在颁发NPDES许可证时已经意识到气候变化;法院还表示,保护法基金会的指控足以证明埃克森美孚公司在SWPPP和码头设计中没有考虑到可预见的恶劣天气事件。法院还允许保护法基金会根据《资源保护和恢复法》继续进行索赔,除非它是基于许可证所涵盖的点源的排放,因为保护法基金会合理地声称存在迫在眉睫的伤害威胁。此外,法院驳回了两项索赔,并允许两项非气候变化索赔继续进行,正如它以前表示的那样,法院还驳回了它认为受许可保护原则约束的第三项索赔。法院为埃克森美孚设定了根据主要管辖权原则提出中止动议的时间表,口头辩论于2024年5月14日举行。法院指示埃克森美孚公司在2024年4月5日之前发出任何传票,要求EPA提供证词,让EPA有机会采取行动撤销传票。

这类诉讼与政府关系尤其密切,特别是拥有和管理公共基础设施和资产的部门。在很多领域,这些基础设施都需要升级,以提升对气候变化实质后果的的抵抗力。如果未能跟踪气候变化科学并将其纳入决策过程，政府可能会因此面临官司。

(六)得克萨斯人反对高铁公司诉美国交通部案(Texans Against High-Speed Rail, Inc. v. U. S. Department of Transportation)

得克萨斯人认为高铁公司未能考虑与降雨量增加相关的影响去建设铁路。得克萨斯人质疑联邦铁路管理局(FRA)批准拟在得克萨斯州使用的高速铁路技术的"特殊适用规则"。原告根据《国家环境政策法》提出索赔，声称被告未能考虑潜在铁路项目的设计将如何解释气候变化导致的降雨量增加。原告声称，"每个洪泛平原交叉口、湿地区域、小溪交叉口和排水膨胀"都会受到降雨事件增加的影响，尽管该项目"本质上是一条横跨240英里农村的堤坝"，但FRA未能披露其对沿线财产的水文影响，政府缺乏应对与气候变化有关的持续争议焦点是得克萨斯中央铁路公司的提议，即使用日本中央铁路公司的北海道新干线HSR技术，在达拉斯和休斯顿之间建造一条专用、完全密封的走廊上，运营高速客运铁路系统。这种铁路的建造会对在项目附近生活、工作的得克萨斯人反对高铁公司组织成员带来影响。这些成员还担心，与该项目相关的视觉、空气质量和噪声影响——高铁以超过200英里/时的速度来回行驶——将对他们的日常生活和长期保护利益产生负面影响。得克萨斯人反对高铁公司组织的成员进一步担心，该项目的建设和运营将增加他们的财产面临的风险及附近的洪水发生风险。

二、气候变化减缓类案件中的适应问题

减缓气候变化类案件虽然通常表现为限制温室气体的排放，但这与适应问题紧密相关，主要表现在减缓的目的是提升国家的适应能力，减缓的手段表现为适应气候变化措施以及减缓案件提起的主体是气候脆弱群体，通过寻求减少温室气体排放提高自己的气候适应能力和复原力。

(一)丹尼尔·比利等人诉澳大利亚案(Daniel Billy and others v. Australia)

托雷斯海峡岛民向联合国人权事务委员会提交了一份针对澳大利亚

政府的请愿书，声称天气模式的变化对他们的生计、文化和传统生活方式产生了直接的损害后果。由于澳大利亚未升级岛上的海堤和减少温室气体排放以适应气候变化，侵犯了原告根据《公民权利和政治权利国际公约》第6、24、12、27条所享有的基本人权。① 政府机构托雷斯海峡地区管理局表示："气候变化的影响威胁到岛屿本身以及海洋和沿海生态系统和资源，影响了托雷斯海峡岛民的生活、生计和独特的文化。"②这份请愿书是澳大利亚首次以侵犯人权为由提出论点的气候变化法律诉讼，也是低洼岛屿居民首次向联合国机构提起法律诉讼，指控国家政府对气候变化不采取行动。

关于该案的可受理性问题。首先，联合国人权事务委员会认为该案已经满足了《公民权利和政治权利国际公约任择议定书》第2条所规定的"如对可以运用的国内补救办法，悉已援用无遗"。尽管澳大利亚争辩其对所没有侵犯的权利无须提供国内救济措施，但联合国人权事务委员会认为不应当将权利是否受到侵犯与事实问题相混淆，没有任何证据表明澳大利亚存在任何可用的补救办法。③ 其次，联合国人权事务委员会认定申请人的诉请并没有突破属事管辖的范围，其原因在于申请人并未寻求联合国人权事务委员会认定澳大利亚是否违反了国家条约和协定，而是旨在说明澳大利亚违反了条约中所规定的义务从而侵犯了申请人的权利。④ 澳大利亚辩称其无法对气候变化的影响负责，然而，申请人所援引的《公民权利和政治权利国际公约》规定了缔约国有积极义务，确保其管辖下的个人享有基本权利。鉴于澳大利亚在过去几十年中一直是排放温室气体较多的国家之一，因此申请人所指控的行为属于其应当管辖的

---

① See Daniel Billy and others v. Australia, Decision from the Human Rights Committee, p. 3, para. 3. 2.

② Daniel Billy and others v. Australia, Decision from the Human Rights Committee, p. 2, para. 2. 2.

③ See Daniel Billy and others v. Australia, Decision from the Human Rights Committee, p. 10, para. 7. 3.

④ See Daniel Billy and others v. Australia, Decision from the Human Rights Committee, p. 11, para. 7. 5.

范围。① 虽然申请人未将气候风险聚焦到个体之上，也未能说明当前气候影响的紧迫性，但联合国人权事务委员会认为其正在切实地经历极端气候事件，并遭受着海平面上升的威胁，而这些影响和威胁是申请人无法自行解决和应对的，他们属于气候脆弱群体。② 综上，联合国人权事务委员会宣布了该案具有可受理性。

最终，联合国人权事务委员会认定澳大利亚侵犯了申请人根据《公民权利和政治权利国际公约》第 17 条和第 27 条享有的权利。关于第 17 条所规定的私人和家庭生活的权利，人权委员会提到该公约缔约国有义务防止由不可归责于国家的行为对个人隐私、家庭所造成的干涉，这包括当环境损害严重威胁个人和家庭生活权利时。③ 该案中，申请人以海洋资源和陆地作物等维持生计，以周围的生态系统维持自身的生活福祉，这些因素构成了他们的传统文化和独特的生活方式，属于《公民权利和政治权利国际公约》第 17 条的保护范围。但澳大利亚政府一再推迟采取适应措施，建造新的海堤，任凭由气候变化导致的海平面上升造成周围环境的破坏和文化的消失。这足以表明澳大利亚并未履行其积极义务来采取适当的适应措施保护申请人的这一权利。同样，澳大利亚政府的不作为导致当地居民的传统生活方式、民族文化和利用海洋资源的能力正在逐渐消亡，因而违反了《公民权利和政治权利国际公约》第 24 所规定的民族权利。④

（二）所有人的事业等诉法国案（Notre Affaire à Tous and Others v. France）

法国乐施会、所有人的事业、自然与人道基金会、法国绿色和平等，都

① See Daniel Billy and others v. Australia, Decision from the Human Rights Committee, p. 11, para. 7. 8.

② See Daniel Billy and others v. Australia, Decision from the Human Rights Committee, p. 12, para. 7. 10.

③ See Daniel Billy and others v. Australia, Decision from the Human Rights Committee, p. 14, para. 8. 9.

④ See Daniel Billy and others v. Australia, Decision from the Human Rights Committee, p. 16, para. 8. 14.

认为法国政府违反其国际承诺、欧盟法律及国家政策，没有履行其在减排、可再生能源和能效方面的短期目标，并没有采取切实的措施，无法全面应对气候变化，因此应负《法国民法典》的生态损失责任。为此，原告请求法庭判定该国没有处理好气候变化问题，赔偿精神损失费和生态损失，并要求该国在2022年年底前采取补救、防止和结束气候变化造成的破坏的措施。

首先，一位法官援引了IPCC的报告，指出地球平均温度相比于前工业化时代已经上升了1℃，且人为温室气体排放是升温的主要原因。[①] 接下来，这位大法官列举了一些生态问题，如冰川与冻土消融，海洋升温，海平面上升，极端气候，海洋酸化，导致生态系统遭到破坏，并对食品和水资源安全、人类健康和经济发展产生了深远的影响。上述报告还提到，法国沿海地区受到了气候变化的影响，洪水泛滥的可能性增加，62%的法国人面临着极端天气的危险。所以，法庭认识到目前的确有生态破坏的事实。[②] 其次，法官从国际法、欧洲联盟法律和国家法律三个方面对全球应对气候变化的责任进行了论证。《联合国气候变化框架公约》第2、3条以及《巴黎协定》第2、4条，对此进行了国际法上的解释。[③] 这些条文涵盖国际气候法的缔约目标和“共同但有区别的责任”原则。在欧洲联盟法律方面，法庭注意到，欧盟已作为整体加入《巴黎协定》，它已通知《联合国气候变化框架公约》缔约方会议，并将自主贡献承诺告知其成员国，并保证到2030年将温室气体排放量削减到1990年的40%。之后欧盟又通过了《气候和能源一揽子计划》，该计划规定了对成员国具有法律约束力的年排放量。[④] 法院最终引用了《法国环境宪章》第3条、《能源法典》

---

① See Tribunal administratif de Paris, 3 février 2021, req. n° 1904967, 1904968, 1904972, 1904976/4 - 1, para. 16.

② See Tribunal administratif de Paris, 3 février 2021, req. n° 1904967, 1904968, 1904972, 1904976/4 - 1, para. 16.

③ See Tribunal administratif de Paris, 3 février 2021, req. n° 1904967, 1904968, 1904972, 1904976/4 - 1, para. 18.

④ See Tribunal administratif de Paris, 3 février 2021, req. n° 1904967, 1904968, 1904972, 1904976/4 - 1, para. 18.

以及《法国环境法典》的有关规定，表示法国致力于在2030年前减少40%的排放，并在2050年实现碳中和，以此来避免对环境造成的破坏。① 尽管该案主要以国家的碳排放量为争议焦点，但直指国家所造成的环境和生态破坏，救济目的也在于赔偿生态损害，因此核心仍然围绕国家适应气候变化的能力。

该案中，虽然法国的气候政策符合总体的减排目标和战略，但法国却并未完全按照其气候政策所规定的方案和路径实施，应当承担相应的责任。法院指出，法国在能效方面的发展缓慢，可再生能源在全球的份额增长缓慢，但这仅仅是一种可以促进能效提升的工业政策，不能因此就认为这一举措的失效就是整体气候政策的失误。② 现在的重点是要看政府能否有效地减少二氧化碳的排放量。法官注意到，《法国环境法典》对法国境内每年二氧化碳的排放量进行了详细的说明，并且该预算每五年减少一次。③ 2015~2018年，美国的实际二氧化碳排放量比预算的高出3.5%还多，而且从那以后，二氧化碳排放量就一直在以低于政府法规的速度下降。④ 因此，尽管法国为实现2030年、2050年两大碳目标制定了具体的目标与规划，但如果不按照规划执行，必然会带来更加严峻的生态损害。⑤《法国民法典》第1249条规定："对环境损失的补偿优先采取实际修复的方式。如果实际修复不可能或不充分，法官可以责令责任人向原告支付损害赔偿金用于环境修复。"法院认为原告可以就国家因气候政策不足所造成的生态损害提出精神损害赔偿，所以判决国家向每一个非政府组织支付1欧元的象征性精神损害赔偿。

---

① See Tribunal administratif de Paris, 3 février 2021, req. n° 1904967, 1904968, 1904972, 1904976/4 - 1, para. 19.

② See Tribunal administratif de Paris, 3 février 2021, req. n° 1904967, 1904968, 1904972, 1904976/4 - 1, para. 23.

③ See Tribunal administratif de Paris, 3 février 2021, req. n° 1904967, 1904968, 1904972, 1904976/4 - 1, para. 29.

④ See Tribunal administratif de Paris, 3 février 2021, req. n° 1904967, 1904968, 1904972, 1904976/4 - 1, para. 30.

⑤ See Tribunal administratif de Paris, 3 février 2021, req. n° 1904967, 1904968, 1904972, 1904976/4 - 1, para. 31.

(三)Grande-Synthe 市诉法国案(Commune de Grande-Synthe v. France)

2019 年,Grande-Synthe 市就应对气候变化问题起诉法国政府,称其未能进一步减少温室气体排放,违反了国内法和国际法,包括《欧洲人权公约》、《巴黎协定》、《法国环境法典》和《法国环境宪章》。2020 年 11 月 19 日,法国国务委员会裁定该案可以受理,要求政府在 3 个月内证明其正在采取充分行动实现自己的 2030 年气候目标。由于该市属于沿海社区,极易受到气候变化的影响。此前,Grande-Synthe 市已经向法国当局反映:法国应当采取措施减少法国境内产生的温室气体排放,履行该国的气候变化义务;采取一切立法或监管举措,"强制执行气候优先事项",并禁止任何可能增加温室气体排放的措施;立即采取措施适应气候变化的影响。但其从未得到法国政府的回应。①

首先,法院宣布了该案具有可受理性,因为该市是一个处于海平面以下的沿海城市,"特别容易受到气候变化的影响",属于气候脆弱群体。法院基于联合国政府间气候变化专门委员会的报告和国家全球变暖影响观察站就气候变化可能产生的影响编制的《气候科学》,认为 Grande-Synthe 市将受到气候变化的严重影响,有必要采取更有力的气候行动,因此该案具有可受理性。② 但法院认为原告不能援引《巴黎协定》和《联合国气候变化框架公约》以支持其请求,因为法院无法评估法国是否能实现温室气体减排目标,而且立法事项涉及国家部门内的事项,突破了法院的管辖范围。因此法院只能要求法国在限定期限内证明其为实现 2030 年气候目标采取了充分行动。

最终,法院于 2021 年 7 月 1 日宣布法国政府没有采取必要的额外措施来控制温室气体的排放,拒绝采取监管行动的做法与其排放目标不符,

---

① See NYU School of Law. Grande-Synthe and Others v. France[EB/OL]. [2024-06-17]. https://clxtoolkit.com/casebook/commune-de-grande-synthe-v-france/.

② See Sabin Center for Climate Change Law. Decision on the Admissibility: French Conseil d'Etat, Commune de Grande-Synthe and Others v. France, case no. 427301, Admissibility, 19 November 2020.

因此命令政府在2022年3月底前“采取一切必要措施”减少温室气体排放,以在2030年前实现40%的减排。Grande-Synthe市诉法国案是法国首批成功挑战联邦政府在气候变化问题上不作为的案件之一,也是该国针对政府提起诉讼的第一起案件,与其随后发生的所有人的事业等诉法国案,都被视为法国气候诉讼的重要一步。

(四)什雷斯塔诉总理等案(Shrestha v. Office of the Prime Minister et al.)

2017年8月23日,什雷斯塔提出申请,要求尼泊尔政府颁布一项新的气候变化法。由于1997年的《尼泊尔环境保护法》没有充分解决与气候变化相关的环境问题,而2011年的《气候变化政策》也没有得到有效实施,因此尼泊尔的人们和生态系统受到了严重的气候影响。什雷斯塔声称,政府未能充分解决气候问题,侵犯了《尼泊尔宪法》保障的人们有尊严地生活和健康环境的权利,违反了尼泊尔在《联合国气候变化框架公约》和《巴黎协定》下的承诺,侵犯其生命权、清洁环境权、健康权和食物权,因此政府亟须制定一项具体的气候变化法。

法院认为气候变化不仅影响人类生活,而且影响所有动植物物种及其栖息地,造成生态和生物多样性失衡,是公众关注的问题。因此,在开展任何与气候变化有关的活动时,都应遵循气候正义的原则,秉持可持续发展原则以及与代际公平相关的原则,制定保护生物多样性和生态系统的法律。① 因此,国家应当对现有法律进行修正,并制定新的综合法律,处理气候变化的影响及其缓解问题,通过国内法的规定促进清洁和可再生能源,特别是在气候脆弱地区。此外,减缓和适应气候变化的问题直接关系到生命权、获得营养食物的权利、清洁环境的权利,且通过保护环境来减缓和适应气候变化是国家的责任,因此有必要及时认识到与气候变化有关的负面影响和风险。虽然1997年《尼泊尔环境保护法》对环境保护和气候变化作出了一些规定,但这些规定在气候变化减缓和适应方面

① See Sabin Center for Climate Change Law. Shrestha v. Office of the Prime Minister et al., order, p. 11, para. 2.

是不够的，需要尽快起草和实施一项单独的综合法律，处理气候变化减缓和适应问题。①

最终法院命令尼泊尔政府颁布一项新的气候变化法，以减轻和适应气候变化的影响，减少化石燃料的消费并推广低碳技术，以及制定科学文件和法律，补偿那些受到污染和环境退化伤害的人。法院认为 1997 年的《尼泊尔环境保护法》不足以解决所需的气候变化减缓和适应问题，政府应当执行现有的国家气候政策包括《2010 年国家适应行动纲领》和《2011 年地方适应计划国家框架》，直到新法律颁布。②

（五）爱尔兰环境之友诉爱尔兰案（Friends of the Irish Environment v. Ireland）

2019 年 9 月，爱尔兰环境之友（Friends of the Irish Environment，FIE）向高等法院提起诉讼，认为爱尔兰政府在 2017 年批准的国家缓解计划违反了爱尔兰的《2015 年气候行动和低碳发展法案》（以下简称《2015 年气候法案》）、《爱尔兰宪法》以及《欧洲人权公约》规定的义务，特别是生命权以及私人和家庭生活的权利。该计划远远没有达到《巴黎协定》所要求的气候变化步骤。FIE 声称，旨在到 2050 年向低碳经济过渡的国家减缓计划与该法案和爱尔兰的人权承诺不一致，因为它不是为了实现实质性的短期减排。③ 因此，FIE 要求高等法院撤销爱尔兰的国家缓解计划，并将其移交给政府依法重新制定。

2019 年 9 月 19 日，法院裁定政府胜诉。法院驳回了 FIE 的主张，即该计划因未能实现实质性的短期减排而无效，并得出结论，该法案不需要特定的中期目标。2019 年 11 月 22 日，FIE 就该裁决向上诉法院提出上诉。FIE 还提交了跳过传统上诉途径的申请，直接向最高法院提出申诉。2020 年 2

---

① See Sabin Center for Climate Change Law. Shrestha v. Office of the Prime Minister et al., order, p. 12, para. 5.

② See Sabin Center for Climate Change Law. Shrestha v. Office of the Prime Minister et al., order, p. 14 – 15.

③ See Supreme Court of Ireland, Friends of the Irish Environment v. The Government of Ireland and Others.

月13日,最高法院同意审理此案,确定特殊情况需要直接上诉。最高法院指出了此案的“公众和法律重要性”,以及气候变化的严重性,气候科学和所涉及的排放没有受到质疑的事实,申请人和被告都承认,在采取补救性环境措施方面存在一定程度的紧迫性。双方对支撑该计划的科学以及该计划生命周期内温室气体排放量可能增加没有争议。2020年7月31日,最高法院推翻了下级法院的判决,并作出撤销爱尔兰国家缓解计划的裁决。法院裁定,该计划没有达到《2015年气候法案》所要求的那种具体性,因为该计划的理性读者不会理解爱尔兰将如何实现其2050年目标。①

该案的争议焦点在于司法对国家义务的指导、法人就《爱尔兰宪法》和《欧洲人权公约》项下的权利提起诉讼的资格以及FIE是否存在享有健康的环境权利三方面。

首先,高等法院认为,该计划属于《2015年气候法案》的权限范围,因为政府在气候政策领域享有“相当大的自由裁量权”。高等法院承认,FIE有权基于其“利益”,以基本权利为由对该计划质疑,并“为本案的目的”承认存在一项不成文的宪法权利,即FIE享有符合人类尊严的环境的权利。然而,高等法院在几乎没有分析的情况下认为,即使涉及基本权利,也不能说该计划本身侵犯了这些权利或使这些权利处于危险之中。最高法院的判决集中在《2015年气候法案》第4条。该条规定,计划必须“具体说明”实现国家过渡目标的方式以及实现该目标所需的政策措施。最高法院认为,国家减灾计划必须“足够具体”,说明如何在2050年之前的整个时期内实现国家过渡目标,即使该计划本身每五年修订一次。最高法院解释说,要求该计划具体的目的是透明的,以便任何“感兴趣的公众成员”可以决定该计划对于实现2050年的国家过渡目标是否“有效和适当”。②

与高等法院不同,最高法院非常重视爱尔兰气候变化咨询委员会的观点。该委员会是根据《2015年气候法案》成立的专家机构,该委员会在

---

① See Supreme Court of Ireland, Friends of the Irish Environment v. The Government of Ireland and Others.

② See Supreme Court of Ireland, Friends of the Irish Environment v. The Government of Ireland and Others, Judgment of 31 July 2020, [2020] IESC 49.

其2018年年度报告中将爱尔兰国家缓解计划对2035年的排放预测描述为“令人不安”。关于棘手的可由法院审理的问题，最高法院认为，该计划是否符合《2015年气候法案》第4条的具体性要求是一个法律问题，可以由法院审理。正如首席大法官所说：“由于2015年法案的颁布，曾经的政策已成为法律。”在审查该计划时，最高法院发现该计划中包含的政策过于模糊和有抱负，留下太多需要进一步研究或调查的问题，因此，以违反《2015年气候法案》为由撤销了该计划，并要求爱尔兰制订一项新计划。值得注意的是，在这样做时，最高法院指出，该计划被撤销是“基于实质性的，而不是纯粹的程序性的”。最高法院已经明确表示，合规计划实际上应该是一个33年的缓解计划，而不仅是一个五年的缓解计划，尽管该计划可能会根据知识、数据和技术的发展定期进行调整。

其次，高等法院认为，FIE享有质疑该计划的资格，因为该案提出了重要的环境问题和宪法性质的问题，对非政府组织的成员和广大公众都有影响。在《爱尔兰宪法》中，被诉的传统标准是原告的权利或利益受到不利影响或面临受到不利影响的紧迫危险。然而，人们也普遍认识到，在某些情况下，如果存在“重大的反补贴考虑”，特别是在涉及《爱尔兰宪法》和《欧洲人权公约》权利的情况下，可能需要采取更宽松的做法。最高法院进一步澄清了法人团体的常设规则——将该案与高等法院以前承认非政府组织有权代表他人提起诉讼的案件区分开来。最高法院表示，常设规则“具有灵活性，但不是无限的”。高等法院认为，在FIE本身不享有个人生命权和身体完整权的情况下，其没有资格提起诉讼，也不属于现行规则的任何例外情况。最高法院询问，为什么无疑享有这种权利的个别原告没有加入诉讼程序，以克服长期障碍。高等法院说，个人因诉讼不成功而面临费用的风险（可能高达数十万欧元）“并不能真正解释”为何案件不是由个人而是由非政府组织提起的。①

① See Orla Kelleher. The Supreme Court of Ireland's decision in Friends of the Irish Environment v. Government of Ireland ("Climate Case Ireland"[EB/OL]. (2020-09-09)[2024-06-17]. https://www.ejiltalk.org/the-supreme-court-of-irelands-decision-in-friends-of-the-irish-environment-v-government-of-ireland-climate-case-ireland/.

最后，政府强烈质疑 FIE 是否存在享有健康的环境权利，最高法院指出，如果健康环境权可以包含在生命权或身体完整权中，那么它就是多余的——这是一项长期确立的不成文的宪法权利，不让一个人的健康受到国家行为的威胁。或者，如果享有健康环境的权利确实超出了这些现有权利，那么它就是过于模糊和定义不清的。“绿化”生命权和身体完整权等现有权利的问题在于，在许多情况下，环境危害对人类的影响在科学上是不确定的，或者影响仅限于自然。现有的权利，如生命权或身体完整权，不能被延伸以应对这些类型的环境危害。最高法院强调，在大多数拥有健康环境的宪法权利的国家，这已通过正式的宪法修正案得到体现，这表明全民公决将是将这种权利纳入宪法的更适当方法。最高法院指出，很可能有一些具有环境性质的案件涉及现有的宪法权利和义务。最高法院接着提供了关于它将来可能愿意接受的其他类型的基于宪法权利的论点的线索，并指出：“它不排除在宪法文本和其他条款中发现现有宪法权利与宪法价值相互作用的可能性。第 10 条（关于自然资源和国家财产的所有权）以及财产权和住房的特殊地位，可能引起国家方面的具体义务。”由此可见，在未来的气候诉讼中，最高法院并没有拒绝使用基于权利的论点。①

第二节　气候适应诉讼的程序法问题

程序性障碍是气候变化适应诉讼进程缓慢的主要原因，一些学者认为应当舍弃形式主义，强调案情的严重性，放宽法院的受理标准。虽然气候变化所造成的人权损害不可否认，但同样，程序正义不应被跳过，它暴露出气候变化适应诉讼当前亟待解决的问题，只有精准定位每一案件在

① See Orla Kelleher. The Supreme Court of Ireland's decision in Friends of the Irish Environment v Government of Ireland (“Climate Case Ireland”[EB/OL]. (2020 - 09 - 09)[2024 - 06 - 17]. https://www. ejiltalk. org/the-supreme-court-of-irelands-decision-in-friends-of-the-irish-environment-v-government-of-ireland-climate-case-ireland/.

程序上的具体症结,才能有效化解困境。

一、难以认定原告诉讼资格

气候变化诉讼的原告主要表现为个人、非政府组织和政府,然而在进入司法程序时,法院通常要求原告证明其与本案的直接利害关系,这一点也正在成为被告的诉讼主张。由于气候变化诉讼不同于一般的环境诉讼具有较强的可追溯性,往往因难以证明原告损害和被告行为之间具有直接的因果关系而被驳回。

(一)诉讼主体类型

气候变化诉讼案件越来越多,原告主要是个人和非政府组织。这些案件通常由那些希望通过法律手段推动政府和企业采取行动应对气候变化的人或组织提起。公众参与程序为个人提供了参与气候相关法律制定的机会,确保政策制定的透明度和公众利益的保护。此外,个人和非政府组织可以对不履行气候变化义务的政府提起诉讼,以确保他们承担应有的责任。在美国蒙大拿州的一起诉讼中,16 名青年成功赢得了诉讼,法官裁定该州侵犯了他们享有清洁健康环境的宪法权利。这一裁决不仅是对青少年权利的保护,也是气候行动的重要胜利。这些案件反映了个人和非政府组织在气候诉讼中日益增长的影响力,他们通过法律手段推动更严格的气候政策和措施,以应对全球气候变化带来的挑战。代表公众的社会组织是气候变化诉讼案件重要的原告。气候变化诉讼案例较多的国家都有由代表公众的社会组织提起的诉讼,较为著名的社会组织有美国生物多样性中心、荷兰地球之友、巴西人权和环境组织等。如在朱丽安娜诉美国案(Juliana v. United States)中,原告非营利组织我们的儿童信托基金起诉政府要求其减少二氧化碳排放量。

此外,政府也有可能成为气候变化适应诉讼的原告,尤其是处于气候脆弱地区的政府或社区团体。如在上述的 Grande-Synthe 市诉法国案中,法院正是考虑到 Grande-Synthe 市的气候脆弱性而认定其具有起诉资格。

(二)原告主体资格的认定困境

气候诉讼中确认原告是否具有主体资格最为突出的障碍在于证明原

告受到了被告行为导致的气候变化的影响。美国的原告诉讼主体资格就要求满足:(1)原告遭受事实上的损害,且损害是特定和具体的(particularized & concrete)或真实和迫切的(actual & immediate);(2)被告的行为与原告的损害之间有因果关系;(3)原告的损害是可救济的。此外,其他地区的气候诉讼往往也要求原告证明其受到了来自被告行为的事实损害。有的地区的法院要求原告为自然人,如卡瓦纳法官在拒绝受理 Plan B. 地球组织诉英国案时,指出该案的第一申请人,即 Plan B. 地球组织,不能作为受害人,因为它不是自然人。此外,没有证据表明任何申请人的生命或家庭生活受到直接的损害。Family Farmers 和德国绿色和平组织诉德国案的判决书在论证原告不享有诉讼资格时同样提及,德国绿色和平组织并不享有相应的法律地位。

在气候变化适应诉讼中认定因果关系的困难首先在于导致气候变化的原因具有不确定性。除了人为因素(如温室气体排放和气溶胶排放)外,气候变化的原因还包括自然现象和气候系统内部变率。有研究显示,温度和降水变化是由人为外强迫和太平洋年代际振荡(PDO)主导的气候系统内部变率共同引起的,这导致了中亚地区过去 30 年的干旱现象。其次,即便是人为因素本身,全球范围内数十亿人的温室气体排放助成了气候变化的现实,导致无法准确地识别特定碳排放和具体影响之间的因果链。在基瓦利纳原住民村诉埃克森美孚公司案(Native Village of Kivalina v. ExxonMobil Corp.)中,法院指出,温室气体的来源是无差别的,它们在大气中迅速混和、累积,无法追踪到特定的来源。最后,特定行为与碳排放之间的关系是不确定的。如果特定碳排放行为与气候变化的关系都无法被准确识别,那么建立对碳排放产生影响的其他行为与气候变化之间的关系将变得更加困难。即使国家立法等特定行为对国内碳排放有一定的约束作用,但无法证明两者存在必然的联系。2017 年联合国人权与环境问题特别报告员在一份报告中也承认国家气候政策与侵犯权利之间的因果关系尚未明晰,需要进一步加以解释。在气候变化诉讼中,尤其是减缓类诉讼,要求原告证明特定行为(碳排放、国家政策、不作为等)与其所受损害之间明确的、具体的、直接的,乃至具有可识别性的联系无疑是难上加难。在阿曼多-卡瓦略等人诉欧洲议会和欧洲理事会一案(Armando Ferrão Carvalho and Others v. The European Parliament and the Council)中,欧盟法院就以原告没有证明其受到欧洲气候政策充分、直接和可识别的影响驳回了诉讼。法院认为,虽然每个人都在以不同的方式受到气候变化的影响,但这不能成为对普遍适用的措施(欧洲气候政策)提起诉讼的理由,否则《欧盟运行条约》第263条第4款的限制将毫无意义。

二、法院缺乏可救济性

当法院对案件缺乏救济性可能时,其通常宣布该案件具有不可受理性。这种情况主要发生在特定情况下法院受到权力制约的阻碍,即本国的气候变化问题属于行政或立法部门的事项,司法部门无法突破其管辖范围,因而对案件缺乏救济的可能性,通常被称为"政治问题"。政治问题原则起源于美国,但目前的司法实践表明其他国家的气候变化诉讼也普遍存在这一问题。在ENVironnement JEUnesse诉加拿大案①中,上诉人认为加拿大政府的不作为侵犯了原告的权利,要求法院下令加拿大政府停止对其权利的侵犯,这无异于要求法院干涉立法机构的工作。法院表示,尊重"立法权"是必要的,因为它能更好地应对全球变暖的挑战。② 相同的情况也出现在华斯科妇女诉智利案③中,原告认为智利政府应当尽快关闭当地的热电厂,因为该热电厂的排放物影响了华斯科居民和邻居的健康从而侵犯了其生命权、生活在健康、清洁环境中的权利以及平等权。但法院表示有关事项超出其权限范围,涉及行使属于行政部门的权力。

三、其他可受理性影响因素

除原告不具备诉讼资格或者法院不具备救济能力两大因素外,法院

---

① See Sabin Center for Climate Change Law. ENVironnement JEUnesse v. Procureur General du Canada.

② See Sabin Center for Climate Change Law. ENVironnement JEUnesse v. Procureur General du Canada.

③ See Sabin Center for Climate Change Law. Women from Huasco and Others v. the Government of Chile, Ministry of Energy, Environment and Health.

拒绝受理还表现在原告的诉讼请求过于模糊。在 Family Farmers 和德国绿色和平组织诉德国案中，法院认为原告的诉讼请求不应当仅提出可实现的气候目标，还需要包含具体的时间框架和可执行性内容。另外，向国际性人权机构或区域性人权法院提起的诉讼会因没有用尽国内救济措施而被驳回，这通常发生在诉讼对象为多个国家的情况下。Sacchi 等 16 名青年、儿童向联合国儿童权利委员会提交申诉，称阿根廷、巴西、法国、德国和土耳其在减缓气候变化方面的管控不足而侵犯了《儿童权利公约》所保护的生命权、健康权和儿童权益优先等权益。但最终因原告没有用尽国内救济措施联合国儿童权利委员会驳回该案。

此外，1992 年的《联合国气候变化框架公约》旨在减少温室气体排放，减少人为活动对气候系统的危害，减缓气候变化，增强生态系统对气候变化的适应性，确保粮食生产和经济可持续发展，并规定了一系列原则以确保该目标的实现。《联合国气候变化框架公约》初步建立了气候变化的国际框架，在气候变化领域具有里程碑式的意义。但该公约缺乏具有法律约束力的量化目标，更是没有禁止温室气体的排放。而随后通过的《京都议定书》和《巴黎协定》不仅没有禁止温室气体的排放，实际上为缔约国赋予了合法的“排放权”。《京都议定书》为每个缔约国提供了一个承诺期内的排放量，为该期间的排放预算。根据《京都议定书》的规定，拥有分配数量的国家有权在其预算限额内排放。不仅如此，各国如果能够从其他国家购买《京都议定书》批准的排放限额，则可以排放超出其预算的排放量。实际上这是允许“排放预算”限额内的自愿交易。这不仅没有禁止温室气体的排放，还进一步将排放合法化，在预算用尽之前，国家的任何排放都是合法的。而《巴黎协定》所建立的自愿减排机制在本质上也没有禁止国家排放，更重要的是它没有建立对超出排放限制的行为进行有效审查的机制。因此在气候条约法律体系内并不存在禁止排放的法律规范，既然排放行为是合法的，自然侵犯人权的基础就不存在。

第三节　气候适应诉讼的实体法问题

气候适应诉讼的实体法问题包括诉讼的权利基础、因果关系认定以及域外人权义务。由于各国对与气候有关的人权仍然存在争议,因此不同的权利基础直接关系着诉讼能否获得胜利。因果关系始终是阻碍气候变化诉讼的关键问题,尽管理论上存在多种建立因果关系的路径,但均有其局限性。气候变化具有全球性和广泛性,而人权法主要解决一国领域内的人权问题,因此对国家的域外人权义务的承认也是气候变化诉讼中的重要议题。

一、气候适应诉讼的权利基础

通过对基于人权的气候变化诉讼分析,笔者发现,该类型诉讼具有一定的权利基础。当事人和法院通过对各类法律条文和原则进行解释以促进气候变化诉讼的成功,这包括对基本人权及气候代际正义。

(一)基本人权

人权法为受气候变化直接影响的个人或团体提供了法律诉讼机制,允许其直接就国家义务的履行提出主张,及时地维护基本权利。[①]《联合国宪章》在其序言中"重申基本人权,人格尊严与价值,以及男女与大小各国平等权利之信念"。《世界人权宣言》指出"通过国家的和国际的渐进措施,使这些权利和自由在各会员国本身人民及在其管辖下领土的人民中得到普遍和有效的承认和遵行"[②]。此外,《经济、社会及文化权利国际公约》和《公民权利和政治权利国际公约》在序言中均承认"鉴于联合国宪章之规定,各国负有义务,必须促进人权及自由之普遍

---

① See Mayer Benoit. Climate Change Mitigation as an Obligation under Human Rights Treaties[J]. American Journal of International Law,2021,115(3):409 -451.

② Universal Declaration of Human Rights,Preamble.

尊重及遵守”[①]。由此看来，国家负有尊重、保护和实现人权的义务。

尊重人权的义务，要求国家对人权的享有和实现不加干涉或不予侵犯，这是一种“不作为”的消极义务。[②] 在气候变化领域通常表现为直接对气候变化产生影响的政府活动，比如政府设施建设和军事活动，更常见于政府对私人活动的管理，比如是否颁发石油开采许可证。[③] 保护和实现人权的义务是指国家在不侵犯人权的基础上，通过采取一系列措施，如完善立法[④]、国际合作[⑤]和司法救济[⑥]，来积极促进人权的实现或使某些活动对人权的损害降低到最小。在气候变化诉讼的语境下，尊重人权的义务多表现为国家制定有效的减排目标或完善气候立法、遵守国家减排承诺并加强国际合作的义务。

越来越多的当事人和群体开始利用国际性人权条约维护个人的环境权益。气候变化对人类生命、自由、安全、财产、健康、生活、粮食等诸多权利产生了重大影响。2005 年，因纽特人北极圈理事会的负责人向美洲人权理事会递交了一封请愿书，请求解决由气候变化引起的人权侵害问题。该请愿书称，美国是全球温室气体排放量最大的国家，却因为未能有效地控制温室气体而侵害了因纽特人的人权。由于“没有充分的资料”，美洲人权委员会拒绝了请愿书中关于气候变化和人权有直接联系的申诉，并要求请愿者继续提供资料。[⑦] 2009 年，联合国人权事务委员会通过了《关于人权与气候变化问题的决议》，使气候变化和人权的联系获得了更多的国际司法支持。这项决议称，“气候变化对人权产生了一系列的直接或间

① International Covenant on Civil and Political Rights; International Covenant on Economic, Social and Cultural Rights.

② 参见孙世彦：《论国际人权法下国家的义务》，载《法学评论》2001 年第 2 期。

③ 参见周立波：《气候变化与人权保护——基于环境法与人权法的理论考察》，载《云南师范大学学报（哲学社会科学版）》2011 年第 5 期。

④ See International Covenant on Civil and Political Rights, Art. 2.

⑤ See International Covenant on Economic, Social and Cultural Rights, Art. 2.

⑥ See Universal Declaration of Human Rights, Art. 8.

⑦ See Letter from Sheila Watt-Cloutier, Martin Wagner, and Daniel Magraw to Santiago Canton, Executive Sec'y, Inter-American Commission on Human Rights[EB/OL]. (2007-01-15)[2024-06-17]. http://www.nunatsiaq.com/archives/61215/news/nunavut/6121502.html.

接的影响”[①]。同时,这一决议也强调各国在制定和实施气候变化应对措施时,确保充分尊重、保护和促进人权。[②]

现在的趋势表明,诉讼当事人越来越多地使用“权利论点”,法院越来越接受气候变化案件中基于人权的论证。[③] 诉讼当事人往往通过生命权、健康权、尊重私人和家庭生活的权利等实体性权利受到侵犯来控诉气候变化对自己造成的影响。如在绿色和平组织(北欧分部)诉挪威一案(Greenpeace Nordic and Others v. Norway)中,挪威政府(石油和能源部)在北极(巴伦支海)颁发新的石油和天然气勘探许可证,允许新的化石燃料从 2035 年及以后上市。当事人诉称这一行为侵犯了《欧洲人权公约》规定下的生命权(第 2 条)以及尊重私人和家庭生活的权利(第 8 条)。在老年妇女组织诉瑞士案中,当事人针对瑞士政府失败的气候政策提出了同样的主张。可以看到,越来越多的当事人正在尝试着从不同的角度为气候变化诉讼做出努力,这一趋势本身在推动着人权法的发展,试图拓宽人权法的适用范围,以达到最终适应气候变化的目的。

(二)健康环境权

自 20 世纪 60 年代,人们已经开始关注环境问题和人权之间的联系,并且认识到健康环境权对于实现人权的重要性。1972 年通过的《斯德哥尔摩宣言》第一次正式地确认了环境与人权之间的联系,宣称:人类有在一种有尊严和福利的生活环境中享有自由、平等和充足生活条件的基本权利,并且负有保护和改善这一代和将来世世代代人的环境的庄严责任。在该宣言通过的前后几年中,它表达的思想受到了广泛的关注,国际社会

---

① Human Rights Council. Human rights and climate change Res. 10/4[EB/OL]. (2009 - 03 - 25)[2024 - 06 - 17]. https://ap. ohchr. org/documents/E/HRC/resolutions/A_HRC_RES_10_4. pdf.

② See Greta Thunberg: What Does the Teenage Climate Activist Want, BBC NEWS (Feb. 28, 2020), https://www. bbc. com/news/world-europe - 49918719 [https://perma. cc/ETH9 - GJHU]. 2024 年 4 月 27 日访问。

③ See Jacqueline Peel & Hari M. Osofsky, A Rights Turn in Climate Change Litigation? Transnational Environmental Law, 27 - 67(2018).

开始关注独立的实体性环境权利,无论是联合国[①]还是区域人权法院都明确表达了人权与环境之间的关系。[②] 时至今日,健康环境权在理论层面和司法实践中都得到了长足的发展。

国家层面更是越来越重视对环境权的保护。据不完全统计,在193个联合国成员国中,把环境权作为权利入宪的国家有69个;明确把环境权作为宪法"基本权利"的国家有22个;把环境保护作为基本义务的国家有8个;把环境保护作为国家或社会政策、目标的国家有44个,其中将其作为公民权利与公民义务的有17个。[③] 可以看出,世界各国将环境权"入宪"的趋势正在向好发展。

健康环境权的发展对于应对气候变化具有非常重要的法律意义。气候诉讼以洁净、健康环境权被侵犯为诉讼理由非常常见,且有诸多得到法院认可的成功案例。[④] 随着联合国大会的决议通过,健康环境权不管是在国家层面,还是在国际层面会越来越成为气候变化诉讼的权利基础,为更多的当事人提供维护权利的渠道。

(三)代际正义

代际正义原则是指当代人和后代人作为一个整体共同拥有、公平使用自然资源。[⑤] 萨宾气候变化法律中心提供的数据显示,由儿童提起的气候变化诉讼已达到22件,这并不包括仅将代际公平、儿童权利等作为论点的案件。这是因为气候变化的影响会随着时间推移不断加重,包括高频率的气候极端事件对粮食安全的威胁加重,气温升高导致传染性疾病的传播能力增强。相应地,适应气候变化的成本也会提高,[⑥]从而加重

---

① 关于环境人权在联合国系统的历史发展,参见吴卫星:《环境人权在联合国系统之演进——联合国人权理事会第48/13号决议之评析》,载《人权法学》2022年第3期。

② 参见王菲:《以人权为基础的环境保护的困境及其出路探究》,吉林大学2021年博士学位论文,第15页。

③ 参见范进学:《作为"权利"的环境权及其反思》,载《中国法律评论》2022年第2期。

④ 参见高利红:《气候诉讼的权利基础》,载《法律科学(西北政法大学学报)》2022年第2期。

⑤ 参见彭亚媛、马忠法:《〈世界环境公约(草案)〉制度创新及中国应对》,载《太平洋学报》2020年第5期。

⑥ 参见高景柱:《代际正义视野中气候变化的应对》,载《当代世界与社会主义》2020年第2期。

后代人应对气候变化的负担。我们不能允许一代人消耗大量的二氧化碳预算,而让后代承担巨大的减排负担并使他们的生活面临严重的自由损失。[①] 因此,在应对气候变化时我们必须将保护未来世代的权利纳入考虑范围。

《联合国气候变化框架公约》中明确规定:各缔约方应当在公平的基础上,并根据它们共同但有区别的责任和各自的能力,为人类当代和后代的利益保护气候系统。[②]《巴黎协定》在其序言中同样指出各缔约方应当尊重、促进和考虑其对儿童权利和代际公平的义务。[③] 除气候条约外,其他环境公约也规定了对后代人权利的保护。比如《斯德哥尔摩宣言》原则五指出"地球上的非重生性资源,必须小心使用,以防将来有用完的危险,并保证全人类共享使用这种资源的利益"[④]。《里约宣言》将"必须履行发展的权利,以便公正合理地满足当代和世世代代的发展与环境需要"作为一项原则。[⑤]《世界环境公约(草案)》第 4 条对代际公平的规定有望进一步提高其法律效力:对环境有可能造成影响的决策,应以代际公平原则为指引以及当代人应该确保其决策和行为不损害后代人满足自身需求的能力。[⑥]

代际公平原则在未来世代诉环境部及其他案[⑦]中得到充分的阐释。25 名哥伦比亚儿童及青年起诉政府,声称气候变化以及政府未能减少森林砍伐的行为威胁到原告的基本权利。该案最终得到哥伦比亚最高法院的支持,法院在判决中不仅承认生命、健康、最低生活保障、自由和人的尊严等基本权利在很大程度上是与环境和生态系统相联系和由其决定的,还进一步指出"环境日益恶化是对当前和未来生活以及其他基本权利的

---

① See Neubauer, et al. v. Germany. Order.

② See United Nations Framework Convention on Climate Change, Art. 3.

③ See Paris Agreement, Preamble.

④ Stockholm Declaration on Human Environment, Preamble.

⑤ See Rio Declaration on Environment and Development, Preamble.

⑥ See Sabin Center for Climate Change Law. Future Generations v. Ministry of the Environment and Others.

⑦ See Sabin Center for Climate Change Law. Future Generations v. Ministry of the Environment and Others. Decision.

严重攻击”。[①] 最高法院认为，未来世代的环境权利基于物种团结的道德义务和自然的内在价值，[②]从而在健康和可持续环境的权利与后代的权利之间建立了直接联系，前者为后者提供了坚实的法律背景和理由。[③]该案的判决通过对国家促进代际公平的义务来源的澄清以及后代人权利的确认，鼓励当事人在气候变化诉讼案件中提出代际公平的论点。除此之外，代际公平在奥地利儿童诉奥地利案[④]、潘迪诉印度案[⑤]、Plan B. 地球组织诉英国案[⑥]等案件中均有体现。

二、气候适应诉讼中的因果关系认定

由于适应措施与气候风险、损害之间的关系尚不明确（上文已重点论述），因此有学者在理论上提出了可能性的路径，包括市场份额理论、概率因果关系、实质贡献理论以及充分集的必要元素测试，建立适应类气候变化诉讼中行为与结果之间的因果关系。然而，四种学说虽然有可取之处，但就目前的适用和发展来看，并非最优选择。

（一）基于可替代性的市场份额理论

市场份额责任（market share theory）是指存在可替代产品的情况下，原告无法确定具体由哪一个被告制造了引发损害结果的特定产品，则根据被告在市场中销售的产品份额分配赔偿责任，可替代性概念是责任分配的市场份额理论的基础。市场份额责任首次运用在辛德尔诉阿伯特实验室案（Sindell v. Abbott Laboratories）中。该案的原告因其母亲服用己烯雌酚（diethylstilbestrol）而患上癌症，对生产该药的 11 家制药公司提起集体诉讼。该案的判决表明如果存在可替代产品，无法确定具体的生产

---

① See Sabin Center for Climate Change Law. Future Generations v. Ministry of the Environment and Others. Decision.

② See Danai Spentzou. Climate change litigation as a means to address inter-generational equity and climate change[J]. Queen Mary Law Journal, 2021(2): 153 – 183.

③ See Sabin Center for Climate Change Law. Duarte Agostinho and Others v. Portugal and Others.

④ See Sabin Center for Climate Change Law. Children of Austria v. Austria.

⑤ See Sabin Center for Climate Change Law. Pandey v. India.

⑥ See Sabin Center for Climate Change Law. Plan B Earth and Others v. Prime Minister.

商,而原告对不能证明因果关系无过错,则被告应以产品在市场上销售的份额为基础承担责任。部分学者提出这一方法具有应用于气候变化诉讼的前景,其理由如下。其一,市场份额责任的基础在于产品的可替代性,而温室气体的排放,尤其是考虑到对气候变化的影响时,同样具有可替代性。① 其二,不管是危险药品还是温室气体都为原告和其他无辜受害者带来风险。其三,碳排放者和制药公司在承担损害成本和预防风险方面都具有同等的优势地位。② 其四,原告均不能确定造成伤害的特定被告。③

辛德尔诉阿伯特实验室案危险药品案与气候变化诉讼看似具有相同的适用市场份额理论的基础,但市场份额责任难以契合气候变化诉讼的特殊背景。首先,气候变化诉讼中直接导致损害的气候变化的产生,在原因具有不确定性,而上述案件中,己烯雌酚是造成损害后果直接且唯一的原因,尽管无法确定具体是哪一生产商的产品,但生产商群体是确定的。但是适应类气候变化诉讼中的气候变化是直接导致风险和损害的来源,而国家政策、基础设施的建设以及其他适应措施无法与损害和风险之间建立直接明确的联系。其次,上述案件中,生产商制造的药品与原告损害之间无法建立明确的因果关系,是适用市场份额责任的基础,这似乎与气候变化诉讼所面临的挑战相同,即特定行为与损害之间的因果关系。但不同的是前者的障碍仅限于药品与其制造商之间,而后者则存在于特定行为、气候变化以及特定损害三者之间,其中还夹杂着自然原因的作用。再次,值得注意的是,气候变化诉讼中的被诉行为不仅止于碳排放,还包括国家政策的缺失或不足、基础设施建设的生态影响评估缺失、自然资源的过度开发等,而市场份额责任的重要一环是将责任量化,按其生产份额

---

① See Kysar D A. What climate change can do about tort law[J]. Environmental Law,2011,41:1. p.1.

② See Lawson S. The conundrum of climate change causation: Using market share liability to satisfy the identification requirement in native village of Kivalina v. ExxonMobil Co[J]. Fordham Environmental Law Review,2010,22:433. p.484 -485.

③ See Burman T. A New Causal Pathway for Recovery in Climate Change Litigation[J]. Environmental Law Reporter,2022,52:10038. p. 21 -22.

进行分配，而其他领域缺乏量化标准，这意味着市场份额责任理论的应用仅能在以碳排放为争议焦点的诉讼中讨论。此外，气候变化影响范围具有不确定性和广泛性的特点导致缺乏"市场"边界难以界定，全球市场和国内市场不同的范围将会对责任分配产生显著影响。以市场份额责任为基础的气候变化诉讼还可能会包括相关碳排放者的累积影响、责任范围以及有关气候正义和排放活动的社会效用等在内的公共政策问题。综合各因素的考虑，市场份额责任并非解决气候变化诉讼因果关系的最优方案。

（二）基于风险增加的概率因果关系

与确定性概念相对，概率因果关系指"若一个事件的出现增加了某个结果的概率，则足以将该事件视为特定结果的原因"[①]。利用科学性概率构建因果关系的方法能有效避免被告行为与损害结果因不存在线性联系而无法认定因果关系的情况。[②] 这一方法可以追溯到英国的仙童诉格伦黑文案（Fairchild v. Glenhaven Funeral Services Ltd.）。该案上诉法院修改了传统因果关系证明的方法，认为"每名被告的行为都大大增加了受害人暴露于石棉环境下感染间皮瘤的风险"，这足以满足被告行为与原告损害之间存在因果关系的证明要求。[③]

亚历山德拉·布里斯科（Alexandra Briscoe）主张将概率因果关系方法应用于气候变化诉讼，并提出在气候变化诉讼中建立因果关系的重点在于确定气候变化和个人损害之间的关系，而非碳排放与气候变化之间的关系。[④] 其原因在于：一方面气候变化是一个累积和持续的过程，个体

---

① Schauer F & Spellman B A. Probabilistic causation in the law[J]. Journal of Institutional and Theoretical Economics, 2020, 176: 4 – 17. p. 8.

② See Briscoe A. of climate change, quantum physics and causation: Is it time for a probabilistic approach to causation in tort law[J]. Victoria University of Wellington Law Review, 2022, 53(2): 159 – 183. p. 179.

③ See Tamasauskas A & Hattenhauer C et al. Fairchild v. Glenhaven Funeral Services Ltd and Others, Fox v. Spousal (Midlands) Ltd, Matthews v. Associated Portland Cement Manufacturers (1978) Ltd and Others (2002) UKHL 22[J]. Eur. Rev. Private L., 2004, 12: 215. p. 215.

④ See Briscoe A. of climate change, quantum physics and causation: Is it time for a probabilistic approach to causation in tort law[J]. Victoria University of Wellington Law Review, 2022, 53(2): 159 – 183. p. 182.

碳排放与气候变化之间的关系具有复杂性，不能成立线性的因果关系链条，因此难以建立二元联系①；另一方面，如果将因果关系的判断集中于气候变化与个体损害，就可以清晰判断"如果没有气候变化，是否还会发生损害结果"，两者关系的不确定性符合建立概率因果关系的方法。② 由此，可以通过当前的气候科学判断"被告碳排放对气候变化的贡献及其对原告带来的风险增加"是否满足建立概率因果关系的门槛，以此确定被告是否应当承担法律责任。③

然而，概率因果关系的方法虽然看似符合气候变化诉讼下因果关系不确定的背景，但实则无法充分适配。在仙童诉格伦黑文案中，法院提出的概率因果关系虽然建立在"暴露于石棉环境下对原告感染间皮瘤"的风险增加的基础上，但这种风险增加是雇主由疏忽所致，而且当时的普遍观点是工作场所接触石棉的程度远远小于在其他广泛环境中的接触。④ 因此，该案的判决是基于雇主的过失责任，而不是其行为本身所导致的风险增加。对于气候变化诉讼而言，国家和企业的减排政策和行为往往与该国/企业的其他发展的整体政策/计划相关联，是集体的共同决策，因此贸然将减排努力的不足或持续的碳排放视为过失行为未免过于牵强。此外，仙童诉格伦黑文案的另一特殊性在于法院考虑到利用"若非"(But for)测试将会给被告带来不公平结果，所以仍然权衡可能性，在不能确定被告是否导致了损害结果的情况下使其承担责任，但这一背景似乎与"气候变化背景下，每个人既是加害者，也是受害者"的现实情况相悖。

---

① See Briscoe A. of climate change, quantum physics and causation: Is it time for a probabilistic approach to causation in tort law[J]. Victoria University of Wellington Law Review, 2022,53(2): 159 - 183 p. 183.

② See Briscoe A. of climate change, quantum physics and causation: Is it time for a probabilistic approach to causation in tort law[J]. Victoria University of Wellington Law Review, 2022,53(2): 159 - 183 p. 184.

③ See Briscoe A. of climate change, quantum physics and causation: Is it time for a probabilistic approach to causation in tort law[J]. Victoria University of Wellington Law Review, 2022,53(2): 159 - 183. p. 185.

④ See Miller C. Causation in personal injury law: the case for a probabilistic approach[J]. Topoi, 2014,33(2): 385 - 396. p. 387.

(三)基于策略导向的实质贡献理论

在1920年的双火案中,[①]明尼苏达州最高法院首次使用了实质贡献理论来解释因果关系。在该案中,原告起诉铁路公司并称其火车的发动机引发火灾,最终烧毁了原告的财产。在庭审过程中,被告举证证明在此期间有其他原因引发的火灾,同时向东蔓延烧毁了原告的财产。尽管无法确定两个火灾中哪一个实际导致了损害,但法院认为,在这种情况下,原告仍需证明被告引发的火灾是否为造成损害结果的主要因素或实质性因素,也就是说,排除其他因素,被告行为能否独立地造成损害结果。最终,法院认为被告引发的火灾是造成损害结果的"重大且实质性因素",并判决被告承担相应责任。通过实质贡献确立因果关系能够解决多个充分原因行为导致同一损害的情况,同时对构建因果关系中的微小性因素和实质性因素进行区分,[②]是对必要因果关系的一种有益补充。实质贡献理论适用于气候变化诉讼中表现为,原告无须证明被告的碳排放行为直接导致了特定的损害结果,只需要证明被告的碳排放行为会加剧气候变化的影响,由此减轻了原告的证明负担,降低了因果关系的证明标准。实质贡献理论避免了解决气候变化来源以及单一行为与损害之间的关系问题,因为无法否认的是任何二氧化碳的排放行为、国家政策/法律的疏忽、自然资源的开采以及环境破坏等均以直接或间接的方式影响着气候变化,从而导致了特定的损害结果。但是目前理论上并不存在区分实质性因素和微小性因素的统一标准。有学者认为对整体污染具有微小贡献的单个污染源也是实质性的,虽然有利于追究侵权人的责任,但这并不适用于寻求损害赔偿的案件中,否则将会导致一些"贡献较小"的被告承担

---

① See Anderson v. Minneapolis, St. Paul & Sault Ste. Marie Railway, S. P. & S. S. M. R. Co., 179 N. W. 45, 146 Minn. 430. https://www.casebriefs.com/blog/law/torts/torts-keyed-to-dobbs/harm-and-causation-in-fact/anderson-v-minneapolis-st-paul-sault-ste-marie-railway/.

② See Weigand T A. The Wrongful Demise of But For Causation[J]. Western New England law review, 2019, 41: 75. p. 75.

与其行为不匹配的后果。[①] 也有一些学者坚持实质性因素的认定标准，如约翰·诺克斯曾提出将诉讼对象集中在碳排放1%以上的主体上，但这一方法缺乏科学和法律依据，而且将使一些总排放量低于1%但人均排放量高的国家逃脱责任。[②]

（四）以气候科学为基础的“充分集的必要元素测试”

为充分发挥司法在治理气候变化中的作用，应当为气候变化诉讼建立规范化的因果关系认定标准，构建以气候归因科学为事实前提，以NESS测试为法律基础的因果关系认定路径。

1.重视利用气候归因科学

司法实践对归因科学的开放态度肯定了归因科学在证明因果关系中的作用。在奥克兰市诉英国石油公司案中，尽管法院以缺乏管辖权为由驳回了该案，[③]但仍然接受了广泛的科学共识，即化石燃料的燃烧大大增加了大气中的二氧化碳水平，这反过来又增加了地球的温度，加速了海平面上升。[④] 在成功的气候变化诉讼案例中，如乌尔根达诉荷兰案（Urgenda v. The Netherlands）、朱丽安娜诉美国案等，IPCC报告被用作科学证据的权威来源。

（1）气候归因

归因是评估多种因果因素对变化或者具有统计置信度赋值的相对贡献的过程。因此，某一特定地区与天气有关的事件（如短期强降水）或与气候有关的事件（如夏季平均温度高）都可以成为归因研究的主题。[⑤] 其重要性体现在促进人们科学理解气候变化对人类和生态系统的影响，确

---

① See Engel K H. Harmonizing Regulatory and Litigation Approaches to Climate Change Mitigation: Incorporating Tradable Emissions Offsets into Common Law Remedies[J]. University of Pennsylvania Law Review,2007,155(6):1563-1603. p. 1563.

② See Knox J H. Linking human rights and climate change at the United Nations[J]. Harv. Envtl. L. Rev.,2009,33:477. p. 489.

③ See City of Oakland v. BP PLC,22-16810.

④ See Burman T. A New Causal Pathway for Recovery in Climate Change Litigation? [J]. Env't L. Rep.,2022,52:10038. p.10.

⑤ See Stott P A & Christidis N et al. Attribution of extreme weather and climate-related events[J]. Wiley Interdisciplinary Reviews: Climate Change,2016,7(1):23-41. p. 23.

定气候变化的不同影响以制定公平正义的气候变化政策，确定由气候变化引起的损害赔偿责任。[①] 气候归因可分为事件归因、来源归因与影响归因 3 个方面。

事件归因解决人为温室气体排放与特定极端天气事件（如滑坡、暴雨、干旱等）之间的关系，尤其是温室气体排放对极端天气事件或缓发事件（如海平面上升、冰川融化等）发生概率的影响程度。事件归因依赖于现有的探测气候特征长期变化的科学技术，以及为模拟这些过程而开发的模型。[②] 事件归因是一门旨在确定人为气候变化在多大程度上改变了作为研究对象的特定天气事件发生的概率或强度的科学。[③]

来源归因用于判断不同的部门、活动和实体在多大程度上促成了人为气候变化，涉及将影响按比例归因于特定的排放源，通过估算该排放源对全球温室气体排放的贡献比例，以此推断其影响的比例。[④] 来源归因建立在特定主体的排放数据基础之上，因此依赖于公司报告的碳排放数据，带有一定的不确定性。[⑤] 有关人员通过公司的生产记录、相关的学术文献以及政府文件确定不同化石燃料的碳含量，从而进一步评估特定项目或公司的碳影响。

影响归因解决的是原告试图通过分离与极端天气或缓发事件无关的"外生"变量来解释事件与伤害之间的联系，以确定给定的影响中有多少应归因于与气候变化有关的事件，有多少应归因于其他变量。[⑥] 尽管极

---

① See Olsson L & Thorén H et al. Ethics of probabilistic extreme event attribution in climate change science: A critique[J]. Earth's Future, 2022, 10(3): e2021EF002258. p. 2.

② See Philip S & Kew S et al. A protocol for probabilistic extreme event attribution analyses [J]. Advances in Statistical Climatology, Meteorology and Oceanography, 2020, 6(2): 177 – 203. p. 178.

③ See Marjanac S & Patton L. Extreme weather event attribution science and climate change litigation: an essential step in the causal chain? [J]. Journal of Energy & Natural Resources Law, 2018, 36(3): 265 – 298. p. 265.

④ See Burger M, Wentz J & Horton R. The law and science of climate change attribution[J]. Environmental Law Reporter, 2021, 51: 10646. p. 2.

⑤ See Burger M, Wentz J & Horton R. The law and science of climate change attribution[J]. Environmental Law Reporter, 2021, 51: 10646. p. 201.

⑥ See Burger M, Wentz J & Horton R. The law and science of climate change attribution[J]. Environmental Law Reporter, 2021, 51: 10646. p. 201.

端天气事件也受到气候变化的影响,但影响归因的范围远比极端事件更大。影响归因关注的是气候变化对全球和局部地区的整体影响,以及根据影响的来源,区分气候因素和非气候因素的作用。①

(2)归因科学在建立因果关系中的作用

在减缓类气候变化诉讼中,一种新型气候模型可以解释气候科学在认定气候变化中因果关系的作用。由于温室气体排放与气候变化、气候变化与极端事件或灾害风险发生概率的提高、极端事件或灾害风险发生概率的提高与个别气候事件出现或风险增加之间的关系得到科学证实以及普遍承认,此时,温室气体排放是造成个别气候事件出现或风险增加的一组因素中的一个条件。因此,通过改变温室气体排放量,观察其对气候变化和相关气候事件的影响,可以判断两者之间的关系。② 此时,归因科学有助于建立碳排放与特定损害之间的具体因果关系,即通过来源归因确认国家、企业在全球碳排放中的贡献,通过事件归因进一步确定碳排放对极端天气事件与缓发事件的影响,最后通过影响归因有效追踪特定天气事件对人类损害的影响。

在适应类气候变化诉讼中,归因科学有助于确定政府、气候变化与损害之间的关系。适应类气候变化诉讼通常围绕环境影响评估、基础设施建设等内容展开,而归因科学有助于提升政府决策的科学性。相反,当政府决策不能充分考虑气候变化时,也能够依此追究政府的责任。在伊利诺伊州农民保险公司诉大芝加哥地区水回收区案(Illinois Farmers Insurance Co. v. Metropolitan Water Reclamation District of Greater Chicago)③中,保险公司指控城市水回收区和城镇未能增加其雨水储存能力,导致 2013 年强降雨淹没了 600 多户家庭,致使库克县(Cook County)

---

① See Metzger D J. Attribution Science in Takings Litigation[J]. 2021. Columbia Law School(https://climate.law.columbia.edu/content/attribution-science-takings-litigation).

② See Minnerop P & Otto F. Climate change and causation: joining law and climate science on the basis of formal logic[J]. Buff. Envtl. LJ,2019,27: 49. p.36.

③ See Illinois Farmers Insurance Co. v. Metropolitan Water Reclamation District of Greater Chicago, 14 – CV – 03251. http://climatecasechart.com/case/illinois-farmers-insurance-co-v-metropolitan-water-reclamation-district-of-greater-chicago/.

出现了一场“合理可预见”的降雨，损毁了数百名农民投保的财产。在该案中，由于政府指定使用的预测工具已经过时，不能准确反映当地的降雨量，因此市政当局于2008年发布了《芝加哥气候行动计划》(*The Chicago Climate Action Plan*)，其中明确采用了气候科学，指出气候变化导致库克县降雨数量、强度和持续时间增加。因此，被告在明知降雨量增大的情况下，应当增加当地雨水下水道系统的雨水储存能力，以防止污水入侵。该案表明，气候科学能够有效帮助法院判断政府决策的科学性。

2. 气候变化诉讼中因果关系的认定标准——NESS 测试

正是因为气候变化诉讼中具体因果关系难以建立，所以有不少学者提出放宽因果关系的标准，比如前文所讨论的实质贡献理论、市场份额理论等。虽然气候科学以及各类国际文书都明确了气候变化的不良影响，但是在具体诉讼中也不可一味追求降低判断标准，损害法律本身的逻辑性，而应当在气候变化诉讼中引入更为合理的 NESS 测试。

(1)放宽因果关系标准的限度

气候变化诉讼在进入司法程序时也通常会面临因果关系难题，比如美国法院要求原告的诉讼主体资格满足的条件就包括被告的行为与原告的损害之间有因果关系。又如，提交到欧洲人权法院的非政府组织诉英国案(Humane Being v. the United Kingdom)[①]、Plan B. 地球组织诉英国案[②]等因原告未能证明气候变化对损害的充分影响而被驳回。为了让更多的气候变化诉讼案件中的受害者有获得救济的可能性，有必要在一定程度上降低气候变化诉讼中因果关系的认定标准。但无原则地放宽因果关系认定标准将有损法律逻辑的严谨性和规范性。鉴于此，应当引入更符合气候变化特殊性的 NESS 测试作为气候变化诉讼中因果关系的法律基础。

(2)在建立因果关系时引入 NESS 测试

NESS 测试是指“当且仅当某一特定条件是导致某一特定结果的一

---

① See Humane Being v. the United Kingdom, decision of 1 December 2022 by the European Court of Human Rights.

② See Plan B. Earth and Others v. United Kingdom, decision of 20 January 2019 by the Court of Appeal.

组先决实际条件的必要元素,该条件足以导致该结果的发生时,该特定条件才是导致该特定结果的原因"①。换言之,A1 是组成 A 的必要元素,而 A 足以导致 B 的发生,则认为 A1 是 B 的原因。在 NESS 测试理论中,一个特定结果可能由多个充分原因同时造成,因此应当在构成充分原因的条件集合中判断该条件对结果的必要性,即只要某一行为是导致损害的一个充分原因的必要因素,就不能排除该行为与损害之间的事实因果关系。

实际上,美国法院长期以来将 NESS 测试应用于妨害案件,只要任何一个被告的贡献构成整个因果集(整个污染或其他妨害)的必要元素,并且这些元素共同作用足以造成损害,就认定其负有责任。②《美国侵权法重述》(第 3 版)指出,如果存在多个行为,且每个行为都可以单独成为损害结果的事实原因,则每个行为都被视为伤害的事实原因。③ 由学者编纂的《欧洲侵权行为法原则》第 3 条也有类似的表述:"在多个行为的情况下,如果可以确定没有一项行为造成全部损害或任何可确定的部分损害,则推定那些可能(最低限度)造成损害的活动造成了同等份额的损害。"④

NESS 测试在原因超定现象⑤中的适用包含以下情况:第一,在并存、对称原因超定案件中的适用,指存在多个充分原因导致同一损害发生时,不能通过必要条件排除责任,可以分别在每一充分原因与损害之间建立因果关系;第二,在并存、非对称原因超定案件中的适用,即一个充分原因与其他琐屑条件(不足以单独造成损害)共同造成损害时,认为该充分原

---

① Steel S. Proof of causation in tort law[M]. Cambridge University Press,2015. p. 1788.

② See Burman T. A New Causal Pathway for Recovery in Climate Change Litigation? [J]. Environment Law Reporter,2022,52: 10038. p. 27.

③ See Restatement (Third) of Torts: Liability for Physical & Emotional Harm, Section 27.

④ Busnelli F D, Comandé G, Cousy H, et al. Principles of European Tort Law: Text and Commentary[M]. Springer,2005. See Burman T. A New Causal Pathway for Recovery in Climate Change Litigation? [J]. Env't L. Rep. ,2022,52: 10038. p. 27.

⑤ 原因超定现象指已经发生的事件的某个原因,在当时环境中对于事件结果的发生可能是充分非必要的,因此结果有可能被多个原因重复地"注定",有学者将其称为"附加原因""选择原因""多个充分原因""联合的力量"等。参见冯珏:《英美侵权法中的因果关系》,中国社会科学出版社 2009 年版,第 236 ~ 240 页。

因和其他条件都是损害的事实原因；第三，在并存、混合原因超定案件中的适用，尽管每个条件都无法单独造成损害，只要某一条件是造成损害的一个充分原因的必要因素，就足以认为该条件是损害的事实原因。[①]

（3）NESS 测试在气候变化诉讼中的证成

首先，气候变化诉讼的性质决定了其属于原因超定案件中的并存、非对称原因超定案件之一。这是由于气候变化是造成特定损害的充分原因，而其他条件不足以单独造成与气候变化同等的损害。从被诉行为的角度分析，在减缓类气候变化诉讼中，原告通常认为被告的碳排放行为、减排政策不足等造成或加剧了气候变化，导致损害发生；在适应类气候变化诉讼中，通常基础设施建设、自然资源开发等为争议焦点，目的在于防止因项目开发导致社区气候适应力和复原力降低。在两类诉讼中，气候变化都可以被认定为（实际的和潜在的）损害的充分原因。一方面，气候变化对人类的威胁已经得到普遍共识，2008 年联合国人权理事会在第 7/23 号决议中首次承认“气候变化对世界各地的人民和社区构成直接和深远的威胁，并对充分享有人权产生影响”，进而明确享有清洁、健康和可持续环境的权利是一项具有重要意义的人权，气候变化构成对包括生命权在内的人权所面临的最紧迫和最严重的威胁。[②] 另一方面，IPCC 报告也科学地证实了气候变化对人类生命、健康和财产的实际和潜在威胁。

其次，在适用 NESS 测试时，需要考察特定行为是否为气候变化的必要元素，应当区分碳排放行为、其他非碳排放行为以及不作为与气候变化之间的关系，因为并非所有行为都能认定为损害原因。第一，碳排放行为是造成或加剧气候变化的主要因素之一。气候科学表明，在人为温室气体排放量增加与全球温度升高之间，以及在全球温度升高与某些极端天气和缓发事件的频率和/或严重程度普遍增加之间，存在必然的因果关系。尽管不存在碳排放，气候也会因自然原因而变化，但在气候变化诉讼

① 参见冯珏：《英美侵权法中的因果关系》，中国社会科学出版社 2009 年版，第 236～240 页。

② 参见联合国人权理事会：《享有清洁、健康和可持续环境的人权》（A/HRC/RES/48/13［R/OL］），（2021－10－8）［2024－06－17］，https://documents.un.org/doc/undoc/gen/g21/289/49/pdf/g2128949.pdf。

的语境下,气候变化主要指人为导致的、不合规律的温度升高,而碳排放是导致这种剧烈变动的主要且不可缺少的因素。第二,其他非碳排放行为,如开采自然资源、破坏环境、建设基础设施等,尽管与气候变化相关,事实上不能成为其必要元素,而法律上也不适于作为行为人承担责任的原因,这是由于非碳排放行为对加剧气候变化的影响还不能准确量化。第三,不作为不能作为气候变化的必要元素,针对不作为引发的损害应当考虑是否违反相应缓解义务或注意义务等进行判断。

NESS 测试通过确认碳排放 A1 是导致气候变化 A 不可缺少的因素,气候变化 A 造成了原告的损害 B,从而认为碳排放 A1 是导致损害 B 的原因。这为气候变化诉讼中法院判决中常常出现的"所有的排放都很重要"提供了建立因果关系的法律依据。一方面,可以通过排放份额证明其是导致和加剧气候变化不可或缺的要素;另一方面,因为气候变化引发了具体损害,所以可以认为各国的碳排放行为是导致这些具体损害的必要元素。这不仅解决了气候变化诉讼中不适用严格因果关系的问题,还进一步精确了实质贡献理论中的实质性标准。

三、气候适应诉讼中的域外人权义务

跨境损害在气候诉讼中是一个亟待达成共识的问题,实践中很多案件都涉及一国的温室气体的排放造成他国人权损害的情况,尤其是各国、各地区、各群体在应对能力和承受能力都存在差异而气候变化的影响往往具有普遍性和广泛性。

《马斯特里赫特原则》将域外义务(Extraterritorial Obligations)定义为:(1)与一国在其境内及境外的作为或不作为有关的义务,这种作为和不作为对在该国境外的人享有人权产生影响;(2)《联合国宪章》和人权条约中规定的,通过国际合作单独和共同采取行动,实现普遍人权的全球性义务。[①] 区别于国际法所规范的主权国家之间的横向关系,国际人权

---

① See Maastricht Principles on Extraterritorial Obligations in the Area of Economic, Social, and Cultural Rights, Art. Ⅱ.8.

法规范的是国家与个人的纵向关系，域外义务也被认为与一种“对角线关系”相关，即负责调整国家与生活在其他国家的个人之间的关系。当代人权法视角下，域外义务的主体范围扩张至国家及非国家行为体，且通常以该行为体对该权利持有人所受损害的潜在诱因行使某种形式的控制权为适用条件。

从域外人权义务的来源来看，其提出基于两种国际人权法领域的扩展：武装冲突中的人权保护和工商业人权尽责。在武装冲突中，由于部分领土将陷入冲突状态，领土主权国将失去对冲突领土的控制能力，其不可能保障冲突领土上的人权，将人权的保障义务转嫁成为必要选择，故要求某些实际发挥管辖作用的政府（当局）在管辖范围内保障人权；而工商企业则因为与现代奴隶制、童工等人权问题最为相关，所以要求其尽责成为规制此类人权侵犯行为的最佳选择。但这种扩张并非是无限的。

以《公民权利和政治权利国际公约》为代表的类似公约的域外适用主要是对于缔约国领土外管辖的规定，意在探明域外的个人及群体是否属于一国领土外管辖范围，并有权利要求该国履行国际人权义务。在以主权原则为基础的国际法框架下，确认一国在领土外的管辖是一个相对困难的问题。虽然《公民权利和政治权利国际公约》第 2 条第 1 款并不否定缔约国对于域外侵犯人权的行为承担责任，但是很显然这种情况具有例外性，客观上限制了国际人权公约的域外适用。联合国人权事务委员会第 31 号一般性意见指出，《公民权利和政治权利国际公约》的“管辖”条款“意味着缔约国必须尊重和确保在其权力范围内或者有效控制下的任何人享受公约所规定的权利，其中甚至包括不在缔约国领土上的一些人的权利”①。

尽管《经济、社会及文化权利国际公约》并没有明确规定适用范围，但是其是否可以广泛适用于缔约国域外是值得商榷的，因为该公约议定书从个人来文的角度限定了域外管辖的范围。《经济、社会、文化权利国

① UN Human Rights Committee. General comment no. 31［80］The Nature of the General Legal Obligation Imposed on States Parties to the Covenant［R/OL］.（2004－05－26）［2024－06－17］. para. 10. https://www.refworld.org/legal/general/hrc/2004/en/52451.

际公约任择议定书》第2条明确规定："来文可以由声称因一缔约国侵犯《公约》所规定的任何经济、社会和文化权利而受到伤害的该缔约国管辖下的个人自行或联名提交或以其名义提交"。此外，《欧洲人权公约》第1条同样限定了适用范围："缔约国应当给予在它们管辖之下的每个人获得本公约第一章所确定的权利和自由。"而《马斯特里赫特原则》第9条也明确规定了"国家实施权威或有效控制"的义务范围。国际法院的判例也说明在非领土但有效控制的情况下国家负有保障经济、社会、文化权利的义务。①

工商企业人权尽责虽然表面上看是将人权义务的主体扩展到了工商企业，并通过供应链将其范围扩展至域外。但这种扩展并不是因为国际条约的义务，也没有具有拘束力的相关条约，真正有拘束力的是各国的国内立法，如欧盟的《非财务报告指令》、澳大利亚的《现代奴隶制法案》、挪威的《关于企业透明度和工作中的基本人权及体面工作条件的法律》等。这意味着企业的人权尽责义务仅限于各国国内立法的范畴，而非国家所承担的全部人权义务。但这些法律中普遍规定的是强制披露式的程序性义务，故工商企业根据供应链所承担的域外人权义务并不包括减缓或适应气候变化。

从气候变化的特点来看，其对人权产生的影响是全球性、跨区域的，远不能满足政府对世界范围内的人或领土"有效控制"的最低要求。尽管美洲人权法院在2017年关于人权与环境的咨询意见中承认了跨界环境损害域外适用的有限条件，但法院坚持认为其仅限于"例外情况"，并且只有"在其领土内发生的行为与侵犯其领土外的人的人权之间存在因果联系"的情况下才会发生。一国未能防止跨界环境损害不一定意味着违反其保护人权的义务。为了使人权影响处于国家的有效控制之下，国家行为与人权影响之间的因果关系至少必须是显著的、相对接近的，而不是遥远的。

---

① See ICJ. ,Legal Consequences of the Construction of a Wall,ICJ. Reports 2004,para. 112.

第七章　中国适应气候变化的人权策略

气候科学表明我国正在面临严重的气候变化风险，同时世界范围内正在承认气候变化与人权的关系，基于人权的方法对于应对气候变化具有独特的优势。笔者通过分析我国关于应对气候变化的法律和政策发现其中存在人权因素，基于此认为，我国可以在适应气候变化中采取基于人权的方法。

第一节　我国面临的气候变化风险

20 世纪 60 年代以来，中国的气候风险指数显著升高，已成为不可忽视的国家发展与安全挑战。气候变化对中国的影响越发显著，表现为极端天气事件频发、气温上升趋势明显以及水资源时空分布更加不均等多方面的问题。

我国《国家适应气候变化战略 2035》明确指出，在气候变化的背景下，自然生态和社会生活遭受了严重影响。第一，我国升温趋势持续增强且呈现区域性差异。中国气象局的全球地表气温资料显示，2022 年的全球气温比工业革命之前(1850～1900年)高1.13℃,是1850年以来的第6个最高值;2015～2022年是我国历史上最暖的8年。[①] 1961～2022年,中国出现了明显的高温天气,中国2022年发生了极端高温事件3501站日,创下了1961年以来的最高值;重庆北碚(45.0℃)、重庆江津(44.7℃)、湖北竹山(44.6℃)等366个站点的温度均超过了历史极值。[②]这将导致与高温热浪等极端气候事件相关的健康风险增加,媒介传播的疾病增多,并可能诱发多种过敏性及慢性疾病。

第二,中国平均年降水量呈增加趋势,极端强降水量事件增多。1961～2022年,中国年均降水呈现逐年上升的态势,以年均0.8%的速度递增。青藏地区的年降水量有较大的增长,年均增雨量为9.4mm;我国西南地区年降水呈现出逐年下降的态势,年均下降9.6毫米。1961～2022年,中国极端降水发生的频率有上升的趋势,平均每10年增多18站日;中国年日降水(50mm以上)的累积降水日数逐年递增,平均每10年增加4.2%;[③]报告显示,东北地区变暖程度大于全国平均水平,面临夏季洪涝风险加重、湿地面积减少、冻土脆弱性增加等风险;华北地区暖干化显著,水资源供需矛盾突出,超大城市热岛效应严重;华东地区台风强度增强,城市暴雨内涝和高温热浪事件增多,海平面上升威胁沿海城市安全;华中地区旱涝灾害频发,湖泊和湿地面积萎缩与生态退化风险增大,生物多样性下降;华南地区高温热浪、暴雨洪涝、台风、风暴潮等极端气候事件频发,咸潮与海水入侵等灾害加剧;西北地区冰雪消融加速,融雪性洪水频发,水资源与生态系统脆弱性加剧;西南地区冬春干旱加重,水土保持、石漠化治理、生物多样性保护压力增大;青藏高原呈现暖湿化,冰川退缩、冻土退化、湖泊扩张、河流径流增加明显,冰雪灾害、地质灾害和链式灾害风

① 参见中国气象局气候变化中心编著:《中国气候变化蓝皮书(2023)》,科学出版社2023年版。

② 参见中国气象局气候变化中心编著:《中国气候变化蓝皮书(2023)》,科学出版社2023年版。

③ 参见中国气象局气候变化中心编著:《中国气候变化蓝皮书(2023)》,科学出版社2023年版。

险加大。①

第三,近年来,我国沿海地区的海平面持续升高,海洋灾害频发,对近海生态环境构成了严峻的威胁。② 全球平均海平面在不断升高,自有卫星观测数据显示,在2022年,世界平均海平面创下历史新高。从1980~2022年,中国近海的海平面以3.5mm/年的速度增加,呈现出一种快速增加的态势;从1993年到2022年,中国近海的海平面以4.0mm/年的速度增长,超过同期的世界平均值3.4mm/年。从1993~2011年的平均水平来看,2022年中国海岸的海平面上升了94mm,达到了20世纪80年代以来的最高点。③

这一系列自然体系的改变,会对人类生活和财产造成极大的危害。IPCC的报告指出,即便是在温室气体排放量很低的情况下,中国死于热病的人口还是会增加。该报告表明,即便全球气温上升幅度不超过1.5℃,中国各大城市因气温升高而死亡的人数也会由原来的3200万~4900万上升至4900万~6700万;如果减少碳排放的速度太慢,导致全球变暖2℃,那么这个数字就会上升到5900万~8100万。现在,我们所处的这条道路将会使全球变暖2.5~2.9℃。另外,高温以及干旱、洪涝等极端气候事件也会对作物的正常生长产生不利影响。如果全球气温持续升高,粮食产量将会不断下降。到2050年,中国水资源短缺的比例将从目前的34%上升到47%,这主要是因为全球变暖以及对淡水的需求。所有这些都会对中国农业造成不利影响。如果能迅速减少碳排放量,那么稻米的产量将增加7%;如果迅速减少温室气体排放量,那么小麦的产量将增加11%;高排放量假设下,玉米产量减少8%,迅速削减减少4%。由于气候变化,中国在2000~2010年减少了玉米、大豆产量,经济损失总额在5.95亿~8.58亿美元。中国有受台风影响较大的内陆渔业和水产

① 参见生态环境部:《国家适应气候变化战略2035》,(2023-06-13)[2024-06-17],https://www.mee.gov.cn/xxgk2018/xxgk/xxgk03/202206/W020220613636562919192.pdf。

② 参见生态环境部:《国家适应气候变化战略2035》,(2023-06-13)[2024-06-17],https://www.mee.gov.cn/xxgk2018/xxgk/xxgk03/202206/W020220613636562919192.pdf。

③ 参见中国气象局气候变化中心编著:《中国气候变化蓝皮书(2023)》,科学出版社2023年版。

业，其贝类养殖对台风十分敏感。该报告引述了一份研究报告，指出，在高排放量假设下，中国的渔业产量与 2010～2030 年相比，到 2030～2050 年将减少 40%，而贝壳类动物的产量也会减少 67%。

除气候变化在境内直接造成的负面影响，气候变化对其他国家造成的冲击，也会间接但深刻地影响中国。例如，气候变化将对国际供应链、市场、金融和贸易造成重击，可能影响中国国内商品的正常供应、抬升价格，同时可能破坏中国商品的出口市场。气候变化对经济的冲击，包括农业减产、重要基础设施损坏和商品价格上涨，都可能进一步引发金融市场的不稳定。相比没有变暖的情况，大幅度的升温可能导致 21 世纪末全球国内生产总值下降 10%～23%。几大主要经济体可能因气候变化出现经济衰退，报告中引用的一项研究估计，如全球温室气体排放维持高位，到 21 世纪末，可能造成中国国内生产总值损失约 42%，印度则高达 92%。

第二节　气候变化适应政策中的人权因素

实施基于人权的方法需要对国家和（或）地方各级的法律和人权状况进行全面分析，充分了解国家背景，包括与国家相关的国际人权承诺，将其转化为国家政策并积极落实。基于人权的方法可以为评估提供信息和影响，以实现有效参与、获得基本信息和有效补救的目标。联合国国家工作队关于在国家分析和联合国可持续发展合作框架中纳入气候变化考虑因素的指导说明整合了基于人权的方法，要求国家考虑预期的气候变化将以何种方式和在何种程度上阻碍相关层面的经济和社会发展，包括考虑减少贫困和改善人类健康和福祉。[①]

① See OHCHR. Applying a human rights-based approach to climate change negotiations, policies and measures [EB/OL]. [2024-06-17]. https://www.ohchr.org/sites/default/files/Documents/Issues/ClimateChange/InfoNoteHRBA.pdf.

一、我国环境权保障的建构路径

(一)价值观引领与党内法规约束

1. 价值观层面的引领

早在1986年《中共中央关于社会主义精神文明建设指导方针的决议》中就写了“保护环境和资源”。这反映出党很早就重视从价值观层面对环境权保护进行引领。党的十八大提出了24字社会主义核心价值观。很多都与生态文明建设和环境权保护相关。富强即国富民强,环境权保障的物质基础。民主是人类社会的美好诉求,其实质和核心是人民当家作主。党通过群众路线保障环境参与权,是实现生态文明的程序保障。文明是社会进步的重要标志,也是社会主义现代化国家的重要特征。其中也包括生态文明。和谐是中国传统文化的基本理念,人与自然和谐发展,人民享有良好的生态环境是生态文明建设的目的所在。自由和平等要求尊重和保障人权,人人依法享有平等参与、平等发展的权利。公正包括环境正义的内容,即代际公平和代内公平。法治为实现自由平等、公平正义提供了制度保障,也是环境权实现的路径。党注重对生态文明价值观的引导,倡导社会各界及公众身体力行,从选择简约适度、绿色低碳的生活方式做起,参与美丽中国建设。

2. 生态文明写入党章

2017年《中国共产党章程》增补,“中国共产党领导人民建设社会主义生态文明。树立尊重自然、顺应自然、保护自然的生态文明理念,增强绿水青山就是金山银山的意识,坚持节约资源和保护环境的基本国策,坚持节约优先、保护优先、自然恢复为主的方针,坚持生产发展、生活富裕、生态良好的文明发展道路。着力建设资源节约型、环境友好型社会,实行最严格的生态环境保护制度,形成节约资源和保护环境的空间格局、产业结构、生产方式、生活方式,为人民创造良好生产生活环境,实现中华民族永续发展。”

以上增补的内容首先明确了中国共产党在生态文明建设中的领导地位,然后从人与自然的关系指明了生态文明的理念,继而阐释了生态文明建设的具体路线和制度,最后说明了生态文明建设的目的是人民有良好的生产生活环境和中华民族永续发展。

3. 环保督察的党内法规

中央环保督察是当前我国生态环境问题研究的重要抓手。督察工作坚持以人为本,通过首次督察和"回头看",推动解决了近15万个群众身边的生态环境问题,受到了广大群众的一致好评。[①] 同时,围绕"七大标志性战役"等重点领域,集中开展的专项督察,推动一大批"想要"、"不能"、"不能改"的"老大难"问题得到解决。第一轮巡视及"回头看",已将509个问责问题移交给地方,对4218名干部进行了问责。[②] 随着督察工作的开展,党政同责和一岗双责的落实,在全国范围内形成了一股强大的合力。

2019年,中共中央办公厅、国务院办公厅联合印发了《中央生态环境保护督察工作规定》。这是我国第一次以党内法规的形式,对督察的制度框架、程序、权限、职责等进行了系统的阐述,体现了党中央、国务院强化督察权威、推进生态文明建设、建设美丽中国等方面的坚定意志和坚强决心,对进一步加强督察工作向纵深发展,进一步夯实生态文明建设政治责任,建设美丽中国具有重大意义。

(二)生态文明入宪对环境权保护的间接指引

生态文明写入《中国共产党章程》后,党的主张通过法定程序成为国家意志。中国的环境权保护是在国家生态文明战略下展开的,并随着生态文明入宪而具有了宪法上的间接指引。

宪法中的环境条款的内涵和意义可以通过环境、发展与人权在宪法中的关系变迁反映出来。我国1982年《宪法》中的环境条款仅为单纯的国家职责条款,明确了国家是环境保护的义务主体,受到保护的对象包括自然资源、生活环境和生态环境,以及保护的手段多元化。在2004年人

---

① 参见李干杰:《依法推动中央生态环境保护督察向纵深发展》,载《中国环境监察》2019年第6期。

② 参见李干杰:《依法推动中央生态环境保护督察向纵深发展》,载《中国环境监察》2019年第6期。

权入宪后,人权条款为环保职责的解释提供了新的依据,演变为环境人权及国家义务条款。关于人权条款能否为宪法中未列举权利提供保护,韩大元教授认为,人权条款可解释为基本权利保障的概括性条款,为基本权利的实现提供更直接而广泛的价值基础。人权条款本身不能成为发现和提炼新权利的依据,它提供的是一种解释规则或者原则。此后,环境、发展与人权的关系,体现为为了人权而促进发展和保护环境,三者之间保持平衡。从2018年生态文明入宪至今,我国已初步构建起"生态国策""环境人权""国家环境责任"三大制度框架。环境权利为其提供了价值依据,其中的基本国策决定了国家的指导方针,而国家的环境责任又是其实施的途径。

(三)通过"绿化"法律提供环境权的法律保障

绿色原则被写入《民法典》总则编,要求"民事主体从事民事活动,应当有利于节约资源、保护生态环境"。《民法典》的"环境污染和生态破坏责任"一章,对相关的侵权责任、损害赔偿范围以及公益诉讼进行了明确的规定,从而为我国的环保责任的实现奠定了坚实的基础。《民法典》除总则、分则等内容外,还突出了节约资源、保护生态环境等方面的规定,并对公众在民事生活中的行为进行了引导。"绿色"是人们对生态文明、生态文明建设等方面的要求。

《民法典》"人格权编"中有对绿色法益的增纳性的阐释空间,但也有必要对其进行补充。"绿色"理念的照射,再加上民法所采用的"开放的民事权利保护范围"的立法结构,使现有的民事权利具有"赋能"的"绿化"效应,这也间接地呼应了为满足个人环保需求而设立环境权条款的目的。具体而言,"生存于美好环境"的权利是对个体环境权益的最基本要求,它带有鲜明的人身属性,是彰显人的主体性所必需的。

此外,2013年起,国务院先后出台了《水污染防治行动计划》《大气污染防治行动计划》《土壤污染防治行动计划》等,这些措施都是对我国生态文明建设与改革提出的新要求。可以说,除环境保护法外,其他的行政法、民法、刑法,也都在按"五位一体"的原则,提高生态文明法治水平。

《环境保护法》的修改加强了对程序性环境权的保护。近年来,中国环境权的司法保障取得了积极进展,通过司法途径来保障公民的环境权具有更加切实的法律实践意义。环境保护相关法律的修订以及司法体制和环境资源审判领域的一系列新举措将更好地保障公民环境权利逐步得到实现,更快地推动中国迈向生态文明新道路。

然而,绿化的法律并不能为环境权提供充分的法理支持。在《民法典》编纂过程中,尤其随着《民法总则》(已失效)写入绿色原则后,对于在《民法典》中确立环境权曾引发学界热议。也有学者对于环境权的民法表达进行了反思,认为绿色原则的加入并不意味着《民法典》确立了"法律原则层面的环境权条款"。环境利益的公共性使得个人层次上的环境利益要求不可能成为一项独立的环境权利。民事法律仅能保护可以通过加强或扩大公民权利而得以实现的环境利益,其本质就是以环境为中介的民事权利即"环境民事权利"得到承认与保护。从这一角度看,绿色原则无法直接导出和证明一项独立的环境权,只能在民法已有的民事权利类型框架内,通过扩大解释技巧来充实其权利内涵或限制其权利范围。我国的环境权还没有成为一项宪法基本权利,如果从民法的视角对环境权予以原则化的保护,就显得缺乏说服力。同时,受到法律原则高度抽象化和价值引导等因素的影响,将环境权条款以法律原则的形式设置,具有一种基本人权的规范内涵,在没有宪法环境权条款的情况下,将其径行地规定为一项基本权利,不仅会对宪法的立法空间造成挤压,而且还会造成对基本权利体系的混淆。

(四)国家人权行动计划将环境权确立为一项人权,引导和补充环境权的法律保障

自2009年,中国政府连续发布了四期国家人权行动计划,均将环境权作为一项独立的人权进行保护,并设计了具体的指标以评估政府的落实情况。从国际层面看,制定和发布国家人权行动计划是对联合国人权大会倡议的积极响应,也是对《维也纳宣言和行动纲领》和《2030联合国可持续发展目标》的贯彻落实。从国内层面看,发布并认真实施国家人权行动计划是"国家尊重和保障人权"的宪法原则的具体落实,有效地促进

法定权利向实有权利转化。四部计划遵循着依法推进、协调和全面推进、务实推进、平等推进和合力推进的基本原则,设置具体、明确的指标和要求,中国政府自觉地将人权保障与政府的职能结合起来,成为规范政府及其执法部门和司法部门的行为指南。

制定和发布国家人权行动计划与发布指导意见、规定、办法和通知,以及开展专项行动构成了中国人权保障政策的主要表现形式。其因具有针对性强、及时、灵活的优点,在中国的人权发展道路中起到对人权法律保障的先导、补充和具体化的作用,符合中国特殊的国情、国家体制和社会与改革的发展阶段。随着社会转型的逐渐完成,其对人权保障法律的补充或临时替代功能会逐步趋于弱化。[29]

在环境权的保护方面,人权保障政策的作用更加突出的表现为引导和补充作用。在环境权缺乏立法上的明确规定的背景下,首部国家人权行动计划(《国家人权行动计划(2009—2013 年)》)为应对国际国内所面临的环境保护压力和难题,与国家生态文明建设的战略需求相互呼应,率先将环境权确立为一项人权,意义重大。首先,它成为联系环境权与生态文明建设的纽带,将以国家人权行动计划为代表的人权政策作为媒介,通过设置明确而具体的指标并严格评估落实,引导立法阙如的环境权利进一步转化为实有权利。此后生态文明建设作为中国人权保障事业的组成部分从"五位一体"的国家战略和执政党的任务和追求,到被确立为国家根本大法《宪法》中的明确规定。环境权与生态文明建设相互依托,因此原本在法律中没有明确规定的环境权也凭借着生态文明建设而间接具有了宪法上的指引。

另外,《国家人权行动计划(2009—2910 年)》对环境权的确认为后续《环境保护法》及相关法律法规的修改和制定提供了政策上的依据和基础,同时也从人权保护的层面提出了更高的要求。不仅修改后的环境保护法改变立法思路,将"推进生态文明建设,促进经济社会可持续发展"作为立法目的,在环境信息公开、环境决策参与和环境侵权救济等程序性环境权方面有了很多新的规定,其他相关法律法规中也不同程度地嵌入了环境权保护的视角。新修改的《大气污染防治法》、《水污染防治法》、《海洋环境保护法》、《野生动物保护法》以及《土壤污染防治法》等，都开宗明义地提出了推动生态文明建设的立法目的。

二、司法服务保障碳达峰、碳中和目标的现实意义

党的二十大报告明确提出“统筹产业结构调整、污染治理、生态保护、应对气候变化，协同推进降碳、减污、扩绿、增长，推进生态优先、节约集约、绿色低碳发展”的总体要求，并对积极稳妥推进碳达峰、碳中和进行了具体部署。贯彻落实党的二十大精神，迫切需要将实现碳达峰、碳中和目标纳入法治化轨道，依法发挥司法能动作用，服务减排降碳，应对气候变化，保障公民的环境权。

2021 年中共中央、国务院印发了《关于完整准确全面贯彻新发展理念做好碳达峰碳中和工作的意见》。同年 10 月 24 日，国务院发布《2030 年前碳达峰行动方案》，确立了“1 + N”的碳达峰、碳中和的政策体系，并提出了相应的对策建议。随着碳达峰、碳中和战略的深化和新的发展理念的提出，我国的产业、能源结构正处于深度调整之中，新的生产、服务、消费方式层出不穷，由此引发了诸如节能服务合同纠纷、碳排放权交易纠纷、国家核证减排技术服务合同纠纷、碳配额清缴行政纠纷等新类型案件也陆续进入诉讼渠道。有数据显示，从《巴黎协定》签署至 2023 年，中国各级人民法院一审审结了 112 万件涉碳案件。在这些案件中，涉及经济和社会的绿色转型有 15,000 件，约占 1.3%；涉及产业结构调整的案件数量为 13 万件，约占 11.6%；其中涉及能源结构调整的案例数量为 90 万件，所占比例最高，达到 80.4%；涉及碳市场交易的案例超过 600 起，仅占约 0.05%；其他涉及碳排放的案例有 69,000 起，占 6.2%，如图 10 所示。

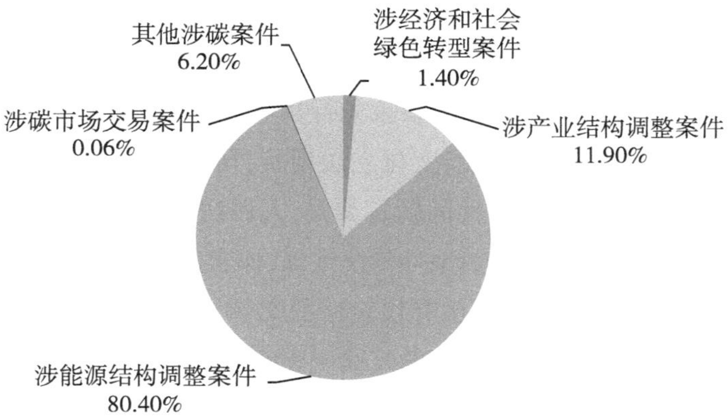

图 10　涉碳纠纷类型

资料来源:《最高法环资庭相关负责人就〈意见〉和典型案例答记者问》,载中国法院网 2023 年 2 月 17 日,https://www.chinacourt.org/article/detail/2023/02/id/7149454.shtml。

碳达峰、碳中和案件是新类型案件,需要新的法律制度和裁判规则。我国涉碳诉讼起步较晚,个案裁判困难较多,过去已有司法政策虽已涉及碳达峰、碳中和目标,但缺乏具有系统性、整体性、协同性的司法考量,难以有效应对涉碳案件的多样化与涉碳利益的多元化提出的新问题、新挑战,迫切需要认真把握绿色低碳发展是推动实现中国式现代化内在需求的新使命,站在人与自然和谐共生的高度谋划绿色司法工作,将碳达峰、碳中和目标融入司法理念、案件受理与裁判过程当中。① 由司法机关制定碳达峰、碳中和规范性文件,对各级人民法院依法妥善审理涉碳这一新领域的各类案件具有重要的指导作用,对助力推进实现碳达峰、碳中和目标具有重要意义。同时,对企业实施碳达峰行动,深入推进能源革命,加强煤炭清洁高效利用,加快规划建设新型能源体系具有重要的引导作用。②

笔者认为在司法方面应通过以下几点推动实现碳达峰、碳中和目标。

---

① 参见吕忠梅:《为应对气候变化实现“双碳”目标提供有力司法保障》,载中国法院网 2023 年 2 月 22 日,https://www.chinacourt.org/article/detail/2023/02/id/7154842.shtml。

② 参见梁巍:《关于最高院首部碳达峰碳中和司法服务意见的解读与风险防范简述》,载法治网 2023 年 3 月 3 日,http://www.legaldaily.com.cn/Lawyer/content/2023-03/03/content_8828057.html。

第一,弥补现阶段气候变化立法空白。现阶段,虽然我国已构建起碳达峰、碳中和"1+N"政策体系,但政策要求尚未完全上升到法律层面。碳达峰、碳中和工作具有明显的政策先行特点,主要依靠国家政策和部分地方立法予以规范。面对气候变化立法现状,司法能够更为灵活地弥补立法空白,解决立法的滞后性问题。首先,人民法院要充分利用审判、执行职能,对不同类型的碳排放案件依法审理,探索其中的规律,总结经验,为我国制定相关法律法规提供有代表性的案例。其次,人民法院要充分利用法学专业的优势,对国际上的气候变化问题进行深入的研究,从中挖掘出可资借鉴的经验,从而推动我国在应对气候变化问题上的立法与司法实践。在此基础上,结合我国国情,对我国现行立法中出现的一些问题进行探讨,以期为我国相关立法工作提供参考。

第二,倒逼气候变化执法日趋规范。现阶段,气候变化行政执法存在一些不足,尚未达到实现碳达峰、碳中和目标的要求。当涉碳纠纷进入司法程序后,人民法院通过确定碳排放权的法律属性,发挥法官的自由裁量权,妥善处理涉碳各类型案件,倒逼气候变化执法日趋规范。一是推动执法部门严格落实碳中和的相关法律、法规。目前,我国有关减排措施及责任的规定分散在相关的法律、法规之中,通过对这些条款的引用,司法机关在司法实践中会更加清楚地认识到这些条款的适用范围。二是督促执法部门严格落实有关环境影响评价的法律、法规;通过审查建设项目审批、执行过程中存在的弄虚作假、玩忽职守等问题,依法严肃查处违法排污行为,促进行政执法机构规范执法。三是督促执法部门严格落实有关环境监测的法律、法规。法院在审理过程中,要按照有关环境监测的有关法律、法规,对篡改监测数据的行为进行严厉的处罚,并促进其严格执法,保证数据的真实和合法。

第三,培育公众对气候变化问题的价值判断与内在认同。司法作为法治的关键一环,能通过具有强制力的判决让公众对气候变化问题产生认知,关注碳达峰碳中和国家目标,帮助其培育涉碳价值判断的能力。具体包括以下几方面。其一,可以提升公众应对气候变化的意识。司法公开可以让法官判案的原理、依据和说理方法被社会公众了解、学习,提升社会公众意识,倡导公众助力碳达峰与碳中和目标实现。其二,可以促进公众开展低碳行动。司法机关通过司法公开,可以引导社会公众了解和践行绿色低碳理念,形成绿色低碳的生产生活方式,进而降低终端消费碳排放强度,这也将推动能源、生产、交通等各领域的发展方式转换,助推减碳政策落地。[①]

三、碳达峰、碳中和目标下环境权司法保障的规范基础

(一)顶层设计

为推动绿色发展,促进人与自然和谐共生,贯彻落实习近平生态文明思想和碳达峰、碳中和目标,最高人民法院于2023年发布《关于完整准确全面贯彻新发展理念 为积极稳妥推进碳达峰碳中和提供司法服务的意见》(以下简称《碳达峰碳中和意见》)。[②]

《碳达峰碳中和意见》第二、三、四部分,着眼于“服务经济社会发展全面绿色转型”“保障产业结构深度调整”“助推构建清洁低碳安全高效能源体系”,完整梳理各部分所涉及重要诉讼类型和诉讼范围,系统规范相关诉讼要件,对供给侧结构性改革精准发力。《碳达峰碳中和意见》第五部分针对中国碳市场建设过程中出现的种种违法现象,聚焦碳排放配额与温室气体排放报告的相关司法纠纷,厘清环境资源审判中的碳市场交易纠纷的受案范围,明确审理的重点案件类型,明确碳排放权交易纠纷审理的关键节点和裁判规则,为中国已经建成的全球覆盖碳排放规模最大的碳市场保驾护航。

《碳达峰碳中和意见》第六部分立足于持续深化环境司法改革服务,强调积极拓展环境司法新领域,构建由环境资源审判机构牵头、相关部门分工配合的涉碳案件审判机制,明确了重大疑难案件提级管辖规则,在依托环境司法专门化的成熟体系并适度延拓的基础上,合理配置相关司法

---

① 参见游劝荣、秦天宝:《司法服务保障碳达峰碳中和研究》,载中国法院网2024年1月11日,https://www.chinacourt.org/article/detail/2024/01/id/7754438.shtml。

② 《最高人民法院关于完整准确全面贯彻新发展理念 为积极稳妥推进碳达峰碳中和提供司法服务的意见》,载中国法院网2023年2月17日,https://www.chinacourt.org/article/detail/2023/02/id/7149453.shtml。

资源,形成整体合力,通过加强环境司法专门化、专业化能力建设,为世界贡献应对气候变化的中国司法方案。①

(二)地方性文件

2023 年 11 月 24 日,四川省高级人民法院发布了《关于践行新发展理念服务保障碳达峰碳中和工作的实施意见》。② 该实施意见共有 21 条,分别从提高政治站位、发挥审判职能和深化环境司法改革三个方面,对司法服务保障碳达峰碳中和工作提出了明确的工作要求和具体的审判指引。

第一部分即第 1 ~3 条,是关于提高政治站位方面的工作要求。分别从深刻认识碳达峰碳中和目标重大意义、准确把握"1 + N"政策体系总体要求、深入践行"能动司法"展现法院担当三个方面,提出了在推进碳达峰碳中和司法服务保障工作中提高政治站位方面的具体要求。第二部分即第 4 ~15 条,是关于在具体的案件审理工作中,发挥审判职能、积极稳妥推进碳达峰碳中和工作,服务保障经济社会绿色低碳转型和高质量发展的工作要求。分别从刑事审判(打击违法排放大气污染物犯罪、第三方环保数据造假犯罪、破坏生态系统固碳功能犯罪)、民事审判(依法妥善审理碳排放权、核证自愿减排量交易纠纷、涉碳市场纠纷、碳金融衍生品与碳期货交易纠纷案件)、行政审判、新类型涉碳诉讼、推动生态环境保护修复、服务保障生态产品价值实现与生态保护补偿、气候变化司法应对等方面提出了相关审判工作指引。第三部分即第 16 ~21 条,是关于深化环境司法改革的工作规定。本部分分别从强化涉碳纠纷的诉源治理、不断完善涉碳审判制度机制、深入推进专门化改革、深入开展涉碳司法调研、落实法院自主减排义务、完善低碳司法各项举措等 6 个方面提出了相关改革创新的具体工作举措。

---

① 参见吕忠梅:《为应对气候变化实现"双碳"目标提供有力司法保障》,载中国法院网 2023 年 2 月 22 日,https://www.chinacourt.org/article/detail/2023/02/id/7154842.shtml。

② 参见《四川高院发布〈关于践行新发展理念服务保障碳达峰碳中和工作的实施意见〉(附全文)》,载四川省高级人民法院网 2023 年 12 月 1 日,http://scfy.scssfw.gov.cn/article/detail/2023/12/id/7676108.shtml。

《关于践行新发展理念服务　保障碳达峰碳中和工作的实施意见》是四川省高级人民法院贯彻《碳达峰碳中和意见》内容,并结合四川省实际提出的具体工作要求和工作规范而制定的,是全省法院司法服务保障碳达峰、碳中和工作的纲领性、指引性文件,为发挥环境司法职能作用,协同推进生态环境保护修复和生态系统固碳增汇,不断推进美丽四川建设和实现人与自然和谐共生的中国式现代化服务。

四、最高人民法院、最高人民检察院落实碳达峰、碳中和目标的典型案例

(一)最高人民法院碳达峰、碳中和典型案例分析

最高人民法院在发布《碳达峰碳中和意见》的同时公布了 11 个碳达峰、碳中和典型案例,[①]加大了裁判规则和裁判标准的供给力度,有利于指导各级人民法院正确审理涉碳案件。

1. 贯彻最严格制度。

用最严格制度最严密法治保护生态环境,是习近平总书记提出的要求。在此基础上,人民法院通过刑事、民事、行政法律中有关生态环境保护的法律规定,进一步加强对环境保护的司法保障。例如,在韩某涛等人破坏计算机信息系统案件中,法院对其进行了刑事处罚,体现了人民法院严厉打击环境监测系统数据弄虚作假行为的态度。

2. 维护碳市场交易秩序。

自 2021 年 7 月,全国碳排放权交易市场正式启动上线交易,我国的碳交易市场已成为世界上最大的碳排放交易市场。正确处理碳排放交易中的争议,推动碳排放市场的健康、有序发展,是人民法院义不容辞的责任。在深圳一家集装箱企业诉深圳市发改委行政处罚案中,人民法院对督促企业履行监管职责,并对未履行减排任务的重点企业进行了行政处罚,为实现我国温室气体减排目标提供了强有力的司法保证。在中国某

① 参见《最高法发布司法积极稳妥推进碳达峰碳中和典型案例》,载中国法院网 2023 年 2 月 17 日,https://www.chinacourt.org/article/detail/2023/02/id/7149456.shtml。

县农行与福建某化学公司等碳配额执行案中，人民法院通过拍卖碳配额来清偿被申请人的债务，准确把握了碳配额这一新型财产的法律性质，更好地平衡了债权人利益和企业发展的矛盾，为我国碳交易制度的完善提供了有益的参考。

3. 推动产业结构绿色低碳转型。

在推进节能减排的过程中，政法机关始终坚持以推进能源绿色、低碳发展为重点，大力推进资源与环境保护相结合的产业结构。在一起上海工业公司与北京计算机技术有限公司之间的授权合同纠纷中，法院认定涉案合同涉及高能耗比特币“挖矿”业务，而该业务已被列为国家禁止行业。法院据此认为，该行为违背社会公德，并依据《民法典》第 9 条的“绿色原则”作出裁判，充分体现了人民法院坚定服务绿色发展的立场和决心。

4. 坚持生态修复优先、固碳增汇协同推进。

党的二十大报告提出，要协同推进降碳、减污、扩绿、增长，推进生态优先、节约集约、绿色低碳发展。我们要把生态保护与恢复摆在首位，发挥减少碳、减少污染物排放的协同作用。在阿罗某甲等盗伐林木刑事附带民事公益诉讼案件中，人民法院在对被侵害人进行处罚的同时，采取“补种”“认购”“碳汇”等措施，将生态恢复与增汇功能有机结合起来。在陈某华毁林案中，人民法院将“系统化、程序化、规范化、量化”的林业碳汇补偿体系引入到破坏森林资源刑事案件中，体现了生态修复优先、固碳与增汇并举、刑事责任与修复赔偿相结合的生态司法理念。①

（二）检察机关服务保障碳达峰、碳中和典型案例

最高人民检察院发布碳达峰、碳中和十大典型案例，涉及破坏森林湿地、残害国家级重点保护植物、违法伪造环境监测资料、非法排放温室气体、违法拆解报废机动车、非法倾倒污泥等多个方面，主要有四个特点。②

---

① 参见《最高法发布司法积极稳妥推进碳达峰碳中和典型案例》，载中国法院网 2023 年 2 月 17 日，https://www.chinacourt.org/article/detail/2023/02/id/7149456.shtml。

② 参见最高人民检察院：《检察机关服务保障碳达峰碳中和典型案例共有四个特点》，载最高人民检察院网 2023 年 6 月 5 日，https://www.spp.gov.cn/spp/c107228chdfgmcggeqcnpgbshkfhvbehkvkggbtrdknsecdkvppnbsmfrmqtvnu/202306/t20230605_616374.shtml。

第一,检察机关综合发挥刑事、公益诉讼等检察职能作用,助力山水林田湖草沙一体化保护修复,巩固提升生态碳汇能力。山东省荣成市人民检察院在办理张某等 14 人非法捕捞水产品,掩饰、隐瞒犯罪所得刑事附带民事公益诉讼案时,积极运用“刑事打击 + 公益诉讼 + 生态环境修复”模式,探索将海草种植作为补充替代性修复方式,有效发挥海草固碳释氧能力和资源养护优势,改善近海生态系统服务功能。

第二,开展应对气候变化检察履职,推动治理非法排放温室气体问题。检察机关聚焦高耗能高碳排放项目建设、能源运输等行业领域问题依法能动履职,取得务实成效。陕西省志丹县人民检察院针对运输槽车擅自开阀泄压排放气化天然气影响大气环境及存在公共安全隐患问题,依法开展行政公益诉讼,推动公安、生态环境、应急管理、交通运输等部门联合整治,并完善相关监管机制。在各方共同努力下,偷排现象基本杜绝。

第三,深入践行恢复性司法理念,探索适用认购碳汇方式履行生态损害赔偿责任,破解原地难以补植复绿、生态服务功能期间损失无法修复、当事人修复能力不足等难题。贵州省剑河县人民检察院针对某水投公司水库项目非法占用林地问题,依法办理民事公益诉讼案。该公司委托第三方公司编制方案,投入资金 34.3 万元,补植树木 4800 余株,播撒草种 100 多千克,并自愿认购 1423.7 吨碳减排量,弥补生态服务功能期间损失。

第四,在依法惩治生态环境违法犯罪的同时,引导企业开展节能降碳技术改造,实现企业绿色转型。江苏省沭阳县人民检察院针对篡改环境监测设备数据以及违规排放污染物等违法行为,督促支持行政机关与涉案企业开展生态环境损害赔偿磋商,引导企业采取替代性修复方式,有序开展光伏发电项目、余热发电项目及提标改造项目等节能降碳技术改造与清洁化改造,促进绿色转型。

五、问题与建议

(一)司法服务保障碳达峰、碳中和目标遇到的主要问题

1. 碳排放权的法律性质存在争议。

当前无论是理论上还是实践中,对于碳排放权的法律性质还没有形

成统一的认识。目前,我国法律中仍没有"碳排放权"的明确定义,相关立法均未明确碳排放权的法律属性。由于对碳排放权的法律性质没有形成统一认识,导致司法实务中存在分歧,从而限制了我国碳交易体系的实施和发展,以及碳达峰、碳中和目标的实现。

2. 气候变化应对法律体系尚不健全。

应对气候变化是一项极其复杂的课题,需要正确处理控制与发展、现在与未来、国内和国际等多重矛盾冲突。尽管选择的立法模式不同,但建立一套科学的、完备的关于应对气候变化的法律体系已经成为各国共识。第十四届全国人大常委会立法规划仅将"应对气候变化和碳达峰碳中和"列为立法条件尚不完全具备、需要继续研究论证的立法项目。相关法律规定散见于多个部门法之中,法律条文以原则性规定为主,可操作性不强,给司法实务带来很多困难。

3. 碳排放权管理和司法执行体制机制有待完善。

一是行政机关执法手段和执法力度有待加强,执法手段有待进一步丰富,罚款标准较低。二是冻结企业配额影响企业清缴履约,存在"以碳套现"风险。三是冻结重点排放单位与汇总账户绑定的银行结算账户后,将限制重点排放单位购买碳配额,从而影响重点排放单位履行清缴履约义务。四是碳排放权司法执行措施和计量单位有待固定。碳配额执行存在冻结与查封两种不同表述,冻结期限和配额清缴周期不一致。五是排放权委托执行机制有待建立,部分法院出具的协助执行通知书不够规范,送达方式不一。

4. 审判执行领域存在一些问题。

一是司法预防功能发挥不足。环境司法预防观念普及度较低,涉碳案件适用预防性司法的领域不清、措施不足。二是涉碳案件审判指引尚未出台。缺少对涉碳案件审判经验的深入总结,尚未出台直接面向碳达峰、碳中和的司法适用规范,还未形成具体清晰的裁判规则。三是可参考的典型案例体量不足。涉碳纠纷类型多样但案件总量有限,需要列出一些典型案例,发挥有影响力的涉碳案例的借鉴意义。

5. 专业化审判机制尚未建立。

一是受案范围尺度把握不统一。对碳排放权法律属性的不同认识和纷繁复杂的纠纷类型均影响涉碳案件受理，各地法院涉碳司法裁判类型相对单一。二是内部协同与外部联动力度不够。归口管理不够科学影响法院内部业务庭之间的协同，协作机制不够完备影响法院与其他机关之间的合作，信息系统不够完善影响整体联动。三是以能动司法弥补涉碳立法滞后的理念有待提升，各地法院涉碳司法宣传不够广泛、平衡。

（二）司法服务保障碳达峰、碳中和目标的对策建议

1. 从双阶理论视角厘清“碳排放权”的法律性质。

碳排放权既蕴含了环境保护及碳排放管控的公法特征，也体现了意思自治及自由协商的私法内涵。在传统“非公即私”的思维桎梏下，碳排放权的法律性质尚存在较大争议，[①]单纯公法属性观抑或私法属性观均难以实现逻辑自洽。可以从双阶理论视角对碳排放权的法律属性予以厘清：纵向上，将碳排放权在注册登记之前界定为公法属性，注册登记后原则上视为私法属性；横向上，从制度价值、市场风险、规范体系等角度厘清公权力介入碳排放权交易机制的正当性，彰显碳排放权交易阶段公私法之间的交织与衡平逻辑。

2. 完善涉碳集中管辖体制机制。

《碳达峰碳中和意见》明确要求建立案件归口审理制度，以促进碳达峰碳中和。环境司法专门化的实质是集中管辖，涉碳司法专门化是环境司法专门化的转型升级。因此，笔者建议在地域管辖方面，依托设立于上海和武汉的全国碳排放权注册登记交易市场而发生的民事、行政案件，由上海法院和武汉法院分别集中管辖。在级别管辖方面，依托设立于上海和武汉的全国碳排放权注册登记交易市场而发生的民事、行政案件，由中级人民法院一审，涉及地方性碳排放权交易市场的，则由基层人民法院一审。

---

① 参见倪受彬：《碳排放权权利属性论——兼谈中国碳市场交易规则的完善》，载《政治与法律》2022 年第 2 期。

3. 碳达峰、碳中和目标下应尽早发展我国涉外气候变化诉讼。①

当前国际气候谈判受阻，部分国家迫切希望通过司法途径实现其气候政治目标，这是我国有必要发展涉外气候变化诉讼的外源性因素，而国内碳达峰、碳中和目标的设定则为涉外气候变化诉讼发展提供了内生动力。我国参与涉外气候变化诉讼的方式包括应诉、主动起诉和提交咨询意见。其中，应诉的我国被告应充分运用程序性规则和实体性规则维护我国合法权益；主动起诉前应审慎选择案件类型、被告性质、起诉方式和准据规则。为确保涉外气候变化诉讼顺利发展，我国应在理论研究、实践积累和人才培养等方面采取有效的措施。

4. 准确适用以购买碳汇的方式承担生态修复责任。

人民法院引导行为人通过购买碳汇修复受损生态环境，既实现了生态修复目标，又有助于实现碳达峰、碳中和目标，是能动司法理念在新时代环境司法中的生动体现。《最高人民法院关于审理森林资源民事纠纷案件适用法律若干问题的解释》虽然规定了认购碳汇的适用条件，但其关于适用顺序的规定还需进一步明确，关于适用范围的规定也有讨论空间。从适用顺序来看，原地“补植复绿”、异地“补植复绿”的修复效果优于购买碳汇，因而二者的适用顺序应优先于购买碳汇。就适用范围而言，该解释将碳汇购入的对象限定为破坏森林资源案，可以通过类推的方式扩大到有碳汇损失的其他案例，但对于无碳汇损失的案例，则不宜采用。

5. 完善以注册登记机构为核心的涉碳司法执行体制机制。

作为全国碳市场的核心金融基础设施平台，全球碳排放权注册登记结算系统有注册、交易、结算等功能，为国家生态环保部门提供碳配额分配、履约等综合管理。注册登记机构与司法机关之间能否协调联动，对于保证市场健康稳定发展有着关键作用。一是要丰富执法手段，加大执法力度，增加声誉罚和信用处罚，提高罚款标准。二是要完善司法执行中对企业全国碳市场关联银行账户的执行措施，审慎冻结企业配额，避免企业

① 参见曾德明：《“双碳”目标下气候变化诉讼的路径选择》，载《行政与法》2024 年第 1 期。

因为银行账户被冻结而不能履行清缴履约义务。三是要固定碳排放权司法执行措施和计量单位，明确司法执行冻结碳排放配额的条件，明确冻结的期限。①

第三节 我国气候变化适应中的公正转型

公正转型的概念中蕴含了适应气候变化、实现气候正义的目标，而能源转型是其核心主题，因此我国应当加快能源转型的速度，争取早日实现碳达峰、碳中和。能源转型不仅仅是技术问题，还需要法律和政策的支持。整合能源政策有助于加快能源转型，因此，应当建立气候政策整合评估框架，助力实现能源政策的一体化。

一、公正转型与能源转型的概念

公正转型是指以尽可能公平和包容的方式绿化经济，创造体面的工作机会。全球范围内的公正转型要求各国履行其气候承诺，并确保在此过程中不会通过制造贸易壁垒或将较贫穷国家排除在与气候相关的机遇之外而使其更加落后或将其排除在与新产品市场扩张相关的机遇之外。

公正转型有利于实现气候正义主要体现在以下几方面。第一，让公众参与进来。如果政府能够展示绿色转型带来的社会经济效益——包括经济效益和新的绿色就业机会——他们就可以为更高的气候雄心建立广泛的公众支持基础。第二，绿色就业革命创造的替代工作保证了生活工资、适当的工作场所安全保护和健康福利。这些高质量的工作将提升人们、他们的家庭和他们的社区，吸引经济转型所需的工人。第三，为净零经济奠定社会基础。通过透明的规划和广泛的利益相关者的积极参与，政府可以最大限度地减少恐惧、反对、社区间冲突和代际冲突。这些冲突

---

① 参见《司法服务保障碳达峰碳中和研究》，载中国法院网 2024 年 1 月 11 日，https://www.chinacourt.org/article/detail/2024/01/id/7754438.shtml。

可能会颠覆对化石燃料的转移,因为旧的和其他有害活动正在使我们的星球变暖,如森林砍伐和浪费的生产实践。第四,推动本地解决方案。通过将公正转型的视角应用于气候行动,并经历与实现公正转型相关的磋商进程,各国可以更好地了解大胆的气候行动的影响(积极和消极),然后确定适合其国情的最佳解决方案,从而帮助释放最大的好处。第五,加强齐心协力应对气候变化的紧迫性。过渡通常是破坏性的,需要刻意努力使它们顺利进行。在国家自主贡献和长期气候计划中制定公正的转型战略,将帮助领导人专注于快速脱碳的紧迫任务,同时努力实现公平和包容的结果。

公正转型的一个核心主题便是能源的公正转型。应对人为气候变化的威胁需要从现有的化石燃料能源系统向低/零碳系统进行根本性过渡。能源转型不是完全从一组主导能源转向另一组主导能源,而是逐步淘汰化石燃料,同时增加太阳能和风能等可再生能源,这些资源过去只占能源结构的一小部分。这种转变需要复杂的社会和技术变革,并将产生深远的社会影响。推动这一进程不仅涉及更多地采用节能技术和可再生能源,还涉及经济、社会和政治等其他领域,需要全社会参与。① 2014 年,习近平总书记提出推动能源消费革命、供给革命、技术革命、体制革命和全方位加强国际合作的"四个革命、一个合作"能源安全新战略,为新时代能源发展指明了前进方向,提供了根本遵循。② 党的十九大报告也指出,要"推进能源生产和消费革命,建清洁低碳、安全高效的能源体系"。③ 这些能源革命的维度和目标已经在中国得到了广泛的部署,例如已发布的《"十四五"现代能源体系规划》。

---

① See Ma, L., Yuan, C. & Yang, H. (2021). China's Energy Transition Strategy in the Context of Global Climate Change. In: China's Resources, Energy and Sustainable Development: 2020. Springer, Singapore.

② 中华人民共和国国务院新闻办公室:《中国的能源转型》,人民出版社 2024 年版,第 1 页。

③ 《习近平:决胜全面建成小康社会 夺取新时代中国特色社会主义伟大胜利——在中国共产党第十九次全国代表大会上的报告》,载中华人民共和国中央人民政府网,https://www.gov.cn/zhuanti/2017-10/27/content_5234876.htm。

二、政策整合

政策一体化意味着通过支持综合和整体的政策战略，并考虑到不同的部门价值观和观点来处理贯穿各领域的政策问题。政策整合有助于避免政策部门之间的冲突、矛盾和冗余，从而促进实现政府的总体政策目标。布里亚索利斯将其描述为"将某些问题（例如，环境、社会和经济）纳入现有政策以产生综合政策的过程"。将气候（包括能源）目标纳入其他部门政策被称为"气候政策整合"。具体而言，气候政策整合被定义为"将减缓和适应气候变化的目标纳入其他政策部门政策制定的所有阶段"和"致力于尽量减少气候政策与其他政策之间的矛盾"。气候政策整合基于环境政策整合的概念，被视为应对气候变化和促进能源转型的高度关注的关键政策策略之一。通过综合方法，跨领域问题由多个部门审议和管理，这些部门共同承担责任并分配资源和工具，以实现类似的政策目标（例如能源转型）。[①]

政策一体化的预期成果是在处理贯穿各领域的问题时，制定一个联系更紧密或更综合的政策议程。因此，政策整合本身就是追求和创造这种实质性成果的过程。组织结构对行为者的行为有着深远的影响，因为它们与责任的分配方式、谁在组织中起主导作用、权力如何分配以及对政策整合过程的影响有关。在这方面，政治学中有两个主要且对比鲜明的治理结构：等级制度和网络。在等级制度中，政策整合依赖于组织高层的协调能力，以制定连贯和综合的政策。追求一体化依赖于机构授权的发布、跨行政级别和部门的权力和责任分配，并得到大量相关行政命令、规则、程序和（非）正式政策协调渠道的支持。

推行综合政策需要改变政策制定和实施过程的组织方式。首先，有必要重新考虑部门条例或立法的作用。强大的行业目标可能会阻碍在综合解决方案战略中平衡不同目标的可能性。例如，有关道路安全风险的

---

① See Wu J, Zuidema C & de Roo G. Climate policy integration on energy transition: An analysis on Chinese cases at the local scale[J]. Cities, 2022, 120: 103469.

标准是使用电动汽车或将氢气作为汽车燃料的潜在限制。综合政策解决方案将力求在安全风险的重要性与可持续交通的惠益之间取得平衡。然而,只要法律要求相同的安全标准,就无法实现平衡。因此,最大化一个目标的结果(达到安全标准)可能会阻碍优化所有相关目标的整体结果的机会。①

其次,重要的是建立组织结构,允许公开讨论,以平衡各种(部门)利益和相关行为者,以共同努力。除了建立跨部门协调工具(定期会议、邀请彼此反思工作、征求意见)之外,接受的态度也很有价值。值得注意的是,开放信息、讨论、集体学习过程以及相关利益攸关方和政府部门之间相互支持将是最佳选择。发展跨部门工作队和其他横向协作网络是支持性组织结构的良好例子。此外,为跨部门组织引入行政激励措施,例如以预算和领导的形式实现整合将是有益的。没有这种激励措施,横向网络内的沟通和互动肯定会因个别政策部门或相关政府部门的既定惯例和目标相竞争,从而可能导致僵局。

三、能源转型下的政策一体化策略

能源转型是一个复杂的跨领域过程,在这个过程中,社会技术系统从一个以化石燃料为基础的状态转变为另一个以可再生能源为基础的高效能源利用状态。鉴于能源转型具有复杂的跨部门性质,有必要将能源雄心与其他部门政策相协调,以促进采取连贯和综合的方法。②

能源转型的跨部门性质敦促能源目标与其他部门政策和利益相关者利益相协调。③ 因此,政策整合是支持能源转型的关键过程之一。④ 气候

---

① See Wu J, Zuidema C & de Roo G. Climate policy integration on energy transition: An analysis on Chinese cases at the local scale[J]. Cities, 2022, 120: 103469.

② Wu J, Zuidema C, de Roo G. Climate policy integration on energy transition: An analysis on Chinese cases at the local scale[J]. Cities, 2022, 120: 103469.

③ See Auktor G V. Systemic interventions to achieve a long-term energy transition toward sustainability[M]. Analysis of Energy Systems. CRC Press, 2017: 1 – 12.

④ See Adelle C & Russel D. Climate policy integration: a case of déjà vu? [J]. Environmental policy and governance, 2013, 23(1): 1 – 12.

政策一体化与其说是目标和广泛的所有政策部门的整合，不如说是使范围更窄的部门以特定方式共同努力实现特定目标。① 虽然政策整合通常需要在各个行政层面采取行动，地方/城市层面无疑是追求综合方法的首要领域之一。值得注意的是，在地方一级各部门和利益攸关方的利益可以得到平衡，同时对当地情况保持敏感。②

转向基于可再生能源的能源系统目前正在敦促城市规划明确地将能源作为一个主题。③ 特别是通过太阳能、风电场、水力发电和生物质能的利用来生产能源的能源系统，以风电场为例，需要大面积的能源来收获足够的能量，同时又要高度可见。此外，转向增加可再生能源的使用也将需要在翻新建筑环境方面进行大量投资，包括工业、住房、交通系统或电网。④ 因此，能源转型还明确依赖于地理环境中技术、社会和制度创新的相互作用，并且"这些特定的组合随空间和时间而变化"。⑤

然而能源系统和相关的能源部门过去一直被视为与其他政策部门相对隔离。⑥ 能源转型传统上被视为一个技术问题，跨部门协调的尝试是最近才出现的，主要由国家发改委自上而下主导。⑦ 能源相对于其他政策部门的孤立地位也很好地体现在它长期以来在关于政策一体化的国际文献中缺乏关注。而在考虑其他政策领域时，政策整合已成为指导

---

① See Adelle C & Russel D. Climate policy integration: a case of déjà vu? [J]. Environmental policy and governance, 2013, 23(1): 1 – 12.

② See Zuidema C. Decentralization in Environmental Governance: a post-contingency approach[M]. Routledge, 2016.

③ See De Pascali P & Bagaini A. Energy transition and urban planning for local development. A critical review of the evolution of integrated spatial and energy planning[J]. Energies, 2018, 12(1): 35.

④ See Paiho S & Ketomäki J et al. A new procedure for assessing the energy-efficient refurbishment of buildings on district scale[J]. Sustainable Cities and Society, 2019, 46: 101454.

⑤ See Wu J, Zuidema C & de Roo G. Climate policy integration on energy transition: An analysis on Chinese cases at the local scale[J]. Cities, 2022, 120: 103469.

⑥ See De Pascali P & Bagaini A. Energy transition and urban planning for local development. A critical review of the evolution of integrated spatial and energy planning[J]. Energies, 2018, 12(1): 35.

⑦ See Ruan X, Sheng R & Lin T. Environmental policy integration in the energy sector of China: The roles of the institutional context[J]. International Journal of Environmental Research and Public Health, 2020, 17(24): 9388.

公共政策制定的重要原则,例如环境,土地利用、旅游和城市可持续性。虽然自 2010 年以来,无论是在实践中还是在理论上,对能源部门政策整合的关注都在增长,但是根据斯派克博尔等人的观察,在(城市)能源转型和基于区域的思维背景下应用的政策整合和协调仍然受到有限的关注。①

布伦德高格(Brendehaug)等人提出了气候政策整合分析框架,明确将政策结果作为分析气候政策整合的标准之一。② 然而,这一框架将气候政策整合在很大程度上视为一个过程,该过程源于正式政府渠道(例如,工具、组织结构、程序)执行的(静态)制度法规和规则的制定。但实际上政策整合是由参与者和部门之间的动态互动和沟通塑造的。这两个方面相互交织,被认为是共同产生政策一体化结果的必要条件。西梅奥诺娃(Simeonova)和范德瓦尔克(van der Valk)也认为,政策整合涉及承诺、分担责任、合作实践等方面。③ 因此,有学者在此基础上对五个指标进行了解释,并将其转化为不同的问题来分析气候政策整合。④ 成功纳入气候政策的第一个指标是将能源问题和基于地区的政策战略纳入其他政策领域的政策制定过程,同时注意到与能源相关的关注、雄心和目标的重要性,这些关注、雄心和目标在书面声明中得到正确反映并添加到部门议程中。第二个指标是一致性,是指相关部门和政策之间对能源问题的共同理解。因此,在基于地区的综合能源治理方面,不同的部门目标和工具应该相互一致,并且应该致力于尽量减少矛盾。第三个指标是权重,是指在面对自身利益和目标不同的部门时,与所涉及的其他政策目标相比,

---

① See Spijkerboer, R. C. , Zuidema, C. , Busscher, T. , & Arts, J. (2019). Institutional harmonization for spatial integration of renewable energy: Developing an analytical approach[J]. Journal of Cleaner Production, 209, 1593 - 1603.

② See Brendehaug E, Aall C & Dodds R. Environmental policy integration as a strategy for sustainable tourism planning: issues in implementation[J]. Journal of Sustainable Tourism, 2017, 25(9): 1257 - 1274.

③ See Simeonova V & van der Valk A. The need for a communicative approach to improve environmental policy integration in urban land use planning[J]. Journal of planning literature, 2009, 23(3): 241 - 261.

④ See Wu J, Zuidema C & de Roo G. Climate policy integration on energy transition: An analysis on Chinese cases at the local scale[J]. Cities, 2022, 120: 103469.

能源问题位于相对优先次序。[①] 第四个指标是,实现成功的气候政策整合还需要知识和资源(如时间、人员、资金、组织结构等),以及处理能源转型问题的“诀窍”,特别是基于区域的综合能源规划。第五个指标是,成功的气候政策整合应该为实践带来真实和积极的后果和影响。[②]

---

① See Wu J, Zuidema C & de Roo G. Climate policy integration on energy transition: An analysis on Chinese cases at the local scale[J]. Cities, 2022, 120: 103469.

② See Wu J, Zuidema C & de Roo G. Climate policy integration on energy transition: An analysis on Chinese cases at the local scale[J]. Cities, 2022, 120: 103469.

结　语

本书论述了人权法视角下国家适应气候变化的治理策略,即气候变化概念、适应措施及其与人权关系的概述、适应气候变化与人权法体系的融合、我国适应气候变化的人权策略。主体部分为适应气候变化与人权法体系的融合,主要从以下五个方面进行论证。

第一,分析在适应气候变化中采取基于人权的方法的原因包括:(1)气候变化正在对个体人权、集体人权以及特殊群体的权利造成具有紧迫性和实质性的威胁,而环境权和国际气候变化法的发展表明具备采取人权方法的前景。(2)国际气候变化法律体系在规制和防范气候变化时缺乏具体可执行的法律义务、明确的执行机制和个人申诉机制等局限性,相比之下基于人权的方法更具有战略性优势。国家应当考虑在气候适应谈判过程中、气候变化适应措施影响评估中以及制定和落实国家自主贡献时采取基于人权的方法。

第二,国家具有适应气候变化的人权法义务,其性质为积极义务、行为义务、程序义务和实质义务。

一方面,国际人权法体系和区域人权法体系已经明确承认国家具有适应气候变化的人权义务。另一方面,从现有的基本人权类型中可以延伸出国家适应气候变化的义务,这都为其提供了法律基础。基于此,笔者认为国家适应气候变化的人权义务之性质,即适应气候变化主要表现为积极义务和行为义务,兼具程序义务和实质义务。积极义务意味着国家主动采取适应行动来保护人权,例如采取建造防洪墙或使脆弱社区能够搬迁等措施。对于排放者本身而言,其还可以通过补偿性适应措施弥补其排放所造成的人权伤害,比如,通过建造防洪墙来保护低洼地区免受海平面上升的影响,或者通过改善医疗保健来对抗热带疾病。行为义务要求国家为实现目标或结果而尽最大努力。对于适应气候变化而言,国家应当尽其努力提高当地社区的气候适应力和复原力。如果一个国家没有尽其最大的努力,即使损害尚未发生,也可能被追究责任。在此背景下,国际法院将不损害原则解释为一项行为义务,因为一国的努力可能并不总是足以防止重大跨界损害。此外,相对于减缓气候变化,国家承担着降低二氧化碳的排放量以保护公民基本人权免受侵犯的实质义务,适应气候变化同时还要求国家关注并承担其应尽的程序义务,这包括保障公民享有言论自由、寻求和接收信息的权利、参与决策的权利以及诉诸司法的权利等。适应气候变化的义务具体表现为三个层次:事前的预防、公开信息和公众参与;事中的气候变化措施影响评估和协助与合作;事后确保获得补救的义务。

第三,探索在国家适应气候变化政策中纳入人权的策略。通过对国家适应气候变化政策的量化分析,我们发现国家在执行适应气候变化政策时的局限性,其中主要表现在国家适应优先事项之间存在冲突、国家适应政策与其他政策之间缺乏一致性导致执行部门效率低下,在制定和执行适应政策时利益相关者参与程度不足以及部分国家缺乏资金、人力和相关气候信息等资源。因此,为解决上述挑战,应当在国家适应气候变化政策中纳入人权视角,确保适应政策和成果尊重、保护和履行人权义务,关注利益相关方群体的需求和利益,评估并解决气候变化对受专门文书或平等权保护的群体的不同影响,确保其适应政策和进程符合人权要求,采取基于人权的方法。具体而言,国家在制定适应气候变化战略时应当强调提高公众适应意识、促进利益相关方参与、通过整合部门政策和机构设置提升国家适应能力、针对国家适应气候变化战略开展监测与问责、重点关注气候脆弱群体以促进气候正义。

第四,分析气候变化与脆弱群体权利(包括儿童权利、妇女权利、老年人权利、残疾人权利、少数族裔权利、土著人权利以及难民和流离失所者的权利)之间的关系与相关案例,针对不同群体提出了相应的权利保护策略。从本质上讲,适应措施受到社会反应和恢复能力的影响,而社会反应和恢复能力又受到文化的调节。考虑到气候变化的规模以及其对各个方面生活的影响,政府有责任发挥主要协调作用,采取更广泛的行动,将经济和社会视为一个整体。这包括采取建造或改造道路和桥梁等措施,以应对更高的温度和更强的风暴。一些沿海城市可能需要建立综合系统,以防止街道和地下交通被淹没。山区地区可能需要探索限制山体滑坡和冰川融水溢出的方法。此外,不同的脆弱群体都可以采取一些简单措施,例如,在居所周围种植或保护树木,以保持较低的室内温度;清理灌木来减少火灾发生的风险。脆弱群体需要意识到自己身处在怎样的自然灾害可能性之中,以及灾害发生后可以利用的资源,并能够提前为灾害的到来做相应的准备。适应措施的范围广泛,包括但不限于建设防洪设施、建立气旋预警系统、改种抗旱作物、重新设计通信系统、调整企业运营和制定政府政策等。

第五,通过考察适应类气候变化诉讼的典型案例,我们可以发现适应气候诉讼存在的程序和实质性障碍。具体而言,本书将适应类气候变化诉讼分为了仅关注适应的气候变化诉讼和以减缓为主同时涉及适应问题的诉讼。前者如保护法基金会诉埃克森美孚公司案,此类案例关注降低特定地区应对气候变化风险的脆弱性,其诉讼主体往往是受气候变化影响极为严重的群体或代表,其目标在于提升社区的适应能力和生态复原力,因此诉讼的争议核心可能聚焦于自然资源的开发利用、生物多样性和生态环境的保护以及基础设施的建设等有利于降低环境脆弱性的行为。后者如丹尼尔等诉澳大利亚案。后者虽然通常表现为限制温室气体的排放,但这与适应问题紧密相关,主要表现在减缓的目的是提升国家的适应能力,减缓的手段表现为适应气候变化措施以及减缓案件提起的主体是气候脆弱群体,通过寻求减少温室气体排放提高自己的气候适应能力和复原力。在此基础上,笔者进而发现了诉讼中的程序法和实体法问题。程序性问题是气候变化适应诉讼进程缓慢的主要原因,一些学者认为应当舍弃形式主义,强调案情的严重性,放宽法院的受理标准。虽然气候变化所造成的人权损害不可否认,但同样,程序正义不应被跳过,它暴露出气候变化适应诉讼当前亟待解决的问题,只有精准定位每一案件在程序上的具体症结,才能有效化解困境。气候适应诉讼的实体法问题包括诉讼的权利基础、因果关系认定以及域外人权义务。由于各国对与气候有关的人权仍然存在争议,因此不同的权利基础直接关系着诉讼能否获得胜利。因果关系始终是阻碍气候变化诉讼的关键问题,尽管理论上存在多种建立因果关系的路径,但均有其局限性。另外,气候变化具有全球性和广泛性,而人权法主要解决一国领域内的人权问题,因此对国家的域外人权义务的承认也是气候变化诉讼中的重要议题。

具体到我国的适应气候变化。虽然我国尚没有以适应气候变化为目的的专门法律,但已颁布的法律法规已涉及与适应气候变化相关的许多内容,客观上有助于适应气候变化工作的开展。而且,我国始终重视适应气候变化工作,实施积极应对气候变化国家战略,一贯坚持适应和减缓并重,将适应气候变化理念和要求纳入国民经济和社会发展规划。在司法层面,尽管我国尚未存在典型的适应气候变化案例,但最高人民法院公布了 11 个碳达峰、碳中和典型案例,包括比特币“挖矿”服务合同、温室气体排放环境侵权、破坏环境监测计算机信息系统、滥伐盗伐林木碳汇赔偿等多方面的内容,加大了裁判规则和裁判标准的供给力度,有利于指导各级人民法院正确审理涉碳案件。最后,笔者认为我国可以在适应气候变化诉讼中考虑人权因素,有利于开展救济行动、实现气候正义。

但受限于气候变化的不确定性、气候科学的复杂性以及全球气候博弈的政治性,笔者仍需要进一步研究适应气候变化。在中国社会转型尚未完成,司法体制尚未健全的情况下,适应气候变化受到社会、国家和国际等多重因素的影响,未必能达到最佳效果。此外,需要对国家适应气候变化的政策和全球适应类气候变化诉讼进行量化分析和实证分析,这对笔者在数据检索、收集和分析上带来了极大的挑战。在后续研究中,笔者将灵活运用各类信息技术,扩大检索范围,结合中国现实,深入对适应气候变化的研究。